QUI SONT LES ALLEMANDS ?

www.maxmilo.com
ISBN : 978-2-31500-141-5

Jean-Louis de la Vaissière

Qui sont les Allemands ?

Préface de Volker Schlöndorff

Max Milo
L'Inconnu

À Florence, Christian, Marielle, Maylis et Catherine.

Préface

Identité allemande : un itinéraire singulier

Par Volker Schlöndorff

Les Allemands surtout sont obsédés par l'idée d'identité. Combien de fois mes amis ne m'ont-ils pas mis en garde en disant : tu es en train de te perdre, tu perds ton identité. Or, mon expérience est que l'identité, c'est plutôt quelque chose qui s'acquiert et qui ne se perd pas, contrairement à la virginité. Récemment, lorsque j'ai écrit mes mémoires, *Le tambour battant*, j'ai dû réfléchir à qui j'étais, quelle était mon identité et je suis très vite arrivé au pluriel : mes identités.

D'abord, comme le dit la Zazie de Raymond Queneau : « la vie m'a fait ce que je suis ». Ma première identité, enfant, a été celle d'orphelin, vu que j'ai perdu ma mère à six ans. Mais, en même temps, au même âge, j'ai gagné une nouvelle identité, celle de « petit Américain » : c'était en 1945, lorsque les Américains sont arrivés chez nous en Allemagne, quand mon grand frère a eu droit de monter dans un arbre pour y accrocher un drap en signe de capitulation. Pendant que les grandes personnes étaient terrorisées, nous, on était immédiatement fascinés par les soldats américains. Nous nous intéressions à leurs voitures et à leurs armes alors qu'eux s'intéressaient à nos vélos et à nos sœurs. Les adultes vivaient encore dans le monde de l'empereur Guillaume II, nous les enfants étions déjà arrivés en Amérique. Ces alliés, qui avaient vaincu nos parents, étaient nos alliés naturels.

Dans les années cinquante, j'ai découvert à l'école une petite affiche offrant des séjours en France pour y apprendre le français. L'école que j'avais choisie, à Vannes dans le Morbihan, s'avérait être un collège de jésuites où moi, protestant allemand, allais être certainement perdu. Mais pas du tout. J'ai très vite commencé à parler la langue. Quand, un jour de 1957, tout le collège alla au cinéma en ville pour voir le film d'un ancien élève, *Nuit et Brouillard* d'Alain Resnais, d'un seul coup, je n'avais plus envie d'être Allemand mais carrément de devenir Français.

Aujourd'hui ces images des camps sont devenues chose connue de tout le monde, mais à cette époque, lorsque nous les voyions pour la première fois, c'était dur à assumer. Lorsque la lumière s'est rallumée dans la salle et que j'étais le seul petit Allemand parmi des centaines de petits Français, je trouvais extrêmement difficile de les affronter. Je vois encore les visages de mes amis qui me regardaient en posant en silence toujours la même question qu'aujourd'hui. Cinquante ans plus tard, je me la pose encore : comment cela a-t-il été possible ? Mes camarades commençaient leurs phrases dorénavant avec : « qu'est-ce que t'en dis, toi, en tant qu'Allemand ? ». J'ai été bien obligé d'affronter une fois de plus mon identité. Aujourd'hui, je me rends compte que c'était le problème de toute notre génération. Nous ne pouvions pas nous identifier avec notre propre passé. Nous ne voulions pas vraiment l'accepter et nous avons essayé de nous en échapper, soit vers la civilisation américaine soit vers la culture française ou au moins européenne. Moi, en tout cas, j'ai tout fait pour m'assimiler. Au lieu de rester les trois mois prévus pour le cours de langue, je suis resté dix ans en France et, au fond, je n'en suis jamais vraiment reparti.

C'est seulement au moment où je m'apprêtais à faire mon premier film, vers l'âge de 25 ans, comme c'était l'habitude à l'époque, que mes amis, comme Jean-Pierre Melville et Louis Malle, m'ont poussé à ne pas faire des films français mais à aller en Allemagne pour réaliser plutôt un film allemand. *Les désarrois de l'élève Törless* est largement basé sur mon expérience au collège de Vannes. Il traite des luttes de domination à l'intérieur d'une classe dans un collège austro-hongrois, en posant la question : comment était-ce possible ? Le film fut invité au festival de Cannes et j'avais une nouvelle identité, celle du « jeune cinéma allemand ». Une étiquette que j'ai portée pendant bien des années.

Jusque vers la fin des années soixante et le début des années soixante-dix, lorsqu'en Allemagne la bande à Baader faisait des ravages, avec Heinrich Böll et en se basant sur son récit *L'honneur perdu de Katharina Blum*, nous nous sommes mêlés à cette époque. Époque que, plus tard, on a appelé « l'Allemagne en automne ». D'un coup, nous avions une nouvelle identité, nous étions des « sympathisants », des terroristes ! Alors qu'en fait nous avons rompu avec l'utopie socialiste à la suite de la violence de ces terroristes. Si, de tout le mouvement des années soixante, qui constituait une vraie révolution culturelle, seule la violence de ces quelques enfoirés devait demeurer, alors il valait mieux dire au revoir à cette utopie de gauche.

L'engagement politique, qui m'avait accompagné de la guerre d'Algérie en France jusqu'à ce fatal automne en Allemagne, s'est arrêté d'un coup. Je n'étais plus gauchiste, je ne voulais plus vraiment être politique du tout, je suis parti en Amérique. Et là mon rêve d'enfance de devenir un Américain s'est presque accompli. J'ai réalisé avec Arthur Miller *Mort d'un commis voyageur*, puis d'autres films en Louisiane et en Caroline du Nord. J'étais sur le point d'y arriver, travaillant avec des stars comme Dustin Hoffman, John Malkovich, Faye Dunaway et Richard Widmark, lorsque dans l'avion qui nous amenait de New York à Boston pour une *preview* du film *La Servante écarlate*, le pilote a annoncé : « Ladies and gentlemen, le Mur de Berlin vient de tomber ».

Un autre appel, une autre identité : je partais de New York pour Berlin. Il est évident que c'était l'endroit où il fallait être. Je suis arrivé sur le site des studios de Babelsberg, près de Berlin, où dans les années vingt et trente le cinéma a été inventé. Des studios que les nazis et ensuite les socialistes ont détournés en une entreprise de propagande. Nous allions les reprendre pour essayer d'y créer un Hollywood allemand. Bien sûr un rêve presque impossible. En y travaillant, j'ai vu plus de banquiers, de managers et de conseillers financiers et immobiliers que de producteurs et de scénaristes. Pour la première fois de ma vie, je sentais que j'étais en train de me perdre et de devenir un gestionnaire. Heureusement, cette expérience aussi est arrivée à son terme. D'un jour à l'autre, le joug de la gestion des studios m'a été enlevé. Jamais je ne me suis senti aussi libre, sauf peut-être le lendemain du bac ! Et je me rendais compte que ce qui me distinguait, c'était probablement d'être un artiste : une identité très ouverte aux changements.

J'ai enfin l'impression de me sentir bien dans ma peau, d'être moi-même dans ce nouveau Berlin où j'habite et où je travaille, libéré des fantômes du passé. J'ai une fille qui a l'âge de mon séjour à Berlin, 19 ans. Pour elle, la Seconde Guerre mondiale est tout ce qui a tellement pesé sur notre génération ; c'est non seulement du passé, mais c'est d'un autre siècle, voire d'un autre millénaire. Elle en a connaissance mais cela ne la définit plus.

Avant-propos

Des amis allemands m'ont fait aimer et comprendre un peu mieux ce pays, me donnant indirectement envie d'écrire cet essai : Klaus, Eva et Dietrich, Volker, Jürgen, Christelle, Andrea, Jan et Judith, Martin, Patrik, Manja et Thorsten… Je les remercie et ne les oublierai pas.

Témoin comme journaliste des évolutions de l'Allemagne à plusieurs périodes, dans les années quatre-vingt à Bonn, sous l'ère Kohl, après la chute du Mur en 1989/90, puis dans la capitale réunifiée entre 2003 et 2008, j'ai souhaité faire sentir, entendre ce pays. Faire percevoir avec recul, et non collé à chaque événement, ce qu'est l'identité d'un grand acteur du monde. Il ne s'agissait pas de livrer un rapport sec et exhaustif. Sur une fresque aux mille réalités, le projecteur est braqué ici et là, éclairant certains des aspects les plus saisissants et certains des débats les plus sensibles. Parfois, la forme de l'essai autorise un degré de subjectivité, des coups de cœur. Les questions ne sont pas closes, la réalité n'est pas une boule parfaite sans aspérités. C'est un triangle scalène, et l'Allemagne en 2011 n'en est pas à une contradiction près.

La société allemande est confrontée aux mêmes défis que les autres démocraties (accélération des rythmes quotidiens, toute-puissance du multimédia et de la téléphonie mobile, brassage des cultures, intégration difficile, vieillissement, remise en question des modèles de croissance, inquiétudes liées à la mondialisation). Malgré des parallélismes évidents, la société allemande a ses réponses spécifiques, et ce sont elles que cet essai veut sonder.

Introduction

C'est l'histoire du premier de classe, policé et rarement pris en faute, qui est certes récompensé par des compliments en fin d'année mais qui pense subir injustement le déclin du niveau général. En raison de ses efforts et de ses performances, l'Allemagne pense qu'elle aurait mérité mieux. Elle est préoccupée par l'irruption de contrariétés toujours nouvelles.

De l'« heure zéro » de 1945 à l'année 1966 de la nouvelle Allemagne : quel effort pour reconstruire puis réunir un pays divisé en deux ! Quel travail aussi, quelle honnêteté pour se confronter à un passé terrible, sous tous ses aspects, sans rien omettre !

Vingt ans après la Réunification, elle semble d'une certaine façon un pays épanoui et détendu comme jamais, comme on l'est après la longue convalescence qui a suivi plusieurs traumatismes. Le Mondial de 2006 a constitué un apogée à cet égard, prolongé quatre ans plus tard par la belle performance de la Mannschaft en Afrique du Sud.

Mais en quatre ans, quelque chose dans l'identité allemande s'est affirmé, tendu. Elle entendait goûter à fond cette force jusque-là bien maîtrisée – culture, abondance, système social perfectionné –, en espérant que ce temps suspende son vol. Mais le temps n'a pas été suspendu. L'époque, la mondialisation, les solidarités européennes, les adaptations douloureuses l'ont bousculée furieusement, et plus que jamais en 2010.

Bien que toujours plus puissante, elle réagit de manière désenchantée ou crispée parfois, déçue par les difficultés de sa Réunification, vivant mal ses échecs dans sa cohésion sociale, ses marges dures et résistantes, l'intégration parfois difficile. Elle perçoit avec une certaine amertume que la culture allemande stagne face à l'hégémonie anglophone, que son modèle social et économique est fragile, que son identité se brouille, qu'elle vieillit à côté de voisins plus verts. Elle prend conscience qu'un certain malthusianisme frileux, qui l'a caractérisée durant un temps, lui compliquera la tâche à l'avenir. C'est l'heure des ruptures et de l'affirmation de soi, s'il le faut, parfois, contre ses amis.

Le magazine *Der Spiegel* avait publié en avril 2008 une longue enquête, « Wie die Deutschen ticken » (« La vie des Allemands heure par heure »), synthèse de plusieurs sondages, montrant ce qui fonde les aspirations d'un peuple à l'histoire si dramatique. Elle prenait les Allemands au réveil, dans leur voiture allant au travail, à leur bureau, faisant des courses, sortant le soir, dînant, se lavant, faisant l'amour, se mettant au lit, dormant. Derrière les réflexes et comportements quotidiens, cette enquête montrait un citoyen redevenu plutôt fier d'être allemand (à plus de 60 %), ne croyant guère à la survie après la mort et attachant – comme on l'avait deviné – un grand prix aux loisirs, à sa voiture rapide et à son confort. Mais surtout, elle plébiscitait deux grandes valeurs, clés de la compréhension de l'identité allemande d'aujourd'hui : l'Allemand accorde toujours une grande importance à la discipline – pour 91 % des femmes et 87 % des hommes – et un prix encore plus élevé à sa liberté d'expression (94 % et 96 %). Soif donc d'être libre et dégagé de tous les carcans, mais en même temps énergie et lutte contre tout risque de désordre et de perte de contrôle.

D'autres paradoxes affinent le tableau de la vie quotidienne, disant ses heurs et malheurs : le goût du travail bien fait et la compétition par la performance allant de pair avec une boulimie de détente et la marginalisation de ceux qui ne suivent pas ; une nouvelle confiance s'alliant à des doutes, des lamentations, des récriminations, à une envie d'être ailleurs. Un goût du confort coexistant avec l'aspiration à la rudesse de la nature et, pour certains, à la règle de la religion. Une facilité apparente du quotidien – pour une majorité – n'empêchant pas souvent la dureté des rapports avec soi-même et les autres. Une convivialité volontariste côtoyant le sentiment de culpabilité et des solitudes terribles. C'est ce portrait complexe des Allemands, avec les questions qu'ils se posent sur eux-mêmes, qui doit être rendu par touches.

L'Allemagne change sans cesse, tout en luttant pour rester fidèle à l'essentiel de ce qu'elle est : alors qu'elle souffre de son déclin démographique inexorable, elle ne cesse de recevoir des apports nouveaux de populations du monde entier, elle est devenue multiculturelle, *multikulti*. Mais cela l'inquiète, elle qui s'est montrée toujours attentive depuis la guerre à toute dérive raciste.

Luther, personnage symbole de l'Allemagne et qui continue à inspirer profondément de sa rigueur la *res publica* allemande, est devenu un « Luther *multikulti* ». Luther et *multikulti* ne sont-ils pas des mots étrangers l'un à l'autre ? Cette adaptation ne se fait pas sans tensions.

PREMIÈRE PARTIE

L'ÉPANOUISSEMENT ET LE DÉSENCHANTEMENT

Chapitre 1
La défense de l'excellence

Un modèle allemand ?

« Le Saint-Empire euro germanique », « Allemagne génératrice de puissance », « Allemagne d'abord », « Le bunker allemand », « Allemagne, géant pas si gentil que ça », « L'obsession allemande », « Berlin n'a pas de leçons à recevoir », « Pourquoi gagne-t-elle ? », « L'Allemagne est-elle un modèle ? » : ces titres de journaux, reflétant l'appréhension et l'admiration, ne sont qu'un échantillon d'un long florilège. Les éditorialistes européens se sont interrogés, à l'occasion de la crise financière de 2008/2010, sur les raisons pour lesquelles un pays qui jusque-là influençait discrètement avait décidé de le faire de manière bien plus offensive, de défendre son modèle économique, social, politique, sans rien céder de l'essentiel, en prenant le risque de désaccords majeurs.

L'Allemagne est-elle dominatrice ? Serait-elle meilleure que les autres ? Est-elle, vingt ans après sa Réunification, reprise par des appétits de puissance ? Se sent-elle vraiment parfaite ? Rien n'est moins sûr pourtant. Elle est fière de réalisations concrètes, de systèmes, d'expériences qui ont fait leurs preuves. Pour le reste, la voilà le plus souvent pleine de doutes sur elle-même, sur le monde, pleine de questionnements. C'est même une de ses vertus. Arrogante ? Oui peut-être, parfois, quand elle est attaquée. Égoïste ? On peut en discuter. Quel État ne défend pas âprement ses intérêts ?

Alors, caricatures que tout ça ? Les Français, les Américains, les Russes, les Polonais, les Britanniques regardent vers Berlin. Ce qu'ils constatent, c'est un attachement à ne pas dilapider soixante ans de réussite. Miracle économique, équilibre des pouvoirs, intégration et réconciliation avec les voisins européens, politique de paix et de médiation, réunification en un de deux États aux systèmes antagonistes. La liste est longue. L'Allemagne est attachée à son modèle de fonctionnement parce qu'il a fait ses preuves. Il y a soixante-six ans, elle était à terre. Elle a une forme de fierté nationale qui est celle d'une puissance jeune et vieille à la fois. Fierté bien plus silencieuse et discrète que celle d'Albion ou de Marianne, ou que la fierté américaine, mais qui n'en est pas moins forte, après l'humiliation du passé. Cette fierté ombrageuse, cette assurance que la « bonne Allemagne » est capable de renaître, a été un moteur de l'action de tous ses chanceliers, d'Adenauer à Merkel.

D'une certaine manière, par son assurance tenace et la conviction d'avoir, par un effort colossal, franchi de nombreuses étapes difficiles tout en restant elle-même, elle rappelle la Chine, après avoir été longtemps comparée au Japon. L'Allemagne et la Chine, deux pays qui ne sont pas prêts à se laisser déposséder de leur nouvelle puissance, de leurs atouts maîtres (les exportations) même s'ils jouent le jeu de la coopération internationale. La comparaison s'arrête là, car le pays d'Adenauer a consenti beaucoup plus de transferts de souveraineté que la patrie de Mao, au sein de l'Europe dont il est le pilier.

« L'Allemagne est acharnée, ne renonce pas. Elle a très peu changé mais c'est l'Europe et le monde qui ont beaucoup changé », notait dans une récente tribune au quotidien *International Herald Tribune* un ancien ambassadeur des États-Unis en Allemagne, John Kornblum [1]. « Si la France aimerait que l'Allemagne devienne plus européenne, l'Allemagne veut quant à elle que l'Europe devienne plus souabe », ironisait le même jour le prestigieux journal. Il soulignait l'attachement à un équilibre entre pouvoirs centraux et régionaux, pointant du doigt le respect des vertus allemandes que serait censé incarner le Souabe, provincial par excellence aux confins de la Bavière et du

1. Kornblum (John), « Germany in need of a dream », *International Herald Tribune*, 23 avril 2010.

Bade-Wurtemberg : amour du *Heimat* (le « pays d'origine », « le chez-soi »), mais aussi sens de l'épargne, fiabilité, refus de la superficialité. Ces valeurs ne devraient jamais être bradées sur l'autel de la mondialisation ou de l'Europe.

Ne pas se laisser faire

Cette Allemagne qui décide au bord de la Spree est certes démocrate, ouverte, plus relaxe, en quête d'une image plus chaleureuse. Elle reste aussi, à sa façon, sûre d'elle, perfectionniste, très maîtrisée. Tout entraînement démagogique est redouté plus que tout.

Elle montre rarement de la fantaisie, à l'image des lecteurs-présentateurs des journaux télévisés des chaînes publiques, compétents, sérieux, qui semblent avoir conservé des aspects raides et guindés de la période d'après-guerre. À côté d'images fixes de l'actualité du jour, et sur fond le plus souvent bleu ciel, ces lecteurs lisent les bulletins d'information d'un ton neutre et détaché, afin de respecter une stricte objectivité qui est en elle-même vertueuse.

Et à écouter la tonalité de leur voix, un sommet Merkel-Obama ne semble pas plus digne d'attention que la prise de parole d'un évêque protestant sur Haïti ou qu'un scandale lié au recyclage des déchets. Tout semble élevé au même plan, pour ne pas influencer, ne pas minimiser les intérêts des uns et des autres sur des sujets qui leur tiennent à cœur.

Cette nation-là est-elle rabat-joie ? Non, elle est sobre et respectueuse des droits. Elle donne des leçons au monde, en sage épargnante, en championne économique toutes catégories, en fée verte.

« L'Allemagne de Merkel, la scie globale », a titré le site Welt Online[2], après avoir interrogé ses principaux partenaires. Quand la chancelière Angela Merkel a rechigné à se rallier au consensus européen, au moment où l'Europe se ruait au chevet de la Grèce, beaucoup d'irritations longtemps

2. « Das Merkel-Deutschland – die globale Nervensäge », *Welt Online*, www.welt.de, 20 avril 2010.

contenues s'y sont exprimées. Au point que l'Allemagne est apparue soudain mal aimée, étonnamment mal comprise, objet de ressentiments refoulés, parfois très anciens.

Certains experts ont assuré que tous les chanceliers auraient réagi comme Merkel, au nom de l'intérêt supérieur du pays. D'autres ont au contraire observé le changement de ton d'une nouvelle génération de dirigeants nés après guerre. Jamais Helmut Kohl n'aurait parlé d'une manière aussi décomplexée, au moins en public, ont dit ces autres observateurs. Ce qui est certain : à mesure que les élites qui gouvernent ce pays ne sont plus des enfants de la guerre, le scrupule à bloquer le consensus européen reflue. On redécouvre l'évidence : que ce pays, tout européen qu'il est, est demeuré constamment une nation soucieuse de la défense de ses intérêts.

Durant les soixante-six ans qui ont suivi le traumatisme du nazisme, l'Allemagne a été imprégnée du désir d'être irréprochable démocratiquement. Elle voulait mériter l'amour des autres par sa vertu républicaine. Elle voulait verrouiller l'Histoire pour ne pas être entraînée à nouveau par elle. Ce désir de « sagesse » se sent encore, vœu discret et sincère des élites, soutenues par une majorité de citoyens de droite comme de gauche.

Le néonazisme, même s'il est virulent et suscite l'émotion à chacun des centaines d'incidents qui éclatent chaque année, reste tout de même très marginal.

Pour rassurer les autres, elle préfère encore souvent qu'on parle d'elle au pluriel : les Allemands. Elle n'a pas de symboles nationaux forts et rassembleurs autour desquels les citoyens venus d'origines différentes pourraient s'unir et s'identifier. Peut-être est-elle plus tranquille de ne pas en avoir ? On ne peut lui faire ainsi de procès d'intention d'hégémonie. S'il fallait lui trouver un symbole, ce serait la Mannschaft, l'équipe nationale de football, adulée du nord au sud, d'est en ouest ! Comme, dans les années quatre-vingt, l'as du tennis « Boum-Boum » Boris Becker était la fierté de la nation.

Cette diversité, de la Bavière à la Prusse – diversité incarnée par le système fédéral et l'importance accordée aux pouvoirs locaux, aux partis, aux parlements, aux corps constitués – est une richesse directement issue d'une histoire ancienne. On recherche le consensus, les « solutions » sensationnelles mais creuses sont évitées ; on écoute sans cesse beaucoup de monde ; le processus de décision est lent.

Mais la réalité – qu'elle s'appelle crise financière, intégration, vieillissement, terrorisme, éducation, réchauffement climatique, crise des valeurs – rappelle à cette République vertueuse ses fragilités. Tant d'efforts pour tant de contrariétés : telle est la rengaine morose que semble souvent fredonner certains jours la presse allemande, elle aussi obsédée par l'excellence.

Goût de la perfection à l'Ouest comme à l'Est

Dès leurs premiers jours, l'objectif d'une certaine perfection semble avoir caractérisé aussi bien la petite République de Bonn, appelée République fédérale d'Allemagne, que sa rivale, la République démocratique allemande, nées en 1949. Elles se voulaient des phares, des modèles l'une envers l'autre, l'une contre l'autre. Incarnant chacune une certaine discipline, une certaine rigueur honnête et systématique. Quelle serait la première qui cèderait, qui accepterait de plier le genou, reconnaissant sa défaite ?

La RFA devait incarner un modèle de prospérité, de démocratie et de transparence, fondé sur des règles acceptées par tous, des disciplines, des valeurs – le travail, le savoir-faire, l'investissement judicieux, l'épargne, l'équilibre des comptes. Elle taira la présence discrète en son sein et à des postes de responsabilité de trop de nazis zélés qui semblaient avoir soudain oublié ce qu'ils avaient fait, cru et vu dix ans plus tôt. Leur compétence de fonctionnaires expérimentés valait bien le silence. Un peu comme dans une famille, on occultait ce qui était trouble. Il fallait montrer à ceux qui, de Washington à Londres, avaient donné leur confiance, qu'elle était méritée. Cette société d'apparence douce était autoritaire et conformiste. Il fallait éviter le scandale. Main de fer dans un gant de velours. Très vite, elle devait fonctionner mieux et plus efficacement que ses voisines française, italienne ou britannique. Quelque chose d'étouffant pourtant dans cette réussite si enrubannée de morale.

Dans la RDA communiste aussi, la société se voulait modèle, et ses dirigeants la présentaient en vitrine du socialisme. Elle s'était coulée dans une dictature du prolétariat qui avait tout planifié : société « parfaite » et cohérente pour ceux qui y adhéraient mais impitoyable envers ceux qui ne suivaient pas ses normes. Une société manichéenne. Des forces hostiles, résidus du fascisme, infiltraient sans cesse leurs agents pour détruire le socialisme : tel était le message de la propagande. Cet « État des travailleurs » était présenté comme nouveau et pur, bâti sur le cadavre de l'hydre nazie. Point de gestes de repentance comme en RFA. Et quand d'anciens nazis se recasaient au su ou à l'insu des autorités, le phénomène était complètement occulté ou nié. Cette société de la RDA était la plus performante du bloc de l'Est, plus performante que ses voisines polonaise, tchèque ou hongroise. Or ce système, qui avait ses références morales, son système éducatif, sa culture propre, devait être aboli de manière humiliante entre le 11 novembre 1989 et le 3 octobre 1990 – soit en moins d'un an – par la rivale de l'Ouest.

Ce mariage de raison n'a pas fini de faire sentir ses effets. Ceux de l'Est ont-ils grippé la machine, avec leur manière socialiste de concevoir le travail, la planification, les quotas, l'habitude de se référer à l'échelon supérieur ? Certains observeront aussi qu'ils auront apporté un esprit moins préparé et réceptif à l'idéal européen.

L'ouverture, le coût financier, le chambardement mais aussi la bouffée de solidarité qu'impliquera l'entrée en 1990 dans l'Allemagne réunifiée de dix-sept millions de voisins de l'Est plus modestes, briseront en tout cas le confort d'une société douillette. Ils éveilleront en même temps la crainte que le consensus et les règles se délitent. C'était ne pas comprendre ce qu'était l'État est-allemand, figé et usé par quarante ans de dictature : un État tout sauf rebelle. Il y aura des tensions, mais pas d'écroulement du système libéral de l'Ouest. Ce dernier est très résilient, car fondé en 1949 sur la volonté de fer de se relever, de conjurer les errements du passé. Il avait à prouver que, face à la faillite du socialisme, le capitalisme rhénan était social et capable d'assurer les libertés et la promotion individuelles. La structure fédérale, notamment, montrera toute sa validité en s'étendant à l'ensemble du pays réunifié.

Ce qui a changé est plus souterrain. Cela s'est accompli sur le plan des valeurs, des mentalités. Les « Ossis » ont amené dans leurs bagages leur éducation socialiste. Cette patrie du socialisme n'avait-elle pas été fondée, elle aussi, sur un socle de convictions éthiques ? C'est ce que rappellent de plus en plus ouvertement des hommes politiques. La petite République de Bonn a été au total dynamisée par un souffle d'air frais venu de l'Est. Les valeurs prussiennes ont retrouvé toute leur place. Ce n'est pas tout à fait un hasard si une fille de pasteur venue du Brandebourg, aux marches de la Pologne, ayant fréquenté le mouvement de jeunesse communiste et appris le russe, gouverne le pays réunifié : Angela Merkel a apporté une expérience et une sensibilité autres que celle de l'ancienne classe dirigeante de la RFA. Elle assume une synthèse autrefois impossible. Son Allemagne peut respirer de ses deux poumons.

Garde-fous et contre-pouvoirs

La RFA s'était aussi constitué des garde-fous. Les traités européens, cadre conventionnel dans lequel elle a trouvé sa légitimité et la possibilité de s'affirmer – et, d'une certaine manière, de dominer en Europe –, en sont un, fondamental.

Le fédéralisme – reflété dans ses seize États régionaux –, qui ménage un équilibre et une consultation constante entre les pouvoirs, de manière à éviter toute usurpation démagogique par l'un d'eux, en est un autre, essentiel à la « perfection » à l'allemande. Même s'il n'est pas sans défaut en ce qui concerne la répartition financière des tâches, il permet la subsidiarité.

Au sein du gouvernement aussi, les pouvoirs sont équilibrés. Les ministres ne sont pas, comme en France, à la merci du bon vouloir du Premier ministre ou du Président. Ils ne doivent pas rentrer dans le rang à la première remarque d'en haut. Un rapport d'égal à égal difficilement compréhensible vu de Paris, la chancelière n'étant que *primus inter pares.* Il y a des périmètres qu'on n'enfreint pas, des règles qui visent à neutraliser les déséquilibres. Cela accroît le risque de crise de nerfs et allonge la prise de décision en cas de désaccord, ce qui est fréquent dans les gouvernements de coalition.

La Constitution est enfin la référence suprême, aune de toutes les lois, de tous les droits et devoirs. Son préambule énonce les vertus et libertés à observer. Un parlementarisme, doté de pouvoirs de contrôle, d'enquête, est au cœur de cette *Grundgesetz* (« Loi fondamentale »).

Pour la faire respecter, la Cour constitutionnelle fédérale est là, attentive et omnisciente. Le pouvoir judiciaire – pas seulement celui de cette Cour suprême, mais aussi celui du Tribunal administratif fédéral et d'autres instances judiciaires –, est un frein et un contrôle à toutes les dérives.

Pouvoir dissuasif à Karlsruhe

Nulle part ailleurs, sauf peut-être aux États-Unis, le contrôle de la constitutionnalité des lois n'est aussi puissant, n'est aussi dissuasif. Les législateurs y réfléchissent à deux fois plutôt qu'à avoir à affronter les juges de cette cour basée à Karlsruhe dans le sud-ouest du pays. Ces hommes et ces femmes en robe et toque rouges ont déjà légiféré sur des centaines de sujets, ne cessant de remettre les pendules à l'heure, provoquant des remises en cause radicales.

Exemple parmi tant d'autres, une législation antitabac a dû être retoquée en 2008. Elle avait prévu la possibilité pour les patrons de restaurant d'aménager une pièce pour les fumeurs à côté d'une autre pour les non-fumeurs. Cette loi, ont jugé les magistrats de Karlsruhe, créait une entrave à la concurrence, une discrimination pour tous les estaminets ne disposant que d'une pièce.

Le tribunal suprême tranche sur des sujets bien plus fondamentaux, qui vont du respect des libertés aujourd'hui à la liberté de porter des jugements sur l'histoire passée. Ses jugements, même s'ils sont contestés, ne sont jamais pris à la légère.

En 2005, la Cour a, à l'issue d'une longue controverse passionnée, rejeté un passage d'une loi antiterroriste sur les avions civils, qui semblait à première vue difficilement attaquable.

Des pilotes d'avion de chasse ne pourraient légitimement pas se voir ordonner d'abattre un appareil détourné qui se dirigerait sur un immeuble habité, si se trouvaient à bord, en plus du commando terroriste, des passagers civils. La cour se fondait sur la « garantie à la dignité humaine » de l'article premier de la Loi fondamentale. Ces civils à bord seraient « réifiés », a-t-elle estimé, parce que leur mort serait consentie en violation de cet article un, même si c'était pour réaliser un autre but, le sauvetage d'éventuels occupants d'un immeuble.

Un tel jugement a bien embarrassé les politiciens conservateurs. Ils ont affirmé que, de toute façon, si un 11-Septembre devait se produire, ce jugement ne serait pas appliqué, quitte à être dans l'illégalité.

En février 2010, la Cour constitutionnelle a demandé à la chancelière Angela Merkel de revoir une loi-phare du gouvernement social-démocrate/vert de Gerhard Schröder, une des fameuses lois « Hartz IV » de réforme de l'État-providence. La raison : cette loi contreviendrait à une « existence digne pour chacun » affirmée également dans l'article premier de la Constitution, à la base de l'État social. Les juges de Karlsruhe contestaient des règles de calcul d'indemnités de chômage. Cette loi, visant à réduire certaines allocations et à créer des incitations à rechercher du travail, devait être en conséquence partiellement modifiée.

Autre exemple de grande portée : en juin 2009, la Cour de Karlsruhe avait jugé insuffisante la loi d'accompagnement du traité de Lisbonne, estimant qu'elle ne garantissait pas suffisamment les droits du Parlement allemand contre les empiétements possibles du Parlement européen.

Une nouvelle loi d'accompagnement garantit que l'UE ne s'attribuera pas de nouveaux pouvoirs portant atteinte à la Loi fondamentale allemande. Elle définit le droit de regard du Bundesrat (la chambre des Länder), et du Bundestag sur la mise en œuvre de la politique européenne. Elle devra veiller à ce que des « droits intangibles » inscrits dans la Loi fondamentale, comme « le droit à la dignité humaine, à l'État social, au fédéralisme allemand », soient respectés par Bruxelles et Strasbourg.

« L'Union européenne n'est pas un État fédéral européen. Le Parlement européen n'est pas l'organe de représentation d'un peuple européen dont ses députés seraient les représentants. La majorité du parlement européen ne représente pas automatiquement la majorité des peuples de l'Europe », a estimé la Cour dans son célèbre arrêt du 30 juin 2009.

L'argumentation est vigoureuse. L'Allemagne, pointilleuse sur ses droits, rappelle aux vingt-six autres États membres qu'on peut être sincèrement européen tout en réclamant le respect des spécificités, conquêtes sociales, lois nationales. De quoi réjouir en Europe les souverainistes de droite et de gauche.

Est-ce que celui qu'on présente souvent comme le plus fédéraliste des États européens ne montre pas ainsi un visage plus exact de lui-même ? D'un État jouant le jeu de l'Europe mais n'acceptant pas que les pouvoirs régionaux et nationaux s'y dissolvent.

L'Allemagne se révèle un avocat pointilleux de la subsidiarité, hyper-attentive à l'équilibre des pouvoirs. En assumant cette posture « nationale » en contradiction seulement apparente avec son attachement européen, ne montre-t-elle pas la voie ? Vers une meilleure prise en compte des aspirations souverainistes vivaces en Europe, en évitant qu'elles n'évoluent mal ?

Ce que Berlin ne supporte pas en Europe, c'est que les règles vertueuses qu'elle n'a cessé d'observer, au prix de sacrifices – modération des déficits et de l'inflation – et qu'elle n'a pas abandonnées lors de la Réunification, soient contournées. D'où ce discours sévère sur la Grèce, qui a paru d'une extrême dureté. Solidarité oui, mais pas à n'importe quel prix. Notre tolérance des fraudeurs est nulle, dit l'Allemand.

Berlin a lancé une offensive pour introduire en Europe une série de sanctions pour les mauvais élèves. Du jamais vu. L'Allemagne ne veut pas brader son excellence sur les autels de solidarités dispendieuses. Elle est d'autant plus exigeante sur le respect des règles communes qu'elle est une des plus grosses contributrices au budget européen. Ce qu'elle oublie de mentionner, c'est qu'elle a profité plus que d'autres du marché commun, d'où elle a tiré une partie de sa richesse, et qu'elle a fait dans le passé des entorses aux critères d'orthodoxie financière.

Autorégulation sociale

Elle défend aussi la fameuse « économie sociale de marché », où partenaires publics et privés, patronat, syndicats et partis ont organisé le dialogue dans une logique de progrès continu et de paix sociale. Ce modèle fait partie du « label » allemand. L'Union européenne n'est acceptable que tant qu'elle laisse ce modèle prospérer.

La contagion de troubles sociaux à la façon française, grecque ou italienne (grèves sauvages, prises en otages des patrons, occupations d'usines, saccages de locaux publics), lui fait peur. À tout cela, Berlin dit non, tente de s'opposer. Le droit de grève est limité. Une grève est interdite si ce n'est dans le cadre d'un différend relatif à l'emploi ou aux conditions de travail dans un secteur. Il n'y a pas de salaire minimum généralisé. Ce qui est jugé rétrograde en France ou en Italie est considéré outre-Rhin comme un ensemble de recettes pour faire fonctionner cette fameuse « économie sociale de marché ». Et parfois des dirigeants de ces pays envient discrètement les chanceliers.

« L'économie sociale de marché » a sûrement contribué à ce que le progrès soit au rendez-vous. L'Allemagne est fière d'un modèle fondé sur la concertation, mais aussi plus généralement sur la prévisibilité, la productivité, la recherche, l'innovation, la modération salariale. Elle craint une remise en cause de ces atouts qui ont fait d'elle, sans dumping déloyal et par son seul talent, le numéro un dans le monde et en Europe dans de nombreux domaines. Elle redoute que, sous les poussées de la mondialisation, un certain laxisme européen, une surenchère brouillonne de projets de réformes l'oblige à renoncer à ces paradigmes. Elle les défendra jusqu'au bout.

L'Allemagne, c'est aussi un tissu de centaines de milliers de petites et moyennes entreprises (PME), flexibles, dynamiques, focalisées, agressives, boostées par des mesures fiscales et des aménagements du droit du travail, qui vendent à l'étranger des produits dont elles ont souvent l'exclusivité. Un tissu d'entreprises familiales soutenues par les gouvernements des Länder et vivant en osmose avec la classe politique locale, qui lève le maximum d'obstacles pour favoriser leur réussite.

Elle défend corps et biens l'environnement favorable et les mesures d'encadrement soutenant son secteur privé. Elle est prête aussi à se battre jusqu'épuisement pour que cette émulation public/privé et ses intérêts soient pris en compte. Ils ont pour elle plus de prix que certaines solidarités européennes. C'est l'enseignement de l'année de crise 2010.

« Je veux que l'Europe s'engage à adopter une nouvelle culture de stabilité. Et le modèle, c'est l'Allemagne : notre culture de stabilité a fait plus que ses preuves » [3], a ainsi tranquillement affirmé en mai 2010 la chancelière.

Dans la deuxième moitié de 2010, à l'issue de deux années de crise mondiale et un passage à vide impressionnant en 2009, sa productivité et sa rigueur étaient payantes. Et son pragmatisme aussi. Elle était, de toutes les grandes économies de la planète, celle qui obtenait les résultats les plus encourageants, aussi bien en termes de croissance que d'exportations.

Le laboratoire vert

L'Allemagne de l'Ouest ne s'est pas contentée d'être un modèle économique, elle a été un laboratoire d'idées novatrices.

Après la césure de Mai 68, ceux qui allaient devenir une composante essentielle du paysage politique allemand, les Verts, ont commencé à prendre leur part dans la recherche d'une société meilleure.

Avec irrévérence et imagination, ils ont remis en cause la toute-puissance d'une classe politique conservatrice qui avait accumulé les médailles du mérite dans les années de la reconstruction, mais subissait l'usure du pouvoir

3. Discours de la chancelière le 19 mai 2010 devant le Bundestag pour défendre la participation allemande au plan européen de soutien à l'euro.

et était infatuée de bonne conscience. Leur émergence a été dans les années soixante-dix un des événements majeurs en Europe. Événement moteur qui fit des petits un peu partout.

Tout à coup, un nouveau mouvement représenté au Bundestag menait des combats pour une nouvelle société dépassant les vieux clivages. Il avait un autre regard, s'attachait à la qualité de la vie et non seulement à la quantité, à la vraie liberté et non à la liberté formelle. Il entendait décloisonner les vies professionnelles et privées, permettre à l'homme et la femme allemande de vivre sincèrement et sans tabou toutes les faces de leur personnalité, de manière réconciliée, sans schizophrénie, dans une société rigide où le rôle et le statut social jusqu'ici l'emportaient.

Sans pavé sur la langue, il parlait de l'éducation des enfants, des droits de la femme, de la liberté sexuelle, de la société civile et participative, de la protection de l'environnement et du danger nucléaire, des habitudes de consommation, de la vie saine, de la bioéthique, de la surveillance des citoyens, du travail historique sur le passé, des combats pacifistes en Europe et dans le monde. Une nouvelle Allemagne tentait de s'inventer sur les vestiges de la guerre froide finissante : directe, sans protocole, communicative, sans arrogance, cool. Un autre idéal de société à construire, une autre forme de perfectionnisme quasi religieux dans la société de Luther, même si certains Verts ne se reconnaissaient sûrement pas dans cette inspiration chrétienne.

Ce sont aussi les mêmes Verts qui jouèrent un rôle décisif dans le lancement du combat pour la protection de la nature au niveau mondial. Un combat au début suivi par une minorité. Les Verts avaient une façon à la fois idéaliste et pragmatique d'agir. Ils étudiaient avant les autres et à fond les solutions alternatives – protection des forêts, voiture propre et essence sans plomb, énergies renouvelables –, croyaient à leur faisabilité, poussant le monde politique et de l'entreprise à les réaliser à grande échelle, au prix de sacrifices. Ils changeaient aussi leurs habitudes personnelles : consigne des bouteilles de plastique et de verre, tri des déchets, aujourd'hui devenus des obligations.

Avec l'émergence de ce mouvement non traditionnel, le monde politique sortait de la trinité raisonnable chrétiens-démocrates/libéraux/sociaux-démocrates. Il y avait quelque chose de fou, de fantaisiste, d'extrême, de généreux, d'impudent, d'impudique, de convivial, de naïf et d'avant-gardiste à la fois dans le projet soixante-huitard des Verts. En même temps, le désordre et la spontanéité étaient ordonnés, voulus. Il y avait une volonté de proposer des idées d'avenir. C'était une révolution libertaire, et, en même temps, ancrée dans l'identité allemande profonde.

Avec le temps, les Verts se sont institutionnalisés, embourgeoisés, ils sont eux aussi partie prenante du jeu des partis. Leurs visions se sont mêlées de tradition, d'élitisme et de conservatisme bon teint. Les Verts, traditionnellement pacifistes, ne refusent plus l'engagement en Afghanistan. Ils se sont ralliés d'une certaine manière à l'élite dominante, et les conservateurs se sont verdis, libéralisés.

Grâce aux Verts, qui ont su capter l'intérêt d'une opinion depuis toujours réceptive à l'écologie, le pays est en avance dans les énergies propres, l'alimentation bio et les projets de recherche pour les développer. Il conçoit ces projets à grande échelle et entraîne les autres avec lui.

Le modèle américain, obsession allemande

S'il y a une fascination outre-Rhin vis-à-vis d'une société, c'est envers l'Amérique. Une Amérique que des millions d'Allemands ont contribué à façonner. Dont ils voudraient reproduire les succès, le dynamisme productif et audacieux, la capacité de renouvellement.

Les « Amis » en Allemagne : chacun a en tête le cliché de ces aviateurs qui, en 1949, durant le Pont aérien, à bord des avions surnommés « Rosinenbomber », lançaient des petits paquets contenant des friandises avec du raisin sec (*Rosinen*) aux enfants berlinois avant l'atterrissage sur l'aéroport de Tempelhof.

À New York, chaque dernier week-end de septembre, on peut mesurer ce lien germano-américain. Des dizaines de milliers d'Allemands américains de tous âges, en costumes traditionnels, défilent dans une ambiance festive le long de Central Park, drapeaux des deux pays fièrement déployés. C'est la *Steubenfest* célébrée en Amérique à la mémoire d'un Allemand, le baron Friedrich von Steuben, venu prêter main-forte au général George Washington dans sa lutte pour l'indépendance.

Les Américains, leur démocratie, Roosevelt, le *New Deal*, le plan Marshall, Bob Dylan et Joan Baez… Amour et adulation. Mais aussi les manifestations contre la guerre du Vietnam ou contre le chah d'Iran, contre le déploiement sur le sol allemand des missiles américains Pershing… Dépit et rage contre l'impérialisme guerrier. Dans nul pays, même pas en France, je n'ai ressenti un tel rapport d'amour-haine à l'égard du pays de l'Oncle Sam.

Un gauchiste qui manifestait contre les fusées américaines, accessoirement brillant ministre des Affaires étrangères, le Vert Joschka Fischer, ne voit pas d'alternative au leadership de l'Amérique, tout en le critiquant durement sous certains aspects. Il est américanophile, a été enseigner à Princeton. Représentant de l'élite, classé à gauche, il se devait d'y aller. Il sait que la proximité avec l'Amérique ne peut qu'aider son pays à rester dans le peloton de tête. Tout en gardant ses autres alliances, européenne, française et russe notamment.

Schizophrénie que ce mélange d'hostilité et de fascination ? L'Allemagne veut exister politiquement face au grand frère américain, et, en même temps, ne peut se passer de ce modèle qu'il continue à représenter, des liens privilégiés qu'il entretient avec lui.

La grande fierté du gouvernement Schröder avait été en 2003 de n'avoir pas suivi George W. Bush dans son aventure irakienne. Ce fut « le » geste d'émancipation, le meurtre du père.

Trois années après, la classe politique – y compris les sociaux-démocrates et les Verts – s'est sentie rassurée quand Angela Merkel – qui ne s'était pas opposée à l'aventure américaine en Irak – a normalisé les relations avec Washington au niveau qu'elles avaient atteint à l'époque du chancelier Helmut Kohl.

La dernière visite de George W. Bush en Allemagne au printemps 2008 a eu lieu en catimini, dans une atmosphère curieuse. Le couple présidentiel américain a longuement rencontré la chancelière et son mari au château de Meseberg, la résidence des hôtes étrangers, un cadre romantique et mélancolique dans le Brandebourg. Durant l'unique conférence de presse de ce sommet, Angela Merkel, qui croit tant à l'importance de l'axe transatlantique, a dû limiter ses amabilités au minimum, pour ne pas heurter l'unanimité antiBush dans le pays. Mais le format même de ce sommet de deux jours au coin du feu dénotait une intimité. Bush a courtoisement évoqué de son côté les épisodes les plus illustres de l'amitié germano-américaine, dont le Pont aérien.

L'espoir et la foi même que les Allemands gardent toujours dans les États-Unis ont été illustrés à l'été 2008.

Autour de la colonne de la Victoire, à l'entrée du Tiergarten à Berlin, cent mille Berlinois étaient venus écouter le candidat Barack Obama. Parmi eux, pas seulement des conservateurs, ces amis inconditionnels des États-Unis, mais aussi beaucoup de sociaux-démocrates et des Verts.

Il apparaissait alors à certains comme un sauveur potentiel de l'humanité. Son discours empreint d'idéaux et de sentiments a été suivi avec passion. Même générales, ses idées convainquaient. Il y avait d'un côté George W. Bush perçu comme le mal et la bêtise incarnés, le représentant d'une Amérique militariste. De l'autre, Barack Obama, le prophète noir, démocrate, aux origines et aux religions mêlées. Un nouveau Kennedy avec un zeste de Martin Luther King : « Ich bin ein Berliner » plus « I have a dream ».

L'Allemand peut être dithyrambique à l'égard d'un système présidentiel fort qu'il s'est interdit d'avoir et qu'il compare au subtil partage des pouvoirs en Allemagne. Ainsi cet éditorial du quotidien *Tagesspiegel*, au lendemain du rassemblement : « Amérique, tu es mieux lotie. Quelqu'un est à ta tête qui veut vraiment arriver à quelque chose. Quelqu'un qui ne voit pas l'horizon comme une frontière, mais qui sait que cela va au-delà. Oui, cela est américain, mais pas seulement cela : les États-Unis ont toujours été une nation en changement, et toujours forte quand ses décideurs optent pour le changement. Ils dépassent leurs propres frontières ; c'est ainsi que les pionniers arrivèrent dans l'Ouest et les astronautes sur la lune... [4] »

Les États-Unis sont le pays pionnier et leader avec lequel se mesurer et se comparer. Ils sont enviés : leur système majoritaire favorise l'ascension de personnalités charismatiques.

Aux yeux d'un peuple pétri de la morale protestante du « faire », l'Amérique d'Obama doit montrer l'exemple. Dans cette Allemagne de la très raisonnable Angela Merkel, qui, depuis le social-démocrate Willy Brandt, manque de visionnaires, les États-Unis peuvent encore servir d'inspiration : le programme d'Obama est accompagné d'un appel à la morale et d'une morale de l'action. Cela plaît.

L'Allemagne regarde vers l'Amérique parce que c'est un pays de frontières, de brassage, de créativité intellectuelle et technologique. Un pays qui sait engendrer parfois le pire mais aussi « le meilleur ». Rien ne compte plus que cela.

Participer à l'édification de la société et du monde

La classe politique exerce son pouvoir dans un environnement intellectuel très balisé, qui la soutient tout en la critiquant.

Ces multiples interlocuteurs et niveaux de pouvoir, cette grande décentralisation, impliquent une allégeance loyale de tous. Le système n'a donc pas besoin de centre pour être cohérent. Cet environnement tout-puissant exerce un regard incessant, scrutateur et multiforme. L'exigence de qualité est aussi une ambition des intellectuels de ce pays.

Il existe un label *thought in Germany*, pourrait-on dire, de même qu'il y a le célèbre label de la production *made in Germany*. Certes cette ambition existe partout ailleurs, des États-Unis à la France, et y est brillamment

4. Éditorial en réaction au discours d'Obama, « A world that stands as one », *Der Tagesspiegel*, 25 juillet 2008.

accomplie. Dans le pays de Kant et de Hegel, la précision de la pensée, de la langue autorise les débats les plus poussés. Nulle part ailleurs sans doute en Europe, tout n'est autant pesé par des experts, au sein de grandes fondations, avec le soutien actif et articulé de subsides publics et privés. C'est aussi ainsi que la culture et l'intelligence allemandes sont promues dans le monde.

Le scientifique, l'artiste, l'homme de média aiment contribuer, y compris par la critique constructive, au perfectionnement de la République. L'intention est toujours plus ou moins morale. Parfois une morale, sociale-démocrate, fait la leçon à une autre morale, chrétienne-démocrate. La mission est de participer à l'édification de la société et du monde.

Contrairement à Paris ou Londres, il n'y a pas la prétention en public d'avoir « une belle histoire » héroïque à raconter en continu. Même si l'Histoire, la culture y étaient glorieuses, avant, et qu'on en est souvent convaincu secrètement. Il n'y a pas de leader entouré de pompe et d'honneurs. Une certaine simplicité est privilégiée, bien que le monde politique de Berlin soit devenu moins accessible que celui de Bonn.

L'Allemagne se veut aussi une nation neuve, créatrice de démocratie. Ce pays longtemps nain au plan de la politique internationale aimerait servir de modèle. Il lui faut être exemplaire pour être crédible. Il n'existe pas de politique de coopération avec les pays pauvres du Sud moins arrogante et plus dédiée aux vrais besoins que celle de Berlin. Ses présidents, chanceliers et ministres parcourent les continents comme des prêcheurs de la bonne parole. La diplomatie de l'*Auswärtiges Amt* (le ministère allemand des Affaires étrangères), sans pour autant négliger les retombées pour l'économie allemande, privilégie le multilatéralisme. Elle répond présente dans toutes les crises humanitaires, tentant d'apporter des contributions concrètes, dépassionnées, efficaces.

Ses citoyens restent très prudents sur le rôle que doit jouer leur pays, qu'il soit diplomatique ou stratégique.

À la question : « Devrait-il assumer plus de responsabilités politiques et militaires dans le monde ? », 35 % répondent non et 25 % répondent oui, selon ce sondage approfondi publié en 2008 par *Der Spiegel* dans le cadre du dossier « La vie des Allemands heure par heure [5] ». À la question : « Devrait-elle se tenir en retrait ? », 55 % approuvent. La hantise, profondément ancrée, que leur pays a fait du mal quand il a voulu être une grande puissance reste tenace. L'idéal de perfection appelle aux précautions, à la retenue.

« Le culte de l'ego national n'a pas trouvé de place dans la vie d'une démocratie allemande stabilisée au-dedans, présente, influente, mais modeste vers le dehors. Dans ce sens, il existe bel et bien, soixante années après sa naissance, un modèle allemand [6] », se félicitait en 2009 le politologue Alfred Grosser, grand connaisseur du système politique allemand.

Si tout cela reste bien le crédo des dirigeants, on peut sentir une nette inflexion. Le langage se délie, devient plus franc, conflictuel.

En outre, l'idéalisme a ses limites. Il est évident que Berlin joue de ses cartes privilégiées avec la Russie et la Chine, qu'elle participe sans scrupule à la course pour les plus gros contrats dans le monde, que ses entreprises recourent à la corruption pour leur obtention et sont parfois peu regardantes sur les droits de l'homme. Il est aussi clair qu'elle se considère une grande puissance, qu'elle attend le siège permanent qui lui revient au conseil de sécurité de l'ONU. Angela Merkel fait partout la promotion de l'Allemagne en faisant celle de l'Europe.

La transmission d'une pensée correcte

S'il est un thème sur lequel nul ne peut se permettre un faux pas, c'est sur le passé. Ce pays qui a connu le meilleur et le pire est attentif à tous ceux qui transmettent sa voix, que ce soit le pape bavarois Joseph Ratzinger, un ministre ou un intellectuel de renom.

5. Étude détaillée du mode de vie, des représentations et des valeurs des Allemands, sous tous leurs aspects, intitulée « Wie die Deutschen ticken », *Der Spiegel*, 21 avril 2008.

6. GROSSER (Alfred), « Une année particulière en Allemagne », *La Croix*, Forum, 14 mai 2009.

Elle écoute, au-delà du son des trompettes, la petite note en sourdine, et s'alarme si elle est légèrement fausse.

Cette exigence d'une pensée correcte a des implications par exemple dans la prudence de ses relations avec Israël ou dans les prises de position sur le dialogue des cultures et des religions. Ou parfois dans une manière très moralisatrice de faire la leçon aux autres.

Mais les tabous tombent. Il devient possible à Berlin de dire plus ouvertement par exemple la désapprobation de la politique menée par Israël à Gaza.

Certains, des vieilles générations, ne voudraient pas que cette libération de la parole aille trop loin, craignant le retour d'une arrogance. Les derniers témoins de la guerre constatent la difficulté de faire comprendre aux jeunes les raisons de leur moralisme imprégné de références religieuses quand ils étaient aux commandes dans les années cinquante ou soixante. Ils voudraient transmettre de manière tangible et chaleureuse l'expérience par laquelle ils sont passés : les exodes et les camps, la misère, les silences maussades. Mais aussi l'accueil des expulsés de l'Est, la solidarité, les leçons de courage, l'acceptation des sacrifices, l'effort, le désir de rachat. Ce n'est plus évident dans l'Allemagne policée de 2011, où tout semble prévisible, y compris un vaste échantillonnage de manières de penser correctement, à gauche comme à droite.

Alors, ces anciens craignent le temps peut-être à venir où l'on commémorera les tragédies passées sans vraiment sentir ce qui était en jeu, lors de cérémonies glacées en ces immeubles de verre que sont les temples de la culture. Le temps où, dans une salle d'exposition branchée, on comparerait le massacre d'une espèce d'animaux avec celui des juifs, au nom de l'audace créative d'un artiste, et où personne n'y trouverait à redire. Ils craignent le retour de l'ignorance et du cynisme, portes de la barbarie, sous prétexte de l'originalité et de la liberté.

Conformisme de la pensée majoritaire ?

Des critiques s'élèvent contre le débat politique, culturel, philosophique allemand d'aujourd'hui. Essentiellement, disent ses détracteurs, celui-ci serait aseptisé, en dépit de quelques exceptions. Il règnerait une peur de l'incorrection de la pensée.

Les expériences radicales du siècle dernier ont amené à se méfier des extrêmes, à préférer une sorte de conformisme rassurant de la « bonne pensée », analysent ces intellectuels critiques.

En Allemagne moins qu'ailleurs, on oserait exprimer des opinions à contre-courant. S'avancer seul en terrain découvert serait trop risqué, tant la société serait conformiste, en dépit de ce qu'elle prétend. Angela Merkel elle-même serait un bon exemple de cette propension à se faire respecter en ne disant que le raisonnable. Ce qui semble compter, c'est la compétence avant l'originalité.

Les intellectuels dissidents ou maladroits qui osent se faire mal voir en objectant aux idées du temps, que leur critique vienne de droite ou de gauche, peuvent certes être vite taxés d'obscurantistes, de chauvinistes voire de nostalgiques de l'Union soviétique ou du nazisme sous couvert d'ultragauche.

Si un historien relève, sans pour autant le dédouaner de ses crimes, que Staline avait en 1939 certaines raisons stratégiques, se sentant menacé par la France et l'Angleterre, de conclure le pacte Molotov-Ribbentrop avec Hitler, ou qu'un artiste contemporain affirme que les sculptures de l'artiste nazi Arno Breker sont dignes d'intérêt, ils courent le risque de voir leur carrière s'arrêter et leur œuvre être mise au ban.

Sans aller aussi loin, on peut observer l'embarras qu'ont provoqué dans les grands partis chrétien-démocrate (CDU) et social-démocrate (SPD) des positions non orthodoxes de certaines de leurs leaders. Les exemples abondent. Que l'on pense récemment à la chrétienne-démocrate Erika Steinbach, avec ses vues très peu « politiquement correctes » sur le thème des expulsés allemands de Pologne après la guerre, ou au social-démocrate Thilo

Sarrazin, avec des propos incendiaires et volontairement polémiques sur la place des musulmans dans la société. D'ailleurs, Thilo Sarrazin, économiste réputé, a dû démissionner du comité de direction de la Bundesbank, la banque centrale allemande. Sa présence faisait tache sur une des vitrines de l'Allemagne.

Pour tenter de prouver la force actuelle du « politiquement correct », de la pensée majoritaire, la politologue et femme de lettres Cora Stephan a rappelé que le fondement de la vieille légende germanique des Nibelungen était un serment, une fidélité à un idéal commun et à une communauté, « vertu allemande de toujours [7] » que l'on a vu à l'œuvre de façon dramatique dans le nazisme.

Aujourd'hui, il en serait de même d'une autre façon, plus vénielle : « Aucun débat ne survient plus aujourd'hui sans se référer aux plus hautes valeurs. La raison en est simple : on ne peut guère les contredire. Qui s'étonne du calme plat dans le monde intellectuel de ce pays ? », s'était inquiétée madame Stephan dans une tribune au *Spiegel.*

Certains intellectuels, avait-elle estimé, « ont expérimenté souvent à quel point il peut être dangereux d'argumenter au-delà du large sentier de juste milieu ». « Où est passée la scène intellectuelle souveraine qui défend les mauvais sujets qui pensent différemment ? »

Exagéré ou non ? Dans une autre tribune du même journal, Miriam Meckel, chercheuse à l'université de Saint-Gall en Suisse, allait un peu dans le même sens. Elle avait évoqué un personnage célèbre de Heinrich Mann, dans son roman *Der Untertan* (*Le Sujet de l'Empereur*), pour évoquer la frilosité intellectuelle allemande : il s'agit du jeune Diederich Hessling, personnage pleutre qui se conforme aux idées dominantes du moment, suivant le sens du vent et toujours à couvert de la pensée des autres : « L'Allemagne a toujours beaucoup de Diederich. Ils ont peur de tout mais surtout d'une chose : devoir clairement et nettement prendre position, développer une conception personnelle qui risquerait de n'être pas en

7. STEPHAN (Cora), « Eros der Freiheit », essai, *Der Spiegel*, 10 novembre 2008.

concordance avec le mode d'explication fourni par les porte-voix et faiseurs de l'opinion courante. Et certains d'entre eux n'ont pas seulement mal aux oreilles, mais à la colonne vertébrale et à la tête. [8] »

Cette intellectuelle experte en communication expliquait cette attitude par la notion de « pensée régnante », celle qui fait consensus entre grands partis et qui est alimentée régulièrement par les arrêts de la jurisprudence allemande, notamment de la Cour constitutionnelle. « La pensée régnante est le terrain sûr. Qui argumente différemment sera souvent considéré comme différent ». Et, observait-elle, « ce qui fonctionne dans le droit, fonctionne aussi dans la société ».

Ce procès en conformisme semble seulement à moitié justifié. D'une part le « politiquement correct » n'est pas le seul fait des Allemands, et le mouvement alternatif a été particulièrement inventif. Et d'autre part, la rigueur, l'approfondissement, la modération, le respect des positions d'autrui sont méritoires.

Par ailleurs, dans l'art notamment, l'expression non conformiste, la révolte, le goût de choquer sont poussés parfois jusqu'à la violence et à l'obscénité. Que l'on pense aux « plastinations », ces expositions de corps et d'organes humains de l'anatomiste Gunther von Hagens. Mais n'est-ce pas là un autre conformisme, qui arrange tout le monde, que de concevoir un art simplement pour choquer ?

L'angoisse du dysfonctionnement

Quand quelque chose déraille dans cette société policée, le sentiment de la faute collective et le doute remontent dans l'inconscient, tels des vagues de fond.

Les manifestations d'émotion qui se déclarent alors semblent être aussi l'occasion de se rassembler et de proclamer : « Nous sommes compatissants,

8. MECKEL (Miriam), « Lauter kleine Diederiche », essai sur « le courage d'avoir une opinion dissidente », *Der Spiegel*, 1er décembre 2008.

notre société est meilleure que les terribles accidents de parcours qui la jalonnent. » Elles correspondent à un vrai tracas, à une angoisse authentique, à un sentiment de culpabilité lié au passé.

« Qu'est-ce qui ne tourne pas rond dans cette société ? », s'était exclamé le ministre chrétien-démocrate de l'Intérieur d'alors, Wolfgang Schäuble, après la tuerie de Winnenden, dans le Bade-Wurtemberg, au cours de laquelle un lycéen avait tué en mars 2009 de sang-froid quinze personnes, dont des lycéens et des professeurs, avant de retourner son arme contre lui.

De tels actes solitaires et violents se produisent partout ailleurs, sont le fait d'une société occidentale où les contacts humains sont réduits et les repères perdus. Mais les Allemands cherchent tout de même à savoir s'il n'y a pas aussi un vice d'une société incapable d'exercer sa médiation, en dépit de son bon fonctionnement apparent.

Le corps social se rassemble autour de ces questions. Pourquoi un garçon de 17 ans d'une famille aisée a-t-il commis ce geste de *desperado* ? Quels mécanismes n'ont pas fonctionné, y compris psychologiques, pour le dissuader ? « Pourquoi notre pays prospère où les libertés individuelles sont encadrées par des lois sages connaît de tels ratés ? », demande-t-il.

On discute de l'événement au Bundestag, on multiplie les émissions spéciales, y compris sur les chaînes pour jeunes comme Kika, on s'interroge sur la violence dans les médias et la manière dont les journalistes ont couvert l'événement, on appelle à la rescousse les experts de la psychologie adolescente, on multiplie les propositions dont certaines seront vite oubliées.

La machine à experts ne semble arriver souvent à aucune conclusion probante. Faut-il interdire certains jeux vidéo ? Prohiber l'accès des jeunes aux armes ? Trouver de nouveaux modèles masculins et revaloriser le statut du garçon dans la société ? Tout ce processus montre une société consciente d'être imparfaite, qui s'interroge sur ses règles (la fameuse discipline génératrice de violence refoulée ?) et sur la sauvagerie de l'individu. Une société, qui, si elle est blessée par le jugement extérieur, sait se juger, travailler sur sa conscience.

Dans ces moments rassembleurs, la société allemande se montre, toutes catégories confondues, attentive pour ses fils et filles victimes. D'autant qu'elle a le sentiment, sans doute exacerbé, d'une tare dont elle resterait affectée. Car elle a conscience d'être restée encore trop froide, fonctionnelle, barricadée derrière ses règlements, même quand la générosité et la créativité de ses citoyens – individus, églises, syndicats, associations – viennent atténuer ces aspérités.

L'Allemagne de 2011, consciente de la dureté de son système basé sur la performance, est aussi une société capable de se remettre en cause. L'administration, les lois, la police, la justice ne suffisent pas. C'est alors l'Allemagne de proximité, celle des communautés, qui est appelée à la rescousse, qui doit suppléer les lacunes, qui est la plus à même de comprendre et d'entourer certains drames. Elle est reconnue comme indispensable, cette Allemagne des mille ONG, qui complète le pays officiel et lutte contre la froideur sociale.

« De bons Allemands »

Les hommes et femmes qui dirigent ce pays sont-ils, à l'image de leurs institutions, vertueux ? Et de quelle façon ? Une place est-elle laissée à l'imagination et au tempérament, ou sont-ils bridés par un système ? Sont-ils soumis à une doxa, à un ensemble de préjugés et de présupposés qui les conditionne et les contraint inconsciemment, à l'instar des Nibelungen ?

« Un bon Allemand » : ce qualificatif dans un hommage posthume est le meilleur qui soit. Être admis dans la lignée des « bons Allemands », qui portent haut et fort dans le monde la compétence, la vertu, les qualités allemandes est un prestige inégalé. On parle moins en France de « bons Français ». L'Allemagne a besoin de ces exemples. À cause précisément des « mauvais Allemands ». Les médias s'enthousiasment facilement quand ils peuvent porter au pinacle un homme ou une femme, ils les veulent tellement parfaits que souvent ils déçoivent et tombent de leur piédestal. Il suffira d'une phrase malencontreuse.

Ces hommes et femmes qui honorent leur pays par leurs talents ne répondent généralement pas à une doxa. La machine à fabriquer les élites, à côté de beaucoup de personnalités bien lisses, calibrées et incolores, n'a heureusement jamais empêché d'autres de parvenir au sommet par des chemins inattendus.

On pense ainsi à l'itinéraire d'un Joschka Fischer, fils d'un modeste boucher immigré de Hongrie, venu en jeans et baskets il y a vingt-cinq ans défier l'*establishment* au parlement de Hesse. Aujourd'hui, engoncé dans son costume trois-pièces, sûr de lui et moqueur, il fascine l'intelligentsia internationale.

Côté machine à fabriquer des élites, il y a aussi eu récemment des phénomènes étonnants dans les classes dirigeantes : une Ursula von der Leyen par exemple : sept enfants, médecin, ministre du Travail, belle, pétulante et passionnée par sa tâche. Fille d'un ministre-président conservateur de Basse-Saxe. D'abord très jalousée et caricaturée pour avoir reçu dans son biberon tous les ingrédients conduisant au succès, elle est devenue l'icône d'une certaine perfection faite femme.

Celle qu'on disait la poupée Barbie d'une classe conservatrice et classique a défendu, quand elle était ministre de la Famille, le projet d'une femme allemande moderne qui travaille en éduquant plusieurs enfants.

Il y a son pendant masculin, le distingué ministre de la Défense et auparavant de l'Économie. Le jeune Karl-Theodor zu Guttenberg, qui aura 40 ans en décembre 2011, est le descendant d'une noble famille de Franconie, qui a compté un des comploteurs de la conjuration de 1944 contre Hitler. Il est à lui seul une *success story* allemande. On lui prête un avenir de chancelier. Chargé de la maîtrise de l'économie allemande, puis de la gestion de la guerre en Afghanistan, son savoir-faire, sa manière d'aller droit au but, sa capacité à s'affirmer sans arrogance, se sont rapidement imposés.

On pourrait poursuivre ainsi la liste des « phénomènes » ainsi repérés par les médias et l'opinion dans une classe politique souvent terne. Mais un exemple particulièrement intéressant – et par certains côtés atypiques – de « bon Allemand » mérite qu'on s'y arrête. C'est l'ancien président de la

République, Horst Köhler. Il est assez révélateur d'une partie de l'élite allemande, consciente de ne pas devoir seulement être performante pour se faire apprécier, mais de devoir être proche des gens, chaleureuse et sans arrogance.

« Horst wer »

On l'appelait « Horst wer » (Horst qui), quand il a été élu président de la République en 2005, tant il était inconnu, et, vu de loin, transparent.

Horst Köhler, ancien patron du Fonds monétaire international, réélu en 2009, a pourtant su gagner le cœur de beaucoup de compatriotes. Homme du centre-droit, il a été apprécié au-delà de son camp. Prenant le temps de décisions difficiles quand il allait par exemple en 2007 en prison voir Christian Klar, un ancien terroriste de la Fraction armée rouge, pour observer son degré de repentir. Avant de refuser, faute d'avoir constaté ce repentir, de le gracier.

Son honnêteté était évidente. Ses adversaires ne voyaient pas grand-chose à lui reprocher, à part une immixtion dans les politiques de l'exécutif, qui le faisait déborder de la sacrosainte neutralité à laquelle est tenu un président de la République depuis le nazisme. Une amie gauchiste m'avait dit un jour, outragée : « Ce Köhler est impossible, il se mêle de l'économie, de la politique, de ce qui ne le regarde pas, il n'en a même pas le droit ! » J'ai mieux compris ce jour-là le phénomène Köhler, et ma sympathie pour lui s'en trouva accentuée. Il était un des poils à gratter de la République. Il refusait parfois de promulguer des lois, ébranlant ses tabous avec sa manière sans apprêt. Inclassable. Homme de droite, mais libre de prendre des positions n'appartenant pas à son camp. Proche des gens, il semblait l'incarnation de l'Allemagne humaniste, éclairée.

Ses origines très modestes, ses années de petite enfance en camp de réfugiés – il est né en 1943 dans un de ces territoires aryanisés de l'Est que les SS avaient créés –, lui avaient donné cet abord simple et intelligent. Il portait cette absence totale d'arrogance, cet intérêt naturel pour les autres dans son regard modeste. Intérêt qu'il manifestait aussi dans sa prédilection pour l'Afrique. Un engagement qui lui a permis de nouer sur ce continent de multiples contacts utiles pour son pays. Une passion qui était aussi une véritable expertise.

Köhler séduisait par sa rigueur protestante, son sérieux et son franc-parler. Il refusait de se contenter de grandes considérations chrétiennes ou historiques comme ses prédécesseurs. Il était un Allemand citoyen engagé dans le monde. Sa volonté de cerner au plus près ce qui ne va pas dans la société allemande, dans son système économique, dans sa cohésion sociale, était frappante. Tout comme sa manière de le dire sans fioritures, et d'attaquer parfois frontalement (par exemple en s'en prenant au « monstre » des marchés financiers).

Comme tous ses prédécesseurs, de Richard von Weizsäcker à Johannes Rau, il avait une carrure et une aura morale, il parlait des valeurs allemandes. Mais il étoffait ce discours avec des recommandations précises de médecin à son patient. Il prenait position, courageusement, parfois à contre-courant, loin du langage consensuel.

La classe politique, y compris certains de son propre camp qu'il énervait par ses interventions, l'a rejeté, pour une seule phrase lors d'une interview : ils l'accusent d'avoir affirmé que la défense des intérêts économiques et des « voies commerciales » était aussi une bonne raison de se battre pour un Afghanistan débarrassé de l'islamisme taliban. Un raisonnement inacceptable en raison du passé.

Horst Köhler a assuré avoir été mal interprété. Il dit avoir fait référence, au moment où il évoquait les « voies commerciales », à l'opération navale contre les pirates au large de la Somalie, dans un propos plus large sur la lutte contre le terrorisme international. Mais il n'a pas pu se justifier. La machine médiatique, si efficace, et porte-voix d'un politiquement correct, s'était emballée.

Furieux d'être traité ainsi par les premier et quatrième pouvoirs, monsieur Köhler a démissionné en mai 2010. Il indiquait à son parti, la CDU, et à la chancelière qu'il n'acceptait pas le ralliement sans recul aux hurlements de la meute médiatique.

Köhler, Fischer, von der Leyen, Guttenberg : des personnages originaux issus de milieux variés – de l'immigration à la vieille classe dirigeante. Chacun d'entre eux porte en soi une certaine simplicité, un côté direct, qui les distingue d'élites froides. Ils sont passionnés de l'Allemagne et la servent, sans chercher à s'effacer ou à se restreindre. Ce sont ces gens-là qui, depuis la guerre, ont fait le plus bouger le pays en profondeur. Ils ne sont pas de bons élèves guindés. Leur État, ils le veulent certes le meilleur possible mais aussi ils le conçoivent modeste, décontracté, sincère, aimablement imparfait. La défense de l'excellence passe aussi par l'acceptation de l'imperfection, par le langage sans détour et l'ouverture à la différence.

Chapitre 2

L'énigme Angela

Assise au bord de la table dans la baraque de pêcheurs, elle semble tout attentive et timide, la jeune candidate chrétienne-démocrate en campagne sur l'île de Rügen. Cinq hommes, des marins, portant barbe, béret ou bonnet, sont assis de part et d'autre, ils ont l'air taiseux et distant, ne la regardent pas, plongés dans leurs préoccupations d'homme de 40, 50 ans, qu'ils lui exposent probablement avec des phrases sobres : salaire, état des bateaux, avenir, retraite, santé, couple, enfants, adultes. L'un regarde pensivement à travers la fenêtre. Ils ont connu l'après-guerre, la RDA, la RFA, c'est beaucoup. S'ils ne tournent pas la tête vers elle, ils semblent écouter ses arguments. Angela fait très jeune, gamine presque, porte une coupe de cheveux à la Jeanne d'Arc, une longue jupe bleu marine, un tee-shirt blanc sous un pull grenat. C'est une photo, un tableau plutôt, une composition dans des teintes bleu gris – les tenues de travail des cinq hommes –, orange – leurs cirés pendus au mur –, brun – la couleur bois de toute la cabane. Ce jour de 1990, dans cette île de l'ex-RDA, sur la mer Baltique, quelques mois après la chute du Mur, un photographe a croqué génialement une scène qui dit beaucoup de la réserve naturelle, de l'écoute, de la détermination de cette femme que le magazine américain *Forbes* a couronnée durant quatre ans « femme la plus puissante de la planète », avant d'être détrônée en 2010 par Michelle Obama.

Celle qui été surnommée « la reine allemande », la « deutsche Königin », est autrement puissante que la reine d'Angleterre. On appelle aujourd'hui Angela Merkel « Madame no », dans une comparaison exagérée avec la dame de fer, Margaret Thatcher, célèbre en son temps pour ses « non » à l'Europe.

Feuilletant aujourd'hui l'album de photos de l'Allemagne des dernières années, ce touchant portrait me semble à des années-lumière. Angela Merkel, chancelière depuis six ans, n'a plus cette fraîcheur. Cette femme venue de la RDA communiste règne, elle tranche, elle est omniprésente, elle a pris du poids au sens propre comme au figuré. Vivifiante en novembre 2005, quand elle a été la première femme de l'histoire allemande à devenir chancelière, son image s'est ternie, brouillée.

Son empâtement, ses cernes, la fatigue et la gravité de ses traits sont saisis par les photographes et les caricaturistes.

Pourtant, l'image qui est donnée d'elle d'une bête politique sans états d'âme et d'émotions est bien injuste. En mars 2009, quand le jeune tireur fou de Winnenden, dans le Bade-Wurtemberg, s'en est pris, pistolet à la main, à son ancienne école, tuant quinze personnes, une chancelière au visage blême et défait, sous le fond de teint, est apparue sur les écrans de télévision pour une brève déclaration à la presse. Elle a exprimé sa consternation. Elle sait toujours exactement ce qu'il faut dire. Derrière ses mots, dans sa lassitude, dans sa voix blanche, on sentit la peine profonde de la mère de la nation qu'elle était en quelque sorte devenue. Elle incarnait à cet instant la peine d'un peuple qui constate que, derrière la surface de sa société policée et perfectionnée, des craquelures se multiplient et sont impossibles à colmater. Elle sait que le fond du problème des sociétés occidentales est humain et spirituel, que les meilleures lois ne pourront rien faire contre l'éclatement psychologique, les tiraillements insupportables, l'égoïsme, les peurs, la solitude.

Cette femme est demeurée fidèle à ce qu'elle se proposait d'entreprendre et à sa manière d'être. Sans prétendre pouvoir tout changer.

Signée Michael Ebner de l'agence Meldepress, la fameuse photo poétique de l'île de Rügen était parue un peu partout en 2005. Sur ce cliché comme dans la réalité, la chancelière de la République fédérale d'Allemagne réussit à s'imposer dans un monde d'hommes : dans ce milieu des pêcheurs de Rügen, au sein de son parti de bons vivants catholiques rhénans, la CDU, à l'échelle du pays même. Ce n'est pas un hasard que cette femme pugnace vienne de l'Église évangélique qui consacre des évêques femmes. Provenant de ce creuset religieux et de la RDA, assise depuis l'enfance entre deux chaises, deux systèmes de valeurs, elle n'est pas blasée. Elle possède aussi cette curiosité des autres, cette ambition intense, typique de cette Église, d'améliorer la société.

Les soupirs de la sagesse

D'autres images d'Angela, moins originales que celle de Rügen, se sont depuis lors superposées. La première qui se décline à des dizaines, des centaines d'exemplaires, à quelques variantes vestimentaires près : Angela Merkel, en ensemble veste-pantalon de différentes tonalités, volontiers pastels, parfois aussi en noir ou rouge, couleurs qui lui vont le mieux, s'exprime au micro devant un parterre d'industriels, de députés, de syndicalistes, de savants… Elle ne semble jamais mal à l'aise devant des assemblées composées majoritairement d'hommes. Avec eux, elle n'est nullement dans un rapport de séduction mais de travail. C'est vrai qu'elle n'accentue guère sa féminité avec ses tenues sobres. Elle incarne par son naturel la parfaite neutralité et égalité des sexes dans la vie professionnelle, auxquelles la femme d'action qu'elle est se montre attachée. Comparée à d'autres femmes influentes en politique, elle répond sèchement qu'elle n'aime pas qu'on lui colle des étiquettes.

Dans ses discours, jamais de bévue, de lapsus. Elle a cet air d'enseignante pondérée, elle explique. Elle ne varie pas son vocabulaire, elle a des soupirs qui sous-tendent sa voix. Comme si elle s'ennuyait presque à répéter, mais qu'elle devait à la société ces explications de sagesse, toujours ressassées. « Il est difficile de boxer dans du coton », a-t-on dit d'elle, pour expliquer la difficile tâche de ses adversaires qu'elle exaspère souvent. Est-elle à la hauteur de son rôle, se sont demandés certains de ses amis, en regrettant qu'elle ne dérange pas plus, qu'elle ne soit pas plus visionnaire ou prophète.

Avec Angela, c'est la prévoyance et le devoir du travail bien accompli d'abord. « Meine Damen und Herren » : « Ne pas manquer le défi de la mondialisation », « Le monde ne nous attendra pas », « Assumer nos responsabilités internationales », « Notre avenir dépend de la formation », « L'Europe devra parler d'une seule voix ou elle sera dépassée », « La compétitivité de nos entreprises », « Nous devons assumer un rôle pilote et montrer le chemin ». Et ensuite la phrase rituelle : « Le gouvernement fédéral a adopté d'importantes mesures à cette fin ».

Pourtant, parfois, sur le combat contre le réchauffement climatique ou la réduction des coûts du travail, sa voix s'envole, elle retrouve une spontanéité. Elle parle avec passion, comme lorsqu'elle aborde le thème du climat lors d'un discours en novembre 2009 devant le Congrès américain. Elle peut s'éloigner parfois considérablement de son texte sans jamais sembler méconnaître son sujet. Angela Merkel maîtrise ses dossiers, les structure en physicienne qu'elle est. Mais la fantaisie n'a pas cours : pas de flèches à la Sarkozy, pas d'emportements à la Schröder. Cette Angela Merkel, pour le journaliste d'agence de presse, est en apparence profondément prévisible : on peut rédiger, plaisante-t-on, la dépêche à l'avance, il suffira de remplir quelques blancs. Ce qu'elle dira sur l'Afghanistan par exemple, ou sur les deux piliers européen et américain de l'OTAN, ou sur la solidarité sociale.

Pourtant attention ! Il faut être d'autant plus sur ses gardes. Au détour d'une phrase un mot long, bien allemand, un « concept », va faire évoluer le discours : très léger infléchissement, infléchissement fondamental ensuite décortiqué, de l'ambassade de France à l'ambassade de Russie, ou encore au ministère des Affaires étrangères. Cette chancelière peut être à l'occasion redoutable. Car elle endort et surprend l'interlocuteur à l'improviste. Elle ajoute quelque chose de fondamental et de prime abord rien n'y paraît. Elle a lancé une pique, mordante, enveloppée dans une phrase anodine, et personne ne l'a remarquée. C'est à cause de ce langage tellement ouaté, tellement habituel, tellement rationnel. L'esprit de la fille de pasteur s'ajoutant à celui de physicienne.

Dans ses grands discours même, Angela Merkel n'émeut pas souvent. Elle trouve les mots justes et n'ose pas une petite saillie supplémentaire de peur qu'elle fasse polémique : car l'Allemagne se doit d'être sage, d'être raisonnable, ne peut se permettre d'être montrée du doigt. Angela Merkel est le produit d'une Allemagne normalisée, jouant un rôle apaisant sur la scène internationale, une Allemagne moderne régie par une femme, moderne elle aussi, en même temps que conservatrice et rassurante par les valeurs qu'elle défend.

Quand Nicolas Sarkozy avait parlé à la tribune de la Knesset, il avait fait un plaidoyer vibrant pour la culture juive éternelle qui pouvait lui valoir bien des reproches. Quand il avait fait son premier grand discours sur l'Afrique, il s'était lancé dans des généralisations très contestables sur « l'Africain » à l'écart des courants du monde. Quand Angela Merkel a pris la parole devant la Knesset, elle a distribué les mots justes et nécessaires pour les victimes du nazisme, pour les besoins vitaux d'Israël, et – de manière très prudente et minimale – pour les droits des Palestiniens : une distribution de compliments et de remarques. Un bon discours, sans audace. Juste ce qu'il fallait mais pas plus. Quand Angela Merkel s'est adressée aux dirigeants africains au sommet UE-Afrique de Lisbonne en 2007, elle avait visiblement bien fait la synthèse des notes de ses conseillers : elle leur a parlé en professeure un peu sèche, a distribué aussi des bons points, avant de reprendre la litanie : mondialisation, climat, solidarité, bonne gouvernance.

Ainsi lui colle à la peau cette image sérieuse d'Angela Merkel. Elle irrite ses alliés politiques qui voient en elle une femme de pouvoir, capable de s'adapter à tout, sans convictions fortes, qui se serait imposée uniquement parce qu'elle a récupéré habilement l'héritage d'un Helmut Kohl qu'elle aurait allégrement mis sur la touche. Une femme, accusent-ils aussi par amertume, sans états d'âme, abandonnant ceux qui l'ont servie et qui la gênent, ces personnalités au parler clair et au profil plus aiguisé.

Mais elle a trouvé facilement le contact avec la classe moyenne allemande en incarnant des valeurs refuges : *anständig*, « correcte », morale. Elle est sobre, pas sophistiquée, féminine mais de manière naturelle et sans sembler le revendiquer. C'est pour les Allemands traditionnels une garantie de son sérieux : elle correspond à ce que veut une majorité d'entre eux, encore traumatisée par la perverse dictature nazie et le régime communiste d'ex-RDA. Même quand elle les a déçus, les « Ossis », les habitants de l'ex-RDA, ont le sentiment qu'elle les respecte, à la différence de bien des politiciens de l'Ouest. Ces Allemands apprécient son assurance tranquille. Plus que les effets rhétoriques et le charme, l'équilibre et la mesure comptent, et Angela Merkel est typique de ce style pesé, maîtrisé qui plaît.

Restes de fraîcheur

Il y a d'autres visages d'Angela Merkel, moins ennuyeux, moins convenus, plus sincères. Il y a le visage inquiet, comiquement tendu de celle qu'Helmut Kohl surnommait « la jeune fille » en train de grimper une échelle métallique sur un bateau de guerre, ne cachant pas sa crainte de trébucher devant les photographes. Il y a eu le petit mot d'encouragement à « Nicolas » au sommet européen de Lisbonne en 2007 quand il venait de se séparer de Cécilia. Elle le prodiguait de manière charmante, avec une moue mi-désolée mi-ironique de grande sœur, comme si elle s'adressait à un grand adolescent qui aurait son premier chagrin d'amour. Il y a eu la crispation visible de la chancelière, venue en août 2008 à Sotchi sur la mer Noire, rencontrer le président Dmitri Medvedev après l'offensive russe en Géorgie. Teint gris, cernes sous les yeux comme si elle avait passé la nuit précédente aux prises avec une insomnie. Regard mobile, inquiet, mains raides et légèrement tendues en avant. Il s'agissait alors pour elle de prononcer le mot « disproportionné » pour condamner l'intervention antigéorgienne du Kremlin dans les républiques d'Abkhazie et d'Ossétie du Sud. Elle le dira de manière haute et distincte, sans agressivité excessive et sans regarder son partenaire. Parfois, après un sommet difficile, la tension d'une épreuve surmontée, il y a dans un visage légèrement rougissant le sourire vainqueur d'une femme de pouvoir qui, prenant goût au jeu, a osé, a convaincu.

Il y a aussi l'humour. Un type d'humour, bref, enclin à l'euphémisme, qui lance des flèches plus ou moins empoisonnées, qui laisse deviner l'ironie des choses par une remarque anodine. On peut pressentir parfois qu'elle aurait envie de rire, mais elle maîtrise parfaitement cette envie. Dotée d'un tempérament secondaire, elle aime bien avoir le mot de la fin. À l'issue du sommet européen de Bruxelles le 16 septembre 2010, où Nicolas Sarkozy et le président de la Commission José Manuel Barroso, s'étaient affrontés au sujet de la condition des Roms en France, elle lançait, un peu énigmatique : « Le déjeuner s'est bien passé, pour ce qui est de la qualité des plats ».

Gant de velours, main de fer. Convictions et louvoiements

Quel est le fonctionnement d'Angela Merkel ? Elle me semble à la fois un animal politique, un cerveau, une femme de conviction et de principes – même si cela est vivement contesté par ses adversaires –, et enfin une femme aimant la simplicité.

Animal politique : des témoins au sein de son parti confient qu'elle sait être cinglante, s'imposer et exclure, manœuvrer les courants et casser ses rivaux, et s'entourer d'un groupe étroit de conseillers de confiance. Angela Merkel peut être accessible, attentionnée mais n'aime pas qu'on lui résiste, qu'on se singularise excessivement.

Un diplomate allemand, rencontré dans un dîner à Berlin, me confiait ses rancœurs, sous le sceau de l'anonymat : « Elle a une fausse douceur. Elle a neutralisé les barons de la CDU en disposant des dossiers que Kohl avait rassemblés sur eux. J'estime qu'elle aurait pu tout aussi bien devenir un cadre supérieur du parti unique de RDA, le SED, tant elle aime le pouvoir », fustige-t-il, très amer, et lui reprochant la « nullité » de sa politique. D'autres disent qu'elle a pour tactique d'épuiser ses adversaires, feignant l'indécision, avant de trancher durement. Accusations outrancières ?

Il est vrai que Merkel est un roseau qui ne casse pas et qu'elle a tendance à temporiser pour éviter un clash et finalement s'imposer. Ainsi, au sein de la « grande coalition » qui s'est poursuivie de 2005 à 2009 avec les sociaux-démocrates, elle a mis en avant les convergences plutôt que les divergences, rappelé ses barons à l'ordre, sans ménagement, quand ils levaient indépendamment la voix, donnant l'impression de cacophonie. Le compromis d'abord, dans le sens d'intérêts supérieurs.

Que pense Angela Merkel ? Elle est économiquement libérale : assainissement financier, réduction de l'endettement, dérégulation raisonnable, subsidiarité, stabilité de l'euro, liberté d'entreprendre, égalité des chances par une concurrence saine, tels sont quelques-uns de ses maîtres-mots. Pour elle, préparer un avenir et une vieillesse prospère aux nouvelles générations, pas seulement à celles qui vieillissent aujourd'hui, est essentiel. Nos enfants et petits-enfants, répète-t-elle, n'ont pas à payer nos dettes. Ne pas endetter l'Allemagne davantage est donc son leitmotiv principal en matière financière. La crise l'a certes obligée à composer pour un temps, à contrecœur, mais elle reste convaincue du bien-fondé de cette doctrine. Pour l'assainissement des comptes de l'État et des systèmes sociaux, elle saura d'ailleurs rendre hommage avec élégance à son prédécesseur Gerhard Schröder pour son « Agenda 2010 » de réformes de l'État-providence.

Pour Angela Merkel, tout réguler n'est pas bon et la chance d'un capitalisme à visage humain est à relever. Capitalisme à l'allemande signifie à ses yeux promotion, mobilité, audace, tout le contraire de ce qu'elle vécu dans l'austère corset de la RDA. Quand l'Allemagne s'est réunifiée, a-t-elle confié un jour, ce qui l'a convaincue, bouleversée, c'est que ce système florissant d'Allemagne de l'Ouest propose aux Allemands de l'Est déprimés par quarante ans de communisme la chance de la promotion sociale et économique, la chance d'un rattrapage.

La symbolique de la parité – un deutschemark contre un mark de l'Est – était forte pour les Allemands de l'Est. Le mouvement de l'Histoire en marche, la chance de vivre une telle époque, ont encouragé la jeune femme à s'engager en politique : elle rejoint en décembre 1989 le mouvement réformiste Demokratischer Aufbruch, puis la CDU de Lothar de Maizière et d'Helmut Kohl. Il y avait aussi dans cet enthousiasme un attrait pour une société mobile, dynamique, encourageant l'initiative privée : bien plus le système américain que le système français.

Aujourd'hui cependant, après les compromis auxquels la « grande coalition » puis, en sens contraire, la coalition avec les libéraux du FDP l'ont contrainte, sa politique est parfois perçue comme une valse-hésitation. Est-elle vraiment restée la « Klimakanzlerin » (« chancelière du climat »), celle qui avait fait en 2006 de la lutte contre le réchauffement son combat et avait réussi à imposer ses convictions et un ensemble d'engagements aux Européens ?

N'est-elle pas devenue, comme Gerhard Schröder avant elle, une « Autokanzlerin » (« chancelière de l'automobile ») soucieuse d'éviter à l'industrie allemande de ce secteur clé des adaptations trop draconiennes ? se demandent les déçus. Son manque de vision économique lui est amèrement reproché. Sa popularité, longtemps très haute, s'est altérée en 2010.

Angela Merkel ménage l'intérêt des différents acteurs. Pour autant est-elle nécessairement indécise ? Au sommet européen de décembre 2008, à Bruxelles, quand, pressé d'aller se coucher, Silvio Berlusconi, entre la poire et le fromage, aurait suggéré à ses vingt-six pairs fatigués de repousser la décision sur l'adoption du « paquet climat », une voix claire et nette se serait élevée de l'assemblée, celle d'Angela Merkel : « non, Silvio ». Le macho aurait aussitôt cédé. Elle ne comprend guère, semble-t-il, les hommes capricieux ; son mari, le discret et posé Joachim Sauer, paraît à l'extrême de ce tempérament.

Autre reproche qui lui colle à la peau : au milieu des turbulences de la crise financière qui a saisi le monde depuis septembre 2008, elle aurait montré une absence d'audace et aurait retardé la réaction européenne. Elle se serait montrée tellement attachée à l'orthodoxie financière, à la réduction de l'endettement des générations à venir, à l'équilibre budgétaire – que son ministre social-démocrate Peer Steinbrück venait de réaliser brillamment –, qu'elle aurait longtemps refusé de comprendre l'urgence.

Tandis que la France « travaillait » à adopter les mesures indispensables de relance, l'Allemagne se contentait « d'y réfléchir », avait accusé en novembre 2008 Nicolas Sarkozy, furieux. Elle aurait été la seule des grands dirigeants occidentaux à se refuser à des plans conjoncturels de grande envergure, nationaux et européens. Avant finalement d'accepter l'inévitable.

« Son style politique tout entier est adapté aux situations normales, pas aux avaries. Elle considère la politique comme une affaire à considérer à partir de sa fin, elle se réjouit d'être capable plus que d'autres d'attendre le moment opportun. Mais la crise exige une intervention énergique, la rapidité, la réaction dans l'instant. Chaque moment compte et pas seulement le meilleur », tranchait fin 2009 un grand article du magazine *Der Spiegel*, relevant que la chancelière n'avait pas de réponse, n'était pas une économiste et avait peur de prendre des risques[9]. Cet article, intitulé « Madame no » – un surnom qui est sans doute excessif –, est un réquisitoire sans concessions. Il énumère toutes ses réticences, la colère des Européens. Allant jusqu'à conclure que la locomotive allemande a décroché. « La crise est une période d'émotions, de peurs, d'explosion des sentiments. Merkel y réagit avec cette éternelle égalité d'humeur, ce caractère inébranlable. Et celui qui n'est pas apaisé par ces traits de caractère, qui a besoin de dialogue et d'une émotion, il est mis de côté par elle », décrétait, sévère, l'influent journal allemand. Il ne réalisait pas que ce qu'il prenait pour un manque d'idées était une fidélité à des postulats et un refus de céder aux impulsions du moment. Qu'en est-il vraiment ? Indécision mortifère ou obstination raisonnable ?

On dit à Washington qu'elle est le dirigeant préféré de Barack Obama parmi les Européens, parce qu'elle partage avec lui ce tempérament non sentimental, conceptuel et distant. Pas de tapes sur l'épaule, d'embrassades, de chantage affectif excessif ; de la hauteur, de l'estime entre deux dirigeants cherchant à voir à long terme en dehors de l'émotionnel.

La chancelière est soucieuse d'éviter le saut en avant irréfléchi. Son entêtement à ne pas se laisser emballer, à refuser l'affolement, son attachement à certains postulats comme la maîtrise des déficits, son esprit scientifique et rationnel finissent souvent par lui servir et par être reconnus comme positifs, après avoir été vivement critiqués.

Angela Merkel distille lentement ses décisions et semble toujours vouloir dire entre les mots : « la décision que je vous annonce, je l'ai prise parce que c'était mon devoir, que ma raison me la dictait, que mes experts m'y incitaient, qu'il n'y en avait pas d'autre. Je l'ai prise en conscience et pas par démagogie. Et si je prônais de tout autres remèdes il y a trois semaines, de nouveaux éléments sont survenus entre-temps ». Et le message passe. Souvent au-dessus de la tête de la plupart de ses concitoyens mais il passe. Et des politiciens piquent de secrètes crises de nerf et de jalousie, se sentant

9. « Madame no », *Der Spiegel*, 1er décembre 2008. Le titre du magazine est : *Angela sans courage.*

dépossédés par cette femme omnivore qui a repris leurs messages et les a fait accepter.

Sur le front intérieur, Angela Merkel paraît parfois naviguer au plus près, chercher la ligne médiane entre les différentes composantes de sa coalition. Est-ce dû à un excès d'écoute, de prudence tactique et de pondération des différents arguments ? Elle veut éviter les blocages et ruptures inutiles. Elle a conscience de n'être qu'une « Ossi » parvenue à la tête d'une RFA réunifiée, et de son parti le plus puissant, la CDU, qui, quelques années plus tôt, la regardait de haut. Du coup, elle n'a pas toujours montré l'assurance d'un Schröder, même si son propos s'est fait plus assuré au fil des ans. Par tempérament elle préfère le chemin lent de la recherche d'un consensus, qui n'est parfois qu'un consensus mou, mais qui peut s'avérer plus consistant *in fine.*

L'adversaire politique social-démocrate durant la « grande coalition » (2005/2008), le très fin chef du SPD Franz Müntefering, qui était les premières années son ministre du Travail, lui reprochait un manque de leadership et de vision : « Mon impression est que nos dirigeants politiques, et tout d'abord la chancelière, laissent dans le vague ce qui est effectivement nécessaire à notre société et le but du chemin que nous parcourons », critiquait-il dans son livre *Macht Politik*[10] (*Faites de la politique*), paru en 2008.

Moderne dans son propre camp

Socialement, elle est relativement progressiste et moderne, au point que beaucoup pensent au sein de son parti qu'elle est une sociale-démocrate manquée. Prônant la moralisation du monde de la finance, elle n'aime, pas plus que les sociaux-démocrates, les patrons abusant de leur position et vivant dans d'immenses privilèges. Elle est pour la protection des faibles dans la société mais s'élève aussi énergiquement contre l'assistanat : des convictions cohérentes avec son éducation protestante. Cette femme divorcée, remariée au savant chimiste Joachim Sauer, est également libre par rapport aux conventions

10. MÜNTEFERING (Franz), *Macht politik*, livre d'entretiens avec la journaliste Tissy Bruns, Herder Verlag, octobre 2008.

les plus conservatrices et se trouve souvent en porte-à-faux avec les alliés catholiques bavarois de l'Union chrétienne-sociale (CSU).

Elle soutient par exemple le développement des crèches pour que les femmes puissent retravailler rapidement. Brisant des lances avec une aile de son propre parti, pour laquelle la mère doit rester au foyer éduquer ses enfants en bas âge si elle ne veut pas être une *Rabemutter* (« mère corbeau », expression allemande pour désigner une mère indigne). Angela Merkel adhère certainement aux nouveaux « trois K » (*Kinder, Küche, Karriere*) (enfants, cuisine, carrière), formule en forme de slogan qui remplace les fameux « trois K » (*Kinder, Küche, Kirche*) (enfants, cuisine, église), qui symbolisaient l'asservissement de la femme allemande sous le nazisme. Elle est du coup accusée d'avoir abandonné ses convictions pour pactiser avec les sociaux-démocrates. Sans épouser les thèses féministes, elle apprécie la féministe Alice Schwarzer, ce que certains de ses amis politiques lui pardonnent mal.

Angela Merkel a été élevée dans un milieu plutôt social-démocrate. Elle est – n'oublions pas – fille d'un pasteur venu de Hambourg s'installer à Templin en 1954 – année de sa naissance – dans la zone d'occupation soviétique déshéritée : un homme socialement ouvert et visiblement prêt à des sacrifices que son père, ce Horst Kasner qui avait répondu à l'appel de son évêque à suppléer à un manque de pasteurs dans cette région. Comme lui, elle a cette vertu typiquement chrétienne, protestante : servir.

Aux principes consensuels observés par tous les chanceliers allemands depuis la guerre, la chancelière venue de l'Est a ajouté des convictions propres qui révèlent ses priorités intimes. Elle a tenu ainsi des propos très cassants à l'encontre du président iranien Mahmoud Ahmadinejad qui menace Israël. Plus que Schröder, elle est pro-israélienne : elle se montre ainsi compréhensive des impératifs de sécurité de l'État hébreu.

Elle est aussi extrêmement sensible à tout ce qui sent de près ou de loin la rigidité communiste, le stalinisme, l'espionnite de la défunte Stasi, le mépris des droits de l'Homme au nom de la raison d'État, qu'elle a pu observer de près. Elle connaît les manœuvres et les manipulations de ces appareils. L'ancienne jeune membre de la FDJ (Freie Deutsche Jugend), les jeunesses socialistes de RDA, a raconté à une occasion comment la Stasi avait essayé de la recruter et qu'elle avait trouvé comme parade de les mettre en garde contre son caractère bavard. Ils avaient renoncé. Elle connaît donc de l'intérieur les subtilités et les rigidités des systèmes hérités du communisme. Ses interlocuteurs russes le savent et la respectent, Vladimir Poutine le premier, qui a perdu en sa présence toute la familiarité qu'il manifestait à Gerhard Schröder. Tout en restant courtoise, elle a une manière bien à elle d'introduire une distance avec son interlocuteur, pour montrer qu'elle n'entre pas dans son jeu.

Cette expérience du communisme explique pourquoi elle a tenu à recevoir le Dalaï-Lama et à rencontrer la société civile à Moscou comme à Pékin, même si cela pouvait nuire aux contacts stratégiques avec ces grandes puissances dont dépendent exportations et investissements allemands. Elle sait que les dissidents dans ces pays ont besoin du soutien public de personnalités et de pays étrangers.

L'ancienne « Ossi » a aussi montré une sympathie particulière aux pays de l'ex-bloc communiste et en particulier à la Pologne, comprenant les blessures du passé, consacrant de longues heures à tenter de vaincre les méfiances des dirigeants de Varsovie à l'égard d'une Allemagne dominatrice. C'est ainsi qu'elle a témoigné plus que de la patience à l'égard des jumeaux Lech et Jaroslaw Kaczynski, un temps président et Premier ministre de Pologne au milieu des années deux mille, qui s'entêtaient dans de stupides défis anti-allemands. Est-ce parce qu'elle avait été très sensibilisée, jeune fille, à ce qui se passait de l'autre côté de la frontière proche, qu'elle avait soutenu des dissidents polonais du syndicat libre Solidarnosc, comme l'indiquait la fiche qu'avait concoctée sur elle la STASI, la police secrète de RDA ?

Femme de conviction, Angela Merkel l'a été aussi quand elle a défendu, avec des arguments de raison et une passion contenue, les racines judéo-chrétiennes de l'Europe, dont elle aurait aimé voir inscrite la mention dans le préambule d'un traité européen. Étonnant ! Vu de France, il peut paraître absurde que cette femme moderne et laïque plaide pour une telle reconnaissance. Mais peut-être est-ce un fondement de sa personnalité ? Ayant baigné dans des références chrétiennes, elle y a trouvé un socle sur lequel construire son action politique : solidarité avec les plus faibles, esprit d'entreprise dans la justice, chances pour tous. Le socialisme marxiste, qui a perdu la bataille, ne peut être compensé à ses yeux que par un idéal aussi fort de justice et de fraternité, non par un capitalisme brutal et sans règles. L'exigence de la Bible de Luther plaît à cette femme rigoureuse. Elle n'est pas du tout fondamentaliste. Elle ne mélange pas les genres mais est une vraie protestante allemande pour qui la religion est source du choix éthique. Elle fera la leçon même au pape quand il montrera trop d'indulgence à l'égard d'un évêque traditionaliste anglais niant les chambres à gaz.

Angela Merkel est enfin une femme restée simple. La « jeune fille » de Helmut Kohl se montrait gauche et timide comme le rappellent des images d'archives assez étonnantes et drôles des congrès de la CDU. Avec sa coupe de jeune scoute, on l'aurait bien imaginée dans une manifestation locale contre le nucléaire, pour le tri des déchets ou pour la protection du littoral du Mecklembourg. Aujourd'hui, elle ne porte plus le jean et l'anorak, mais a trouvé son style, une coiffure bien plus sophistiquée. Elle revêt non sans plaisir, quand la vie publique l'exige, des tenues de gala, des robes longues de grands couturiers. Même si elle se sent visiblement plus à l'aise dans d'élégants ensembles veste-pantalon, plus modernes. Lors du Festival de musique wagnérienne de Bayreuth (l'opéra est une de ses passions), elle arbore de splendides robes de soie et s'enveloppe dans de longs châles, qui éblouissent la presse *people*. Une robe très échancrée sur la poitrine, qu'elle porte aux côtés des souverains norvégiens à l'inauguration du nouvel Opéra d'Oslo, suscite chez les journalistes allemands l'étonnement, et les questions les plus insistantes à ses porte-parole, qui les prient poliment de passer à un autre sujet. Comme si la presse allemande découvrait sa féminité…

Mais Angela demeure avant tout réservée et c'est ce qui fait son charme. Elle a encore, bien que moins souvent qu'avant, le même sourire timide, qui plisse la commissure des lèvres et lui fait parfois cligner des paupières quand elle reçoit une louange et une cajolerie. Comme une enfant surprise par un soudain compliment. Est-ce un rôle de sa part, sachant que, si charme on lui reconnaît, il se trouve dans sa réserve pudique, faute d'éclatante beauté ? Ou bien ces réactions restent-elles spontanées ? On suppose en tout cas qu'Angela Merkel compense les petites frustrations du pouvoir par de l'humour à domicile. Cette femme, venue d'une terre de nulle part, n'appartenant à ses débuts à aucun réseau politique, a bien des raisons de se moquer des grands de ce monde. Elle aurait même, dit-on, le don de reproduire, en privé, les mimiques et gestes de l'ancien président français Jacques Chirac, par exemple.

Angela Merkel ne s'ennuie pas au pouvoir, semble infatigable, mais rêvait-elle d'être la femme la plus influente du monde ? La partie la plus privée, la plus authentique d'elle-même doit parfois se rebeller encore contre les multiples conventions et hypocrisies. Dans son bureau à l'étage supérieur de la chancellerie au bord de la Spree, on peut bien imaginer cette femme, qui aime passionnément l'« agir » politique, lever un moment les yeux de ses dossiers, déchausser ses lunettes, et suivre en soupirant les nuages blancs qui caracolent dans le ciel, en direction de l'Est, son *Heimat*, sa petite datcha de Hohenwalde, près de Templin dans le Uckermark, à quelques encablures de la frontière polonaise. Par les baies de la chancellerie ultramoderne, elle se revoit alors dans les années soixante, adolescente coiffée court, vêtue sans recherche, allant tranquillement à vélo sur les routes presque sans voiture d'alors, observant la pure simplicité des courbes des collines et des bois. Simplicité bénie.

Quelle est la vie privée d'Angela Merkel ? Elle la préserve jalousement, mais elle accepte peu à peu avec beaucoup de simplicité d'en distiller au fil d'interviews des bribes, tout en gardant l'essentiel pour elle. Ainsi on a pu apprendre que, au moment de l'annonce de la chute du Mur, le 11 novembre 1989, la brillante chercheuse en physique quantique transpirait tranquillement dans un sauna, en bonne Allemande. Elle avait fait tout de même un tour tard dans la soirée pour voir ce qui se passait, franchissant le Mur à l'ouest, dans le quartier de Moabit. Elle était allée boire une bière chez des inconnus, puis était rentrée tranquillement chez elle se coucher. Elle n'avait rien d'une contestataire survoltée, d'une pasionaria de la dissidence, même si elle n'avait aucune sympathie pour le régime communiste.

Simple et intellectuelle

Angela aime la simplicité, et on peut l'apercevoir parfois à la caisse d'un supermarché de son quartier central berlinois de Mitte ou en train de sélectionner des fromages français aux Galeries Lafayette.

La partie privée de la vie d'Angela, encore aujourd'hui, n'est pas une existence mondaine, mais elle est très attachée au contact avec ceux qui ont quelque chose de neuf à dire. Elle mène une vie sérieuse mais pas ennuyeuse. Cette existence-là n'est pas souvent dans le tabloïd *Bild Zeitung*, qui est pourtant bien à l'affût.

Au dernier étage de la chancellerie, elle invite intellectuels, artistes, sportifs, chefs d'entreprise, hommes et femmes engagés, à des dîners, et les écoute avec attention. Dans l'appartement qu'elle et son mari louent près de l'île aux Musées, elle aime, a-t-elle confié, préparer une tarte aux prunes, cuisiner elle-même, recevoir avec Joachim Sauer, quand son emploi du temps le lui permet.

On y discute sans doute là aussi philosophie, histoire et sciences. Elle doit aussi décocher ses flèches – dans une mesure cependant toute protestante, ce qui les rend d'autant plus redoutables. On imagine Joachim, qui paraît certes sérieux mais non dénué d'un humour pince-sans-rire, lui donnant la réplique. Mais là nous entrons dans des spéculations, tant elle sait bien préserver le territoire de sa vie privée !

Secrète et discrète Angela. Lorsqu'elle avait été désignée chancelière en novembre 2005, elle avait, exténuée à l'issue des longues négociations politiques qui avaient abouti à l'accord de « grande coalition », donné sa première conférence de presse dans ce nouveau rôle. Une journaliste d'un célèbre journal britannique voulait qu'elle exprime son émotion, qu'elle sorte enfin de sa réserve, après tout le stress de l'après-campagne et les attaques au bulldozer de son adversaire Gerhard Schröder. La journaliste avait dû insister. L'échange avait fait rire une salle comble. Tout ce qu'elle avait réussi alors à sortir d'Angela Merkel, c'était un « bien sûr, je suis heureuse » et un sourire rougissant, le plus charmant du monde.

Usure et compromis

Aujourd'hui, cinq ans après, un sourire éclaire encore parfois un visage fatigué. Il est plus rarement prodigué. La crise financière internationale et la nouvelle alliance orageuse avec les libéraux, à l'issue des élections de septembre 2009, ont pesé sur les épaules de cette femme qui a paru parfois presque regretter la « grande coalition » avec les sociaux-démocrates. Avec lesquels elle était sans doute davantage en phase socialement, même si, économiquement, elle adhère davantage à certaines recettes des libéraux. Peut-elle sa gravité tient-elle aussi au constat réaliste de la difficulté à maintenir le filet social et à moderniser en même temps le pays, à convaincre les autres Européens, à maintenir la lutte contre le réchauffement, à faire face au rattrapage accéléré des grands émergents ?

Usure du pouvoir ? Le début d'un double menton, le teint souvent jaune, son air parfois de bouledogue ont de quoi ravir les caricaturistes ; certains d'entre eux la dépeignent avec un visage porcin. Ils y lisent un manque de tempérament, une trop grande propension à l'habitude, une machine bien huilée. Même pour qui n'aime pas Merkel, tout cela semble féroce et faux.

Assez justement, elle a été désignée une fois dans la presse comme « die Königin der Klarstellung », la « reine de la clarification » parce qu'elle aime beaucoup proférer des mises au point raisonnables qui sentent le prêche. Quand elle téléphone au Vatican et critique Benoît XVI dans l'affaire de l'évêque négationniste Richard Williamson, elle exprime sûrement son irritation sincère et sait en même temps qu'elle rejoint une opinion courroucée ou déçue : il est payant politiquement en Allemagne de donner, en bonne protestante, une leçon à une institution à l'étranger (en l'occurrence le Vatican), sur un thème aussi sensible et allemand que l'Holocauste… Quand, un an plus tard, *a contrario*, elle défend le pape allemand, en affirmant avec hauteur que le scandale pédophile qui touche l'Église catholique n'est pas spécifique à cette institution mais un problème de la société tout entière, elle sait aussi qu'elle marque des points auprès de son électorat conservateur, tout en exprimant un jugement qu'elle sent équitable et nécessaire. Ainsi, à chaque fois, les clarifications sont sincères et politiquement opportunes à la fois. Si beaucoup lui en veulent pour sa manière de laisser aux autres les paroles les plus dures et l'annonce de décisions impopulaires, ils lui reconnaissent la capacité de prendre de la hauteur, avec quelques mots bien sentis.

Même s'ils sont moins convaincus par sa politique en 2011 qu'en 2005, et voteraient moins volontiers pour elle, bien des gens simples dans ce pays apprécient cette femme, y compris la sage donneuse de leçons. Beaucoup aimeraient la rencontrer, parler avec elle. Même s'ils ne la trouvent pas drôle, au moins ne la sentent-ils pas à des années-lumière d'eux. Ils la pensent sincère, raisonnable, économe, et plutôt compétente. Elle fuit l'adulation à bon compte, ne se fie pas aux sondages complaisants, n'a que méfiance pour tout ce qui revient à n'agir que par quête de popularité. Cela contribue aussi à l'image positive que les gens ont d'elle. Elle est crédible, ne se laisse pas acheter dans ses convictions, incarne le facteur confiance. Elle est l'antithèse du président Nicolas Sarkozy : elle n'est pas la brillante sprinteuse qui risque de s'écrouler avant la ligne d'arrivée. Plutôt une grande sœur, une mère qui, tout en servant aux Allemands les mêmes repas matin et soir, a entrepris un marathon pour une modernisation lente du pays. Ils peuvent lui faire confiance, à défaut de s'enflammer pour elle. Beaucoup disent qu'elle s'est mise à incarner l'Allemagne, à défaut de la changer radicalement.

Quelle est « l'Allemagne de Merkel », relaxe en apparence mais désenchantée ? Une Allemagne qui a peur de perdre des bouts de sa prospérité. Merkel est la personne qui convient à une Allemagne qui pense que ses beaux jours sont écoulés : « Nous avons raison d'avancer à pas sûrs et réguliers, nous conservons notre souffle, nous resterons les meilleurs parce que nous sommes les plus sérieux, les plus raisonnables », semble-t-elle encourager ses compatriotes.

L'effet Merkel dans la vie politique, c'est un effet centriste et centrifuge pas toujours positif : Angela Merkel a gouverné au centre, d'abord avec les sociaux-démocrates puis avec les libéraux, et a paru ainsi émousser les différences au grand dam des partis. De fortes exaspérations continuent de bouillir sous le couvercle du microcosme politique berlinois.

L'action diplomatique de Merkel est respectée à l'extérieur mais à l'intérieur il n'y a plus la magie des premières années, qui avaient vu leur apothéose avec la double présidence du G8 et de l'Union européenne en 2007. Années joyeuses avec le succès du Mondial de foot où une chancelière radieuse montrait avec modestie, *fair-play* et humour, son admiration pour les beaux gosses de la Mannschaft. Même si la magie n'y est plus, dans la période plus tourmentée qui a commencé en 2008, Angela apparaît souveraine, dégageant une force tranquille. Elle semble parfois, au moment où un Obama visionnaire déçu ou un Sarkozy agité se débattent avec leurs promesses, un roc en un monde incertain. Elle est prévisible même si elle n'est pas toujours assez réactive. Certains grands journaux comme le magazine américain *Newsweek* ont regretté qu'elle demeure la « slow-motion Merkel [11] » (« la Merkel au mouvement lent »), l'invitant à se saisir du pouvoir que le vide laissé par les autres lui propose, et à user de son influence pour imprimer une mondialisation plus juste.

C'est probablement sur le plan intérieur, au sein de son parti, qu'Angela Merkel est la plus menacée à terme par les luttes internes. Les barons conservateurs ne lui pardonnent pas un profil trop centriste ou social-démocrate, responsable, selon eux, de mauvais sondages et de débâcles électorales dans plusieurs Länder. Revers qui, s'ils se renouvellent, fragiliseront la majorité de la coalition « noire (CDU/CSU)-jaune » (FDP) au niveau fédéral. Ils voient le profit à tirer d'un virage résolument à droite auprès d'une partie d'un électorat effrayé par les défis de l'intégration. Au sein de cette machine de parti toute-puissante, une lutte pour le pouvoir couve depuis longtemps sous la cendre, chacun affute ses armes en souriant. Mais Angela n'est pas quelqu'un à se laisser facilement abattre et aucun grand de la CDU ne semblait encore en mesure fin 2010 de défier son leadership.

Même sans réformes spectaculaires et avec beaucoup de compromis, le bilan encore provisoire de l'ère Merkel est loin d'être négatif, qu'on aime ou non le personnage. Le champ est labouré consciencieusement, la société

11. THEIL (Stefan), « Slow-motion Merkel. Europe needs a leader, but the likely candidate doesn't want the job », *Newsweek*, 9 mars 2010.

continue d'être réformée avec le sérieux caractéristique de ses dirigeants depuis la naissance de la RFA en 1949 et dans le respect des fondamentaux de celle-ci. Merkel sait parfois, quand il le faut, reculer sur ses positions, après s'être un temps raidie. L'Allemagne ne réalise pas à quel point son visage dans le monde a changé favorablement depuis que la fille du pasteur de Templin gouverne au bord de la Spree, en dépit de toute sa prudence légendaire.

Une nation-clé au cœur de l'Europe, patrie de Goethe et Thomas Mann mais aussi de Guillaume II, Hitler et Honecker, pays longtemps raide et arrogant, a féminisé son visage, dans un concert de nations dominé par les hommes. Le sourire de première de classe qu'arbore encore Angela Merkel quand elle se détend soudain après avoir obtenu un accord à l'arraché, continue d'avoir quelque chose de poignant et de frais.

CHAPITRE 3

« OSTALGIE » OU VISAGES DE RDA

Un jour d'été torride, dans le Mecklembourg, une petite exploitation agricole en autarcie, au milieu des champs de colza, nous accueille. Elle loue des chambres, pour un complément de revenus. Chaque euro est bienvenu. Ils travaillent pieds nus, l'homme et la femme, de l'aube à la nuit. Chèvres, moutons, cochons, chiens, canards se mêlent à la vie des hommes, le plus naturellement du monde. On se croirait revenu dans une ferme des années cinquante.

Ils sont chaleureux, rudes et en colère. En ce mois de juillet de 2007, ils regrettent l'époque du dirigeant communiste de la RDA, Erich Honecker. Après la Réunification en 1990, ils s'étaient installés dans une ville du Bade-Wurtemberg mais ont préféré revenir. L'ambiance ouatée de l'Ouest et la cherté de la vie leur rendaient l'existence impossible. Ici, ils se battent pour tenir le coup. Dans le Mecklembourg, l'agriculture biologique est largement pratiquée. Plus d'une ferme sur huit tourne selon des critères écologiques, bien plus qu'au Bade-Wurtemberg.

Ce couple d'exploitants méprise les hommes politiques qui ont épousé les idées de l'Ouest, comme la chancelière Angela Merkel, dont le fief, Templin, est à une cinquantaine de kilomètres. Ce mépris englobe aussi bien les chrétiens-démocrates que les sociaux-démocrates, gouvernant alors ensemble dans la « grande coalition » à Berlin.

Ils ne jurent que par les anciens communistes regroupés alors dans le PDS, héritier du parti unique SED et refondu aujourd'hui dans le parti Die

Linke, la nouvelle gauche allemande, qui prend son essor dans toute l'Allemagne. Ils voudraient un retour à ce qu'ils voient comme le bon vieux temps, estimant que le régime socialiste de la RDA a été trahi, vendu aux Occidentaux par le dernier numéro un soviétique, Mikhaïl Gorbatchev, et mal jugé par l'histoire.

Comme seule attraction du coin, ils recommandent un parc de jeux pour les enfants « installé à l'époque communiste » – « à cette époque, disent-ils, on faisait ce qu'il fallait pour les enfants » –, un parc qui existe toujours dans la ville voisine de Neubrandenburg. Ils vantent une certaine baie qu'ils font encore pousser chez eux, produite à partir d'un mélange entre plusieurs autres baies et conçue pour donner le maximum de vitamines : « une conquête sociale des laboratoires du régime communiste »…

Ils vivent en autarcie, grâce aux produits de la ferme, y compris pour leur chauffage d'hiver et leur nourriture. Ils disent acheter seulement à la ville les livres d'école pour leurs enfants, le savon, le papier toilette. Mais c'est difficile, et chaque parasite sur une plante est une menace pour la survie de toute l'exploitation. Plus que tout, en pleine alarme mondiale autour de la grippe aviaire qui sévit alors, ils craignent que le mauvais sort ne tombe sur eux, si jamais un oiseau migrateur, un cygne malade, a la mauvaise idée d'aller agoniser dans l'étang où croisent leurs canards. Ils semblent déterminés à ne pas déclarer aux autorités les signes de l'épizootie s'ils devaient se manifester.

Ils pestent contre les grandes fermes extensives qui gagnent sans cesse du terrain dans la région, et produisent du biocarburant à partir du colza. Sous le ciel limpide, les champs jaune d'or, à perte de vue, encerclent véritablement leur terre. Cette nouvelle vogue, depuis partiellement remise en question, a transformé la donne agricole dans ce Land, apportant l'espoir de revenus supplémentaires. Ce sont souvent de gros exploitants de l'Ouest qui ont profité du regroupement des terres à l'ère communiste pour implanter une agriculture moderne et industrielle.

Le soir tombe sur cette campagne, et une fois que les machines agricoles se sont tues, il règne une paix d'une autre époque. Au fond d'un sous-bois, un petit lac avec un embarcadère oublié, d'où quelques jeunes plongent, avant de remonter sur la plage échanger des baisers avec des filles et reprendre une gorgée de bière au goulot de la bouteille.

La région, forte belle et romantique, avec ses châteaux et ses chapelets de lacs, veut se développer touristiquement et est traversée de pistes cyclables. Au bord d'une route où passe un maximum de vingt voitures par heure, à côté d'un petit musée désert à la mémoire d'un sculpteur né là il y a un siècle et passablement oublié, un seul restaurant avec terrasse ombragée. Quelques touristes américains, français, et ouest-allemands sont venus dîner. Ils sont assurés de la qualité et de la tranquillité.

Les Allemands de l'Ouest, des étrangers ? Même si plus des trois quarts des Allemands de l'Est se disent heureux de vivre dans la patrie réunifiée malgré les nombreux problèmes, certains comme ce couple paysan regrettent le temps « béni » de la RDA, l'idéalisent, le magnifient.

Il y a parfois des deux côtés de l'Allemagne une frontière qui passe encore dans les prés et dans les têtes. Et à l'Est, les souvenirs restent encore vivaces de ces aristocrates ou de ces hommes d'affaires en loden vert, venus de Düsseldorf, de Hambourg et de la Bavière, racheter pour rien des terres, des entreprises ou des châteaux, parfois ayant appartenu à leurs ancêtres. L'arrogance ne s'oublie pas.

Terres charmantes mais zones hostiles

Des images répétitives de la RDA viennent à l'esprit de celui qui l'a un tant soit peu parcourue. Elles ne sont pas sans charme mais sont empreintes d'une grande mélancolie. Le long de routes aux pavés ronds et glissants, des rangées de maisons à un étage avec leurs petits jardins et parfois des nains colorés, mais peu de passants à qui demander son chemin si l'on se perd. Une église de brique rouge fermée. Au coin des rues, il n'y a parfois même pas un panneau pour indiquer leur nom. Au fond de places centrales vastes et désertes, parfois la belle façade baroque ou gothique un peu décrépite d'un hôtel de ville, d'un pavillon de château. Un *Denkmal* (monument commémoratif) ici et là, à la mémoire d'un grand homme local, des morts de la guerre, des victimes du nazisme, ou encore une fresque socialiste peinte sur une barre HLM (*Plattenbau*) dégradée.

Des petites villes, des villages – contrairement à des villes plus grandes, bien restaurées et très dynamiques, de Leipzig à Dresde, d'Erfurt à Stralsund, de Weimar à Rostock –, donnent l'impression d'être morts : il n'y a souvent plus d'école ni d'hôpital. Les forces vives sont parties de RDA, surtout les femmes. Un million d'habitants ont choisi ainsi d'émigrer à l'Ouest. La population est 12 % inférieure à ce qu'elle était à la fin de la RDA, et la natalité est déprimée (38 % de moins qu'en 1990). Le taux de chômage est près du double de celui de l'Ouest (11,5 % contre 6,5 %). Restent des personnes âgées dans leurs jardins soignés, et des jeunes hommes au chômage qui, sans perspective, ont tendance à boire et sont parfois recrutés par les amicales néonazies.

Dans ces bourgades, il ne fait pas toujours bon ouvrir un restaurant vietnamien, être travailleur immigré indien ou africain. À Rudolstadt en Thuringe, un pasteur, sa femme indienne et ses enfants ont été tellement fixés du regard, insultés, mal accueillis, qu'ils ont dû refaire leur vie à l'Ouest. De manière variable selon les lieux, une certaine psychose, une sourde angoisse peuvent régner parfois pour l'étranger d'une autre race.

Au moment du Mondial de 2006, une association d'Africains immigrés avait carrément déconseillé aux Africains venus dans l'ex-RDA de se rendre dans certaines zones, qualifiées de « zones de non-droit ». Certaines affaires ont été parfois montées en épingle et exagérées, voire manipulées comme l'histoire d'une fille de couleur qui avait prétendu que des néonazis lui avaient inscrit sur la peau des tatouages, qu'elle s'était en fait gravés elle-même. Mais il demeure un climat général, différent de l'Ouest. Les Turcs ne s'y trompent pas, par exemple, qui continuent à préférer surtout s'installer de l'autre côté. Les Allemands de l'Est n'étaient pas habitués à voir beaucoup d'étrangers à l'époque communiste. Seuls des contingents des « pays frères » du tiers-monde, du Vietnam au Mozambique, y avaient été accueillis.

Aujourd'hui, l'ex-RDA se distingue encore du reste du pays par un brassage moins grand de sa population. Cela accentue le sentiment d'un fossé entre les mentalités, que ressentira tel visiteur venu de Stuttgart ou de Hanovre quand il séjournera dans un village à moitié déserté du Brandebourg. Ce relatif isolement, hors des grands circuits qui traversent la société allemande, a cependant disparu dans les grandes villes comme Dresde et Leipzig, en Thuringe ou sur la côte touristique de la mer Baltique.

Vingt ans après la *Wende*, comme on appelle le « tournant » de la Réunification, la présence de néonazis dans plusieurs Landtage (parlements régionaux) et la toile qu'ils tissent patiemment dans une jeunesse en manque de repères ont de quoi inquiéter. Les scores électoraux toujours considérables des ex-communistes – qui participent au gouvernement dans plusieurs régions ou forment la plus importante force d'opposition –, sont aussi des signaux indéniables de la déception et de la frustration grandissantes face aux réformes de l'État-providence conduites par les gouvernements Schröder et Merkel.

Pour les mêmes raisons, les associations d'anciens de la Stasi, la police politique, redressent la tête. Les manifestations d'« Ostalgie », comme on surnomme la nostalgie du passé communiste, se multiplient. Des sondages révèlent même que des Allemands de l'Est commencent à regretter la division interallemande : 23 % affirmeraient « souhaiter parfois qu'il y ait encore le Mur » selon une enquête d'opinion publiée en mars 2009 [12]. Ces sondages sont certes à prendre avec précaution, car souvent élaborés à partir de questionnaires habilement orientés, exploitant les émotions ou les colères du moment. Mais la frustration et la nostalgie sont là, indéniables, autant chez les anciens fonctionnaires du régime communiste que chez leurs petits-enfants qui en ont seulement entendu parler.

Les plus vieux sont encore souvent imprégnés de réflexes sidérants qui leur viennent de leur éducation socialiste. Certains continuent à évacuer

---

12. Enquête d'opinion par l'institut Emnid publiée par *Bild Zeitung*, après la diffusion les 15 et 16 mars 2010 sur la chaîne *SAT1* d'un téléfilm de fiction, *Die Grenze*, imaginant qu'une partie de l'Allemagne de l'Est se sépare à nouveau à la faveur de troubles sociaux et d'attentats terroristes.

commodément la réflexion sur la faute du peuple allemand, en la faisant porter sur les seuls capitalistes de l'Ouest. Les plus jeunes peuvent rester marqués par cette fermeture ou les visions idéalisées de leurs parents et grands-parents.

Ils montrent parfois une très grande méconnaissance des deux dictatures qui se sont succédé sur ces terres longtemps abandonnées des dieux. Ils ignorent par exemple qui a construit le Mur en 1961 ou pensent qu'Erich Honecker avait été désigné à l'issue d'élections à l'occidentale.

La dictature communiste serait encore insuffisamment évoquée, expliquée. « Le problème est celui de toute l'Allemagne. Nulle part la RDA n'est abordée suffisamment à l'école. Dans les familles à l'Est, son caractère social est glorifié de manière romantique, d'autant que les gens n'ont pas toujours eu de bonnes expériences avec la Réunification et dans les années qui ont suivi », a estimé dans *Der Spiegel* le chercheur Klaus Schroeder de la Freie Universität Berlin. « Les jeunes Allemands de l'Est apprennent des choses sur la RDA dans les conversations en famille, qui tournent autour des souvenirs heureux et du quotidien, et durant lesquelles on parle à peine de l'oppression et de la politique [13] », a encore jugé cet historien qui s'attache à dénoncer les idées souvent fausses de la jeunesse allemande à l'égard de la RDA. Certaines réalisations indéniables, comme les crèches pour les tout-petits, sont mises en avant, parfois idéalisées, sans qu'on perçoive désormais que ce système positif était aussi assorti de contraintes et de privations.

Face au système consumériste et agressif de l'Ouest, la jeune génération est-allemande aurait tendance à défendre les valeurs brocardées de ses parents, se sentant personnellement mise en cause par le mépris et l'oubli qui les entourent.

« Le Mur reste-t-il dans les têtes ? », selon la formule souvent entendue : cette hypothèse agite en permanence le débat allemand. Beaucoup disent que oui. Même si les régions de l'Est se développent, il y a encore des

13. SCHROEDER (Klaus), deux extraits de deux interviews, *Der Spiegel*, les 22 novembre 2007 et 27 mars 2009.

déséquilibres en termes de chômage, de retraites, de salaires, d'infrastructures, particulièrement ressentis en période de crise. Ne reste-t-il pas de la rancœur chez ces « Ossis », qui se sont sentis jugés et dépossédés de leurs valeurs par ces cousins lointains « Wessis » qu'ils ne connaissaient plus après quarante ans de communisme ? N'ont-ils pas éprouvé un sentiment humiliant à voir leur pays absorbé dans un autre, disparaissant purement et simplement en moins d'un an, alors qu'il était né la même année que lui (1949) et avait été reconnu comme légitime par la communauté internationale ? N'y a-t-il pas aussi quelque chose comme une mauvaise conscience d'avoir profité des sous de la RFA (plus de 1 340 milliards d'euros, dont 67 % de prestations sociales, transférés depuis 1991), tout en maugréant contre elle et en gardant un attachement secret aux valeurs intrinsèques de la RDA ? Ne se sentent-ils pas citoyens de seconde zone, furieux d'être considérés comme tels par certains « Wessis » ?

Humiliés aussi d'avoir à se justifier du passé, au contraire des cousins de RFA ! Il y avait en RDA des valeurs fortes en matière de discipline, de solidarité, de droits des femmes, auxquelles beaucoup d'anciens citoyens de l'« État Stasi » sont encore attachés sans le dire. Et ils vivent mal certaines campagnes tendant à dénigrer ce qu'ils ont vécu ensemble durant plus de quarante ans, dans cette République des travailleurs disparue en octobre 1990.

Préjugés

Le dénigrement est d'autant plus fortement ressenti que l'incompréhension et la méconnaissance ont été puissantes de l'autre côté.

C'est à une suffisance, une bonne conscience, un refus de comprendre, une hostilité, un ensemble de préjugés tenaces ou à un sentiment de pitié que les citoyens de la République de l'Est ont dû faire face durant quarante ans. La République d'Adenauer avait par choix historique résolument tourné la tête et le regard vers la communauté européenne, la France, l'OTAN, les États-Unis.

Beaucoup d'Allemands de l'Ouest, dépourvus de compassion à l'égard de cette partie d'Allemagne confisquée, ne voyaient plus au-delà de leur confortable *Bundesrepublik Deutschland*, ancrée dans cet Occident qui lui assurait la sécurité en échange de sa vassalité. Ils ne concevaient plus que le bouleversement de la Réunification puisse survenir. Beaucoup, n'ayant aucun rapport familial avec l'Est ne le souhaitaient pas, après les turbulences de la guerre. Ils ne voulaient plus être dérangés. Ils voulaient maintenir leur sacro-sainte tranquillité.

Une « Wessi » originaire du Bade-Wurtemberg me racontait qu'elle avait entendu un enfant poser une question saugrenue à un Berlinois venu faire du tourisme dans cette région : « Venez-vous de Berlin-Ouest ou de Berlin-Est ? ». Comme si un Berlinois de l'Est aurait pu venir comme touriste dans cette région aux portes de l'Alsace ! L'ignorance de la vraie situation à l'Est était grande dans certaines familles. Il s'y mêlait une forme de rejet, alimenté par tous les drames rapportés chaque jour par le quotidien conservateur *Bild Zeitung* et d'autres porte-voix de la guerre froide. Berlin était perçu comme lointain, proche de la Pologne, bien loin du Rhin et de sa culture en tout cas. Certes, il y avait les lumières de Berlin-Ouest et de sa société libérale, mais pour plus d'un Allemand conservateur habitant à sept cents kilomètres de là, c'était un monde lointain à la liberté de mœurs et à la créativité suspectes, différent du reste du pays.

Ceux qui n'avaient pas de famille de l'autre côté n'avaient pas de raison de rouler vers ce Rideau de fer effrayant, honteux et disgracieux, d'affronter les contrôles, les points de passage, d'aller visiter ces villes dégradées et ces terres polluées aux pluies acides. Ils roulaient volontiers vers le sud et l'ouest. La guerre froide avait accentué le sentiment de rejet et d'étrangeté absolue du système de la RDA. « Que peut-il y avoir de commun entre ces malheureux ployant sous la dictature et nous autres, Européens, pacifiques, bon vivants, qui jouissons du temps présent après avoir fait fructifier notre argent et réorganisé notre vie par notre travail ? », pensait sans doute plus d'un Allemand en ces périodes de croissance continue des années soixante, soixante-dix et quatre-vingt.

Aujourd'hui, c'est sans doute dans le monde du travail qu'un des écarts les plus évidents de comportement se manifeste encore entre « Wessis » et « Ossis », tant la différence dans la manière de travailler était grande entre le Kombinat est-allemand et l'entreprise ouest-allemande. Une psychologue d'entreprise me confirmait une différence d'attitude chez les cadres supérieurs : les Allemands de l'Ouest y géraient généralement mieux leurs responsabilités personnelles tandis que les « Ossis » avaient le réflexe d'attendre des consignes d'en haut.

Maintenant que la frontière est devenue invisible, d'autres différences se sont heureusement estompées. Et les préjugés sont largement tombés dans la jeune génération.

Ce chauffeur de taxi de 35 ans qui parcourt Berlin et sa région est originaire de Cologne. Il n'avait ni l'envie ni l'idée, avant la *Wende*, d'aller découvrir la RDA, qu'il voyait comme un pays totalement étranger, étrange, retardé. Maintenant il a choisi comme compagne une « Ossi », avec laquelle il a monté sa petite entreprise de taxi. Il vit bien à Ludwigsfelde près de Berlin. Le tableau qu'il brosse, même s'il est exagéré, est inversé : « Ici, il y a sans arrêt de nouvelles routes et autoroutes. Tandis qu'à l'Ouest, en Rhénanie, tout devient "marode" (en piteux état, dégradé) ! Maintenant il faudrait que le Zuschlag (l'impôt exceptionnel sur le revenu acquitté depuis la "Wende" par les contribuables de l'Ouest pour l'Allemagne de l'Est) soit versé par l'Est pour l'Ouest ! », suggère-t-il.

Ce chauffeur de taxi trouve aux alentours de Berlin une vie plus simple, plus économique, moins abîmée qu'en Rhénanie.

À mesure que les gens se découvrent et se mélangent, la devise de 1990 « Nous sommes un peuple » entre dans les cœurs. Elle a eu raison, au moins chez les jeunes « Wessis » et « Ossis », de plus d'un préjugé coriace.

Page noire

Si la République démocratique a été parfois mal aimée et méprisée par ignorance, il n'en reste pas moins qu'elle a été une dictature cruelle pour laquelle elle mérite d'être condamnée en dépit de l'oubli que provoque le passage des années. Que les anciens inspecteurs de la Stasi le veuillent ou non. Et la page noire, c'est avant tout cet « État Stasi », ce système de surveillance des citoyens dans lequel la vie des dissidents était rendue impossible par une police politique omniprésente.

Pourtant l'opinion des contemporains semble hésitante aujourd'hui à condamner ce système. Est-ce parce que comprendre une telle période de l'Histoire prend du temps, qu'il faut du recul, que les témoins sont encore vivants, qu'ils se contredisent ? Est-ce parce que la RFA réunifiée ennuie et déçoit que l'indulgence est plus grande à l'égard du système disparu ?

Des hommes politiques et intellectuels de l'Ouest ou de l'Est tentent aujourd'hui de montrer des aspects plus positifs de la RDA. D'autres tentent au contraire de faire accepter que la RDA soit qualifiée d'*Unrechtsstaat*, littéralement d'« État illégitime » où ne régnait pas l'État de droit. Angela Merkel, elle-même une « Ossi », a pris clairement position dans ce sens. L'ultime Premier ministre de la RDA, le chrétien-démocrate Lothar de Maizière, dont elle avait été la porte-parole en 1990, a coupé la poire en deux l'été dernier : « La RDA n'était pas pleinement un État de droit, mais n'était pas non lui un État illégitime », a-t-il martelé, jugeant dommageable que tout ce qui s'est fait au nom du droit en quarante ans dans ce pays soit jugé illégitime. Pour Lothar de Maizière, c'est le droit pénal politique qui doit seul être déclaré nul et non avenu, le reste devant demeurer juridiquement valide. Ses propos, perçus comme une réhabilitation d'un système injuste, ont réalimenté un débat qui n'est pas prêt de s'éteindre.

Dans certains milieux conservateurs, on va plus loin : la dictature communiste est décrite comme le successeur d'un autre État dictatorial. Il y aurait une continuité de fait avec le nazisme, une continuité dans le mal. Mais cette théorie est contestée comme excessive ou injuste.

Les derniers dirigeants de la RDA, tel Egon Krenz, ultime secrétaire général du SED à l'automne 1989, cherchent à exploiter ces divisions et l'indulgence d'une partie de la classe politique ouest-allemande, dans le parti Die Linke et au-delà. Ils présentent encore aujourd'hui le système communiste comme inoffensif et pacifique. Leur thèse : la RDA est injustement discréditée. « Le dernier mot n'est pas encore dit sur la RDA. Un jour, nos petits-enfants et arrière-petits-enfants voudront savoir pourquoi on s'est montré si rigoureusement négatif sur cette première tentative socialiste. L'Allemagne n'est pas devenue plus juste et plus sûre sans la RDA. Avec elle les guerres en Yougoslavie et en Afghanistan auraient été impensables [14] », a déclaré Egon Krenz. « La RDA n'était pas une fausse couche et aurait mérité d'être mieux traitée [...] Une telle possibilité que nous avons eue ne se représentera pas de sitôt », a encore plaidé l'ancien dirigeant, comme si c'était à recommencer. Krenz faisait partie en 1989 des pragmatiques relativement ouverts du régime communiste. Il a été un des seuls à écoper d'une peine de prison avant de se refaire une vie confortable au bord de la Baltique.

Ainsi, pour ces « anciens » *Genossen* (camarades), les tirs sur les fugitifs qui tentaient de traverser le Rideau de fer ne constituaient qu'une des mesures de protection légitime que d'autres États du monde adoptaient aussi à leurs frontières quand leur territoire était menacé. Ces « mesures » auraient été utilisées en outre avec beaucoup de retenue par les soldats de la NVA, l'armée nationale populaire... Même si près de huit cents personnes ont péri en prenant la fuite aux différentes frontières interallemandes en quarante ans.

Ces mêmes *Genossen* auront du mal à défendre validement la surveillance de la société, les fiches, les informateurs, le traitement des détenus politiques. Deux cent mille prisonniers politiques ont été condamnés à des peines diverses sous le régime communiste, dont trente mille ont effectué de la prison et trente-quatre mille ont été « vendus » contre devises sonnantes et trébuchantes à la RFA.

La police politique secrète ou « Stasi » était le pilier de cette RDA de dix-sept millions d'habitants, avec 91 000 fonctionnaires à plein-temps – soit trois fois plus qu'en URSS –, quelque 175 000 « collaborateurs non officiels », les fameux IM (on pouvait être indicateur sans le savoir ou être extrêmement zélé). Elle disposait de six millions de dossiers individuels, dont

14. KRENZ (Egon), interview au magazine marxiste *Junge Welt*, 19 septembre 2009.

environ quatre millions pour les citoyens de la RDA et environ deux millions pour les frères ennemis de l'Ouest.

Nulle surprise si un des événements emblématiques de la révolution de l'automne 1989 a été l'occupation par la foule déchaînée des archives de la Stasi, Normannenstrasse à Berlin-Est.

À l'ancienne prison de la Stasi, Hohenschönhausen, à Berlin, d'anciens détenus font visiter leurs cellules et racontent l'enfer psychologique qu'ils ont vécu. Certains n'avaient commis pour seul crime que de vouloir rejoindre leur fiancée à l'Ouest, ou d'avoir eu un accès de franchise devant des collègues de travail contre les mesquineries du régime.

Dans son court roman *Schachnovelle* (*Le Joueur d'échecs*), Stefan Zweig, qui est mort avant la naissance de la RDA mais a vécu douloureusement le nazisme, décrit les tortures psychologiques infligées par la Gestapo à un Autrichien d'une certaine élite, que le régime ne peut envoyer dans un camp de concentration. Dans une chambre anonyme, l'isolement, l'absence de repères temporels, les réveils à toute heure pour des interrogatoires, l'impossibilité de se distraire ne fût-ce que par un livre, aboutissent à ce que le détenu craque. Il finit par dire n'importe quoi pour sortir d'un état qui le rend fou.

La Stasi semble avoir repris ces méthodes psychologiques raffinées. Elle avait compris qu'elle ne pouvait appliquer les tortures physiques à ses prisonniers comme l'avaient fait les Soviétiques, et avant eux les nazis, qu'il fallait au moins respecter la lettre des conventions internationales. Elle s'est donc concentrée sur les tortures invisibles, celles qui ne laissent pas de traces mais cassent un homme psychologiquement. Les gardiens de Hohenschönhausen veillaient à ce que les détenus restent sur le dos pour dormir, avec interdiction de se retourner en chien de fusil. La lumière jaune de l'ampoule au plafond restait allumée toute la nuit.

Ils devaient se tourner contre le mur dans le couloir quand ils sortaient de leurs cellules et qu'ils croisaient d'autres détenus. Mais s'il fallait, dans l'intérêt de l'enquête, révéler à un détenu que sa femme avait été arrêtée elle aussi, on trouvait bien le moyen pour qu'ils se rencontrent et se voient sans se parler. Lors des interminables interrogatoires, les enquêteurs plaçaient sur la table la photo de l'enfant dont le détenu était sans nouvelle, et indiquait que le refus de coopération pourrait avoir des conséquences pour lui.

Un partage des tâches était souvent établi entre enquêteurs, le « méchant » étant épaulé par le « gentil », qui restait en retrait. Le « gentil » était celui vers lequel le dissident se tournait finalement quand il craquait, et qui redoublait alors le chantage psychologique pour amener le prisonnier à tout avouer. Ces inspecteurs étaient des psychologues professionnels de haute volée, et leur technique était éprouvée.

Cette intelligence rappelle certaines méthodes d'interrogatoire nazies. L'appareil répressif du Reich savait alterner torture physique et torture psychologique. La perversion consistant à user de mécanismes psychologiques pour briser la volonté d'un homme avait été donc reprise par le régime de RDA. Ou plus sûrement s'inspirait-elle des méthodes soviétiques ? Dans tous les cas, il fallait briser le déviant et l'insubordonné au nom de l'idéologie. Nazisme et stalinisme se rejoignaient quelque part, les Allemands communistes et nazis montraient des analogies dans leurs méthodes psychologiques.

Il n'est pas certain que la majorité des citoyens de l'Est étaient au courant du raffinement de ces lavages de cerveau. Les mal pensants et « ennemis du peuple » étaient tellement isolés par une propagande hostile que le citoyen avait tendance à penser que leur détention, leur rééducation étaient des mesures normales de salubrité publique pour protéger un régime menacé d'une infection extérieure. Entourés d'espions, certains devaient se dire aussi que, s'ils voulaient éviter les ennuis, ils n'avaient pas intérêt à montrer de l'intérêt pour le sort des dissidents emprisonnés.

Le régime de RDA s'efforçait par ailleurs, comme le montre le film à succès mondial *Goodbye Lenin* de Wolfgang Becker, sorti en 2003, de se présenter comme la direction d'une république plébiscitée, conviviale, ponctuée de rituels et de repères sentimentaux. Une société socialiste et progressiste, avec ses grandes célébrations d'une jeunesse sportive, pionnière et solidaire, auxquelles se joignaient des délégations des nations socialistes du monde entier. Il a fallu en 2006 l'autre film culte consacré à la RDA, *La Vie des autres*, de Florian Henckel von Donnersmarck, pour montrer l'hystérie du régime et l'espionnite acharnée contre une minorité de mauvais penseurs. Ce long-métrage a contribué efficacement à lever dans le monde entier les indulgences et les doutes de beaucoup sur le caractère oppressif de ce régime communiste.

Quelle conclusion tirer de cette « page noire » ? Comme beaucoup de régimes autoritaires, celui de la RDA avait mis en œuvre des mesures disproportionnées pour défendre son intégrité. Mais ce qui frappe le plus, c'est à quel point la propagande sur les « menaces » contre la « patrie du socialisme » a pu être efficace, justifiant aux yeux des citoyens l'État totalitaire. C'est cette absence de recul et de culture politique face aux discours abusifs distillés d'en haut, qui fait ressembler les Allemands de l'Est à leurs parents dans la période 1933-1945, même si cette soumission était certainement accompagnée de moins de zèle que sous le nazisme.

Alors que le passé devient flou, qu'une sorte de romantisme entoure l'ancien État des travailleurs, que ses bons côtés indéniables sont plus souvent défendus, la clé pour éviter que les méfaits soient oubliés est la sauvegarde et la transmission des documents. Or les fiches et classeurs des services secrets sont des millions. « La mémoire est une thérapie » et « les documents d'une dictature sont une pharmacie contre la nostalgie[15] », a résumé avec force le pasteur de Rostock Joachim Gauck, ancien dissident célèbre chargé après la Réunification de la gestion des archives de la Stasi.

Collectivisme et sens de la responsabilité

Quelles traces profondes a laissé la RDA dans les mentalités ? En 2005, un curieux débat avait agité les médias. Certains dirigeants, en particulier du camp conservateur, estimaient en substance que les habitants du défunt État,

15. Par cette formule souvent répétée, Joachim Gauck, qui a dirigé pendant dix ans, de 1990 à 2000, la « Stasi-Unterlagen Behörde », l'autorité chargée de la gestion des archives de la Stasi, défendait la légitimité de l'ouverture de ces archives et de la lutte contre l'oubli.

en se reposant sur un parti communiste omnipotent, avaient désappris à gérer leur vie, subissant en même temps un déclin des valeurs familiales et morales. Et que cela avait des conséquences dans ces régions après 1990.

Un horrible fait divers, survenu à Brieskow-Finkenheerd près de Francfort-sur-l'Oder, avait lancé la discussion. Sabine H., une Allemande au chômage, avait tué ses neuf bébés juste après leur naissance, vraisemblablement en les laissant mourir après avoir accouché seule, sous l'emprise de l'alcool. L'entourage – y compris le père des enfants – ne se serait pas aperçu des grossesses, laissant cette femme déséquilibrée dans l'abandon moral le plus total.

Ce qui s'était passé était-il le résultat de l'écroulement des fondements, des valeurs, des repères ?

Jörg Schönbohm, responsable de la CDU du Brandebourg, ministre de l'Intérieur de cet État de l'ex-RDA, avait estimé que « la collectivisation de l'agriculture par le SED (le parti communiste) dans les années cinquante avait contribué à faire perdre le sens de la responsabilité vis-à-vis de la propriété et des valeurs [16] ». Et, avec la *Wende* en 1990, les plus marginaux à l'Est, déshabitués à se prendre en charge, abandonnés par la collectivité, auraient été amenés à de telles extrémités du désespoir.

À gauche, un théologien protestant et membre du SPD, Richard Schröder, avait rejoint ces arguments sur la déresponsabilisation : de tels infanticides « ont à voir avec le fait que le contrôle social élevé – que les gens connaissaient à l'époque de la RDA – ait disparu subitement. C'est un peu pareil que lorsque l'on sort de prison. Certains ne se sentent pas bien en liberté parce qu'ils sont habitués à être guidés [17] », avait affirmé cet ancien député social-démocrate à la chambre du peuple de RDA.

Cet éminent professeur de théologie et de philosophie à l'université berlinoise Humboldt soulignait paradoxalement que la famille était sous le

16. SCHÖNBOHM (Jörg), interview au quotidien *Tagesspiegel*, 3 août 2005.
17. SCHRÖDER (Richard), interview au magazine *Der Spiegel*, 3 mars 2008.

régime communiste un refuge, pour échapper à l'omniprésence de l'État, et que les rapports parents-enfants y étaient plus chaleureux qu'à l'Ouest.

En 2008, un autre responsable politique, le conservateur Wolfgang Böhmer, chef du gouvernement régional de Saxe-Anhalt, était le plus virulent dans la polémique. Il voyait cet infanticide comme un avatar du matérialisme marxiste, les individus comptant principalement en tant que contributeurs de la production et de la consommation collectives. « L'idée de donner la vie est davantage prise à la légère dans l'est » du pays, argumentait-il. Tuer des nouveau-nés était, selon lui, en dernier recours, « un moyen de faire du planning familial ». Il faisait allusion à la politique très libérale de la RDA adoptée en 1972 sur l'interruption de grossesse.[18]

Wolfgang Böhmer rejoignait aussi les points de vue de son collègue de parti Schönbohm, trois ans plus tôt : à ses yeux, « la fixation sur l'État » avait conduit à la perte de la responsabilité individuelle. Cela pourrait expliquer pourquoi l'entourage avait fermé les yeux, estimait-il.

Le débat et certains des arguments, quoique provocateurs ou excessifs, sont intéressants. Sans doute détiennent-ils une part de vrai même s'ils peuvent choquer par leur rudesse, car des faits divers semblables sont observés en Allemagne de l'Ouest, en France, en Angleterre, surtout dans les régions en reconversion. Le système capitaliste laisse aussi certains des plus démunis plonger dans l'abandon et la criminalité, en dépit des lois de protection sociale.

La fureur de la discussion a révélé avant tout la virulence des affrontements autour des valeurs fondatrices de la RDA et de la RFA : l'une, communiste, et l'autre, aux racines chrétiennes, se sont fait mutuellement, quarante ans durant, des procès sur leur indifférence supposée à l'égard des destins individuels. C'était une guerre des valeurs. Et aujourd'hui, les « Wessis », vainqueurs, la poursuivent.

18. Wolfgang Böhmer, interview au magazine *Focus*, 22 février 2008.

Qui porte le crédit de la Réunification ?

C'est une autre question de fond qui passionne et divise encore les Allemands. Qui porte le crédit de cette réunification inattendue et rapide ? La CDU a beaucoup avancé l'argument d'un SPD colombe qui aurait raté le coche de l'Histoire. Les choses sont selon moi plus complexes.

Pour être juste, il faut réexaminer la période-clé avant et pendant la Réunification menée avec *mæstria* par Helmut Kohl. Le chancelier conservateur a certes bien joué mais a eu aussi la baraka d'être là au bon moment. Les sociaux-démocrates n'ont pu alors que suivre l'accélération que Kohl imprimait, avec une intuition sûre, à l'Histoire. Ils n'avaient rien à y redire, ils s'inclinaient, ils devaient suivre. Le crédit est allé aux conservateurs, jusqu'en 1998. La grande évolution s'est faite sous leur règne.

L'alternative était pour le long terme : deux États cohabitant à long terme ou une Allemagne réunifiée. Personne ne comptait guère à vrai dire, à gauche comme à droite, sur cette deuxième évolution, jugée impossible, utopique, au moins à brève échéance.

Il semble finalement que ni l'un ni l'autre des deux camps ne se soit trompé face à cette question insoluble dont aucun n'était en mesure de prédire l'issue. Chacun avait un peu raison. L'Histoire doit savoir partager les mérites !

Tout en concluant des affaires et en parlant continument aux dirigeants de Berlin-Est, les conservateurs à Bonn s'attachaient à maintenir les revendications de principe concernant les droits des Allemands de l'Est à la liberté et à l'unité (seule la RFA était légitime et appelée à s'agrandir en incorporant la RDA). Ils prenaient ainsi le risque qu'elles ne se réalisent jamais et donc que la solution des deux Allemagne divisées se pérennise.

Leur fermeté devait être finalement payante, même si d'autres facteurs déterminants comme l'esprit de la charte d'Helsinki, Solidarnosc en Pologne, l'*Ostpolitk* et le manque de soutien du numéro un soviétique Mikhaïl Gorbatchev se sont conjugués pour affaiblir, puis donner le coup de grâce au régime d'Erich Honecker.

En refusant de brader leurs principes, les conservateurs affirment être ceux qui ont conduit la RDA à céder. La CDU et Kohl, disent-ils, ont collé, tout au long de ces décennies, davantage que le SPD au fameux « sens de l'Histoire ». Sauf qu'ils n'avaient nullement prévu une telle issue aussi rapide.

Le SPD n'a-t-il pas montré aussi un sens historique à sa manière, en amadouant la RDA, en insufflant depuis des années dans sa société l'espoir d'un nouveau printemps démocratique ? N'a-t-il pas fait des gestes historiques pour rendre le conflit moins aigu, plus respectueux, pour atténuer l'image de bête noire que pouvait avoir la RFA dans les foyers est-allemands ?

Willy Brandt, qui avait subi de plein fouet la manipulation de la Stasi après le démasquage de l'espion Günter Guillaume, son conseiller à la chancellerie en 1974, était sans illusions sur le régime de RDA. Cependant, courageusement, et grâce à la main tendue de l'*Ostpolitik*, il faisait passer le message d'une réconciliation possible, affaiblissant la rhétorique de confrontation.

La Réunification a donc résulté de deux mouvements en sens contraires, de la part de la CDU et du SPD : fermeté et primauté de la RFA, mesures de confiance et dégel.

Parler donc de gagnants et de perdants est contestable. La Réunification n'aurait pas été réalisable s'il n'y avait eu au pouvoir que des faucons de la CDU, qui ne rêvaient que de revanche. Elle a eu des dirigeants réalistes et attentifs à l'Histoire. Elle n'aurait pas été non plus réalisable s'il n'y avait eu parmi les sociaux-démocrates à la tête du gouvernement que des philo-communistes amis et complices du parti unique SED.

Cette réussite a résulté d'une bonne conjonction : en scène, des dirigeants allemands pragmatiques – de droite comme de gauche – et étrangers – particulièrement russe et américain – ayant su comprendre l'enjeu : « elle a été conduite avec beaucoup de discernement, dans un cadre européen, qui permit de franchir nombre de difficiles obstacles. Diplomatiquement et politiquement, c'est un succès remarquable à mettre au crédit des acteurs de l'époque et de l'esprit européen », selon Jean-Dominique Giuliani, président de la Fondation Robert Schuman [19], à l'occasion du Vingtième anniversaire de la Réunification.

Les experts s'accordent à dire maintenant que le rattrapage économique des « nouveaux Länder » de l'Est par rapport à leurs riches voisins de l'Ouest, est en route. Qu'il se fera en 2019 peut-être. Vingt-neuf ans, ce n'est pas trop mal pour deux pays qui ont vécu quarante ans séparés. Mais ces chiffres sont loin de dire tout et n'empêchent pas une adaptation psychologique parfois difficile.

Ces arrogants « Wessis »

Quand le Mur tomba, à l'issue de cette longue partie de bras de fer, l'attente en RDA face à la Réunification était énorme. On sut gré aux conservateurs d'avoir tenu bon. Kohl était plus populaire que jamais durant les premiers mois après le 9 novembre.

En janvier 1990, deux mois après la chute du Mur, je m'étais rendu à Guben, une petite ville sur la Neisse. J'avais discuté longuement avec une famille typique de la classe moyenne est-allemande, qui m'avait accueilli pour la nuit dans son petit appartement surchauffé d'un *Plattenbau* (HLM).

Pour elle comme pour dix-sept millions d'Allemands, c'était la puissance de la RFA mais aussi l'Union européenne – à laquelle ils n'avaient pas été préparés à l'instar des Polonais ou des Tchèques – qui déboulaient dans leur vie, qui s'ouvraient brusquement à eux. J'avais pu mesurer à la fois leurs attentes en termes de libertés individuelles, et aussi leur regard empreint de méfiance à l'égard d'une société de l'Ouest certes plus riche mais qui leur semblait avoir perdu certaines des valeurs de solidarité et de cohésion, tant vantées en RDA.

Dans cette famille protestante, qui venait de défiler par une nuit glacée pour la réconciliation germano-polonaise lors d'une *Mahnwache* (veillée) à la bougie sur le pont frontalier enjambant la Neisse, on sentait un jugement

19. Communiqué de Jean-Dominique Giuliani, le 3 octobre 2010. Ce centre de recherches publie une lettre renommée et des études régulières sur l'Europe.

circonspect sur les mentalités de ceux de l'Ouest, leur sentiment de supériorité. Rien ne lui échappait des réalités et des tares de la République capitaliste qu'elle connaissait bien par la télévision.

Elle avait modérément confiance et n'acceptait pas naïvement la réunification à venir. Quand les parents de cette famille parlaient de leur société socialiste, c'était pour décrire une existence matérielle étroite mais assurée, avec des emplois salariés sans perspectives mais procurant juste ce qu'il fallait, ainsi que des loisirs encadrés, comme des vacances collectives sur la mer Noire. Tout cela était le volet positif. Mais ils se sentaient étouffer dans leur petite ville sous la double férule du parti et de la Stasi.

Envers la RFA, sous bien des aspects, mes hôtes de Guben ressentaient donc des sentiments mitigés : ils étaient davantage fascinés par la France, plus riante, ou par la *success story* des États-Unis, bouc-émissaire du régime communiste. La propagande communiste avait longtemps fait valoir que la RFA, à l'avant-poste du clan impérialiste en lutte contre le socialisme, n'avait pu vraiment rompre avec le fascisme, contrairement à la RDA. Bien sûr, ces protestants avisés, restés à l'écart de l'embrigadement du parti unique SED, ne croyaient pas à tout ce discours. Mais certaines leçons de l'éducation socialiste devaient bien leur trotter dans la tête.

Pour l'avenir, ils voulaient rester fiers ! Leur attente était surtout : plus de liberté, plus de reconnaissance, ils ne voulaient pas être bradés.

Vingt ans après, les produits phares de l'Ouest ont fait largement irruption dans les foyers de l'Est. L'Office fédéral des statistiques a révélé ainsi, au jour du vingtième anniversaire, que 15 % ont un écran plat dans leur salle de séjour, contre 16 % des foyers d'Allemagne de l'Ouest. De même pour les téléphones portables, les stations MP3, les machines à laver la vaisselle : les proportions sont quasiment équivalentes des deux côtés.

Pour autant, les gadgets et produits utilitaires ne doivent pas faire illusion, le rattrapage des revenus n'est pas encore complet – ils sont à 75 % de ceux de l'Ouest –, et seules certaines régions comme la Thuringe connaissent une croissance plus forte que les Länder de l'Ouest.

La famille de Guben a reçu en 1990 toute la liberté qu'elle voulait. Mais toute cette liberté arrivant d'un coup a été dure à recevoir dans une société qui en avait perdu l'habitude. Particulièrement la dure liberté du marché, qui a fait s'écrouler l'économie étatique. Parallèlement, des nostalgies se sont fait jour pour des rites sociaux, des références culturelles, des musiques d'un pays disparu, montrant bien qu'on ne peut jamais étouffer le passé sous l'abondance de la société de consommation.

Au bord de la Spree, à Berlin, un petit musée a ouvert il y a quelques années, montrant les objets usuels, les intérieurs, les mobiliers, les devantures des magasins, les journaux, et jusqu'aux souvenirs de vacances collectives dans un camp FKK (naturiste) sur le bord de la Baltique.

De certaines prouesses de la RDA – du succès dans la course dans l'espace à l'absence de chômage ou à la coopération dans les pays en développement –, les Allemands de l'Est sont restés souvent fiers. Pour certains même, devenir un bon espion comme le célèbre Markus Wolf, super coordonnateur est-allemand de l'espionnage à l'étranger, avait constitué un certain idéal de service de la patrie qu'ils ne renient pas, plus de vingt ans après. Wolf fut d'ailleurs jugé un héros au moment de sa mort en 2006.

La déception a aujourd'hui de nombreux visages, et les « paysages florissants » promis par Helmut Kohl n'ont pas éclos. Pour autant toute l'ex-RDA n'est pas partout un désert économique et culturel et n'est pas que frustration. Au contraire, elle a apporté à son tour un sang neuf à la puissante République fédérale trop confortable et lisse. On trouve à l'Est des rapports humains souvent plus chaleureux, moins fondés sur l'argent et le pouvoir.

On a parlé beaucoup du « désert spirituel » que serait devenu ce territoire de l'Est où la liberté d'expression a disparu pendant près de soixante ans et où la religion a été éradiquée avec beaucoup d'efficacité pendant quarante ans, au profit de rites socialistes et païens. Une scène choquante vécue dans le petit port de Wismar, sur la Baltique, un jour d'été 2007, témoigne-t-elle de ce vide spirituel et de cette frustration ?

Dans cette charmante cité hanséatique rénovée, éclate, dans la torpeur de l'après-midi, le sinistre *Horst-Wessel-Lied*[20] des SA. Une voiture passe lentement à travers les rues du centre, un haut-parleur installé sur son toit. Quelques passants se retournent un instant, puis reprennent leur route. Comme s'ils s'étaient habitués. On n'imagine pas une telle passivité à l'Ouest.

Non, l'ex-RDA n'est pas d'abord ça. C'est une Allemagne orientale qui renoue avec sa culture, qui a restauré ses innombrables richesses échappées aux destructions de la guerre, qui a ses nouveaux pôles modernes et créatifs de production à Dresde, à Leipzig.

Et le couple paysan du Mecklembourg continue à se battre, dans la chaleur torride d'août, pour que des petits comme eux puissent survivre dans la mondialisation.

Dans la petite voisine ville de Waren au bord de l'immense lac de la Muritz, c'est jour de marché en ce mois de juillet 2007 : touristes de l'Ouest et berlinois, descendus de leurs voiliers, et habitants, souvent vêtus de ces jeans, basquets et tee-shirts d'une qualité inférieure – à laquelle on repère les « Ossis » –, se mêlent. C'est que la Poméranie toute proche est devenue la première destination des vacanciers « Wessis » en Allemagne même. Sur la Marktplatz, on vend des harengs crus à côté des saucisses. Trois jeunes aux cheveux longs – deux garçons et une fille – ont sorti leurs violons de leur étui et commencent à jouer du Mozart. Il règne un air de promesse dans cette région mélancolique, encore si authentique.

20. Hymne officiel des SA et du parti nazi NSDAP, interdit en Allemagne depuis 1945.

Chapitre 4

Multikulti, le difficile défi

Les week-ends d'été à Berlin, toute une population mêlée se retrouve au Preussenpark, dans le quartier de Wilmersdorf, à l'ouest de Berlin. J'ai fréquenté plusieurs années ce parc, curieux de démêler la diversité allemande à travers les conversations.

Une originalité de ce lieu est que s'y donnent rendez-vous les Thaïlandais. Des effluves montent de petits braséros jusqu'à la tombée de la nuit. Ce sont des familles formées en général d'un père allemand et d'une mère thaïe. Femmes et hommes sont assis en groupes séparés. La deuxième communauté visible est celle de jeunes Turcs des deux sexes qui conversent ensemble sur les bancs. Filles maquillées, foulard sur la tête ou non, garçons style rockers, aux cheveux très bruns gominés ou en brosse.

Mais si l'on échange quelques mots avec les Allemands « de souche » qui sont là, les vieux couples notamment, les veufs et les veuves, parfois tout brisés, parfois tout raides, souvent très seuls, on découvre que les Allemands eux-mêmes sont très différents par leurs origines, reflétant l'histoire mouvementée d'une société qui n'a cessé de vivre des migrations depuis 1945.

Il y a les Berlinois de l'Ouest de toujours, ceux qui sont nés dans ce quartier même, avant les bombes ou sous les bombes. Il y a, venus de l'autre côté du Mur, ceux qui ont vécu la RDA et qui en sont parfois nostalgiques, ceux qui étaient passés avant le Mur, ceux qui sont venus avec leurs charrettes de Silésie ou de Prusse orientale en 1945. Il y a l'Allemand de la Rhénanie, le haut fonctionnaire de Bonn, venu s'installer pour son travail à

Berlin et qui se sent un peu étranger. Et puis il y a les juifs partis de Russie. Ils sont nombreux en ce samedi, certains tout vêtus de noir. Ils se pressent vers la synagogue proche. Il y a aussi les Allemands venus de la Volga ou d'Ossétie, parlant russe entre eux.

On croise encore de nombreux Polonais et des Russes de Russie. De nombreux immigrés de l'ex-Yougoslavie et du Maghreb. Quelques Africains. Parfois, quand la bière a trop coulé, des bagarres éclatent entre bandes. Ce samedi-là entre Yougoslaves. Couteaux brandis, joues tailladées. Les réseaux de petite criminalité sont là aussi. La voiture verte de la police pénètre silencieusement sur l'allée. Constat, recueil des plaintes, procès verbal. Les gens sur la pelouse regardent avec crainte. La plupart de ceux qui viennent au parc sont tranquilles et pacifiques. Mondes qui se croisent et ne se rencontrent pas souvent. Entre l'étudiante qui lit *Die Zeit* et le jeune Turc qui jongle avec son ballon. Entre la femme kurde au foulard coloré surveillant ses petits-enfants, et l'Allemande en bikini, quasi nue, écouteurs aux oreilles, qui vit seule et se délasse avec un roman policier, allongée sur un tapis de plage…

Combien ont la nationalité allemande depuis la naissance, combien l'ont acquise, combien ont la double nationalité, combien sont étrangers ? Quel est le niveau culturel, combien parlent parfaitement l'allemand, ciment indispensable de l'intégration ? Combien ne le parlent pas du tout ? Combien sont religieux et combien laïcs ou athées ? Combien sont dans l'économie légale, parfaitement intégrés ? Combien sont un peu ou beaucoup dans l'économie illégale ? Combien d'échecs scolaires à côté de réussites brillantes ?

En quittant le parc, je suis frappé par la complexité d'une société que l'on croit trop facilement policée. Cette société qui continue d'exister autour du ciment de la langue allemande et de certaines valeurs culturelles, est en train de changer profondément, subrepticement. Et les contradictions et conflits potentiels sont multiples, en dépit de tous les efforts de millions d'Allemands pour réussir l'intégration et prétendre que le lien est solide.

Double défi

L'Allemagne fait face au double défi de l'intégration et du vieillissement, qui sont liés et préoccupent ses dirigeants, au premier rang desquels Angela Merkel.

Le pays vieillit, et la courbe de vieillissement est plus prononcée qu'ailleurs. Conjonction de l'excès des décès sur les naissances, de l'émigration et d'une politique migratoire restrictive, sa population baisse (moins 200 000 en 2009). Elle n'aura plus qu'entre soixante-cinq et soixante-dix millions d'habitants d'ici à 2060, contre quatre-vingt-deux millions aujourd'hui. La natalité, en dépit des efforts des gouvernements pour mieux aménager le rapport travail-enfants pour les femmes, ne redémarre pas comme en France. Le taux de natalité plafonne à 1,3 ou 1,4 depuis les années quatre-vingt. En France, les femmes ont en moyenne deux enfants ou plus. Un jour pourrait venir, vers 2050, où la population française dépasserait l'allemande.

Le vieillissement, impliquant des départs massifs en retraite, aura pour conséquence un changement tectonique : pour poursuivre sa croissance, l'Allemagne devra assimiler de nouveaux étrangers en grand nombre. Aujourd'hui un habitant sur cinq est âgé de 65 ans ou plus. Dans cinquante ans, un habitant sur trois. Selon le cabinet de conseil Mac Kinsey, 2,4 millions de personnes, dont une majorité de travailleurs qualifiés, pourraient manquer sur le marché du travail dans différents métiers d'ici 2020.

Manquent des ingénieurs, médecins, informaticiens, que Berlin essaie déjà d'attirer d'Inde ou d'ailleurs grâce à des contrats de travail favorables, selon le système dit de la *green card*. Mais les conditions d'accès de ces talents au marché allemand (une limitation de durée sans perspective d'établissement notamment) sont demeurées trop compliquées et nombreuses pour que l'« importation des cerveaux » soit un succès. Manquent aussi toutes sortes de travailleurs non qualifiés. Mais les Allemands se refusent à ouvrir largement à des étrangers l'accès à des emplois que leurs compatriotes au chômage devraient prendre mais ne veulent ou ne savent plus exercer. On entend encore dire, comme il y a trente ans, que « l'Allemagne n'est pas un pays d'immigration ». Pour plus d'un député, l'intérêt politicien pour la défense de la préférence nationale – même si elle ne dit pas son nom – l'emporte souvent sur un intérêt économique bien compris.

Mosaïque

Par frilosité et faute de vision, l'Allemagne va-t-elle manquer le rendez-vous de l'intégration des millions de nouveaux étrangers qui s'apprêtent à rejoindre ceux, déjà présents, qui n'ont souvent été acceptés qu'à moitié ? Longtemps mise sous le boisseau, l'intégration est devenue soudain le grand sujet de débat outre-Rhin, l'objet de toutes les inquiétudes. Avec cette autre question sous-jacente : jusqu'où l'Allemagne démocratique, ouverte, tolérante en apparence, est-elle prête à se montrer accueillante ?

Sous les vagues précédentes d'immigration, le modèle allemand ne s'était pas effondré. Combien d'Allemands rapatriés de Russie – qui constituent avec leurs descendants la première communauté en nombre, avant les Turcs – sont parfaitement intégrés ? Nombre de personnes d'origine turque, italienne, russe ou polonaise se sentent aujourd'hui pleinement satisfaites d'être allemandes, ont enrichi la culture du pays et adhéré aux valeurs de la nation.

Longtemps l'immigration en Allemagne a été principalement européenne, contrairement à ce que vivaient la France ou le Royaume-Uni avec leurs colonies. Aujourd'hui, l'Allemagne se découvre mosaïque du monde entier – avec un mélange de joie et de crainte.

Si l'on additionne les immigrés de première génération et tous ceux descendant d'au moins un parent ou grand-parent immigré ou étranger, un Allemand sur cinq est issu de l'immigration – et un enfant de moins de 5 ans sur trois.

Après 1945, la nation avait rebâti sa cohésion autour des valeurs conservatrices allemandes du parti dominant, la CDU. Elle avait prétendu longtemps qu'elle n'était pas un pays d'immigration et n'avait pas vocation à l'être. Elle s'était donc abstenue d'engager une véritable politique d'accueil des *Gastarbeiter*, ces « travailleurs hôtes » attirés en Allemagne pour prêter main-forte sur les chantiers de son économie florissante.

Jusqu'à l'arrivée au pouvoir du chancelier social-démocrate Gerhard Schröder en 1998, les gouvernements n'auront pas eu de véritable stratégie en ce domaine, se contentant, face à une opinion très conservatrice, de mini-lois qui n'étaient pas à la hauteur du problème.

Les Allemands n'ont longtemps pas saisi à leur mesure le risque de développement de sociétés parallèles et la persistance des vieux relents de racisme.

Günter Wallraff, le journaliste qui s'était déguisé en Turc dans les années quatre-vingt pour mettre en lumière l'étendue du travail au noir dans une société légaliste, s'est travesti une nouvelle fois en 2009. Cette fois en Africain. Témoignage relaté dans ses reportages de situations d'exclusion : *Parmi les perdants du meilleur des mondes*. Il a dénoncé le malaise parfois ressenti devant la présence d'un « Allemand noir » et le rejet de la différence dans une société très insécurisée par les changements rapides.

Pour comprendre le chemin parcouru et l'accueil parfois mitigé réservé aux nouveaux migrants, il vaut la peine de revenir en arrière et de rappeler le brassage vécu par les Allemands depuis le XIXe siècle. Ils ont d'abord été des émigrants plutôt modèles. Ils ont été la première communauté d'immigrants aux États-Unis, au point d'avoir la majorité dans certains États du Nouveau Monde. Ils avaient la réputation de bien s'assimiler, sans trop s'attacher au passé. Cette qualité, ils en ont témoigné à plusieurs reprises. C'est peut-être pour cela qu'ils auront du mal à comprendre qu'on ne s'adapte pas à eux.

L'Allemagne, que l'on perçoit de l'extérieur comme une entité stable et cohérente, a vécu depuis la guerre plusieurs séismes dans la structure de sa population. Elle a dépassé par exemple la France (en dépit de l'immigration d'Afrique du Nord) par l'amplitude des mouvements de population qu'elle a vécus, et des brassages dont on sous-estime souvent l'ampleur. Avec l'afflux des *Vertriebene* (expulsés) des territoires de l'Est, des communautés principalement protestantes de petites villes allemandes ont vu arriver des catholiques, et réciproquement, pour la première fois depuis des siècles. Une intégration difficile, douloureuse. Des équilibres se sont ainsi inversés. Ce sont des changements sociétaux qui sont advenus, des changements finalement positifs : mariages mixtes, etc.

Du début de la guerre froide jusqu'en 1961, les Allemands de l'Est (3,5 millions) ont voté avec leurs pieds et rejoint en masse l'Ouest capitaliste. D'autres les ont suivis, moins nombreux, à leurs risques et périls, en traversant le Rideau de fer. Après la Réunification, de nouveaux brassages ont eu lieu, dans les deux sens : mouvements de retour au *Heimat* ou au contraire exploration d'une nouvelle terre d'installation.

L'Allemagne a intégré dans les années quatre-vingt-dix plusieurs millions d'*Aussiedler*, ces populations d'origine allemande qui venaient de territoires aussi éloignés que le Kazakhstan ou l'Oural, pour beaucoup éloignées de toute culture allemande, connaissant mal la langue. Elle a aussi accueilli des juifs russes.

Elle a ouvert grands les bras à des centaines de milliers de réfugiés du monde entier – il suffit d'évoquer l'exemple de l'accueil généreux aux Kurdes et aux populations des Balkans dans les années quatre-vingt-dix –, au moment même parfois où des mouvements d'extrême droite xénophobes enregistraient des succès dans les urnes. Cela n'a pas été toujours facile ni sans tensions quand il a fallu gérer ces flux de réfugiés politiques et également économiques. Beaucoup veulent éviter, souvent en vain, d'être renvoyés vers leur pays, dès lors que la crise y est censée s'être apaisée : il en est ainsi aujourd'hui des Roms, contraints de revenir discrètement par milliers vers un avenir économique incertain au Kosovo.

Quant aux *Gastarbeiter* (travailleurs hôtes), en grande majorité des travailleurs manuels mais aussi des membres de professions libérales, venus d'abord d'Italie, de Turquie et de Yougoslavie, l'Allemagne pensait qu'ils reviendraient chez eux, une fois les chantiers finis et les contrats exécutés.

Beaucoup, attirés par les bons salaires, ont au contraire fait venir leurs familles, en dépit des efforts pour endiguer leur venue, souvent acceptée à contrecœur ou avec un semblant d'indifférence.

Aujourd'hui, ce sont des Africains, Irakiens, Chinois, Tamouls et autres qui arrivent, souvent par des filières illégales, comme dans le reste de l'Europe… à travers l'espace Schengen. Venus d'autres religions, d'autres cultures, pouvant à leur tour enrichir la mosaïque allemande.

Islam et *Leitkultur*

Comme ailleurs en Europe du Nord, le débat sur l'intégration ne porte pas tant sur les populations africaines et asiatiques mais se focalise sur la place de l'islam. Le nombre de musulmans vivant en Allemagne est évalué entre 3,8 et 4,2 millions de personnes, dont une forte majorité de Turcs. Ils sont loin de former un groupe uni, bien plutôt un puzzle. Ils sont d'origines, de cultures et d'affiliations très variées. Une minorité seulement ne se reconnaît pas dans les valeurs occidentales et risque d'être récupérée par l'extrémisme.

Or le débat sur l'intégration est devenu particulièrement incandescent depuis la publication d'un livre-brûlot *Deutschland schafft sich ab*[21] (L'Allemagne court à sa perte).

Son auteur, Thilo Sarrazin, ancien ministre des Finances social-démocrate de l'État de Berlin et polémiste de talent, avait défrayé un an plus tôt la chronique en soutenant déjà que les Turcs « n'ont aucune fonction productive en Allemagne à part le commerce de fruits et de légumes[22] ». La presse lui avait alors au moins reconnu le mérite d'avoir ouvert le débat sur les ratés de l'intégration.

21. SARRAZIN (Thilo), *Deutschland schafft sich ab. Wie wir unser Land aufs Spiel setzen*, Deutsche Verlags-Anstalt, 2010.

22. Interview à la revue culturelle *Lettre international*, édition octobre 2009.

Cette fois, ce succès de librairie, objet d'infinis débats sur les chaînes de télévision et de radio, sur les milliers de sites Internet, sérieux ou douteux, va bien plus loin. Sarrazin multiplie et accentue ses critiques dans des termes parfois à la limite de la xénophobie. Il prétendra s'appuyer sur des travaux scientifiques – qu'il interprète mal – pour établir un lien entre « race » et intelligence, notamment à propos des juifs. Surtout il juge les musulmans coupables de refuser l'intégration à l'allemande et d'abaisser le niveau intellectuel de la nation. Il évoque la menace d'effritement de l'identité allemande.

Thilo Sarrazin, personnalité atypique, qui rejette toute accusation de racisme et promet de rester social-démocrate jusqu'à la mort, revendique ce qu'il perçoit comme un droit à la polémique constructive.

L'homme n'a rien d'un nazi. Le plus important se trouve dans l'ampleur des réactions. Celles, désolées, de la communauté visée : les musulmans se plaignent qu'une nouvelle fois, on parle d'eux mais pas avec eux.

Celles au contraire favorables d'une partie des Allemands : Thilo Sarrazin a trouvé à l'extrême droite les appuis attendus à ses idées. Mais aussi, et très largement, au sein de son parti et dans tous les milieux.

Ses thèses ont fait mouche surtout dans l'électorat conservateur désorienté de l'Union chrétienne-démocrate et du parti libéral. Un électorat, souvent populaire, qui s'insurge contre un discours politique cadenassé, auquel il reproche de taire les problèmes d'intégration, à cause du passé. Se mêlent dans ce concert les voix de personnes angoissées par les difficultés objectives rencontrées dans les quartiers et les écoles, et celles des racistes qui maintenaient jusqu'ici profil bas et qui osent désormais s'exprimer.

Lors de son discours à l'occasion du vingtième anniversaire de la Réunification, le président conservateur Christian Wulff, un homme pourtant prudent, a compris qu'il ne pouvait esquiver un sujet qui passionne et divise tous contre tous. Il a appelé d'une manière très solennelle à défendre le modèle social allemand en l'adaptant à la nouvelle immigration en majorité musulmane :

« Nous sommes un peuple. Cet appel à l'unité doit être une invitation à tous ceux qui vivent chez nous. Bien sûr, la chrétienté fait partie de l'Allemagne ; bien sûr, le judaïsme fait partie de l'Allemagne. Mais à présent l'islam aussi fait partie de l'Allemagne », a-t-il martelé. En quelques lignes, un appel à l'effort réciproque était lancé.

Mais c'est surtout la dernière phrase qui a été retenue, provoquant un tollé chez les plus conservateurs de son parti chrétien-démocrate.

Après avoir soutenu Christian Wulff, la chancelière Angela Merkel recadrait le débat à sa manière, dans un discours devant les jeunes chrétiens-démocrates, en insistant sur la culture dominante (la *Leitkultur*) du pays. « Nous nous sentons liés aux valeurs chrétiennes. Celui qui n'accepte pas cela n'a pas sa place ici », disait-elle sévèrement. Et d'ajouter : « ce qui s'applique ici, c'est la loi fondamentale, pas la Charia ».

Alors que les sociaux-démocrates exprimaient eux aussi – plus discrètement que les chrétiens-démocrates – le prix qu'ils attachaient aux « valeurs judéo-chrétiennes », les Verts s'inquiétaient de ce retour tonitruant de la « culture dominante » dans le débat, jugeant l'Allemagne bien peu laïque au fond.

Comme toujours, la chancelière devait tenter ensuite d'adoucir son propos, expliquer qu'elle n'avait rien contre l'islam et respectait toutes les religions. Elle devait énumérer les critères concrets pour être acceptée en Allemagne. Un étranger, disait-elle en substance, est simplement tenu de connaître et de respecter les lois, et d'apprendre la langue. Il n'y a pas de menace contre eux en Allemagne, pays tolérant, ajoutait-elle.

D'autres personnalités de tous bords sont montées au créneau : soit pour prôner, à l'instar du ministre de l'Intérieur Thomas de Maizière, « une culture du bon accueil » et proposer des mesures concrètes (renforcement du caractère obligatoire des cours d'intégration pour les familles immigrées, embauche accélérée d'enseignants issus de l'immigration, extension de l'enseignement de l'Islam, etc.).

Soit pour réclamer des sanctions contre les récalcitrants : « à ceux qui n'envoient pas avec ponctualité leurs enfants à l'école, nous allons envoyer la police et ils auront à payer une amende consistante », a ainsi tonné le chef du SPD, Sigmar Gabriel. Ce langage de la part d'un social-démocrate – même s'il exprime par ailleurs son désaccord avec son camarade de parti Sarrazin – n'est pas le fruit du hasard. Il s'adapte lui aussi à ce que veut entendre une partie de l'électorat allemand.

Les hommes politiques allemands demandent aussi aux Turcs une réciprocité, à l'égard des chrétiens chez eux : « nous souhaitons que les chrétiens aient dans les pays musulmans les mêmes droits de vivre au grand jour, de former leur clergé et de construire leurs églises », a déclaré Christian Wulff devant le parlement à Ankara, dans un pays où plusieurs religieux chrétiens ont été assassinés. « La liberté religieuse fait partie de notre conception de l'Europe », a-t-il rappelé avec fermeté au gouvernement turc qui demande à adhérer à l'Union européenne, mais se heurte aux oppositions de Nicolas Sarkozy et Angela Merkel.

Ce n'est pas la première fois que la question de l'islam enflamme les esprits, mais jamais à ce point. Comme en Suisse, un vif débat avait porté en 2007/2008 sur la construction d'une mosquée à Cologne. Un mouvement d'extrême droite, Pro-Köln, s'était constitué pour faire échec à la construction au-dessus de la mosquée de minarets qui risquaient de rivaliser avec le *Dom* (cathédrale) le plus haut d'Allemagne, fierté de la ville. Les Églises avaient défendu quant à elles le droit des musulmans d'édifier de belles mosquées dans leur voisinage, et de quitter les arrière-cours où ils prient quasi clandestinement. Pro-Köln avait échoué face à la mobilisation citoyenne. Angela Merkel y avait été de sa remarque, déclarant que les minarets ne devraient pas être plus élevés que les clochers des cathédrales…

Mais la polémique en était restée là, heureusement cantonnée, comme d'autres fois par le passé, à une réaction purement régionale.

Le gouvernement avait semblé prendre depuis quelques années la mesure des problèmes en organisant des « sommets de l'intégration » et des « conférences de l'islam ». Comment accepter que l'identité allemande classique change, sans que les valeurs qui la soudent se perdent ? Telle était la préoccupation sous-jacente de ces réunions destinées à montrer l'ouverture du pouvoir au dialogue.

Comment exploiter les nombreuses solidarités et mains tendues, mais aussi vaincre les résistances ? Jusqu'où aller, jusqu'où contraindre et jusqu'où inciter ? Doit-on imposer des règles en matière de laïcité, au risque de s'aliéner de puissantes confréries musulmanes ? Telles étaient quelques-unes des questions. Le pouvoir prudent, comme d'habitude en Allemagne, avançait à pas feutrés.

La nouvelle intégration implique de nouvelles formes de partage du pouvoir. Une nouvelle société, d'autres dialogues restent à inventer.

L'époque de la « République de verre » où pouvoirs politiques et religieux – tous partageant les mêmes références judéo-chrétiennes – étaient liés de manière presque institutionnelle pour faire fonctionner le pays, où par exemple un président Richard von Weizsäcker était président du conseil de l'Église protestante allemande, cette époque de cooptation confiante, quasiment « en famille », entre État, régions, corps social, partis, syndicats, Églises, a vécu.

Il s'agit de nouer des échanges avec de nombreux interlocuteurs parfois opaques – certaines confréries musulmanes, certaines sectes chrétiennes – poursuivant des intérêts autres que ceux de la nation. Il va être plus nécessaire que jamais de négocier un nouveau contrat social.

Pour obliger les nouveaux venus à ne pas adhérer d'une façon seulement superficielle au modèle allemand, les autorités ont déjà prévu des tests de langue et imaginé de soumettre aux candidats à la nationalité allemande un questionnaire sur la culture. Tests qui paraissent à bien des Allemands trop classiques et déphasés par rapport à la réalité.

La question de l'intégration se mesure aussi à la violence brute dans les rues, sporadique mais incontournable. Les incendies de foyers d'immigrés ou les passages à tabac d'Arabes, de Turcs, de Noirs par des néonazis choquent périodiquement l'Allemagne. Le racisme n'est pas à sens unique. La haine et le mépris de l'Allemagne et des valeurs occidentales chez certains jeunes immigrés marginalisés sont aussi patents que la haine du système et des gens de couleurs chez les néonazis. Parfois aussi jeunes Turcs radicaux et jeunes skinheads radicaux allemands font alliance le temps d'une manifestation et vont hurler ensemble leur dégoût du sionisme…

De Diyarbakir à Neukölln

La ligne de métro U7 à Berlin, qui part de Spandau tout à l'ouest pour aboutir à quelques encablures de l'aéroport de Schönefeld, traverse des quartiers très différents. C'est un lieu de croisement de toutes les communautés. Il est un des nombreux observatoires du *multikulti*, cette société tolérante, présentée dans les années quatre-vingt-dix comme une panacée.

Un samedi après-midi sur cette U7, entre le quartier bourgeois de Charlottenburg – l'équivalent du 16e arrondissement parisien – et celui de Neukölln, le quartier turc de Berlin – l'équivalent de notre 19e –, la fréquentation de la rame change peu à peu : de plus en plus de femmes turques au voile sur la tête avec leurs enfants dans leur poussette et leur mari trapu, aux joues couvertes d'une barbe drue, s'installent dans la rame.

Montée à la même station que moi, Frau F., une dame allemande fort distinguée que j'ai rencontrée dans un dîner, professeur de littérature à la retraite, m'entreprend en ce jour de 2008 sur mon métier de journaliste.

De manière critique, virulente. Presque immédiatement fuse de ses lèvres une question : « Pourquoi la presse turque a-t-elle attribué sans vérifier à des Allemands d'extrême droite cet incendie qui, l'autre jour en février, à Ludwigshafen, a coûté la vie à neuf Turcs dans un immeuble vétuste, alors qu'il ne s'agissait que d'un accident ? »

Elle est choquée de ces fausses nouvelles qui entretiennent dans la tête des gens l'idée que l'Allemagne est restée secrètement raciste et renforcent l'impression que le *multikulti* a encore plus échoué qu'on ne le dit.

C'est un fait : l'Allemagne a remis en question ce modèle de tolérance à l'égard des différentes communautés et de leurs coutumes, qui lui avait fait croire un temps qu'elle faisait mieux que les Français, que les Italiens, que les Britanniques. Et ça lui fait mal.

Frau F. descend à la station Mehringdam. J'observe autour de moi les Turcs qui montent dans la rame à l'approche du quartier de Neukölln. Au long des années, sur cette ligne U7, j'ai pu observer à quel point la communauté turque berlinoise de quelque 120 000 âmes était diversifiée, multiple, colorée. Réalité complexe, partant de ceux qui ont réussi socialement dans un pays qu'ils aiment et finissant avec d'autres qui se sentent totalement étrangers.

Dans le premier groupe, il y a ce jeune couple qui rit et discute de manière animée : elle porte certes un foulard de soie rose pâle, mais de manière assez détendue. Elle est fort maquillée. Son copain en jean et baskets l'embrasse et lui prend la main. Ils forment un couple parmi des milliers, tous ces jeunes bien intégrés, modernes, que l'on ne remarque plus. Il y a par ailleurs – on les observe surtout le week-end – ces bandes d'ados, machos, bruyants, qui sortent entre eux et regardent parfois avec dédain les Allemands. Il y a ces bandes de filles, grimées comme des poupées, cheveux décolorés, qui ricanent en s'envoyant des SMS. Identités adolescentes que l'on rencontre partout sous des formes assez semblables. Rien à signaler donc. Sauf qu'en les écoutant, on se demande : dans quelle culture ont-ils atterri, dans quel sabir s'expriment-ils ? Ils n'ont peut-être assimilé ni la langue et la culture d'origine, ni la langue et la culture d'adoption.

Deux vitesses

À l'autre extrémité du prisme social et de la rame, une femme turque ou kurde traditionnelle semble vouloir passer inaperçue ou éviter de regarder le monde hostile autour d'elle. Elle porte strictement le foulard. Jeune ou vieille, elle est assise soit seule, soit avec ses tout petits enfants, soit avec son mari qui veille sur elle. Elle porte un long manteau qui lui bat les chevilles, et a les yeux rivés au sol. On la sent étrangère à l'environnement du métro, pressée de revenir dans son petit appartement où l'image du Prophète et les objets de sa région seront là pour lui donner un sentiment de familiarité, dans la fatigue de sa vie.

Cette vision n'est pas propre à Berlin ou aux grandes villes allemandes, on la trouve certes à Paris, Rome ou Londres. Mais elle est souvent observée dans les métropoles allemandes, signe d'une intégration ratée pour n'avoir même pas débuté.

Ainsi, le quartier de Neukölln, où elle se rend sans doute, est-il devenu le nom symbole d'un quartier plus ou moins ghetto, où l'intégration n'a pas bien pris. Cliché ou réalité ? Réalité au moins dans le huis clos d'appartements : des enfants, des jeunes filles, des femmes turques ou kurdes, venus de régions rurales de la Turquie y vivent sous la coupe des pères, les « Baba », des grands frères, les « Abi », en vase clos. Ces hommes commandent, avec parfois droit de vie ou de mort. La langue allemande n'y a pas droit de cité, on y écoute les télévisions turques, et parfois des chaînes islamiques. On n'y aime guère les Allemands et leur mode de vie libre.

Neukölln a été sous le feu des projecteurs avec son école Rütli-Schule, dont les professeurs, dans l'incapacité d'enseigner, avaient lancé il y a quatre ans un cri d'alarme dans une lettre collective au Sénat, le gouvernement de Berlin.

Une amie journaliste turque, Elif Kayi, confirme que certains jeunes Turcs mal intégrés vivent entre deux cultures : « dans des quartiers comme Neukölln, ils se sont parfois constitué une sorte d'environnement hybride, dont eux seuls ont les codes. Leur langue représente cette hybridité, mélange de turc et d'allemand, parfois utilisée sciemment, et parfois leur unique moyen d'expression, dans le cas d'une mauvaise connaissance des deux langues ».

Signes qui ne trompent pas quant au mélange limité entre les immigrés de Turquie et le reste de la société : un Turc sur vingt seulement se marie avec une personne d'une autre communauté. Les deux tiers des immigrés turcs préfèrent conserver leur nationalité d'origine. « Je me sens turc et me sentirai toujours turc dans mon cœur » : telle est une réflexion souvent rapportée.

Elif se rebelle cependant contre l'habitude de trop mettre d'étiquettes, que ce soit « Neukölln » ou « Rütli-Schule », sur la communauté turque dans son ensemble : « Le premier réflexe dès qu'il est question de la communauté turque est de dire qu'elle n'est pas intégrée. Mais c'est un effet d'optique. Car les migrants turcs ou d'origine turque que l'on remarque ne sont pas les mieux intégrés : ce sont ceux qui sont habillés différemment et qui parlent turc entre eux. Je défends pour ma part l'idée que les migrants turcs en Allemagne sont intégrés », soutient cette jeune femme qui a travaillé pendant trois ans dans le quartier de Kreuzberg sur les thèmes de l'antisémitisme et de l'intégration avec des jeunes turcs, kurdes et arabes.

On rencontre de nombreux chefs d'entreprise turcs, des chercheurs, des artistes, des cinéastes, observe Elif. Même un des chefs de partis allemands est aujourd'hui un Turc, le Vert Cem Ôzdemir. Il n'y pas de secteur où vous ne trouviez des personnes d'origine turque au parcours exemplaire et à la réussite brillante.

Ce qui est par contre vrai, reconnaît-elle, c'est que certains jeunes Turcs ont vécu et vivent encore une sorte de schizophrénie. Principalement dans les petites villes, moins dans les grandes cités comme Berlin ou Hambourg : « Il y en a qui se sentent vivre entre deux mondes qui ne communiquent pas : entre le matin où ils ont l'impression de se trouver en Turquie, avec des parents qui ne parlent que turc, un petit déjeuner à la turque, etc., et le temps durant lequel ils quittent leur domicile, où ils se retrouvent en Allemagne, jusqu'au retour à la maison le soir. »

Entre 2,5 et 2,8 millions de personnes sont d'origine ou de nationalité turque, sur quelque 15 millions de personnes étrangères ou d'origine étrangère qui se sont établies en Allemagne : les Allemands ont-ils une idée de la complexité culturelle de la communauté qu'ils croisent chaque jour ? Des conflits politiques tumultueux et sourds qui l'agitent, entre religieux et laïcs, turcs et kurdes ? Des tonalités des journaux turcs et de leurs débats ? Du puzzle que ce groupe d'immigrés constitue et qui reproduit les divisions de la Turquie ? Peut-on parler d'ailleurs d'une communauté ? Elle compte quarante-sept minorités ethniques – les Kurdes (quelque 500 000) en sont la principale –, ou religieuses – les Alevis (700 000), une secte dissidente plutôt tolérante de l'islam, forment un contingent important. Une fracture demeure celle entre Kurdes et Turcs.

Jadis inquiétude première des services de sécurité, la lutte indépendantiste des marxistes du Parti des travailleurs du Kurdistan (PKK) s'est longtemps prolongée sur le sol allemand par des incendies, petits attentats et occupations de bureaux turcs. Mais la nouvelle priorité du renseignement intérieur est autre. C'est une agitation bien plus complexe : celle de la mouvance islamiste avec tous ses avatars.

La Fondation Bertelsmann voit pour sa part dans une étude récente les Turcs être en majorité tolérants à l'égard des autres religions, tout en étant très croyants. Et la relation entre la majorité de la jeune génération des Turcs et des Allemands est plutôt détendue. On l'a vu lors de l'Euro 2008 lors de la demi-finale de football Turquie-Allemagne. Les grandes tensions que l'on craignait en ce beau soir d'été ont fait long feu quand les Turcs ont été battus. Il a régné dans tout le pays une atmosphère de fraternisation dans les rues, dans les parcs, devant les écrans géants.

Qu'en est-il alors du débat qui fait rage ? Est-ce une nouvelle dramatisation dans laquelle se complaisent ceux qui aiment à énoncer les défauts de la société allemande ?

Tout converge à coup sûr vers l'existence d'une communauté turque à deux vitesses : une partie moderne et adaptée, une autre en marge et refusant même de s'intégrer tout en étant installée de longue date. Les experts allemands de l'intégration perçoivent le danger encouru par toute société dès lors qu'elle n'a plus accès à une partie de ceux vivant en son sein.

Une mesure de la volonté d'intégration des jeunes générations nées en Allemagne sera d'ici quelques années le premier bilan de l'application de la loi sur l'obtention de la nationalité que le gouvernement Schröder avait fait voter en 2000.

Elle avait introduit dans le Code de la nationalité le droit du sol, en plus du droit du sang. Son principe : un jeune de parents turcs ayant grandi en Allemagne est amené à choisir entre ses 18 et ses 23 ans la nationalité allemande (qui lui est octroyée *de jure*) ou à opter pour le passeport turc. Contrairement aux ressortissants de l'UE, il ne peut garder les deux passeports. Le bilan de l'application de cette loi révélera la proportion de jeunes Turcs qui choisiront la nationalité allemande, et la part de ceux qui préfèreront renoncer à ce droit en se prononçant pour la nationalité turque.

D'après les premières statistiques disponibles, seule une petite minorité a déjà opté : elle se trouve parmi les mieux intégrés, les plus occidentalisés des Turcs, et elle a voté – dans une proportion écrasante – pour le passeport allemand. Elle a probablement pris en compte les avantages économiques et sociaux qu'il comporte – comme la libre circulation en Europe. La majorité est en revanche peu pressée de répondre. D'abord parce que la procédure est complexe. Et qu'il est humiliant de devoir décider de garder ou non la nationalité turque, alors qu'un Italien ou un Suisse n'a pas à le faire. Beaucoup attendent d'être recontactés ou espèrent échapper au choix. L'abandon de la nationalité turque peut être vécu comme une perte supplémentaire d'identité.

Procès du *multikulti*

Deux intellectuelles de combat d'origine turque, l'avocate berlinoise Seyran Ates et la sociologue Necla Kelek, ont contribué à faire le procès du *multikulti*. On les a accusées d'être excessives dans leurs critiques de l'Islam, d'avoir aggravé les tensions, mais les arguments qu'elles avancent sont loin d'être négligeables. C'est peut-être après les avoir lus que la chancelière a décrété péremptoirement à l'automne : « l'approche *multikulti* consistant à dire "nous vivons côte à côte et nous nous en réjouissons", a échoué, totalement échoué ».

Le chef du parti social-chrétien (CSU) bavarois, Horst Seehofer, avait carrément dit : « le *multikulti* est mort ».

Pour Seyran Ates, auteur d'un livre qui avait fait déjà couler beaucoup d'encre, *L'erreur du multikulti*[23], les Allemands, en raison de leur passé, auraient eu peur de ne pas assez respecter les autres cultures et se seraient refusés à toute critique. Elle fustige « les fanatiques du *multikulti* », et leur désintérêt déguisé en tolérance à l'égard des immigrés. Une attitude responsable selon elle de la terrible ignorance des cultures entre elles en Allemagne. À ses yeux, une tolérance exempte de lucidité à l'égard des cultures étrangères n'est pas bonne, car elle se fait au détriment des plus faibles, des femmes et des filles. C'est une ingénuité qui méconnait le fait que les organisations conservatrices musulmanes ne s'intéressent pas ou ne veulent pas de l'intégration. En face d'elles, argumente-t-elle, il y a un ventre mou, un monde politiquement correct qui a renoncé à affirmer ses valeurs.

Seyran Ates estime que la solution ne peut provenir que d'une double évolution volontariste : d'une part, une réforme « de l'intérieur » de l'islam. Elle plaide pour un « Luther musulman », relève *Der Spiegel*[24]. D'autre part, un réexamen par l'Europe du concept si controversé de *Leitkultur* (culture dominante), trouvé par les conservateurs allemands : la *Leitkultur* ne doit pas être bien sûr imprégnée de l'idéologie passée inacceptable du *Blut und Boden* (le droit du « sang et du sol »). Elle doit être rénovée pour devenir « une culture du pluralisme basée sur un consensus de valeurs ». Ce en quoi Seyran Ates paraît rejoindre Angela Merkel.

Dans son livre choc, en partie autobiographique, *La fiancée importée*, la sociologue Necla Kelek[25] évoque pour sa part les mariages arrangés entre des filles, souvent illettrées, et des Turcs résidant en Allemagne. Elle dénonce l'oppression dans les familles et le mépris pour le mode de vie à l'allemande. Elle ne dit pas autre chose que Seyran Ates quand elle critique les

23. ATES (Seyran), *Der Multikulti-Irrtum – Wie wir in Deutschland besser zusammenleben können* (*L'erreur du multikulti, comment nous pouvons mieux vivre ensemble en Allemagne*), Ullstein Verlag, octobre 2007.

24. « Plädoyer für einen muslimischen Luther », *Der Spiegel*, 30 octobre 2007.

25. KELEK (Necla), *La Fiancée importée. La vie turque en Allemagne vue de l'intérieur*, Paris, éditions Jacqueline Chambon, coll. « Métro », 2005.

« Allemands libéraux » qui, au nom de la tolérance, ont « fréquemment favorisé l'auto-exclusion des immigrés ».

« C'est une histoire vraie. Elle traite d'amour et d'esclavage, d'honneur et de respect, de moka turc et de fiancées vendues. Elle parle de ma famille qui d'Anatolie est venue en Allemagne en passant par Istanbul, et elle raconte mon chemin vers la liberté. Elle évoque ces femmes turques qui sont mariées en Allemagne par leur famille dans des mariages arrangés – contre le prix des fiançailles – et, qui, étrangères à l'étranger, y sont traitées le plus souvent comme des esclaves », écrit-elle. « Je voulais montrer pourquoi l'intégration de mes compatriotes en Allemagne est toujours un échec, ajoute Necla Kelek. Au lieu d'apprendre l'allemand, ils se sont massivement retirés dans leurs mosquées d'où ils défendent leur monde islamique. Ils ont depuis bien longtemps créé leur propre société parallèle, notamment grâce aux acquis sociaux allemands, comme la sécurité sociale et les allocations chômage. Mais la société allemande n'en continue pas moins de penser qu'elle a une dette envers les étrangers. Dans ce pays, le sentiment de culpabilité semble primer sur la défense de la Constitution. »

Elle fait parler des jeunes femmes turques qui avouent détester le mode de vie de ces Allemands qui permettent à leurs enfants « de se promener librement et tout nus ». « Nous pouvons parfaitement vivre ici sans penser aux autres. Nous avons tout ce qu'il faut, nous n'avons pas besoin des Allemands », dit l'une d'elles, cyniquement.

Dans ses nombreuses interviews, Necla Kelek a enfoncé le clou pour condamner une attitude soit naïve, soit culpabilisée des Allemands, et selon elle contre-productive. L'estime de soi nécessaire « manque aux Allemands », a-t-elle soutenu, et ceux qui sont politiquement responsables de l'intégration permettent que les droits de l'Homme soient relativisés. Les milieux libéraux et la "pédagogie interculturelle" ont rendu un mauvais service, avec le slogan « Tout est culture » (...). Par exemple, au lieu d'encourager les cours d'apprentissage de l'allemand, ils ont prôné « la langue maternelle d'abord », a encore observé Necla Kelek.

C'est l'attitude vis-à-vis des droits individuels occidentaux – ceux des non-croyants, des gays, des minorités, mais surtout ceux des femmes et des filles – qui pose problème selon elle.

La pratique étendue des mariages arrangés de filles, souvent très jeunes, importées de Turquie, est attestée par le fait qu'entre 21 000 et 27 000 visas pour regroupement familial sont accordés chaque année.

Quant aux homosexuels turcs, si leurs réseaux, leurs clubs, leurs moyens d'expression commencent à s'organiser dans une société très ouverte sur ces questions, ils cachent le plus souvent leurs penchants à leur famille, qui les rejetterait ou les punirait. L'homme ne peut avoir un comportement féminin.

« Laver l'honneur » dans le sang

C'est incroyable et pourtant, ils se déroulent dans les rues de Cologne, Hambourg ou Berlin : les crimes d'honneur font à juste titre beaucoup de bruit en Allemagne, surtout depuis que certaines femmes turques courageuses en ont fait leur cheval de bataille.

Ils sont le fait d'hommes venus de milieux très traditionnels, qu'ils soient kurdes, turcs, afghans ou irakiens, qui se croient obligés de « laver l'honneur de la famille ». Selon la police criminelle fédérale, le BKA, trente-six femmes et douze hommes ont été victimes de « crimes d'honneur » entre 1996 et 2006, soit quarante-huit meurtres en dix ans. Ils sont révélateurs d'une tradition familiale patriarcale.

Ces familles vivent encore selon un code dont les mots-clés sont « honneur », « honte », « respect », « obéissance » et « punition ». Dans ces familles, la femme est « l'honneur de l'homme » et ne peut choisir librement son partenaire. La faute est d'autant plus grave si ce partenaire est allemand et si la liaison a lieu hors mariage.

L'exécution en pleine rue de Berlin en 2005 de la jeune Hatun Suruku, âgée de 23 ans, par son jeune frère, parce qu'elle s'était émancipée et « voulait vivre comme une Allemande » avait beaucoup ému.

Hatun, tuée de trois balles dans la tête par Ayhan, 18 ans, avait pris la nationalité allemande. Elle ne portait plus le voile. Elle refusait de se soumettre à l'autorité parentale. Elle avait choisi d'élever seule l'enfant qu'elle avait eu en 1999 d'un mariage forcé avec un cousin vivant en Turquie. Elle avait par ailleurs abandonné son mari pour mener une vie sexuellement libre, ponctuée d'aventures passagères.

Le geste du jeune Ayhan avait été commandité par ses deux frères aînés, Alpaslan et Mutlu, mais ceux-ci devaient être acquittés par le tribunal faute de preuves suffisantes. Des cris de joie devaient accueillir dans l'audience ce double acquittement, alors qu'Ayhan était condamné à neuf ans de prison.

Le foulard, rigidités réciproques

Que la « démission » et l'aveuglement de la société sur le modèle *multikulti* soient en accusation n'empêche pas d'autre part que la rigidité laïque de certaines autorités allemandes à l'égard du voile le soit aussi.

L'attaque est venue en 2009 [26] d'une des organisations de défense des droits de l'Homme les plus réputées, *Human Rights Watch.* Elle a dénoncé l'interdiction du hijab pour les enseignantes et les fonctionnaires dans l'exercice de leur fonction, des « lois injustes, illégitimes et inacceptables » et une « discrimination au nom de la neutralité ».

La moitié des États régionaux allemands interdisent le port du foulard islamique aux enseignantes et fonctionnaires, sans montrer la même sévérité envers les signes religieux arborés par les religieuses, prêtres, pasteurs ou rabbins.

26. Rapport de *Human Rights Watch* sur le port du foulard islamique dans l'administration et les écoles de certains Länder, publié le 26 février 2009.

« Les lois en Allemagne obligent les femmes qui le portent à choisir entre leur emploi et leurs convictions religieuses », a dénoncé HRW, qui y voit une entrave à l'intégration des musulmanes. D'un côté, ces femmes, quand elles travaillent, se sentent humiliées de devoir se découvrir en public. De l'autre, celles qui renoncent à leur emploi pour garder le voile perdent leur indépendance financière, argumente HRW.

Des études affinées auprès des jeunes Turques en Allemagne ont montré que beaucoup d'entre elles, hostiles à la burqa et au niqab, ont sur le voile des visions bien plus nuancées. Elles se sentent plus à l'aise avec un foulard, même tout à fait à la mode. Certaines disent qu'elles sont moins l'objet de convoitise, d'autres que le hidjab s'accorde à leur conception de la pudeur, d'autres enfin que c'est un signe culturel auquel elles sont attachées. Ces filles étaient de différents milieux, libéraux comme conservateurs, modernes comme traditionnels, et de différents niveaux de formation.

Une étude de l'institut américain de sondages Gallup, sur l'intégration des musulmans dans plusieurs pays d'Europe, avait révélé en 2009 que les Allemands musulmans et les Allemands en général tolèrent mieux que les Français le port du voile. Trente-six pour cent des Allemands et 6 % seulement des Allemands musulmans pensent qu'il est nécessaire pour les femmes d'ôter le hijab couvrant leurs cheveux (contre 63 % et 22 % respectivement en France).

Barrière de la langue, vraie cause de la séparation ?

Il y a plus sérieux comme cause de non-intégration que le foulard. Un rapport, publié aussi en 2009, de l'Institut de Berlin pour la population et le développement a provoqué un choc : il montrait que les Turcs sont les immigrés les moins bien intégrés en Allemagne, avec l'échec scolaire le plus étendu. La barrière linguistique serait plus forte que dans les banlieues françaises.

La situation est accablante : les jeunes Turcs fréquentent moins le lycée que les autres immigrés. Il y a moins de diplômés de l'*Abitur* (équivalent du bac, seulement 14 %) et moins de Turcs qui suivent des études universitaires. Cela a pour implication que le taux de filles restant au foyer est très élevé. Trente pour cent des jeunes Turcs ou d'origine turque sortent de l'école sans le moindre diplôme, alors que cet échec touche 3 % des *Aussiedler*.

Leur situation serait d'autant plus préoccupante qu'un quart d'entre eux déclareraient ne plus comprendre le turc qu'approximativement.

La cause première est toute simple, affirment les responsables turcs : c'est la pauvreté d'une partie de cette communauté, venue travailler en Allemagne et pour l'Allemagne depuis maintenant trois générations.

Environ 80 % de la population turque d'Allemagne appartient aux couches aux revenus les plus faibles et les moins qualifiés, contre 13 % de la population allemande, observe ainsi Kenan Kolat, président de la communauté turque, un réseau qui regroupe deux cents associations. Une communauté dont 42,5 % des ménages vit sous le seuil de pauvreté, avait révélé le Centre des études turques de Duisburg.

Pour Kenan Kolat, un des remèdes serait d'encourager l'acquisition de la nationalité allemande. Il cite en exemple l'assimilation des *Aussiedler* venus de l'URSS. Mais le refus d'accorder aux Turcs le double passeport est un frein. Et beaucoup ne se sentent pas en mesure de réussir les tests de langue et de connaissances de la culture allemande : le cercle vicieux se referme.

Tollé allemand contre Erdogan

Apprendre la langue et respecter les règles de la vie allemande en société : ce sont les deux rengaines que ne cessent d'entonner les dirigeants politiques de l'Allemagne. C'est pourquoi le Premier ministre turc Recep Tayyip Erdogan les a sérieusement irrités en 2008 quand il a déclaré lors d'un voyage en Allemagne que « l'assimilation était un crime contre l'humanité ».

Ce dimanche-là dans le stade de Cologne Köln-Arena bondé, devant 20 000 Turcs chauffés à blanc et dans une ambiance survoltée, ce Premier ministre islamiste prétendument modéré, chef du parti de la justice et du développement (AKP), avait choisi de s'exprimer en turc, mais sans traduction simultanée en allemand. « Personne ne peut exiger de vous une attitude d'assimilation et d'adaptation », a-t-il lancé à ses auditeurs.

Recep Tayyip Erdogan a ensuite exhorté les Turcs à préserver leur culture et leur langue, tout en concédant qu'ils devaient apprendre l'idiome du pays hôte. Il a appelé à la création d'écoles et d'universités turques en Allemagne.

Ce discours eut pour effet d'effacer pour un moment les clivages entre partisans de l'entrée de la Turquie dans l'Union européenne – sociaux-démocrates et Verts – et opposants – chrétiens-démocrates – Peter Struck, chef du groupe parlementaire social-démocrate, déclara avoir « l'impression que l'on cherche à installer une société parallèle en Allemagne ».

L'appel d'Erdogan à résister à l'assimilation fut d'autant plus mal reçu par les autorités qu'elles ont pour interlocuteurs certaines associations, fondations islamiques dont la clarté du discours n'est pas la première qualité. Celles-ci manient l'amabilité et la volonté officielle de coopérer d'une main, la méfiance, l'hostilité de l'autre.

Même avec des organisations reconnues que le gouvernement convoque régulièrement pour des « conférences de l'islam », règne parfois un certain flou quant à leur volonté réelle.

L'organisation la plus puissante – et aussi la plus ambiguë – est le puissant DITIB, proche de l'État turc, liée au ministère turc du Culte même s'il s'en défend. Tout en multipliant les déclarations de bonnes intentions, il défend les intérêts nationaux turcs. Il tenterait, en faisant venir sur le territoire allemand des imams de Turquie, de ralentir le développement d'un islam ouvert à l'allemande, tel que le réclame par exemple Seyran Ates. Il promeut aussi la création d'écoles turques en Allemagne. Autrement dit : il défend peu ou prou les thèses exposées ce dimanche d'hiver à la Köln-Arena par le Premier ministre turc.

« Le DITIB complique lourdement l'intégration des musulmans allemands », a tranché l'islamologue Michael Kiefer. [27]

Mais il y a aussi d'autres organisations aux contours troubles, qui influencent tous ceux pour qui l'islam est le rempart contre une société de consommation honnie. Elles réagissent de manière ambiguë aux thèmes chauds de l'actualité. Elles ne critiquent pas les mosquées radicales qui sont dans le collimateur du renseignement intérieur ou tout ce qui touche au jihad en Irak ou en Afghanistan. Elles n'osent pas condamner les menaces islamistes contre un opéra berlinois qui expose une tête décapitée du Prophète. Elles ne se prononcent pas non plus sur le « droit » d'un « grand frère » de laver l'atteinte à « l'honneur » d'une sœur.

Une de ces mouvances est le puissant Islamgemeinschaft Milli Görüs – quelque 27 000 adhérents –, qui est soupçonné de financer clandestinement des mouvements islamistes à l'étranger, comme le mouvement palestinien Hamas. Milli Görüs exerçait une forte influence sur l'un des mouvements musulmans fédérateurs en Allemagne, *l'Islamrat für Deutschland* (conseil de l'islam pour l'Allemagne), reconnu par le gouvernement. En 2010, l'Islamrat a du coup été exclu de la « conférence de l'islam ».

Les puissantes confréries d'Arabie Saoudite qui financent à coup de millions la construction de mosquées et de centres islamiques, ne sont pas contentes de ce type d'exclusions. Les milieux islamistes conservateurs, qui reflètent leurs vues, jugent certains experts trop libéraux, trop laïcs, non représentatifs à cette conférence. Ils déplorent que le « vrai islam » reste entouré de préjugés ou fasse l'objet de campagnes très hostiles.

Le ministre de l'Intérieur Thomas de Maizière a dû en conséquence renoncer à contrecœur à des représentants indépendants et critiques que sont Seyran Ates et Necla Kelek.

27. KIEFER (Michael), cité dans un article sur le DITIB, *Kinder in Fesseln,* 16 février 2009. Le DITIB est « l'Union turco-islamique de l'office pour la religion ».

Le contrat social que l'État, par le biais de ces « conférences de l'islam » périodiques, ambitionnait de négocier avec les musulmans, est loin d'être acquis. Mais rien n'est pire qu'une absence totale de dialogue… Et que tout ce qui – victimisation, démagogie – peut pousser les musulmans au repli.

En ce jour d'hiver 2008, le discours nationaliste du Premier ministre Erdogan sur le « crime de l'assimilation » arrivait comme la cerise sur un gâteau, à l'issue d'une semaine fort mauvaise pour les relations entre Ankara et Berlin.

Tout avait commencé par un incendie dans un immeuble de la ville de Ludwigshafen, au sud du pays. Dans ce bâtiment vétuste habité de Turcs, neuf victimes étaient sorties des décombres.

Deux fillettes sous le choc avaient raconté à des journalistes avoir vu dans le vestibule de l'immeuble un homme allemand avec un briquet et du papier. Cela suffisait pour déclencher un incendie, médiatique cette fois, contre l'Allemagne en Turquie.

Les médias turcs allaient se déchaîner à partir d'un seul témoignage fragile. On rappelait à la mémoire les terribles incendies xénophobes des années quatre-vingt-dix, on évoquait un sentiment prétendument antiturc profondément ancré dans la population allemande. Les associations turques étaient sur le qui-vive.

Le gouvernement turc décidait d'envoyer ses propres enquêteurs : une démarche inusitée et très vexante pour la police allemande.

Et quelques jours plus tard, la piste d'incendiaires xénophobes s'écroulait, les deux fillettes corrigeant leurs affirmations faites dans la panique.

C'est la mise en cause intempestive des Allemands pour une fausse histoire de racisme qui irritait tant cette professeure de lettres distinguée, Frau F., qui apostrophait le journaliste français dans la ligne U7 du métro berlinois. Après tout, pensait-elle, il y a des efforts de rapprochement entre nous et les Turcs, et c'est déjà assez compliqué comme ça, pas besoin d'inventer des mensonges…

L'histoire de l'immeuble de Ludwigshafen et de son exploitation médiatique et politique est exemplaire des malentendus. Sur les questions d'intégration, les nerfs restent à vif entre Allemands et Turcs. Une partie de ces Turcs vit dans une constante méfiance et forme une société parallèle, cinquante ans après l'arrivée de leurs pères et grands-pères comme « travailleurs hôtes », quand une majorité d'autres ont pris place au banquet de la réussite à l'allemande. C'est la minorité qui focalise l'attention et les craintes.

CHAPITRE 5

LA « FRANÇALLEMAGNE » ET « L'EUROPE ALLEMANDE »

La « Françallemagne » existera-t-elle un jour ? Le réseau de plus en plus dense d'intérêts qui s'est constitué depuis soixante ans serait-il capable de fusionner en une Union franco-allemande, comme en rêvent les amis des deux pays, des deux cultures ? Quant à « l'Europe allemande », est-elle une chance ou un danger, une réalité ou une illusion ?

L'histoire franco-allemande depuis la Seconde Guerre mondiale, c'est un peu la parabole de deux sœurs qui s'apprécient, s'admirent et se chamaillent, sans avoir beaucoup en commun, tout en vivant sous le même toit européen de leur histoire et de leur destin communs. Elles se sont déchirées dans un long conflit de soixante-quinze ans. L'une, vaincue, se sent coupable, l'autre a bonne conscience parce qu'elle est montée à temps dans le train des vainqueurs.

Dans un premier acte, la sœur moralement blessée, repentante, se tourne vers celle qui se porte mieux, lui tend la main, demande pardon et aide. Celle-ci est touchée, flattée. Elle répond positivement. Mais elle n'attache pas autant d'importance à ce geste. Peut-être la faiblesse de sa sœur l'arrange-t-elle même ? La sœur blessée est au contraire demandeuse, enthousiaste, exigeante : nous devons maintenant toujours rester ensemble, proclame-t-elle. D'accord, répond l'autre. Et effectivement, elles forgent lentement et sûrement une amitié, en dépit des disputes et des chamailleries, des hauts et des bas. Pendant ces années-là, la sœur blessée travaille dur. Elle devient plus épanouie, plus riche, plus puissante, plus influente. Elle sort de son isolement, renoue avec les cousins qui la regardent avec de plus en plus d'intérêt.

L'autre sœur, qui avait été distraite par d'autres soucis, comprend soudain au deuxième acte cette montée en puissance, constatant qu'elle s'est fait rattraper, voire distancer. Elle a un regain d'intérêt et de crainte pour cette sœur qu'elle redécouvre remarquable, utile, importante, et dans laquelle elle voit à l'avenir une rivale potentielle : elle lui montre alors un surcroît d'attention, lui dit que leur alliance doit être resserrée encore. Mais l'autre, qui a recouvré sa puissance, admet certes que le lien doit durer mais ne lui attache plus autant d'importance. Elle aime à aller parfois de son côté, poursuivant ses propres fantaisies. Elle démontre sa nouvelle assurance. Ainsi, la sœur autrefois faible fait-elle sentir à l'autre, du haut de sa puissance retrouvée, qu'elle a moins besoin d'elle. Elle lui fait comprendre que la relation est redevenue égalitaire, moins passionnelle et aimablement concurrentielle.

Cette fiction mettant en scène ces sœurs proches et rivales illustre comment le rapport s'est inversé entre l'Allemagne et la France. C'est Paris qui semble plus demandeur aujourd'hui de « franco-allemand » que Berlin. Alors que ce fut longtemps le contraire.

En 1989-90, les Français ne saisirent pas la dimension affective du dépit allemand à l'égard du président François Mitterrand qui accueillait la Réunification avec crainte et méfiance.

« L'Allemagne, aurait-il confié en janvier 1990 à Margaret Thatcher, peut, en se réunifiant, reprendre les territoires perdus pendant la guerre, et même elle peut être plus étendue que sous Hitler[28] ». Même si Mitterrand était un homme traumatisé par l'Histoire et nullement un germanophobe, il provoquait chez certains Allemands un sentiment d'amitié trahie, que ceux-ci ne ressentaient pas à l'égard de la Britannique Margaret Thatcher, pourtant plus méfiante envers le futur État réunifié.

28. Confidences de Mitterrand à Thatcher, le 20 janvier 1990, selon les notes déclassifiées en septembre 2009 de Charles Powell, conseiller de politique étrangère de l'ancien Premier ministre britannique.

L'amitié à l'égard de la France semblait intense, à l'exception de certaines voix comme celles du *Spiegel*, qui fustigeaient déjà l'arrogance et le manque de scrupule vis-à-vis du passé et dans la conduite de « la Grande Nation ». C'est ainsi qu'elles appelaient la France de manière ironique. Il y avait certains thèmes polémiques, comme le programme nucléaire militaire français, qui existent toujours. Mais au total, dans l'opinion allemande, et davantage dans les régions de l'Ouest, une curiosité était manifeste pour la France, ses libertés, son mode de vie, son élégance, sa fantaisie, même si les désordres sociaux et la vantardise bavarde de certains Français ne passaient pas. Il était frappant, dans les années quatre-vingt à Bonn, de constater l'intérêt immense et la bienveillance que suscitait tout ce qui venait de France, l'amitié qui entourait les jeunes Français. Comme si un « plus » – de bonheur, de fantaisie ? – venait de France, un « plus » qui aurait manqué à l'Allemagne malgré tout son confort, la brillance de ses intellectuels, la modernité de sa société. Traumatisés par le passé nazi, des artistes, comme le cinéaste Volker Schlöndorff, se rattachaient à la France et à ses idées. Cette vision de la France, dans laquelle on pouvait déceler un léger complexe des Allemands, a moins existé à mesure qu'ils apprenaient à mieux aimer leur pays.

Le lien franco-allemand s'est forgé à travers des centaines de milliers d'amitiés, de mariages, de liens, d'initiatives, d'associations. Le ministre des Affaires étrangères, Guido Westerwelle, qui était un jeune Rhénan dans les années quatre-vingt, en a témoigné avec émotion. Rencontres de près de huit millions de Français et d'Allemands depuis la création en 1963 de l'Office français pour la jeunesse (OFAJ), serments de générations étudiantes qui fraternisent sur des chantiers ou autour de feux de camp. Ce fut en vérité un tissu impressionnant, initié par des pionniers de la réconciliation, qui s'était densifié sans cesse entre 1949 et 1989.

Il y a eu depuis lors des dizaines de projets entre les deux pays, qui sont allés de la mise en commun d'installations consulaires à une brigade binationale ou à un manuel d'histoire franco-allemand – passionnant mais encore insuffisamment distribué dans les écoles.

Mais tout cela n'a pas suffi à produire « une Françallemagne » ou à en dessiner le désir ou la possibilité. Car la vie quotidienne des deux peuples n'a pas été suffisamment marquée par tous ces contacts. Seuls certains cercles, frontaliers, étudiants, expatriés ont vécu cette symbiose. L'apprentissage des deux langues reste minoritaire, malgré tous les efforts. Le pays de Voltaire est probablement assez mal connu d'un lycéen allemand de Greifswald, à la frontière polonaise, comme l'est la nation de Goethe d'un lycéen de Pau dans le sud-ouest de la France. Toutefois, ces derniers temps, comme jadis la France en Allemagne, c'est l'Allemagne et sa jeunesse qui suscitent une nouvelle vogue de curiosité dans l'Hexagone, où l'on en découvre le côté relaxe, l'accueil, la tolérance, la richesse, l'audace culturelle, artistique… et la joie de vivre.

Une union franco-allemande n'est pas prête à voir le jour, n'en déplaise aux rêves d'hommes politiques comme Dominique de Villepin, ou de chroniqueurs comme Jacques Julliard, qui, en 2009 encore, dans le Nouvel Observateur, jugeait que la France et l'Allemagne « devaient faire l'Europe à deux[29] », pour former « la troisième puissance mondiale ». On en est très loin. Pour cela, il aurait fallu non seulement une volonté politique très audacieuse, mais aussi une connaissance mutuelle entre les deux peuples qui n'existait pas. Et qui n'existe toujours pas.

Que ce soit la chancelière, le diplomate ou l'homme de la rue, on semble parfois se moquer gentiment au bord de la Spree des voisins français. Des dispositifs comme les trente-cinq heures leur semblent incompréhensibles. Le proverbe allemand « vivre comme Dieu en France » (« leben wie Gott in Frankreich ») qui exprime l'envie et le désir, peut aussi être employé ironiquement. On semble parfois dire aux Français : « sortez de l'illusion que la prospérité, vos conquêtes sont garanties et éternelles, le monde change et ne vous attend pas, réveillez-vous, imitez-nous ».

29. JULLIARD (Jacques), « Sauver l'Europe à deux », chronique du *Nouvel Observateur*, 14 octobre 2010.

« La population en Allemagne, comme la population en France, ne pourra éviter de voir la vérité en face. Le temps de travail doit augmenter », affirme, en bonne donneuse de leçons, Angela Merkel sur la chaîne publique France 2 en octobre 2010[30]. Elle apporte ainsi habilement son soutien indirect à l'impopulaire réforme sur l'âge légal de départ à la retraite voulue par Nicolas Sarkozy.

Loin de toutes les chimères d'une unification impossible, Berlin et Paris vont continuer sobrement et pragmatiquement à jouer un rôle moteur dans l'Europe, se concertant tous les jours, initiant des noyaux durs de coopération renforcée dans tel ou tel domaine.

En dépit de toutes les commémorations et tous gestes symboliques qu'affectionne la France (comme la présence d'Angela Merkel le 11 novembre 2009 sous l'Arc de triomphe), la relation n'est pas vécue avec l'intensité de ceux qui voulaient après la guerre, par idéal chrétien ou socialiste, surmonter les failles, guérir les blessures, instituer une véritable fraternité. L'ère des pionniers de la réconciliation est dépassée, même si elle est parfois rappelée avec des trémolos dans la voix. Elle reste un chapitre glorieux, un exemple unique dans l'Histoire, une leçon donnée au monde – par exemple aux Japonais et aux Chinois. Mais la relation des deux voisins émeut moins, quand bien même elle se poursuit, intense, productive, sur fond de célébrations et de congratulations.

« L'anémie s'explique par un malaise profond depuis vingt ans : les deux sociétés deviennent chaque jour plus étrangères l'une à l'autre ; le volontarisme des années soixante – jumelages et échanges linguistiques – n'a pas fait long feu. On ignore de plus en plus la langue et la culture de l'autre », jugeait, pessimiste, le quotidien *Le Monde*[31] en 2009.

30. Journal du soir de France 2, 18 octobre 2010, interview de la chancelière allemande.
31. Éditorial du *Monde*, « Outre-Rhin », 12 novembre 2009.

Choc salutaire

Les difficultés économiques et financières depuis 2008 ont créé un choc utile pour lutter contre cette anémie, servi de révélateur à un nouveau rapport bilatéral, plus musclé et conflictuel, fructueux et perpétuellement tendu, à une « collision course ». Les tensions dramatiques au printemps 2010 autour des remèdes à apporter à la crise grecque ont remis au goût du jour le caractère vital d'une relation grippée par l'habitude.

« Il vaut mieux qu'il y ait des désaccords, qu'on en parle ensemble, qu'on les traite et qu'on arrive à des solutions, plutôt qu'on fasse semblant de ne pas avoir de désaccords. Les différences d'approche sont naturelles entre des pays qui ont des cultures, des histoires différentes, parfois des intérêts différents », résumait le Premier ministre François Fillon en juillet dernier.

Ces « intérêts différents » sont nombreux et s'expriment constamment : par exemple sur les politiques industrielles et de concurrence, la politique et l'industrie européennes de défense (Paris se tournant vers Londres, faute d'engagement allemand suffisant), le rôle de la dissuasion nucléaire en Europe – que Berlin voit d'un œil critique et inquiet.

Très souvent, admet-on ouvertement, il y a de très durs débats mais qui débouchent sur un compromis raisonnable. Cette « collision course » ne donne-t-elle pas des fruits plus durables que les dernières années de coopération de l'ère Schröder, où les conférences de presse de fin des sommets donnaient lieu à des assauts de compliments et d'évocation de la « mémoire » commune, mais à peu de substance ?

La tension constructive permet finalement de se poser ses problèmes réels. L'ancien président de la Commission européenne Jacques Delors s'est félicité un jour que « ce ne soit plus l'Allemagne qui consentait à faire des sacrifices parce qu'elle voulait se faire pardonner ».

Les menaces de la spéculation financière contre l'euro ont amené Berlin à sortir du bois et à dire plus nettement que jamais ce qu'il exprimait en sourdine. Et cela a stupéfié, à Paris surtout. Même si cela n'est pas souvent dit explicitement par ses dirigeants, l'Allemagne juge son système le meilleur. Le quotidien *Bild Zeitung*, expression des sentiments cachés d'une nation soucieuse de correction, le clame avec des formules parfois agressives. Et le résultat est patent. Différents pays européens, et même la France, semblent avoir repris dans leur plan de rigueur un peu des leçons données à Berlin. Nicolas Sarkozy et ses ministres évoquent même des idées de « convergence fiscale », autrement dit d'une harmonisation qui conduirait la France à s'inspirer du système du voisin pour réduire les différentiels de compétitivité.

Le politologue Alfred Grosser estimait dans le journal français *La Croix* que Nicolas Sarkozy, faute d'une véritable alliance de prédilection avec Londres, était contraint de développer les relations avec ses partenaires allemands : « L'amant potentiel étant inaccessible, le couple (franco-allemand) se reconstitue », écrira-t-il[32]. On a prétendu que Nicolas Sarkozy n'avait peut-être pas beaucoup d'affinités avec les Allemands en raison de la guerre et de la persécution des juifs. Mais il sait aussi qu'ils sont les tout premiers partenaires de la France. Ils sont devenus une référence dans ses discours avec des formules qui reviennent régulièrement : « Comme l'Allemagne… comme la chancelière… comme nos amis allemands l'ont fait… »

Relation douce-amère avec Nicolas

Mariage de raison donc, ou parfois d'amour ?… Après les couples de Gaulle-Adenauer, Giscard-Schmidt, Kohl-Mitterrand, Chirac-Schröder, où entrait souvent beaucoup d'amour sincère, qu'en est-il donc vraiment de la relation entre la chancelière et le président, dont on a dit tout et son contraire ? Nicolas Sarkozy honora Angela Merkel d'une visite à Berlin en 2007 le soir même de son investiture. Angela en fut très touchée. Est-elle donc si mauvaise qu'on le prétend, cette relation ? Une estime mutuelle ne réunit-elle pas ces deux personnages si profondément contraires, qui s'irritent parfois au maximum mais finissent aussi par sourire de leur différence ? Des faits, des petits mots, des boutades au fil des ans font pencher la balance vers

32. GROSSER (Alfred), « Forum » au quotidien *La Croix*, 13 octobre 2009.

cette deuxième hypothèse. C'est l'histoire de deux tempéraments antagonistes qui s'estiment, pour leur résistance même.

« C'est plus qu'une bonne relation qui s'est nouée entre eux. Lorsqu'on les voit tous deux ensemble, on sent qu'il existe entre eux une véritable amitié, et plus encore, une vraie tendresse », ira jusqu'à dire l'ancien ministre des Affaires étrangères français Bernard Kouchner.[33]

Selon son entourage, Merkel apprécie une relation de confiance, où chacun sait les faiblesses de l'autre, l'un ayant tendance à fermer sa bouche un peu trop, l'autre à ouvrir un peu trop la sienne. Elle le connaît bien désormais et apprécie qu'avec lui on ne tourne pas autour du pot.

La première dame allemande est une femme de conviction, qui s'obstine dans ce qu'elle croit important mais qui n'est pas pressée de décider. Elle le reconnait. Elle manque de la spontanéité de l'intuition qui accélère le cours de l'Histoire mais aussi le fausse et le manipule. C'est la grande différence entre elle et Sarkozy. Mais peut-être le fossé psychologique et culturel est-il plus large ?

Ce Napoléon au petit pied énerve fortement outre-Rhin les hauts fonctionnaires des ministères. Il n'est pas aimé d'eux. Ils le comparent volontiers à un Louis de Funès perpétuellement « agité ». Angela s'est fait même projeter des comédies avec l'acteur comique français pour mieux le comprendre.

Non, Merkel ne se laisse pas facilement contaminer par l'agitation, et les conférences de presse communes, ponctuées de flatteries, sont des scènes subtiles et drôles parfois, difficiles à interpréter : Merkel cède-t-elle aux offensives de Sarkozy, fait-elle semblant ? Est-elle amusée par sa familiarité, ses baisemains ? Ou plus sûrement énervée ? Quels sont les degrés de sympathie et de mépris ? Est-elle la plus forte ?

Quelquefois ces apparitions communes font l'effet de parties de ping-pong où l'un jouerait l'offensive et l'empathie tous azimuts, l'autre la

33. KOUCHNER (Bernard) à l'hebdomadaire allemand *Focus*, 13 février 2010.

défense et la réserve tranquille. Alors que Nicolas, bousculant des tabous, lance quelques attaques à la hussarde enrobées de compliments – sur l'énergie nucléaire ou une coopération industrielle européenne –, Angela sourit, évite de contredire frontalement. Mais, finalement, elle reste sur ses positions, campée dans sa réserve comme dans une forteresse. Elle apparaît parfois la plus sûre d'elle. On constate dans les semaines suivantes qu'elle n'est pas souvent perdante. Cette obstination, ce sérieux ont sûrement le don d'exaspérer le fougueux président de la France. Parfois les Français, et Sarkozy le premier, ont dû aller à Canossa.

Nicolas Sarkozy a trouvé en Angela Merkel une interlocutrice coriace, bien loin de son image aimable. « C'est quelqu'un de bien », dit-on en haut lieu à Paris. On y reconnait qu'elle écoute, qu'elle est compétente, qu'elle est fiable, qu'elle a une capacité de réflexion impressionnante. Mais qu'elle cèdera rarement sur une série d'articles de foi qui fonde l'Allemagne.

Il est le symbole d'une France vibrionnante, interventionniste. Elle est la représentante d'une nation en apparence assagie, décentralisée, complexe, lente, et sûre de ses recettes – sociales, économiques – éprouvées. En plus, elle incarne une autre réalité, plus éloignée de la France, moins connue, l'ex-RDA. Une femme qui éprouve sans doute plus d'empathie pour les pays à l'est de l'Europe comme la Pologne que pour l'Hexagone. On est loin du Rhénan Helmut Kohl pour qui l'amitié avec la France était une évidence.

Magnificence

De Charles de Gaulle à Nicolas Sarkozy, une perception au moins n'a pas changé chez nos voisins d'outre-Rhin quand ils viennent à Paris : ils sont sans cesse étonnés, irrités, un tantinet moqueurs devant la magnificence des attributs du pouvoir, la manière royale de l'exercer, et l'importance que la nation de la révolution et des droits de l'Homme pense avoir dans le monde.

Pour ce qui est du décor d'abord : l'Élysée, Matignon, le Quai d'Orsay d'un côté ; la chancellerie fédérale, le ministère des Affaires étrangères de l'autre : tout est différent ! Deux styles qui disent toute une histoire, une mentalité, une vision du passé, de l'avenir, et de soi. La France croule sous les ors de la République, elle a eu la chance que ces beaux palais ne disparaissent pas sous les bombes. Ils témoignent de la continuité de l'État depuis l'Ancien Régime. Une puissance ancienne et bien établie, fière d'elle-même, qui n'est pas mise en cause, qui n'est pas discutée.

À la chancellerie comme au « AA » (*Auswärtiges Amt*, ministère des Affaires étrangères), tout est design, dépouillé et froid. Les grandes baies vitrées de la chancellerie donnent sur la Spree, sur le Reichstag, sur une ville moderniste et en perpétuelle reconstruction. Il n'y a guère de divinités grecques ou de scènes de bataille au plafond pour distraire le visiteur. Tout semble fait pour aller droit aux faits, aux chiffres, à la recherche du concept le meilleur. Le passé est balayé, absent de ces lieux. Ici et là, de grandes toiles abstraites au mur montrent que la mentalité des occupants des lieux n'est pas à la contemplation du passé.

Ce qui fâche secrètement à Berlin, ce n'est pas tant ce décorum, qui soit fait sourire soit suscite une secrète nostalgie de la solennité du deuxième Reich wilhelmien, c'est l'inégalité de traitement que revivent les deux pays, à puissance sensiblement égale dans le monde. La force de frappe française, la présence de la France dans le cercle étroit des grandes puissances au Conseil de Sécurité, la « Françafrique », son influence traditionnelle au Maghreb et au Proche-Orient, contribuent à certaines frustrations. Elles redoublent quand les Français revendiquent des succès qui reviennent aussi à la diplomatie de Berlin, comme en 2005 la libération des infirmières bulgares en Libye qu'était venue chercher triomphalement à Tripoli Cécilia Sarkozy.

À cela s'ajoute le fait que des Français éminents occupent les directions du Fonds monétaire international (Dominique Strauss-Kahn), de la Banque centrale européenne (Jean-Claude Trichet), de l'Organisation mondiale du commerce (Pascal Lamy), et le poste économique le plus élevé au sein de la Commission (Michel Barnier).

Angela Merkel a pu avoir parfois l'impression d'une conjuration : elle s'est vue encerclée de Français. L'Allemagne a elle aussi d'éminents économistes, qui n'ont pas été récompensés. Elle a pu avoir l'impression, au plus fort de la crise grecque de 2010, que l'Europe était phagocytée par les Français qui lui forçaient la main.

Énervements

La tendance qu'a eue parfois la France à avancer ses pions sans se concerter avec son ami et voisin est inacceptable à Berlin, quand il s'agit de projets véritablement déterminants pour l'avenir. Et elle le rappelle avec fermeté, même si elle s'est rendue parfois coupable elle-même du même forfait.

Une crise plus sérieuse que les autres avait éclaté début 2008, au sujet du lancement de l'Union pour la Méditerranée (UPM). Ce projet entendait renforcer la coopération en tous domaines avec les pays d'Afrique du Nord et du Proche-Orient. La France a cherché à vendre à l'Allemagne ce projet sarkozien, mais les pays du nord de l'Europe y jouaient les seconds rôles. Ils n'étaient pas associés à l'ensemble du processus, au contraire des pays riverains de la Méditerranée. Inacceptable pour la chancelière. Les droits et les obligations doivent être partagés dans un système solidaire… Un immigré africain peut autant s'installer à Rostock ou à Tallinn qu'à Bordeaux ou Barcelone.

La crise prit fin lors d'un sommet à Hanovre. La bonne humeur revint durant la conférence de presse finale. Décompression après la tension. Ils avaient rarement été aussi empressés l'un envers l'autre. Merkel triomphait. La France était passée sous les fourches caudines de l'Allemagne.

De l'automne 2009 au printemps 2010, la riposte à la crise financière, puis la discussion sur un « gouvernement économique européen », une idée défendue par Nicolas Sarkozy, ont suscité des épisodes de tension un peu semblables. Sarkozy se serait mis fort en colère contre Merkel, lors d'une réunion à Bruxelles. Les Allemands voyaient dans un éventuel « gouvernement économique » une coordination, une stimulation mais surtout pas un excès d'interventionnisme dirigiste mettant en cause des principes sacrés comme l'indépendance de la Banque centrale. Ils tenaient en outre à ce que ce soit un « gouvernement » à vingt-sept et non un gouvernement limité aux seize pays de la zone euro. Merkel s'opposait une nouvelle fois à une Europe à deux vitesses, estimant que la coordination et les bonnes règles, pour être efficaces, devaient bénéficier et être imposées à tous. Faute de quoi l'incohérence des politiques, l'aveuglement et la négligence des uns, l'inégalité des droits et des devoirs, l'obligation pour les bons élèves de se porter au secours des mauvais se renouvelleraient… au détriment du plus fort.

Là encore, Berlin semble avoir fait prévaloir ses vues. En contrepartie et de bonne guerre, il paraît avoir concédé la possibilité de tenir des sommets de l'eurozone à seize, si nécessaire, sur des sujets urgents d'intérêt commun.

Dans le rapport Ramses 2011 de l'Institut français des relations internationales (IFRI), Thierry de Montbrial pense aussi que Merkel fait valoir ses vues à terme : Merkel « a finalement accepté d'engager son pays dans la voie de la solidarité, mais en échange d'une gouvernance économique de l'Union autrement plus rigoureuse que ce que les Français avaient généralement en tête quand ils parlaient de gouvernement économique européen ».

Par contre, elle avait dû clairement reculer quand, hostile à tout plan de relance au début de la crise financière à l'automne 2008, elle y avait finalement consenti contre ses convictions intimes. Elle avait accepté de dénouer les cordons de la bourse alors qu'elle était toute fière d'être revenue à l'équilibre zéro des comptes, une prouesse inimaginable dans d'autres pays.

L'Histoire a montré que, sur la nécessité de financer la relance par des déficits, Sarkozy avait été plus clairvoyant. La chancelière avait traîné les pieds, et cette lenteur et cette hésitation, pouvant être coûteuses financièrement pour l'Europe, suscitèrent une mauvaise humeur française. Merkel avait été très critiquée, à domicile et à l'étranger.

À nouveau, au printemps 2010, Angela Merkel tardait à donner son feu vert au plan d'aide à la Grèce, avant de céder, alors que la tempête financière menaçait l'euro et tout l'édifice économique et financier de l'Europe. Nicolas Sarkozy piaffait. La partie de bras de fer devait être fructueuse, le résultat considérable. Sous la pression française, Angela Merkel faisait accepter à ses compatriotes que son gouvernement participe à un gigantesque plan d'aide pour renflouer la Grèce ou préparer d'autres renflouements éventuels d'autres pays, principalement du Sud, peu vertueux financièrement.

Il n'est pas sûr qu'un plan aussi ambitieux et charpenté aurait pu être adopté dans la précipitation. Le volontarisme français semble avoir été utilement complété par le fondamentalisme allemand, gage pour les marchés de fiabilité. On peut donc argumenter, si l'on considère les sommes mises en jeu par les deux pays, que la relation franco-allemande, tout orageuse qu'elle ait été, a été un ciment permettant à l'Europe de résister durant la crise financière déclenchée en 2008.

Tout au long de cette période, c'est l'Allemagne qui a gagné le plus de points, puisqu'elle a obtenu la mise en œuvre ou la promesse de mise en œuvre de verrous, d'outils, de paramètres, d'idées qui sont siennes, comme la limitation du déficit public qu'elle avait déjà inscrite dans sa Constitution. À sa suite, Sarkozy annonçait vouloir faire voter une réforme constitutionnelle pour instaurer une telle clause en France. Elle a encore rallié Paris à l'idée de sanctions, notamment d'une suspension des droits de vote pour les pays qui ne feraient pas les efforts suffisants d'assainissement.

Elle a poussé la France à œuvrer à des mécanismes permettant une meilleure préparation et une observance plus rigoureuse des fameux critères économiques de Maastricht et à demander avec elle une révision du traité de Lisbonne pour pérenniser le mécanisme européen de stabilisation adopté dans l'urgence au printemps 2010. Un dispositif destiné à devenir une sorte de « fonds monétaire européen », avec ces sanctions à la clé. Tant elle craint d'être entraînée dans une spirale inflationniste et dépensière par les États du Sud.

Le désir de révision du traité s'expliquait en partie aussi par la crainte que la toute-puissante Cour constitutionnelle de Karlsruhe déclare illégal ce dispositif de solidarité transitoire, prévu pour trois ans, et par la suite les sanctions, au regard du traité actuel.

La France et l'Allemagne préconisent la révision la plus cosmétique et indolore possible du traité, qui ne nécessiterait pas une large renégociation. Révision qui, même minimale, a été acceptée du bout des lèvres au Conseil européen d'octobre 2010. Elle est cependant loin d'être acquise. Certains parmi les Vingt-sept sont loin d'être enthousiastes devant une révision d'un traité si laborieusement approuvé. Quant aux sanctions politiques pour les membres de la zone euro pris en faute de légèreté financière, elles risquent de se heurter à bien des oppositions de la part de ceux qui ont le plus de raisons de les craindre.

Face aux technocrates de la Commission, Paris fait entendre sa petite musique apaisante, insistant pour que tout dispositif punitif ne soit pas seulement un couperet fonctionnant sur la base de critères comptables (chiffres des déficits, etc.) mais qu'il soit flexible et supportable politiquement par des États humiliés. Sur l'essentiel – le principe de sanctions –, les deux compères semblent soudés.

Cette coordination étroite franco-allemande est perçue déjà ici et là comme un nouveau condominium des « grands » qui impose des « diktats » aux « petits ». Un procès récurrent contre le couple franco-allemand dans l'histoire européenne.

Pour montrer son bon esprit européen, l'Allemagne n'hésite pas parfois à prendre position contre Paris. Même si elle est aussi exaspérée parfois par l'impopulaire Commission, elle la soutiendra si elle sent que Paris n'a pas observé une règle, comme dans l'affaire de l'expulsion de France des Roms vers la Roumanie à l'été 2010. Vertueuse, elle le fait savoir courtoisement mais nettement aux amis français. Respect des règles européennes, toujours et encore, au moins à la lettre…

Elle est loyalement européenne mais avertit que le projet européen risque de faire naufrage s'il se dilue et n'est pas étayé par les règles. Elle veut l'approfondissement et l'affermissement de ces règles, s'opposant à l'élargissement sans fin, préférant proposer des partenariats et des associations aux voisins, de l'Ukraine à la Turquie. Pour cette Europe à laquelle elle a sacrifié le deutschemark, elle demande l'application de ses propres critères. Autrement dit, après avoir fait le pas, monstrueux, de renoncer provisoirement à la rigueur budgétaire et de devenir l'un des garants d'un plan de sauvetage européen non sans risque, elle exige la contrepartie : l'Europe doit faire sa mue à l'allemande. Ce qu'elle préconise, c'est un mélange de rigueur budgétaire, de subsidiarité, de régulation, de sanctions, accompagnées de la préservation de la concertation sociale et de l'autonomie du secteur privé. Un secteur dont elle exhorte par ailleurs les branches financières et bancaires à se sentir davantage coresponsables de la stabilité monétaire. À l'occasion du plan d'aide à l'Irlande négocié fin novembre, elle s'est montrée particulièrement alarmiste, suscitant des remous sur les marchés financiers et irritant certains partenaires. Elle a aussi souhaité que les banques et fonds d'investissement détenant les titres de dettes des États soient appelés à contribution dans le futur mécanisme de soutien permanent aux pays en crise, conformément à sa conception d'une responsabilité et d'une discipline partagées par tous les acteurs. Elle veut une Europe à l'allemande. Sa demande est à la hauteur de ses inquiétudes pour l'avenir… Et de ses frustrations.

Sans doute en 2010 l'Europe, dirigée par le couple franco-allemand, est-elle devenue effectivement plus allemande. Cela rassure certains, les plus rationnels, mais en angoisse d'autres, en raison d'un passé mal éteint.

Musiques différentes

La coopération au quotidien n'est pas toujours évidente. Dans leurs milliers d'appels téléphoniques, les décideurs en tous genres des deux pays sont habitués à entendre des musiques autres. Ces tonalités désaccordées ou simplement différentes, génératrices de malentendus, expliquent la fatigue dont souffre la relation bilatérale en dépit des centaines de projets communs, de manifestations de bonne volonté et d'efforts incessants.

Deux exemples parmi d'autres, dans la gestion de la politique économique et dans le quotidien du monde du travail.

En France, un ministre va téléphoner à une entreprise privée pour lui demander de mener telle politique. En Allemagne, le chef d'entreprise aurait déjà engagé cette politique de lui-même. Un responsable politique n'aurait nullement eu besoin de décrocher son téléphone. Cette observation d'un responsable allemand[34] traduit bien la profonde différence de philosophie économique. Il y a une certaine arrogance inconsciente dans cette remarque. L'Allemand soutient que son système fonctionne sans interventionnisme, que les lois du marché et de la concurrence y sont mieux respectées. Mais cela n'empêchera pas parfois le même d'envier l'énergie créative du gouvernement français, sa capacité d'inventer des concepts et son interventionnisme.

Autre petite musique différente dans l'entreprise : il semble y régner un stress moindre que dans le monde du travail français. Des salariés allemands se voient même reprocher par des syndicalistes français d'Airbus à Toulouse de prendre trop de temps près de la machine à cafés… Les Allemands travaillent-ils moins et moins bien ? Eux tendent à penser qu'ils travaillent plus vite et mieux, dans le système de cogestion à l'allemande et le respect de leurs droits défendus dans les moindres détails au sein du *Betriebsrat* (conseil d'entreprise). C'est souvent vrai mais pas toujours. Ce qui semble avéré est qu'ils font très rarement grève, ont moins de vacances, donc passent en moyenne davantage d'heures par an dans leur entreprise. Mais ils ne consomment pas quotidiennement autant de fatigue nerveuse, ont moins de raisons de protester contre leur travail et, une fois quittée l'entreprise, leur liberté et leurs loisirs sont sacrés. On verra plus rarement les cadres s'attarder à 21 heures au bureau. Ce ne sont que de subtils contrastes. Mais ces petites différences rendent la compréhension mutuelle difficile.

La place de l'Allemagne dans l'Europe

L'Allemagne paraît plus viscéralement, naturellement, sentimentalement européenne que la France, mais cela ne l'empêche pas d'avoir des priorités particulières. Les Français, même s'ils ont joué un rôle fondamental dans

34. Réflexion du secrétaire d'État allemand aux Affaires étrangères, Werner Hoyer, en réponse à une question, lors d'une audition devant la commission des affaires européennes de l'Assemblée nationale, le 13 juin 2010.

l'initiation de l'idée européenne, ont tendance à se sentir d'abord français, et, après, européens.

Comme le lancement de l'Union pour la Méditerranée l'a montré, la France regarde d'abord vers le Sud. L'Allemagne se tourne elle vers la Russie et l'Europe de l'Est, où de nombreuses régions ont été allemandes. Quand un officiel parle de se rendre dans la capitale de la Slovaquie, Bratislava, il va encore dire qu'il va à Presbourg.

Dans l'inconscient collectif germanique, la diversité de l'Europe est peut-être moins difficile à accepter que dans celui des Français : il est habitué à raisonner en termes d'acteurs multiples, de diversité culturelle, de droits locaux, tandis que la France a sa tradition centralisatrice datant de plus de deux cents ans.

Instabilité, rivalités régionales, domination des uns par les autres : c'est à travers cette diversité-là que s'est forgée l'identité allemande ; ils l'ont payé cher, au cours des très longues guerres de clochers.

C'est ce grand ensemble aux frontières mouvantes que craignait François Mitterrand en 1990 quand la question de la reconnaissance définitive des frontières de l'Est (sur l'Oder-Neisse) s'est posée. Si l'on regarde la carte au long de l'Histoire, on voit à quel point les frontières et la taille du pays ont changé à de nombreuses reprises.

Le cœur historique, celui du Saint-Empire, bat surtout à l'Ouest, avec le Rhin, par lequel transitait la civilisation européenne au Moyen Âge dans une Europe avant la lettre. Berlin n'était qu'un village. À l'Est il y avait les marches, les piémonts, les grands espaces.

C'est peut-être avec le souvenir inconscient de l'Empire carolingien en tête que l'ancrage en Europe de l'Ouest a été le choix du cœur des dirigeants de la RFA. Ils étaient souvent des Rhénans, après guerre, comme Konrad Adenauer. Ils se tournaient vers l'Europe de Bruxelles et d'Aix-la-Chapelle (ancienne capitale de Charlemagne) comme l'enfant prodigue. Retour dans une famille où l'on veut avoir part à l'héritage.

En 1945, la magnanimité des Français, qui, contrairement à 1918, leur tendaient la main, les touchait. L'Europe, avec l'OTAN et l'Amérique, ont été les choix fondamentaux. L'Europe de l'Ouest était un débouché naturel pour l'économie allemande. Elle a assuré son insolente prospérité. Les Allemands ont donc joué à fond, conformément à leur tempérament déterminé, la carte de l'Europe.

Ils ont accepté sous Helmut Kohl l'abandon du pilier de la stabilité d'après-guerre, le deutschemark, contre l'euro. Un traumatisme assumé, en contrepartie de l'acceptation par les Alliés de la Réunification. Aujourd'hui la nostalgie du DM et son improbable retour en cas d'écroulement de la zone euro constituent un thème populiste, mais la majorité des gens de la rue n'y adhère pas. Ils ont réalisé l'avantage majeur qu'a constitué l'euro et le marché commun, qui ont permis la montée en puissance de l'économie allemande. C'est un thème identitaire mais marginal.

La Réunification et l'euro allaient modifier l'équilibre au sein de l'Europe, plaçant l'ancien pays vaincu dans une position de légère supériorité démographique et géographique sur les autres grands pays européens. Un avantage que l'Allemagne aurait voulu se voir reconnaître dans la répartition des droits de vote au conseil européen, lors des négociations ardues du traité de Nice en 2001. Mais en vain, en raison notamment de la résistance française. Elle aura la même pondération que la France, l'Italie et la Grande-Bretagne au Conseil européen.

Après l'avènement de cette nation de quatre-vingt-deux millions d'habitants, l'autre jalon majeur dans l'histoire européenne sera, en 2004, l'adhésion des dix nouveaux membres, dont huit ex-communistes : le centre de gravité de l'Europe se déplace, et l'Allemagne se positionne tout naturellement au cœur du nouvel espace. Elle a poussé de toutes ses forces à cet élargissement-là, cohérent avec l'Histoire et lui permettant peut-être – inconsciemment – de desserrer un peu l'étreinte devenue excessive de sa sœur française.

Les nouveaux membres d'Europe centrale et de l'Est se tournent vers elle, géant et aimant économique. Pour les Polonais et de Tchèques, le retour de la zone d'influence allemande est parfois vécu de manière traumatique, en raison du passé. Par les Hongrois, les Slovènes ou les futurs adhérents que sont les Croates, elle est mieux acceptée. Est-ce parce que les régimes prohitlériens dans ces pays avaient obtenu de Berlin que leur indépendance soit formellement respectée ? De multiples éléments objectifs contribuent au retour de l'influence allemande : d'anciens liens avec la culture et la langue, l'empire austro-hongrois, la présence ancienne de minorités dynamiques. Le deutschemark régnera en maître dans ces pays après la chute du communisme. Les investisseurs allemands seront en pôle position.

Berlin est – avec Varsovie – le premier interlocuteur de l'Ukraine, dès qu'il y a une médiation à entreprendre, comme ce fut le cas pour apaiser la « révolution orange » antirusse à Kiev en 2005.

Particulièrement Angela Merkel est attentive à ne pas brusquer les pays de l'Est ayant souffert du joug soviétique, à leur redonner la dignité et l'importance qui leur reviennent, après leurs années d'isolement derrière le Rideau de fer. Le mépris de l'ère Schröder a reflué.

Elle fait ainsi revivre « le triangle de Weimar », forum de coopération avec la France et le voisin polonais, pays dont Berlin reconnaît de plus en plus l'importance stratégique. Elle veille à ne pas ressusciter les vieilles méfiances, les peurs de la domination germanique. Mais de très forts intérêts et investissements – économiques, énergétiques, politiques – en Russie notamment suscitent des mécontentements et jalousies. Réunis en sommet en octobre 2010 à Deauville, Angela Merkel et Nicolas Sarkozy, concurrents sur l'immense marché russe, ont mené une offensive de charme en direction du sémillant et pro-occidental Dimitri Medvedev. Pour eux l'ancrage de la Russie à l'Europe occidentale, dans une architecture commune de sécurité, revêt une importance véritablement stratégique.

Ces gesticulations sont à chaque fois perçues avec inquiétude à Varsovie, Tallinn, Riga ou Vilnius. Mais la méfiance est moindre contre Merkel et Medvedev que contre leurs prédécesseurs Gerhard Schröder et Vladimir Poutine. Berlin a été notamment accusé de mener une politique de puissance avec la Russie sur le dos des Baltes avec le chantier du gazoduc North

Stream, reliant sous la mer Baltique la Russie à l'Allemagne, lancé par Schröder et son ami russe. On avait même évoqué dans ces capitales le spectre du pacte Ribbentrop-Molotov !

Complémentaire de l'ancrage dans l'Union européenne, le vieux *Drang nach Osten* (« poussée vers l'Est ») est une des constantes de la diplomatie de Berlin. Ce mouvement datant du XIIIe siècle, et connoté dramatiquement à cause de la dernière guerre, se fait sentir à nouveau mais sous ses formes purement pacifiques, économiques et culturelles. Une ambition et un objectif qui n'ont rien à voir avec une politique de colonisation de territoires, encore moins de conquête d'un espace vital. Ils manifestent simplement une vocation géographique renforcée par des liens historiques anciens. Selon le philosophe André Glücksmann, cette logique d'influence doublée d'une fascination, surtout en direction de la Russie est évidente aujourd'hui. Elle va prendre de l'ampleur : « L'entente avec le Kremlin est une exigence consensuelle de longue durée cultivée par la société allemande dans son ensemble[35] », assure le philosophe, fin connaisseur de la culture germanique et pourfendeur des déficiences démocratiques du nouvel empire russe.

Mais Berlin sait parfaitement qu'une telle politique en direction de Moscou doit être menée avec des gants de velours.

Dans les décennies à venir, Berlin peut-il être tenté de délaisser l'Europe occidentale pour suivre des intérêts profonds qui l'attirent vers l'Est ? Il n'y aura pas certainement de changement brusque, mais peut-être une inflexion très lente qui verrait Berlin investir de plus en plus dans des partenariats orientaux, notamment en Russie.

Si cela se faisait, serait-ce par dépit à l'égard d'une Europe ingouvernable ? Cette évolution aurait-elle pour conséquence que les Allemands seraient moins engagés à Bruxelles ? Berlin, très probablement, saurait maintenir sagement un équilibre entre ces engagements stratégiques.

35. GLUCKSMANN (André), « Le baptême d'une Europe germano-russe », *Le Figaro*, 12 avril 2010.

« Arrogance », « égoïsme »

On est encore loin d'une telle évolution. Ce qui a frappé plus que tout en revanche en 2010, c'est la brutalité du ton entendu à Berlin, qui a dû renforcer le mal amour de plus d'un État européen à l'égard du premier de la classe.

Quand il s'est agi dès mars d'aider la Grèce en faillite, le quotidien *Bild*, miroir de l'opinion populaire, n'y est pas allé par quatre chemins, avec les encouragements de certains députés conservateurs : « on vous donne du fric, vous nous donnez Corfou », a lancé le tabloïd.

« Ici personne ne doit payer des millions d'euros de pots-de-vin pour s'assurer un lit d'hôpital. » « L'Allemagne a aussi de grosses dettes mais nous les remboursons, parce que nous nous levons tôt le matin et travaillons toute la journée », a encore grogné le quotidien le plus lu du pays, dans une illusion transparente à une existence de farniente que vivraient les Méditerranéens. Il a rappelé « les 50 milliards d'euros que nous avons donnés à votre pays depuis son entrée dans l'Union européenne[36] ».

On imagine bien le ton des conservations dans les *Kneipen*, les bistrots. Les Allemands paraissent décidément plus à l'aise avec les Européens du Nord, plus rigoureux, qu'avec les peuples méditerranéens dont ils apprécient pourtant, l'été, la qualité de vie, les plages et la beauté des monuments.

Et ce qui a été ressenti par les dirigeants grecs comme une insulte, c'était le net sentiment que la chancelière, les dirigeants politiques en général, ne prenaient pas du tout leurs distances avec ces jugements. Certains à Athènes ne décoléraient pas, des mois après, confiait un ministre français sous le couvert de l'anonymat.

L'autodiscipline est mise en avant dans les ministères à Berlin. S'il faut souffrir pour avoir la stabilité, il faut l'accepter. Tel est le message qu'elle adresse aux autres, rappelant ses sacrifices considérables, y compris à l'époque

36. Campagne du tabloïd *Bild Zeitung* le 4 mars 2010 et les jours suivants.

de la Réunification, pour défendre la stabilité monétaire. L'inflation pour elle est une maladie « mortelle » qu'elle a endurée dans son histoire.

L'attachement à la stabilité « est érigé en religion », entend-on dire à Berlin, et la pression de l'opinion publique est forte sur les gouvernants pour qu'ils respectent ce dogme.

Quant au reproche fait à l'Allemagne – par la France notamment – de stimuler ses exportations tout en limitant la demande intérieure par ses plans de rigueur, réduisant ainsi les capacités d'exportations des autres vers elle, il est le plus sérieux de tous : il en va de centaines de milliers d'emplois en France et ailleurs.

Ce reproche se heurte à un mur outre-Rhin. L'orientation à long terme de l'économie vers l'exportation est structurelle et non négociable. Il ne faut pas s'attendre à de grands changements sur ce point, juste, pour faire taire les plaintes, quelques assouplissements, des relances de temps à autre de la consommation intérieure par des baisses limitées des impôts ou par des hausses salariales bien maîtrisées. Si l'Allemand préfère épargner que de consommer, argumente-t-on de Munich à Hambourg, c'est qu'il prépare l'avenir, engrangeant ses économies. Il n'est pas sûr de la stabilité de son emploi. Il pense au financement de sa retraite, contrairement à d'autres ! La modération salariale est acceptée parce qu'elle contribue à terme à créer des emplois. L'assainissement des finances publiques donne confiance aux investisseurs, et c'est un remède dont devraient s'inspirer les autres Européens. Quant aux concurrents français ou italiens sur les marchés extérieurs, ils n'ont qu'à faire aussi bien… Dans tout cela, on retrouve indubitablement une philosophie qui s'inspire de la fable *La Cigale et la Fourmi* de Jean de La Fontaine.

« Un pays d'épargnants peut-il contribuer à sauver l'Europe ? », titrait en juin le quotidien *International Herald Tribune*[37], en jouant sur les mots anglais *save* et *savers.* Certains économistes croient fermement que Berlin a

37. EWING (Jack), « Can a land of savers help save Europe ? », *International Herald Tribune,* 15 juin 2010.

raison ; d'autres craignent par contre que l'Allemagne soit tentée à nouveau, de manière excessive et par une sorte de dogmatisme, de trop se serrer la ceinture.

L'Allemagne dit voir au-delà du conjoncturel, préparer « l'avenir de nos enfants », et faire ainsi une Europe forte, solvable et prévisible. Mais la France, même si elle a entrepris elle aussi une cure d'austérité, obéit à une autre doctrine, moins rigide. Elle reste fondamentalement un pays où l'interventionnisme de l'État et la relance sont jugés souvent préférables à l'équilibre des comptes et au jeu du marché.

Les deux conceptions de Berlin et de Paris continueront, longtemps sans doute, à se confronter et à se compléter. Parfois l'un verra son remède l'emporter, parfois ce sera l'autre.

Si l'Allemagne semble aujourd'hui diriger le jeu, si Nicolas Sarkozy la cite en modèle, c'est que la politique prévoyante de ses gouvernants depuis des décennies en a fait le pays le plus sain de l'Europe. Il est celui auquel les marchés financiers acceptent de prêter aux plus bas taux.

La zone euro, secouée fin 2010 par de nouvelles turbulences venant de Grèce, d'Irlande et du Portugal et qui craint toujours un séisme financier majeur, s'agrippe à ce roc depuis la première tempête du printemps 2010. L'Allemagne a renoué avec une croissance insolente de 3,6 % en 2010. Son déficit devrait repasser dès 2011 sous la barre des 3 % du produit intérieur brut exigée par le Pacte de stabilité européen. Cette santé d'un membre essentiel aide à croire dans la solidité de l'euro. Pour chaque sauvetage d'une économie en difficulté, l'Allemagne, inquiète des conséquences potentielles pour l'ensemble de l'eurozone et pour elle-même, joue un rôle déterminant, cherchant à imposer des conditions souvent draconiennes d'assainissement. La réalité d'une Europe allemande est tangible, et, pour Paris, la consultation permanente avec Berlin plus incontournable que jamais.

Berlin, plus cassant que son coéquipier français, paraît diriger le plus souvent le tandem, mais Paris sait faire entendre sa musique et ses exigences.

Ce duo complémentaire est l'attelage qui tire en avant la carriole de l'Europe sur la côte de la mondialisation. Il n'y en a pas d'autre. Nicolas Sarkozy avait bien suggéré dans sa campagne présidentielle de 2007 d'associer dans un directoire à six les autres poids lourds – Italiens, Polonais, Espagnols, Britanniques. Mais ceux-ci ne semblent pas avoir encore, pour diverses raisons, la crédibilité suffisante pour jouer ensemble ce rôle, même s'ils aimeraient bien. Quant au Service d'action extérieure (SEAE), nouveau bras diplomatique de l'Europe, il commence seulement à faire entendre sa voix, mais il n'abolira jamais la diplomatie des « grands » Européens.

Même si c'est difficile et frustrant, semble marteler Angela Merkel, il faut rester ensemble. Bien sûr, une réflexion est menée en permanence sur une Europe à deux vitesses – face aux dernières adhésions difficiles (Bulgarie, Roumanie), aux futures adhésions encore plus problématiques (Balkans) et alors que la négociation du budget européen des prochaines années s'annonce épuisante. On ne cesse de travailler à de nouveaux aménagements internes pragmatiques, à des coopérations renforcées. Mais le maître-mot demeure bien, pour l'heure, solidarité, vaille que vaille.

Le chargement, bric-à-brac mal arrimé de ses savoir-faire, de ses solidarités sociales et de ses cultures millénaires – qui fait sa richesse inégalée – n'aide guère la carriole à aller vite, lui faisant parfois perdre en côte du terrain face aux plus jeunes attelages. Mais elle ne doit surtout pas faire tomber ce chargement en route, car il contient ses atouts.

Quant aux deux conducteurs avisés, l'Allemagne et la France, ils doivent convaincre diplomatiquement les autres passagers d'être disciplinés et solidaires pour permettre à l'Europe de reprendre de la vitesse et d'être présente avec les autres sur la ligne d'arrivée.

Chapitre 6

SPD, l'étincelle de la différence ?

Des petites phrases brèves et cinglantes dans le flou artistique de la politique allemande. Une passion contenue et puissante. Le refus des formules conventionnelles, un mélange d'énergie et d'ironie, de sarcasme. « Liebe Genossinnen und Genossen » (« Chers camarades »)…

Un peu raide, Franz Müntefering, le « général » social-démocrate originaire de NRW (Rhénanie du Nord-Westphalie), la région industrielle de l'ouest de l'Allemagne, s'agite à la tribune depuis un quart d'heure après avoir grimpé les marches quatre à quatre. Il est alors en campagne électorale. C'est l'été 2005, et le parti social-démocrate SPD, un des deux *Volksparteien* (partis populaires) allemands, lutte ce jour-là pour conserver aux prochaines élections la chancellerie qu'il tient avec l'apport des Verts.

Müntefering porte son écharpe rouge au cou, a la voix rauque et sèche, le visage plissé et gris, les yeux vifs derrière les lunettes, les cheveux lissés en arrière, gominés, comme dans les années cinquante. C'est un homme de terrain, tout le contraire d'un apparatchik, ce catholique autodidacte et fils d'agriculteur, venu de cette région ouvrière de la Ruhr où bat le cœur populaire de l'Allemagne.

« Münte » encourage, admoneste les camarades. Il n'a pas forcément la tâche facile. Il est suspect d'être trop « schröderien » au sein du grand parti, en raison de son refus net de tout retour à un État-providence dépensier que souhaitent beaucoup de ses pairs. Il a toujours défendu « l'Agenda 2010 », le programme de réformes lancé en 2003 par l'ancien chancelier Gerhard Schröder pour l'horizon 2010.

En ce même jour d'été de 2005, Angela Merkel mène campagne à Berlin pour l'autre *Volkspartei* allemand, la CDU, l'Union chrétienne-démocrate, seul autre mouvement politique avec le SPD qui soit capable d'irriguer et de labourer la terre de la République fédérale, jusque dans ses moindres recoins, depuis 1949.

Elle tient un discours de combat, très libéral, contre l'assistanat, pour la responsabilité, pour moins d'État, moins d'impôts, une simplification du système social. Affirmant que les Allemands s'en trouveront mieux, que le chômage diminuera, que le pays retrouvera son énergie productive et créative.

Très sûre d'elle, très professeure, presque arrogante, elle martèle sa conviction que les recettes de l'ère Schröder étaient insuffisantes, qu'il fallait aller plus loin. Elle se fait porte-parole d'une Union chrétienne-démocrate qui annonce son retour en ne promettant pas moins qu'une révolution libérale avec son allié naturel, le petit parti charnière libéral FDP. C'est un ton assez nouveau, radical, qui ne plaît pas forcément à tous les caciques et militants du grand mouvement d'inspiration chrétienne.

Elle ne peut connaître, pas plus que Franz Müntefering, l'avenir que préparent les urnes à tous deux, quelques semaines plus tard. Un résultat qui va la décevoir et l'embarrasser !

Ce qui l'attend, c'est un avenir ambigu qui l'obligera, quand elle sera chancelière, à infléchir son programme de combat, à composer. Car les élections de septembre 2005 vont aboutir à la formation de la « grande coalition » SPD-CDU, faute de vainqueurs évidents de part et d'autre, à l'issue d'un mois de partie de bras de fer : la seconde « grande coalition » de l'histoire de la RFA, après celle de 1966-1969.

Ces deux éléphants-là vont-ils se livrer à un jeu paralysant en gouvernant ensemble ? Jusqu'où iront les convergences ? Où sera donc l'étincelle qui fera entre eux la différence ?

Frère et sœur aînés rivaux, quatre petits frères

Les deux « partis populaires », comme on dit en Allemagne, sont des relais obligatoires du pouvoir, même si leur influence décline légèrement. Ils se sentent d'autant plus essentiels que, comme le remarque le politologue Gabor Steingart dans un essai édité en 2009, « les dieux allemands » sont encore les partis. « Tout pouvoir est transmis par eux, ils ont le premier et le dernier mot ». Mais sont-ils « représentatifs », ne sont-ils pas surtout accrochés à leur pouvoir et à leurs privilèges ? se demande ce journaliste réputé du *Spiegel*[38].

Cet Olympe, cette famille de « dieux » que sont les partis, a en quelque sorte ses aînés et ses cadets, qui exercent une guerre sournoise d'influences croisées. C'est donc une sœur et un frère aînés, de tempéraments fort différents, qui commandent à une fratrie de quatre petits frères et sœurs.

La sœur aînée, c'est indubitablement la CDU : elle a balayé large, du centre gauche à la droite hyperconservatrice. Sûre de l'enracinement démocratique et chrétien de sa base militante, elle n'a pas été trop regardante sur le passé de certains compagnons venus la rejoindre, pourvu qu'ils se plient aux règles démocratiques et aux valeurs les plus communément admises. Parfois ces compagnons font scandale et elle doit les chasser.

Un tantinet maternelle, un peu maîtresse d'école avec tout le monde, elle a l'intention d'inculquer à tous les bonnes manières, aime les traditions mais aussi l'équité et l'esprit d'initiative. Elle est fière de la grande diversité de ses courants, de son riche patrimoine social, spirituel et intellectuel : de cette « doctrine sociale de l'Église » notamment, qui lui a inspiré une « troisième voie ». Une voie difficile à cerner parfois, entre socialisme marxiste et capitalisme pur et dur. Elle ne ressent aucun complexe au mélange politico-clérical en son sein.

38. Steingart (Gabor), *Die Machtfrage (La question du pouvoir)*, Piper Verlag, paru en mars 2009.

Elle va donc régulièrement à l'église ou au temple, elle réunit le patron et l'ouvrier à la même enseigne, cherchant à surmonter le conflit de classes. Depuis Helmut Kohl, elle s'est donné un look plus moderne, s'est très légèrement « gauchisée » sur quelques aspects de société et se dit volontiers fière d'être allemande.

Le frère aîné, c'est le SPD, à la recherche de solutions plus justes, plus radicales – toutes proportions gardées –, quitte à bouger les lignes, à heurter les intérêts établis.

Le frère et la sœur aînés adhèrent en commun à un postulat économique et social, dont ils pondèrent cependant différemment les variables : la *soziale Marktwirtschaft*, « l'économie sociale de marché », cet article de foi, cette trouvaille allemande qui a fait ses preuves.

Le SPD a eu toujours des relations très orageuses – et à l'occasion ambiguës – avec le frère communiste SED (« parti socialiste unifiée » de la RDA) qui a vécu longtemps séparé du reste de la famille, avant de réintégrer le giron familial en se rangeant. Ces deux frères-là arborent tous deux la couleur rouge. Ils se regardent en chiens de faïence, le SPD étant convaincu qu'encore maintenant, l'autre, qui a pris le nom de Die Linke (« la gauche »), lui tire dans les pattes en essayant de le concurrencer.

L'aîné social-démocrate, plus courageusement antinazi dans sa jeunesse que sa sœur CDU, a sa veste alourdie de médailles. Il puise dans un vaste héritage révolutionnaire, social et ouvrier datant du XIXe siècle, qu'il partage avec son frère SED mais qu'il n'interprète pas de la même façon.

Il peut arriver à l'aîné social-démocrate d'aller de temps en temps lui aussi à l'église ou au temple sans être bigot : il y puise une partie de son inspiration, y trouve un ferment de justice.

Défenseur de la redistribution keynésienne, de l'État social fort, le SPD, après avoir rompu non sans difficulté avec les postulats d'un marxisme modéré dès 1959, s'est modernisé lui aussi, relooké, surtout depuis le chancelier Schröder. Le SPD exprime lui aussi sa fierté retrouvée d'être allemand.

Qui sont les quatre petits frères et sœurs et comment allaient-ils se positionner face à la « grande coalition » ?

On a déjà parlé du frère « rouge » rebelle de Die Linke, issu du SED et de la gauche contestataire, qui a subi un *lifting* réformiste et s'est refait une santé après une convalescence de vingt ans après la Réunification. Il votera contre, systématiquement, cherchant à se positionner comme représentant de la seule vraie gauche.

Le petit frère vert, parti des écologistes mais aussi de milieux modernes et émancipés, regrette amèrement d'avoir perdu le pouvoir auquel il avait pris goût sous Schröder entre 1998 et 2005. Il vivra la « grande coalition » comme une traversée du désert, temps de ressourcement. Il se positionne en parti raisonnable aspirant à gouverner, s'alliant de préférence dans les États régionaux avec la gauche SPD mais parfois avec la droite.

Quant au frère « jaune », libéral, le FDP, faiseur et défaiseur d'alliances gouvernementales, ami des patrons, il espérait bien revenir au gouvernement. En se positionnant contre la « grande coalition » et ses compromis, il va engranger les espoirs déçus à droite de l'échiquier et renouer en 2009 avec le pouvoir qu'il avait longtemps pratiqué jusqu'à la fin de l'ère Kohl.

Enfin, il ne faut pas oublier le cas particulier de la sœur « noire », la CSU (Union chrétienne-sociale) que l'on imagine souvent par erreur être la jumelle discrète de la CDU, parce qu'elle la remplace dans l'État régional de Bavière. Elle avait au début des ambitions nationales mais a dû se contenter de ce grand Land qui représente à lui seul une puissance économique et une culture très particulière. Elle s'en contente pour le moment au moins. Elle refuse en tout cas d'être vue comme le double de la CDU. À la fois plus conservatrice et plus sociale, ambitieuse aux dents longues, elle est dans la coalition gouvernementale mais sait faire valoir ses exigences « chrétiennes » et son respect des traditions catholiques.

Tout au long de cette législature 2005/2009, les quatre seront en attente, à l'affût : trois dans l'opposition, et la quatrième, la CSU, agitée, insubordonnée, dans l'ombre. Quatre années pour préparer leur nouvelle stratégie et d'éventuels retournements d'alliance.

« Grande coalition », un mariage de raison qui tient

Le nouveau pouvoir s'installe en novembre 2005. Les mois passent et il semble rapidement en selle. Il gouverne, il est cohérent, il s'impose. Pas de grandes frictions. Les prédictions les plus pessimistes sont démenties. Gerhard Schröder peut s'étonner de voir ses lieutenants s'accorder si bien avec une Angela Merkel ragaillardie, sûre d'elle. Que se passe-t-il ?

2007. Deux ans déjà, quand le ministre du Travail Franz Müntefering, élément-clé de la coalition, démissionne soudain. Raisons familiales. Sa femme malade d'un cancer. Mais, très vite, l'alerte est levée. Dans les images du conseil des ministres diffusées en boucle ce jour-là à la télévision, aucun signe d'une crise : au contraire, on sent une vraie complicité. Ce fan de foot se voit offrir un ballon aux couleurs noir et rouge des deux partis, et il dribble habilement devant les caméras. Merkel lui rend hommage. Elle confiera à quel point ce vice-chancelier, pas facile, son ancien adversaire de campagne, a pu être un allié constructif.

Tel est donc l'état d'esprit de la « grande coalition ». Si c'est une manifestation d'unité pour la galerie, les différents acteurs jouent à merveille. Quelque chose de plus puissant semble donc s'être imposé. Est-ce l'admission que ce qui divise est moindre que ce qui unit les deux *Volksparteien*, ces grandes formations populaires aux racines sociales profondes ?

Les hiérarques du parti social-démocrate commencent à trépigner, à regretter que leurs ministres ne soient pas plus rebelles. Le plus vieux parti social-démocrate de l'histoire européenne et mondiale, ce vieil homme ridé – à l'instar de la statue de Willy Brandt, doigt levé, dans le hall de la centrale du SPD à Berlin –va-t-il pouvoir une nouvelle fois faire surgir l'étincelle qui sortira l'Allemagne de son ronronnement conservateur ? N'est-il pas phagocyté, ne perd-il pas son identité ?

Un an plus tard, à l'automne 2008, la prise de distance nécessaire entre le frère et la sœur, à moins d'un an des élections, ne s'est toujours pas vraiment produite. Même si la lassitude et les exaspérations affleurent plus nettement de leurs bases. Phase de paralysie, de malaise. Qu'attendent-ils donc pour se départager, aiment-ils trop le pouvoir, ont-ils oublié leurs militants ?

C'est que les enjeux sont nouveaux et exigent un minimum d'unité. En pleine panique financière mondiale, la chancelière chrétienne-démocrate et son ministre des Finances social-démocrate Peer Steinbrück se présentent devant la presse en ce jour d'automne 2008 à la chancellerie. C'est un jour grave.

Ils exposent le contenu du paquet très attendu de mesures de soutien aux banques. Ils ont l'air de deux lions fatigués. Surtout ils se complètent. Ils donnent même presque l'impression de se ressembler. Dans le sérieux de l'expression, dans l'engagement. Pas une feuille de papier à cigarette ne semble les diviser quand il s'agit d'expliquer une mesure historique et vitale.

Un mois plus tôt, lors de l'offensive russe dans les républiques séparatistes de Géorgie, la chancelière et son ministre social-démocrate des Affaires étrangères, Frank-Walter Steinmeier s'étaient présentés ensemble devant les journalistes du monde entier. Entre ces rivaux éternels que séparaient pourtant leurs approches de la Chine, du Moyen Orient, de la Russie, pas une divergence même minime cette fois. Face à une crise pour la résolution de laquelle l'Allemagne espérait jouer un rôle majeur, les désaccords sur la Russie – le ministre étant plus conciliant que la chancelière avec le Kremlin – s'estompaient provisoirement. La chancelière et son ministre faisaient front commun.

Sur les grands dossiers donc, impression entre les deux camps d'une entente de fait. Entente de compétences, entre gens de bon aloi. Entente que l'on cherche bien sûr à minimiser, à ne pas trop montrer, pour dissiper l'impression que les frontières entre « partis populaires » se seraient diluées.

Frank-Walter Steinmeier le confirmait fin 2008 dans une interview au *Spiegel*, au sujet de la crise financière : « Je crois que les gens savent apprécier que nous ayons, justement en ce moment, une grande coalition. Aucun des partis n'entrera certes en campagne électorale pour demander sa poursuite. Mais, dans une situation comme celle-ci, elle crée les conditions pour des solutions efficaces et rapides. »

Steinmeier avouait ainsi la convergence étendue et l'efficacité du gouvernement commun. Qu'ensuite les chefs et porte-parole des partis aient fait résonner les notes discordantes, rappelant qu'il y a deux écoles de pensée bien distinctes, c'était de bonne guerre.

Les ténors sociaux-démocrates seraient-ils alors devenus in petto des conservateurs, et la chancelière se serait-elle totalement convertie à la social-démocratie ?

Ce serait faire aux uns et aux autres un procès injuste. En vérité, les deux grandes familles politiques, la social-démocratie et la démocratie-chrétienne, se sont toujours battues pour le maintien de leur identité, leur héritage. Mais à l'époque de la mondialisation, cela s'avère tout sauf aisé. Il y a un fossé de plus en plus béant entre ceux qui sont aux commandes et voient chaque jour se présenter quelques options proches entre lesquelles ils doivent trancher, et les courants dans les partis qui continuent à penser en termes idéologiques. Les premiers sont incompris et jugés traîtres par les seconds. Ce fut particulièrement vrai durant la « grande coalition » au SPD, en mal d'identité et concurrencée à gauche par Die Linke.

Un débat significatif et coûteux en termes de voix a été celui autour du dossier capital des retraites. Les ministres sociaux-démocrates au pouvoir avaient fait adopter en 2007 avec leurs collègues conservateurs l'allongement très graduel d'ici 2029 de l'âge de départ à la retraite de 65 à 67 ans. Le fruit du possible et le pragmatisme l'avaient emporté sur l'idéologie. Aujourd'hui le nouveau secrétaire général du Parti social-démocrate, Sigmar Gabriel, a promis de suspendre l'application de cette réforme et d'en réexaminer certains aspects si le SPD revenait au pouvoir aux élections de 2013. Thème par excellence porteur de voix dans un pays vieillissant et inquiet du déclin de ses revenus. Mais Sigmar Gabriel tiendra-t-il un jour seulement cette promesse ?

La réforme des retraites étant mal perçue, les élections de septembre 2009 approchant, le SPD devait absolument trouver les moyens d'un sursaut, d'une prise de distance par rapport aux chrétiens-démocrates.

La crise financière, à la fin de la « grande coalition », devait lui donner enfin un sujet qui lui permettrait de redéfinir son profil. Elle remettait en effet en valeur le rôle régulateur de l'État, battant en brèche le libéralisme sauvage et la spéculation. Les sociaux-démocrates rappelaient alors avoir dénoncé depuis des années les spéculateurs et les fonds d'investissement, qualifiés de « nuages de sauterelles » par Franz Müntefering.

« Le SPD se met peu à peu à sentir que le moment est à nouveau propice pour la social-démocratie et la CDU perd ses certitudes, doutant d'elle-même. Elle souffre avec la chancelière d'un manque de profil clair. Car l'intervention massive de la politique dans l'économie – qui va jusqu'à la menace d'expropriation d'une banque en difficulté – est en contradiction avec ses certitudes de base. Et l'évocation de la figure de Ludwig Erhard (ndlr : chancelier de 1963 à 1966 et père du miracle économique allemand) n'est d'aucune aide. En revanche, le SPD n'a aucun problème à réclamer le réarmement de l'État pour en faire un acteur capable de réguler un système économique et financier en pleine débâcle [...] en dépensant beaucoup d'argent pour empêcher sa faillite », analysait au printemps 2009 le *Tagesspiegel*.

C'était un bon sujet mais insuffisant pour creuser un écart avec la CDU. Car Angela Merkel n'a jamais pensé que les marchés devaient être abandonnés à eux-mêmes. Elle rejoignait parfaitement les vues du grand argentier social-démocrate, le très orthodoxe Peer Steinbrück.

Cette situation rappelle un peu l'ère de Helmut Schmidt, un chancelier social-démocrate plus proche des conservateurs sur bien des dossiers économiques que de certains de ses camarades sociaux-démocrates.

La situation pour le SPD était périlleuse. Les quatre ans au sein de la « grande coalition » l'avaient comme pétrifié et englué dans des querelles internes compliquées. Il était au plus bas dans les sondages, attaqué à gauche par les campagnes populistes de Die Linke.

Les sociaux-démocrates auront beau clamer dans leur campagne électorale que la CDU est le parti des classes opulentes au « cœur froid », le bastion des milieux d'affaires, ils ont désormais du mal à convaincre qu'un gouvernement dirigé par le SPD, avec un Steinbrück aux finances, aurait des remèdes bien différents.

Que restait-il au SPD comme marge de manœuvre ? Proposer une redistribution différente des allocations sociales, promettre de revenir sur les mesures d'assainissement les plus dures du gouvernement Schröder sur le front de l'assurance chômage, et ainsi convaincre l'électorat qu'il tenait compte de ses difficultés concrètes ? Il va le tenter. L'électorat comprend vite cependant, que, même sur ces sujets, les sociaux-démocrates sont divisés entre eux, se contredisent ; il ne les croit guère.

Le SPD est paralysé par l'opposition de ses courants. Deux exemples parmi d'autres : à la droite du parti, le franc-tireur Wolfgang Clement, ex-ministre de l'Économie de Schröder, un des artisans de l'« Agenda 2010 », quitte fin 2008 le parti, estimant qu'il ne peut faire débattre du prolongement de la durée de vie des centrales nucléaires, un tabou au SPD.

Andrea Ypsilanti, figure de la gauche du parti, tente à l'opposé une alliance régionale risquée dans le Land de Hesse avec les ex-marxistes de Die Linke : elle voit se lever une fronde de dissidents et reçoit le désaveu de la direction du parti.

Les choix ne sont certes jamais faciles en ces temps peu orthodoxes. Le SPD paraît écartelé entre la peur de n'être pas suffisamment moderne et celle de n'être pas suffisamment social. Le récent cours de l'Histoire européenne qui favorise le conservatisme modéré rend la tâche particulièrement ardue à la social-démocratie. L'idée d'un État redistributeur ne convainc en Allemagne que les classes les plus pauvres, qui ont tout à attendre de ses subsides. Les mesures d'assainissement de l'État-providence, entamées par le gouvernement Schröder et poursuivies par la « grande coalition », sont en revanche considérées par beaucoup comme des remèdes douloureux mais nécessaires, administrés à un vieil homme malade affecté de boulimie.

Alors, se dit-on au SPD en ces temps pré-électoraux, la seule façon de sortir de l'impasse serait de retourner dans l'opposition pour quatre ans en septembre 2009. La défaite ferait du bien…

C'est ce qui va lui arriver aux élections de septembre 2009. Le grand parti populaire enregistre un score historiquement bas à 23,5 %, contre 38,4 % à la CDU et à la CSU réunies. Le parti de Willy Brandt et Helmut Schmidt fait une chute verticale de 12,7 % en quatre ans, tandis que celui de Konrad Adenauer et Helmut Kohl gagne légèrement, à 38,4 % (contre 36,8 % en 2005). Pour les sociaux-démocrates, la sanction est claire.

En regagnant son indépendance par rapport à son conjoint conservateur, il va pouvoir recoller les morceaux, apurer son message, retrouver un souffle, rechercher des thèmes porteurs, reconsidérer librement ses options et son programme. Il pourra aussi mieux damer le pion au parti Die Linke qui ne cesse de lui jeter au visage ses ambiguïtés.

Lesquels des petits frères ont tiré leurs marrons du feu ?

Une des surprises est venue de droite aux élections de septembre 2009. Avec près de 15 %, le parti libéral (FDP) est arrivé en tête des « petits frères » d'opposition, il a progressé de cinq points en quatre ans de « grande coalition ».

Même en temps de crise, le message libéral continue à passer, notamment auprès de tout un milieu de petites et moyennes entreprises et de leur clientèle. Le parti proche des cercles d'affaires, qui effectue un retour par la grande porte, incarne l'aspiration à moins d'État, moins de régulations, l'intéressement aux bénéfices, la souplesse en matière sociale (droit de licenciement). Surtout, il est le parti des promesses de baisses d'impôt – qui ne pourront être tenues. Toutes ces mesures étant supposées avoir des retombées en termes d'emplois, de pouvoir d'achat sur les classes modestes.

C'est la régulation et l'assistanat qui coûtent cher, serine le FDP. Ils ont été nombreux au centre et même à gauche à adhérer aux postulats d'un parti qui incarne aussi un esprit de tolérance et de modernisme.

Triomphants, non sans arrogance, les libéraux ont aussitôt engagé des négociations pour leur retour dans une coalition « noire (CDU-CSU)-jaune » (FDP), telle qu'ils l'avaient vécue durant l'ère Kohl. Ils se sont montrés gourmands dans leurs ambitions et dans leur prétention à imposer leur vision. Peut-être la chancelière a-t-elle déjà commencé à regretter le style plus traditionnel de ses anciens alliés sociaux-démocrates…

À Die Linke, la crise financière internationale avait donné pour sa part du grain à moudre : défendre les pauvres épargnants face à une mondialisation inhumaine. Le résultat du scrutin a été pour eux très satisfaisant. Mais il n'a pas été le triomphe que certains escomptaient : 12,2 %, contre 8,8 % en 2005.

Cette percée a été une ponction douloureuse pour le SPD. « L'effet Lafontaine » a joué cruellement en sa défaveur. Oskar Lafontaine, grande figure de la vie politique de la RFA, ancien ministre des Finances et chef du SPD, qui en avait claqué la porte en 1999 avec fracas, était un des tribuns les plus brillants d'Allemagne devenu l'un des leaders de Die Linke. Il était son chef de file à l'Ouest de surcroît (en Sarre), et non un ancien communiste de la RDA. Cette non-compromission et cet ancrage dans ce petit Land aux portes de la Lorraine ne pouvaient que favoriser l'implantation du parti héritier du SED à l'ouest du pays.

Alors, se sont demandé certains sociaux-démocrates, Oskar Lafontaine, surnommé le « Napoléon de la Sarre » en raison de son ambition, a-t-il emporté dans ses bagages l'âme du vieux parti ? La pugnacité, le discours de tribun, la proximité avec les classes laborieuses, que des nouveaux meneurs, comme le trop poli et sérieux Steinmeier, n'ont guère, seraient-ils devenus les atouts exclusifs de Die Linke ? Comment reconquérir ce ton, cette familiarité ?

Néanmoins, le résultat des urnes ne permet pas à Die Linke de satisfaire son ambition de devenir fréquentable au point d'être acceptée dans une coalition de gouvernement régionale dans les Länder de l'Ouest. Cet interdit-là reste fort. Il peut encore moins rêver de faire partie d'une majorité au niveau fédéral. Le parti de gauche pourrait bien avoir atteint son score maximum à ces élections, ayant engrangé à la fois la frustration des Allemands qui s'appauvrissent et la sanction de la participation du SPD à la « grande coalition ».

Die Linke a récolté les fruits d'une campagne raisonnable, sans excès. Les plus prudents de ses leaders l'ont emporté. Ils savaient bien que, pour se faire écouter et respecter, ils ne pouvaient aller trop loin dans la surenchère sociale. Trop promettre, c'était oublier que la plupart des Allemands savent faire leurs comptes et sont convaincus qu'il n'y a pas d'alternative viable au système capitaliste de « l'économie sociale de marché », auquel ils sont habitués comme à un lait pris dès le biberon. C'était aussi oublier que les néocommunistes sont vus avec profonde méfiance et qu'aucun des autres partis n'en veut pour gouverner le pays.

Les Verts ont réalisé quant à eux le plus faible score de tous les partis de l'échiquier : 10,9 %. Un léger progrès. Mais pas de percée. Alliés du SPD dans plusieurs Länder, et de la CDU dans quelques-uns, ils étaient l'allié désirable des deux partis. Ils ne représentaient pas une alternative nette. Ils restaient un parti marqué par le vide qu'avait creusé le retrait de son mentor Joschka Fischer, et un parti hésitant éternellement entre fondamentalisme vert et modernisme libéral. Au scrutin de 2009, ils n'avaient pas réussi à élargir leur base. Était-ce parce que la « grande coalition » et la chancelière leur avaient volé leurs thèmes ?

Des perdants devenus des gagnants

Plus d'un an après ces élections, qu'a-t-on constaté fin 2010 ? L'humeur a profondément changé et les perdants sont redevenus plus ou moins des gagnants.

Les Verts, qui étaient à la traîne, ont puissamment décollé dans les sondages dans les derniers mois de l'année 2010, à côté d'un SPD qui a regagné lui aussi, de manière moins spectaculaire, du terrain. Pour ces deux partis jadis alliés, et surtout pour le premier, c'est une véritable guérison.

La nostalgie d'une « coalition rouge-vert » reste forte en Allemagne : cette seule perspective est un vent porteur. Même l'idée d'une « coalition vert-noir » réunissant les écologistes et la CDU ne déplaît pas à certains. Et les Verts ont toujours en stock des idées intelligentes à revendre.

Ils restent en outre dépositaires d'un projet de société moderne, relaxe et engagé. Et les manifestations impressionnantes de l'automne 2010 pour arrêter un convoi transportant les « Castors », ces déchets nucléaires retraités venus de France et destinés à être enfouis sous terre à Gorleben, dans le nord du pays, ont montré le potentiel de mobilisation des Verts. Elles ont réuni des Allemands de toutes générations et de toutes obédiences, des gauchistes aux chrétiens.

Die Linke par contre a souffert de l'autonomie retrouvée du grand frère social-démocrate. Il plafonne au-dessus de 10 %. Le SPD, en retrouvant son capital d'invention et de proposition, a recommencé à rogner les ailes de son adversaire de gauche, dont les recettes économiques trop radicales et figées dans le passé ne seront jamais crédibles pour une majorité d'Allemands. Comme auparavant, la direction du SPD refuse fermement toute alliance ou même tout soutien de Die Linke dans un gouvernement régional à l'ouest de l'Allemagne. Elle ne consent à des alliances – implantation des anciens propriétaires oblige – que dans les Länder de l'ex-RDA où Die Linke est incontournable.

Les libéraux se sont écroulés. Des sondages leur donnaient moins de 5 % fin 2010. Non seulement ils n'ont pu faire aboutir, en raison de la rigueur exigée par la crise, leurs promesses de baisses d'impôt, mais aussi ils sont critiqués pour la confusion qu'ils entretiennent entre affaires et politique. Le libéralisme a plus mauvaise presse qu'il y a un an. Les remarques de leur chef Guido Westerwelle sur un système d'assistance sociale qui vouerait l'Allemagne à « la décadence du Bas-Empire romain », ont été très mal perçues, y compris dans le camp chrétien-démocrate. Montrant ainsi à quel point le mariage entre les « noirs » et les « jaunes » ne répond guère à un partage de valeurs communes, les divergences restant particulièrement fortes sur l'État social.

Les positions ultralibérales des libéraux devraient aussi réduire les chances de toute coalition entre eux, les Verts et les sociaux-démocrates. L'alliance avec le FDP a déjà contribué à brouiller le profil de Merkel et fait chuter les conservateurs (CDU et CSU) à quelque 30 % des intentions de vote.

Le congrès du parti social-démocrate, qui avait été convoqué à Dresde en novembre 2009, deux mois après sa débâcle des élections, a cherché quelle pourrait bien être l'étincelle qui donnerait un plus au SPD.

Ce qui avait été trouvé n'était pas vraiment magique : aller au contact des militants, faire remonter les idées de la base vers le sommet dans le cadre d'une large consultation. Le pragmatique nouveau chef du parti, Sigmar Gabriel, incarnant plutôt son aile gauche, et aussi représentant d'une nouvelle génération, l'avait lancée. Le diagnostic était le suivant : le SPD ayant perdu le contact avec les gens, contact récupéré à la fois par Merkel et par Die Linke, comment le renouer ?

La marge reste cependant étroite pour le SPD, très proche, comme on l'a vu, de la CDU sur des sujets essentiels sur lesquels aucun gouvernement n'a finalement de choix : que ce soit sur l'Europe, les partenariats stratégiques, l'OTAN, les institutions financières, l'ONU. Mais le congrès de Dresde s'était achevé néanmoins dans une certaine transe, avec l'impression d'une possible renaissance.

La réputation d'un parti attaché à la recherche d'une société plus juste, et la magie de son nom aident toujours le SPD à remonter des profondeurs. Cette magie a à voir avec l'Histoire. Elle est capable d'entraîner à nouveau dans le rêve généreux que le SPD a initié au XIXe siècle. Alors que Die Linke, en raison de sa filiation avec la dictature de RDA, ne dispose précisément pas de cette magie.

Face au SPD, le mammouth chrétien-démocrate est à son tour en pleine remise en question, même s'il reste la première force, incontournable.

Le centrisme d'Angela Merkel a déboussolé plus d'un cacique et plus d'un militant qui trouvent le vieux parti d'Adenauer infecté par le virus de la social-démocratie. La CDU semble exactement vivre ce que le SPD a traversé à la fin de la « grande coalition » : une crise d'identité.

Entre 2005 et 2009, lors de la traversée du désert des Verts, l'Union chrétienne-démocrate avait trouvé un nouveau créneau porteur dans l'environnement. Mais Angela Merkel, surnommée au début de son mandat « la Klimakanzlerin » (« la chancelière du climat »), semble avoir retourné contre elle, en allongeant la durée de vie des centrales nucléaires, une partie des Allemands profondément écologistes qui avaient cru en son engagement.

À mesure que son profil chrétien-social s'estompe partiellement, parallèlement au déclin des Églises, l'Union d'Adenauer et de Kohl se cherche donc un projet de société moderne, ni purement conservateur et ultralibéral, ni libertaire, et il n'est pas évident à définir.

Une frange conservatrice, surfant sur les thèmes de l'immigration et du laxisme des mœurs, aimerait imposer contre Angela Merkel un leader plus conservateur. Certains envisageaient même une scission et la formation d'un nouveau parti clairement positionné à droite. Menace incertaine. Un nouveau parti, pour compter sur l'échiquier, doit passer la barre des 5 %, nécessaire pour être représenté dans un parlement. Faire sécession, vouloir fonder son propre mouvement, c'est s'exposer souvent à la mort politique. D'où le plus souvent, le maintien de la cohésion in extremis, la coexistence de courants internes.

Parfois, la seule solution est un changement de ligne et de leader dans une de ces révolutions de palais dont ces *Volksparteien* ont le secret. Un risque auquel Angela Merkel fera face à l'avenir comme les autres avant elle, en dépit du maintien de sa popularité dans son électorat de base, si le parti s'affaiblit trop dans les sondages et les prochaines élections régionales.

Une contestation à la manière des *tea parties* américaines, cette nouvelle façon de faire de la politique qui remet en cause la toute-puissance des grands partis, défiera-t-elle bientôt la CDU, et pourquoi pas le SPD ? Si l'on observe en Allemagne des mouvements de citoyens plus ou moins apolitiques qui prennent de l'ampleur, qui luttent avec acharnement contre tel ou tel projet, ceux-ci sont encore régionaux.

En tout cas, le système des partis-rois, réunis autour d'un projet de société et de leaders incontestés, semble ébranlé, vingt ans après la fin de la guerre froide, qui avaient permis de souder les rangs autour de clairs combats d'idées.

Pourquoi ces crises d'identité à répétition ces dernières années ? C'est selon moi parce qu'une majorité d'Allemands, qu'ils soient de famille socialiste, chrétienne-démocrate, libérale ou écologiste, se rejoignent sur les valeurs communes essentielles et sur la façon de gouverner. Il n'y a plus assez de différences. Les Allemands ne sont-ils pas un peuple qui vote au centre par sécurité, qui a le porte-monnaie à droite et, depuis la guerre, le cœur légèrement à gauche, une gauche tolérante, modérée et raisonnable ?

Chapitre 7

Krieg dans l'Hindu kush

De plus en plus souvent, en treillis, pistolet mitrailleur au poing, sur fond de montagnes ocre de l'Hindu kush, il vient rendre visite aux millions de foyers, le soir, sur le petit écran.

Le soldat allemand, le « soldat de la paix », est depuis dix ans en Afghanistan, participant sur demande de la communauté internationale à la lutte contre le terrorisme. Et un mot qui fait frissonner, un mot traumatique, interdit dans ce pays, l'Allemagne, effleure les lèvres des petits et des grands : *Krieg*, la guerre. Est-ce donc la guerre là-bas, vraiment ? Pourquoi, au nom d'une lutte contre des terroristes insaisissables, les Allemands ont-ils été embrigadés dans une « guerre » contre leur gré, par les Américains, si loin de la terre natale, le *Heimat*, hors même de la zone traditionnelle d'intervention de l'OTAN ? Longtemps, le ministère de la Défense ou la chancelière ont parlé de « mission de stabilisation ». Au printemps 2010 encore, l'ancien chef de la diplomatie, Frank-Walter Steinmeier, admettait tout juste que l'engagement allemand « ressemblait à une guerre », mais, ajoutait-il aussitôt : « ce n'en est pas une, selon les définitions de la Loi fondamentale : il s'agit d'un engagement armé à l'étranger ».

Le concept de « guerre », remplacé par toutes sortes de périphrases, fit finalement son entrée officielle sur le parquet politique de Berlin, quand le ministre de la Défense, Karl-Theodor zu Guttenberg, soucieux de dissiper le flou et de rendre compte du risque réel encouru par les soldats, l'utilisa, également au printemps 2010. Il brisait définitivement le tabou.

En août 2008 déjà, pour la première fois, un premier « dommage collatéral » – selon l'expression militaire consacrée – avait mis en cause la Bundeswehr. Ce qu'on avait toujours voulu éviter était arrivé, et c'était simplement prévisible…

En pleine nuit, dans le nord de l'Afghanistan, la zone de patrouille allemande, des soldats afghans et allemands sont ensemble à un barrage. Deux voitures s'approchent, ne ralentissent pas malgré les sommations. Un soldat allemand tire un feu nourri sur elles, en soupçonnant la présence de talibans. Imparable ! On ressortira d'une des voitures les cadavres de deux femmes et d'un enfant qui n'avaient rien à voir avec les islamistes. Même s'il s'agissait d'un incident difficilement évitable, il n'était plus possible de montrer cette fois du doigt ces affreux Américains qui ne prennent jamais de gants…

Ces premiers civils innocents morts sous le feu allemand donnaient un avant-goût de ce qui devait se passer treize mois plus tard. Ce devait être autrement grave et faire découvrir aux Allemands qu'ils étaient impliqués jusqu'à un point de non-retour dans un conflit armé.

En ce jour de début septembre 2009, dans la même zone de Kunduz, au nord, un colonel allemand donna l'ordre à des avions de l'OTAN de bombarder deux camions-citernes embourbés dans le terrain sablonneux et détournés par des talibans. Ces camions étaient alors entourés d'une foule, talibans, villageois mêlés, parmi lesquels beaucoup d'enfants. Bilan : cent quarante-deux morts, dont une quarantaine de civils. L'officier a affirmé avoir agi sur la base d'informations faisant état d'un attentat en préparation avec ces camions contre une base allemande à sept kilomètres de là.

L'affaire, devenue une des plus grosses bavures de toute l'intervention occidentale en Afghanistan, a mis dans l'embarras l'armée allemande, qui a essuyé les critiques des alliés, y compris des Français. Devait-on faire pilonner un lieu où était assemblée une foule, même si tout indiquait que de nombreux insurgés s'y trouvaient ? Était-ce compatible avec le mandat de la Force internationale d'assistance en Afghanistan (Isaf) sous commandement de l'Alliance atlantique ?

Des rétentions d'informations, des esquives, un refus de faire toute la lumière immédiatement ont provoqué en octobre 2009 la démission du ministre chrétien-démocrate de la Défense d'alors, Franz Josef Jung, et du chef d'état-major de l'armée, le général Wolfgang Schneiderhan. De tels comportements de dissimulation ne pardonnent jamais en Allemagne. L'opposition s'est insurgée ensuite contre le nouveau ministre, Karl-Theodor zu Guttenberg. Il avait minimisé la faute des militaires avant de reconnaître que le bombardement était « disproportionné ». Mais il refusa de démissionner. « Je resterai assurément debout, même si le temps est à la tempête. C'est comme ça que j'ai été élevé », tonna le jeune ministre, descendant d'une famille aristocratique de Bavière.

Engrenage

Depuis 2002, début de l'engagement dans ce pays d'Asie centrale, plus de quarante-cinq cercueils en sont déjà revenus, dont près de trente d'Allemands tués dans des attentats ou des accrochages armés. Chacun sait qu'il y en aura d'autres. Tout le scénario a les caractéristiques d'un engrenage.

Les quelque 4 700 soldats déployés – le troisième contingent avec ceux des États-Unis et du Royaume-Uni – sont de plus en plus souvent sous le feu ennemi. Le nord de l'Afghanistan devient de moins en moins stable. Les talibans attaquent les convois de la Bundeswehr dans la province dite « sûre » de Kunduz. Ils inscrivent l'Allemagne parmi les pays cibles, menaçant d'apporter le jihad sur le sol allemand, dans les valises de kamikazes. Les Allemands répondent avec vigueur. »Le recours à la violence pour tuer », au cours de combats, est admis comme une prérogative inévitable du soldat, mais il demeure un traumatisme pour eux.

Les islamistes ont compris le profit qu'il y avait à tirer partie du manque de soutien intérieur à la présence de la Bundeswehr, de la part d'une majorité de l'opinion, des Églises, de la gauche et d'une partie de la communauté musulmane. Ils appellent sur leurs sites les jeunes Allemands musulmans ou convertis à rejoindre le jihad. Ils exercent un chantage à la bombe chaque fois que Berlin s'apprête à adopter une stratégie plus offensive, perpétrant des attentats quand la chancelière ou ses ministres s'aventurent dans l'Hindu Kush.

Le temps où les familles imaginaient leurs « petits gars » se contenter, comme au début de l'intervention, d'accompagner les convois humanitaires, d'aider à construire des routes et écoles ou de forer des puits, est bien loin.

Alors que des soldats forment à Kaboul l'armée afghane – un objectif central de la stratégie allemande en Afghanistan –, d'autres font face à une population qui souvent cache ses allégeances : amicale en apparence de jour, parfois ennemie la nuit.

Certaines unités font partie d'une *Quick reaction force.* Les règles d'engagement se sont adaptées dans la pratique à cette guerre d'embuscades. Un manuel, qui est dans la poche de chaque soldat et résume les « principes de l'usage de la force militaire », leur prescrit cependant qu'ils doivent en principe attendre d'être agressés pour riposter, qu'ils ne peuvent chasser les talibans dans leurs repaires pour les éliminer, qu'ils ne peuvent lancer des attaques préventives. Et l'un d'eux a témoigné sous le couvert de l'anonymat qu'ils se retrouvaient parfois dans des situations absurdes, obligés d'attendre dans leur véhicule blindé l'embuscade certaine avant de contre-attaquer.

Des révélations du site Internet WikiLeaks à l'été 2010 sur les opérations secrètes en Afghanistan ont encore attisé, s'il était possible, le feu de la polémique sur la « guerre sale » dans l'Hindu Kush. Une unité spéciale allemande ne collabore-t-elle pas avec la Taskforce 373 de l'armée américaine qui a fait de l'élimination ciblée de chefs talibans un de ses objectifs ? Berlin soutient que ses soldats ne font pas le « sale boulot », ayant l'obligation d'arrêter les suspects. Mais ne fournissent-ils pas des indications de cibles, des noms à leurs amis américains ? Peuvent-ils refuser cette collaboration ?

Jusqu'à la bavure de Kunduz, quand Angela Merkel et ses ministres montaient à la tribune du Bundestag pour défendre l'intervention, les mêmes arguments étaient avancés, convaincants : sécurité, reconstruction, gouvernance, lutte contre le terrorisme. Berlin s'était beaucoup engagé diplomatiquement sur ces aspects de la problématique afghane, organisant plusieurs conférences. Au

Bundestag, les débats restaient somme toute feutrés. Comme si beaucoup de députés hésitaient entre le désir profond – sortir au plus vite d'un guet-apens – et leur devoir et leur raison – mettre en œuvre la solidarité alliée en Afghanistan. Point de divergences fondamentales alors entre partis dans l'hémicycle, à l'exception de la gauche radicale, hostile par principe à l'intervention.

La chancelière, ses ministres de la Défense et des Affaires étrangères assuraient que la conception allemande *soft* de l'intervention était appréciée par les autres alliés. Ils faisaient valoir qu'ils plaidaient sans cesse pour que le volet civil, la reconstruction, soit élargi, et que la formation de la police et de l'armée afghane – clé de la sortie de crise – soit intensifiée. Ils se disaient convaincus que la nouvelle administration Obama n'était pas insensible aux arguments allemands. Et effectivement, le président démocrate devait tardivement – et sans succès évident – donner en 2010 son feu vert à une stratégie de *counter-insurgency* de ses généraux, moins basée sur les frappes et plus sur la « conquête des cœurs ». Mais était-ce sous l'influence allemande ?

La chancelière et ses ministres assuraient encore demander à leurs alliés de limiter les « dommages collatéraux ». Mais que pouvaient-ils dire après la bavure de Kunduz ? Ils admettaient que, sans composante militaire renforcée, complément de la reconstruction, rien ne serait gagné. Donc que les Alliés américains et britanniques, livrant de violents combats dans le Helmand et ailleurs au sud, jouaient le rôle central. Ils devaient d'autant plus l'admettre que fusaient au sein de la coalition alliée des reproches contre ces troupes planquées au nord et refusant de s'exposer. L'administration Obama demandait à Berlin d'en faire plus.

Le mandat de la Bundeswehr qu'a voté chaque année le Bundestag s'est sans cesse renforcé dans la décennie : en budget, en hommes, en rayon d'action, en missions, en compétences. L'Allemagne a envoyé, durant plus de trois ans, jusqu'en novembre dernier, des appareils Tornados de reconnaissance prendre cinquante mille photos du territoire afghan, aidant indirectement les Américains à individualiser les cibles à bombarder. Une aide dénoncée par les pacifistes. Et des unités peuvent être envoyées à titre exceptionnel en cas d'urgence dans le sud, pour un temps limité, afin de secourir des Alliés en difficulté.

Changement de ton

Le bombardement près de Kunduz a changé le débat intérieur. Merkel et Guttenberg ont décidé de donner un tour plus offensif à leur communication, appelant les Allemands à admettre qu'il y aurait encore du sang versé, tout en annonçant vouloir engager un retrait à partir de 2011.

Le jeune ministre de la Défense, critiquant un certain déni de la réalité, a notamment intensifié les visites aux soldats, défendu publiquement leur métier de combattants, de guerriers. « Les soldats ne comprendraient que difficilement le fait qu'ils devraient s'attendre à des poursuites bien que leur comportement fût conforme au mandat de l'Isaf », a-t-il dit. Ils ont besoin de « sécurité du point de vue légal » et du « soutien entier de la patrie ». Il a aussi fustigé un semblant d'indifférence dans l'opinion. « Nous ne devons pas retomber dans la routine du désintérêt amical », a-t-il lancé en juillet.

Aujourd'hui Guttenberg, comme les responsables de la majorité, n'hésite plus à parler de « bravoure » et de sacrifice pour la « patrie ».

Au sein des partis, une évolution politique est prévisible. Il y a deux ans encore, la majorité de la classe politique – allant d'une partie des Verts aux conservateurs, en passant par les sociaux-démocrates et les libéraux – consciente que l'Allemagne ne pouvait échapper à ses responsabilités, votait pour un engagement croissant. Maintenant qu'une majorité de l'opinion publique (70 %) prône le départ rapide d'Afghanistan, les partis de centre gauche pourraient poser de plus en plus de conditions à leur soutien, sans le remettre en cause.

C'est pourquoi Angela Merkel et son gouvernement accompagnent leur discours de vérité d'une insistance sur un retrait à l'horizon 2014 – tel que le font ambitieusement miroiter les plans de l'OTAN –, et d'initiatives diplomatiques comme l'accueil en Allemagne d'une conférence internationale sur la « transition » afghane en 2011.

Distinguos jésuites

Tout ce qui concerne en Allemagne les soldats, leurs compétences et devoirs, a été entouré de craintes et de précautions depuis les années cinquante. La « bonne Allemagne » démocratique, peut-elle, du fait de son poids croissant sur la scène internationale, être entraînée à un emploi de la force, de grande envergure, et ne plus pouvoir se dégager à temps ?

Pour chaque théâtre d'opérations où des soldats peuvent être déployés, les autorités et la classe politique se livrent à des arguties jésuites sur ce qui différencie opération de maintien de la paix et opération de guerre. On a cherché de diverses façons à délimiter les mandats. À l'OTAN, ces arguties s'appelaient sans doute des « histoires d'Allemands »… En Allemagne, ce cadrage légal vise à éviter toute mauvaise surprise constitutionnelle, à donner aux actions armées une légitimité. Un citoyen peut en effet attaquer l'armée auprès de la puissante Cour constitutionnelle de Karlsruhe en argumentant que la mort au front de son fils s'est produite en violation des règles du mandat voté au Bundestag et de la Constitution.

Un engagement militaire est toujours un *Spagat* (grand écart) et a donné lieu parfois à un exercice de camouflage des politiques et des militaires sur les risques réels. Une critique récurrente aujourd'hui : toutes les implications de l'opération en Afghanistan n'auraient pas été communiquées à la majorité des Allemands, alors que, probablement, des scénarios alarmants étaient connus.

« Citoyens en uniforme »

On était bien loin en 1945 d'imaginer les Allemands en Afghanistan. Une armée n'était pas prévue par les Alliés à la conférence de Potsdam. Elle stipula tout simplement que « le militarisme allemand devait être banni ».

La première version de la Loi fondamentale de 1949 ne prévoyait donc rien en termes de forces armées. C'est le chancelier Konrad Adenauer qui devait évoquer en 1950 leur création par le biais d'une participation possible de soldats à une armée européenne. Les Alliés le lui demandaient. Une armée qui n'était pas bienvenue : « Ohne mich », « Sans moi », disait alors un large mouvement de citoyens mus par des convictions à la fois religieuses et politiques.

En 1953, en pleine guerre froide, un ajout à la *Grundgesetz*, la loi fondamentale, prévoyait que l'Allemagne avait droit à une défense, impliquant le service militaire des hommes à partir de 18 ans. Leur mission se limiterait à la protection de la population civile. Le service était institué en 1956. La fameuse expression de « citoyen en uniforme » s'imposa. Ce fut un des fondements de la nouvelle nation.

Ce citoyen ne rejoindrait pas, en intégrant l'armée, un corps à part où, comme sous le nazisme, certains de ses droits individuels pourraient se voir limités. La constitution révisée prévoyait au contraire qu'un soldat citoyen pourrait porter plainte contre toute violation auprès d'« un chargé des questions de l'armée » (*Bundeswehrbeauftragte*) au Parlement. La clé de voûte de l'ensemble était le contrôle du parlement démocratique, pour éviter à l'armée toute tentation de redevenir un corps tout-puissant et autonome, comme sous les deuxième et troisième Reichs allemands.

L'article 87 de la Loi fondamentale fixa aussi des limites au rôle de la nouvelle *Bundeswehr*, mais d'une manière qui devait susciter toutes sortes d'éclaircissements : « En dehors de la défense, les forces armées ne pourront être engagées que pour autant que la Loi fondamentale le permette expressément ». Or cette Loi constitutionnelle restait générale, son préambule insistant sur la défense des droits et devoirs fondamentaux des citoyens, sur les libertés inviolables.

Quels rôles jouer ? Et jusqu'à quel point ? Il était certes possible d'apporter de l'aide dans les catastrophes comme les inondations et les accidents de train, voire dans la protection d'objectifs civils menacés par des ennemis, voire encore un soutien logistique à la police. Mais au-delà ? La législation allemande voulait absolument éviter que l'armée assume directement des tâches intérieures de police. Le passé nazi, encore une fois, où les forces armées et la police avaient tous pouvoirs pour écraser les séditions, ne devait surtout pas pouvoir se reproduire.

Cette limitation a conduit à des distinctions subtiles : par exemple, si l'armée a le droit de rechercher avec l'aide d'avions et de caméras infrarouges des victimes de violences ou des disparus en Allemagne, elle ne peut se charger elle-même de la poursuite des auteurs des crimes. L'idée fondamentale est donc qu'elle peut assister la police dans ses tâches mais ne peut pas se substituer à elle sur le territoire national. Cette distinction entre tâches de police et tâches de l'armée créera aussi des situations de droit compliquées, quand l'armée ou la marine allemandes participeront par exemple à des opérations internationales sur des terrains extérieurs, notamment en mer contre la piraterie en mer Rouge.

Au cours des dernières décennies, la fameuse clause de compétence « pour autant que la Loi fondamentale le permette expressément » a permis à la Bundeswehr de légitimer des opérations à l'extérieur des frontières au nom de l'« intervention humanitaire ». Celle-ci est reconnue au titre de l'article 24 de la Constitution et de la Charte de l'ONU. La toute première opération devait être la participation en 1993 à l'opération des « casques bleus » en Somalie, l'Unosom. Un cuisant échec.

En 1994, un arrêt de la Cour constitutionnelle reconnaissait que l'armée pouvait intervenir à l'étranger, dans le cas d'une urgence où des vies étaient immédiatement en danger, et cela même sans l'aval du Bundestag – qui devrait se prononcer par la suite.

Le traumatisme de Varvarin déjà

C'est un véritable accouchement au forceps qu'ont effectué en 1998-99 le chancelier Gerhard Schröder et son ministre Joschka Fischer, du parti pacifiste des Verts : ils obtenaient du Bundestag un engagement dans les opérations de l'OTAN pour stopper la politique agressive de la Serbie qui cherchait à retenir le Kosovo en son sein. Il s'agissait d'une opération sans mandat de l'ONU. Et cette participation a constitué une césure dans l'Histoire allemande.

Bombardement en 1998 de l'immeuble de la télévision à Belgrade, bavure de l'OTAN dans le raid aérien sur le pont de Varvarin en plein territoire serbe : ces drames ont hanté alors les hommes politiques et l'opinion, onze ans avant Kunduz.

Le pont de la petite ville serbe avait été bombardé en 1999 par des avions Tornados américains alors qu'il n'avait pas de signification stratégique. Dix civils serbes avaient été tués et dix-sept autres blessés gravement un jour de marché. Le bombardement a suscité une plainte de Serbes devant la justice allemande. C'était la première fois qu'elle était saisie d'une plainte contre la République fédérale en raison de sa participation à une guerre.

Avait-elle participé à un crime de guerre contraire à sa Constitution, dans la mesure où elle avait été associée dans le cadre de l'OTAN, hors du cadre de l'ONU, à la planification de ce pilonnage qui avait provoqué des victimes civiles ? L'affaire a été au moins jugée recevable et examinée par ses tribunaux, mais la demande des citoyens serbes a été rejetée par trois fois. Elle a été examinée *in fine* par la Cour fédérale, qui a estimé que les militaires allemands n'étaient pas directement impliqués dans le bombardement et que seul un État souverain, non ses citoyens, pouvait porter plainte en justice contre l'État.

Durant la guerre du Kosovo, l'opinion a fini par se laisser convaincre qu'une intervention était morale, la Serbie étant clairement désignée comme coupable à l'issue de huit ans de conflits, de la Croatie à la Bosnie.

Malgré les réserves initiales liées au fait qu'elle se déroulait à nouveau dans le cadre atlantique, donc américain, le retrait de l'armée serbe et le retour des réfugiés l'ont rendue acceptable. Ils ont contribué à ancrer l'idée que, désormais, l'Allemagne pouvait, sans trop de victimes, être associée à des opérations risquées. Des opérations qui contribuaient au rétablissement de la démocratie et de la légalité. Compréhension d'autant plus grande que cette intervention se déroulait sur le terrain européen, dans une terre, l'ex-Yougoslavie, martyrisée par les nazis. La reconstruction du pont de Varvarin avait été financée jadis par la RFA en dédommagement des destructions causées par les armées d'Hitler…

On mesure le chemin parcouru : du rejet absolu de toute armée en 1945, on est passé par paliers à la reconnaissance de la légitimité d'une force défensive, puis d'une composante dans le cadre d'une sécurité collective, puis d'un rôle dans le maintien de la paix à travers le monde, enfin d'une participation à des actions de guerre au nom du droit.

Les Allemands patrouillent encore aujourd'hui, dans le cadre de la KFOR, la force de l'OTAN, sur les routes d'une région du nouvel État du Kosovo.

Après le tournant du Kosovo, l'Allemagne devait continuer d'envoyer des soldats, le plus souvent en petit nombre, un peu partout dans les foyers en crise gérés par l'ONU, manifestant ainsi sa présence active sur la scène internationale.

Après le 11-Septembre, nouvelle étape : la menace du terrorisme islamique se faisait internationale, et il fallait l'étouffer là où il avait ses racines, l'Afghanistan.

Le ministre social-démocrate de la Défense Peter Struck, personnalité bougonne mais fine et clairvoyante, à la moustache blonde et au regard d'acier, lançait alors la définition historique : « la sécurité de l'Allemagne doit être aussi défendue sur l'Hindu Kush [39] ». Il fallait éviter la naissance d'un État terroriste lié à Al-Qaïda. Alors même que Gerhard Schröder venait de refuser de prêter main-forte à George W. Bush en Irak, il n'hésitait pas à s'engager dans l'Hindu Kush, aux côtés d'une alliance dirigée par les mêmes Américains. Manière aussi d'affirmer à Washington que Berlin restait un allié fiable.

La participation à la composante maritime de la force de l'ONU au Liban, la Finul, après le bref conflit entre Tsahal et le Hezbollah à l'été 2006, serait un autre jalon important dans la poursuite de l'engagement militaire dans le monde.

---

39. Phrase célèbre de Peter Struck prononcée le 13 décembre 2002, dans le contexte de l'engagement occidental en Afghanistan contre le terrorisme.

Elle sera entérinée rapidement, avec détermination et dans une sorte d'enthousiasme, par une chancelière très décidée. C'est une nouvelle gageure pour Berlin et aussi une manière de manifester, sans trop de risque, une présence militaire dans une région où la RFA exerce une influence diplomatique croissante. Ses navires de guerre participent à la surveillance des côtes pour veiller à ce que des armes ne parviennent pas à la milice chiite libanaise du Hezbollah. C'est la première apparition militaire de ce pays au Proche-Orient, « à la demande de l'État hébreu et du gouvernement libanais », explique Angela Merkel. Pas question cependant d'être sur la ligne de front terrestre. Le risque est trop grand d'incidents avec la nation de la Shoah.

La mission en mer paraît jusqu'alors de tout repos. Elle est quasiment oubliée, tant elle fait peu parler d'elle.

Il n'y aura pas le même enthousiasme ni la même communication médiatique quand le gouvernement enverra des soldats, en même temps qu'un contingent français, en République démocratique du Congo pour surveiller les élections de 2007. L'Afrique centrale est loin des priorités.

Cette opération sous drapeau européen « Eufor », dirigée depuis l'état-major de Potsdam, sera extrêmement cadrée : dans le temps (quatre mois) et dans l'espace (la région de Kinshasa). Le contingent de la Bundeswehr sera le plus important envoyé en Afrique depuis l'Afrika Korps de Rommel. Cette opération suscitera des craintes de dérapage, en raison de la volatilité de la RDC, et sera entourée de discrétion, tant de la part de l'état-major que du gouvernement, et aussi, curieusement, de la presse. L'Allemagne s'acquittera parfaitement de cette mission européenne pour la démocratie en Afrique. Elle fournira environ la moitié du contingent : elle le fera à la demande expresse de Paris, parce que d'autres Européens s'y refusaient. Par devoir moral d'assistance plus que par conviction. Berlin ne se sera nullement vanté d'une mission qui aura été pourtant sans tache. Les recrues pourront fêter Noël chez eux fin 2007, et la page sera tournée.

Un trop bon savoir-faire

On peut aussi se retrouver indirectement mêlé à une crise ou une guerre sans y participer. Et parfois sans le savoir ! C'est l'expérience qu'est amenée sans doute à faire sans cesse l'Allemagne.

La puissance des services de renseignement, les armements, la technologie militaire, la présence multiforme dans le monde ont un revers : ils font que, même quand la Bundeswehr ne participe pas à une opération militaire, l'Allemagne est prise au piège de ses compétences.

Plusieurs affaires ont mis en cause ses services secrets pour leur coopération avec la CIA. Ils avaient aidé à l'arrestation, la poursuite et la répression de militants d'Al-Qaïda, au prix de quelques bavures pendables.

L'Irak offre un exemple particulièrement frappant : il est d'autant plus exemplaire que le refus de participer à la guerre contre Saddam Hussein a été un des axes de la diplomatie de Gerhard Schröder et une grande fierté.

Deux agents du service de renseignement extérieur BND étaient à Bagdad au début de l'offensive américaine au printemps 2003. Quoi de plus normal pour un pays de poids que d'avoir placé de tels espions ? Ils fournissaient des renseignements à leur centrale à Pullach en Bavière. Mais tout se complique ensuite : certains documents soi-disant non stratégiques sont transmis aux collègues américains et parviennent au commandement américain à Camp Doha, au Koweït. Ils localisent certaines cibles-clés à Bagdad. Documents expurgés des renseignements les plus saillants, se sont défendu les responsables des services secrets. Selon eux, ces informations n'ont eu aucun effet direct sur les raids menés par l'aviation américaine dans les premiers jours de la guerre sur la capitale irakienne. Le coordinateur des services secrets à la chancellerie fédérale de Gerhard Schröder, l'ancien chef de la diplomatie Frank-Walter Steinmeier, a strictement respecté la règle de non-intervention, soutiennent-ils. Et Berlin ne peut donc être accusé d'avoir participé indirectement à la guerre.

Ces arguments sont excellents. Sauf que les agents étaient – comme d'habitude – très compétents dans leur collecte et que la précision des renseignements a pu être exploitée utilement par l'état-major américain pour bombarder ses cibles. « Les Allemands ont été pour nous d'une valeur inestimable, parce que leurs informations étaient tellement détaillées et dignes de foi », s'est rappelé dans une interview à l'hebdomadaire *Der Spiegel* le général James Marks, chargé à Camp Doha de recouper les informations sur l'état des défenses irakiennes.

D'autres savoir-faire sont prisés et s'arrachent à prix d'or dans le cadre de trafics internationaux. Dans la dissémination de composantes d'armes ou de technologies potentiellement utiles, par exemple, pour la construction de bombes atomiques, la technologie allemande a été parfois citée dans la chaîne complexe ayant conduit à des livraisons illégales, vers l'Iran ou la Libye en particulier. Plusieurs procès ont tenté de démêler sans beaucoup de succès les fils des implications supposées de sociétés privées ou d'individus.

Donc, même quand l'Allemagne est absente, elle est souvent impliquée indirectement. Ainsi le veut la puissance d'un pays, dont l'espionnage, la technologie et l'expertise sont reconnus.

Antimilitarisme et défense de l'armée

Depuis la guerre, aucun peuple ne s'est montré aussi profondément antimilitariste. Les chercheurs de ce pays n'ont cessé d'instruire le procès du militarisme nazi. Celui de la SS d'abord. Toute expression de pitié pour des soldats du corps d'élite nazi tombés au front est sanctionnée. Le chancelier Helmut Kohl l'a expérimenté à ses dépens quand il a voulu en 1985, avec Ronald Reagan, se rendre dans le cimetière de Bitburg, à l'ouest de l'Allemagne, où étaient enterrés des soldats SS.

Puis, à partir des années quatre-vingt-dix et deux mille, le procès va englober de plus en plus la Wehrmacht, pour sa part de crimes d'abord méconnue. Une armée de millions d'hommes à la réputation relativement intacte, mais dont des archives ont révélé la participation notamment à des massacres sur le front russe. Cette mise en cause – notamment dans une exposition récente – de l'armée régulière, dont de nombreux anciens combattants vivent encore, a provoqué de fortes émotions.

Ces procès étaient aussi une manière d'immuniser, si c'était nécessaire, les citoyens et leur armée contre tout retour aux démons du passé, toute *Wahn* (« folie »), toute nostalgie de la grandeur et du culte de la force, tout désir de fonctionner en dehors des lois constitutionnelles. Des comportements, très minoritaires, rappelant les attitudes nazies sont périodiquement dénoncés sans concession. Les mauvais traitements de recrues sont aussitôt l'objet de sanctions, de mesures disciplinaires et de procès. Tel officier démissionne pour avoir, après avoir bu une bière de trop, prononcé une phrase provocatrice qui a ensuite été rapportée : il s'y référait à tel personnage criminel de la période bannie comme d'un héros, y vantait de manière équivoque telle offensive militaire hors des frontières.

Des officiers ont parfois réagi individuellement face aux critiques et à la défiance, exprimant leur frustration devant la reconnaissance dont jouissait de l'autre côté du Mur sa rivale de RDA, l'ancienne armée nationale populaire (NVA). Ils ont revendiqué pour la Bundeswehr aussi les insignes de l'honneur, le droit de se célébrer. Ils ont aussi parlé positivement des actions militaires glorieuses du passé. « N'y a-t-il pas eu des chefs valeureux qui avaient su garder le sens de l'honneur, comme le maréchal Erwin Rommel ou les conjurés de 1944 ? », ont-ils argué. Le temps est aussi venu où l'on évoque davantage dans le débat public les sépultures connues et inconnues de soldats morts à l'étranger.

Le « citoyen soldat » ne peut plus être seulement remercié quand il déblaye une ville dévastée par une inondation ou joue le secouriste en marge d'une Coupe du monde de football, disent ces militaires frustrés. Il doit être reconnu, aimé, honoré parce qu'il sert la patrie, le *Vaterland* et est prêt à sacrifier son bien le plus précieux, sa vie, pour elle, et pour la démocratie.

Il est difficile de trier dans ces manifestations d'aigreur ce qui relève d'une vraie nostalgie des valeurs du militarisme nazi – sans doute une petite minorité – et ce qui procède de l'exaspération face à une société qui a tendance à ignorer l'armée, sauf quand elle a besoin.

Car, comparée à son homologue français, l'armée est un peu plus en retrait au sein du corps social, même si le service militaire est resté maintenu en Allemagne et non en France. L'acceptation distante de la population a fait de la Bundeswehr une sorte d'être transparent, surtout à l'Ouest, sauf quand il s'agit des grandes cérémonies et de ses interventions sur les terrains étrangers. Ce sont finalement les jeunes « Ossis » qui la rejoignent le plus. Cette relégation relative a été analysée par un des grands experts des questions touchant la Bundeswehr, l'Allemand d'origine israélienne Michael Wolffsohn, professeur d'histoire contemporaine à l'université de la Bundeswehr à Munich. La littérature, les films, la culture en général choisissent rarement pour héros le soldat ou l'officier de l'armée de la RFA.

« Dans notre société, l'institution militaire n'est pas en train de devenir un État dans l'État et ne met pas en danger le caractère civil de notre société. Mais ce sont deux sociétés qui se développent, largement séparées l'une de l'autre : une grande société civile et une petite société militaire mais pas pour autant militariste [40] », a-t-il remarqué.

Le monde politique est quant à lui très conscient depuis longtemps du caractère démocratique de l'armée, de son rôle essentiel et fondateur. Il la consulte et travaille en bonne intelligence avec elle. Il l'honore à l'occasion de grands anniversaires ou d'obsèques, comme celles d'un ancien président de la République, ou encore du retour de cercueils d'Afghanistan. Alors qu'est projetée en 2011, pour raisons budgétaires, l'abolition du service obligatoire – déjà réduit à six mois, faisant l'objet de multiples dispenses et concurrencé par un puissant service civil –, la droite et une partie de la gauche lui marquent leur attachement. Il est donc prévu le maintien d'un service militaire sous une forme réduite et symbolique. Des volontaires doivent être sollicités : ils devraient former un petit contingent de quelque 15 000 hommes par an, contre 63 000 auparavant.

Dans les prochaines années, au grand dam d'alliés, comme la France, le budget de la défense va être réduit comme peau de chagrin. L'abandon

40. WOLFFSOHN (Michael), « Dichter, Denker und Soldaten », *Die Welt*, 3 avril 2009.

de la conscription réduira dans la décennie l'armée allemande de 370 000 hommes en 1990 et 245 000 aujourd'hui à un corps de 180 000 hommes, composé d'une majorité de soldats de métier. Mais, en même temps, l'engagement à l'extérieur de la Bundeswehr sera renforcé : il est prévu de doubler le nombre maximum de ceux envoyés sur des terrains étrangers.

Une discussion, significative de la remise à l'honneur du statut militaire, a été celle qu'a fait naître l'idée, suggérée il y a trois ans par certains militaires, d'une réintroduction de la « croix de fer » pour service de la patrie.

Le ministre conservateur de la Défense d'alors, Franz Josef Jung, y était favorable. Il s'agissait d'ouvrir la possibilité de récompenser un soldat pour ses états de service sur les terrains extérieurs. Une revalorisation… et aussi une sacrée maladresse. L'idée a fait couler beaucoup d'encre. Mais le seul fait qu'il y ait eu débat montre le début de la levée du tabou de la symbolique militaire.

Évoquer la « croix de fer » (*Eisernes Kreuz*), création en fait de l'armée prussienne – plus ancienne que le nazisme –, revenait inévitablement à évoquer aussi les armées hitlériennes qui avaient repris le symbole. Dans la Bundeswehr, la « croix de fer » avait été seulement peinte depuis les années cinquante comme logo sur les véhicules, mais jamais décernée à des soldats. Finalement, le projet a été jugé inacceptable. L'ancien président Horst Köhler s'est contenté d'introduire une nouvelle médaille, « la médaille d'honneur de la Bundeswehr pour fait de bravoure » (« Ehrenkreuz der Bundeswehr für Tapferkeit »).

À l'été 2009, un monument de bronze pour les soldats morts dans l'exercice du métier des armes depuis la fondation de la Bundeswehr en 1955 a vu le jour à Berlin. Trois mille cent morts, toutes catégories confondues : la plupart ont perdu la vie dans des accidents, une minorité dans des opérations militaires, d'autres se sont suicidés.

Un tel projet mené à bien était impensable il y a vingt ans. Et pourtant, il était attendu par de nombreux militaires.

C'est dans le Bendlerblock, au ministère de la Défense, là où Klaus von Stauffenberg, le chef de la conjuration de juillet 1944, a été fusillé, que seront honorés ces hommes issus des trois armes. Jusqu'alors trois monuments pour l'armée de terre, l'armée de l'air et la marine, perdus au fond de la Bavière, de la Rhénanie-Palatinat et du Schleswig-Holstein, les honoraient, presque en cachette.

À l'occasion de l'inauguration, le président Köhler a souhaité un grand débat public sur le rôle de l'armée dans la société. Un débat qui a fait trop longtemps défaut. « Notre Bundeswehr, a-t-il aussi souligné, est devenu une armée en opération, une armée au combat. »

Modeste, ce monument a sonné pour l'armée comme une nouvelle reconnaissance, plus de soixante ans après la reddition des derniers soldats nazis dans les ruines de Berlin et cinquante-six ans après sa fondation. On reste encore très loin de l'Autel de la patrie, la monumentale « machine à écrire » que l'on voit sur la place de Venise à Rome. Très loin aussi de l'Arc de triomphe à Paris. L'esprit qui a présidé à sa création ne sera jamais le même, ne sera jamais triomphant.

Cette nouvelle *Gedenkstätte* (« lieu du souvenir ») discrète n'est plus contestée que par une partie de la gauche radicale de Die Linke, qui y voit « un hommage irréfléchi à la violence guerrière ». Beaucoup de réactions ont consisté au contraire à dire que ce monument aurait dû être plus central et plus visible. Ils l'auraient vu par exemple près de Reichstag, puisque la Bundeswehr est une armée dont les droits sont octroyés par la représentation populaire qui en assure le respect. Tout militarisme est à jamais conjuré en Allemagne.

La grande stèle de bronze percée de trois mille cent trous (autant que de morts) au Bendlerblock sera un parmi d'autres mémoriaux qui ont refondé peu à peu l'identité allemande à Berlin.

Que Merkel et Guttenberg rendent plus nettement hommage aujourd'hui aux jeunes soldats tués au combat sur l'Hindu Kush et évoquent la « patrie », fait partie de cette refondation.

Chapitre 8

Une Allemagne qui ne s'aime pas

Les Allemands, qui donnent aujourd'hui l'impression d'un peuple détendu, sont-ils seulement cool en apparence ? La réputation d'une « qualité de vie à l'allemande », tranquille, mature, détendue, qu'affirment découvrir tant d'étrangers, est-elle usurpée, exagérée ? C'est ce que semble vouloir montrer *Deutschland 09 (Allemagne 2009)*, une série de treize films courts de réalisateurs allemands, présentée en février 2009 au festival de cinéma de la Berlinale. Sur un ton clairement pessimiste, elle confirme en tout cas que ces cinéastes, représentatifs d'une certaine élite, ne sont pas cool avec la réalité de leur pays. Un grand quotidien berlinois, *Der Tagesspiegel*, y a vu un phénomène typique du caractère chagrin et culpabilisé de cette élite… et conteste vigoureusement leur vision des choses :

Harald Martenstein [41], une des meilleures plumes du quotidien berlinois, se moque de ces esprits chagrins : « Je soupçonne que la plupart de ces cinéastes n'ont pas dit la vérité sur leur relation à l'Allemagne. La plupart des gens vivent bien ici. Ce n'est pas un mauvais pays, c'est un pays relativement libre, très scrupuleux, qui a un peu de mal dans sa prise de décision, où l'on discute volontiers, où l'on jouit de la vie. […] Les Allemands de 2009 ne sont ni spécialement disciplinés ni spécialement travailleurs, mais pas non plus paresseux. Ils ont beaucoup appris à la télévision et à l'école sur les côtés sombres de leur histoire : c'est pourquoi leur relation à l'Allemagne est

41. Martenstein (Harald), « Rührend deutsch », *Der Tagesspiegel*, 15 février 2009.

distanciée, mais ils ne la détestent pas non plus, sinon ils devraient se détester eux-mêmes. Le pays n'est ni particulièrement excitant ni particulièrement ennuyeux, ni bon marché ni cher, ni très propre ni très sale. Il veut n'être, après des décennies de questionnements, rien de particulier. Il n'est non plus rien de particulier. Sauf qu'il y a toujours de nouveaux films et livres, dans lesquels les Allemands réfléchissent sur l'Allemagne. [...] Aucun pays n'est moins prêt à voir s'ériger une dictature que l'Allemagne de 2009. L'autoritarisme est perçu chez nous comme très antipathique. Les conflits sont volontiers l'objet de médiations et débouchent sur des compromis. Et, si possible, il ne doit y avoir ni vainqueur ni vaincu. »

Le *Tagesspiegel* résume l'attitude des cinéastes en trois mots frappants : « Jämmern im Paradies » (littéralement « se lamenter au paradis »).

Où est la vérité ? L'Allemagne, qui exporte dans le monde les meilleurs produits, qui aurait les meilleurs philosophes et le modèle social le plus évolué, serait-elle un « paradis » bien relatif, et même, aux yeux de certains de ces réalisateurs, un sacré enfer ?

Ce plaidoyer de Martenstein pour son pays qu'il perçoit comme tolérant et débonnaire ne rend pas compte cependant d'un malaise persistant, qui s'exprime au milieu de la consommation la plus débridée, et explose parfois à travers une violence accumulée aux marges.

Ces cinéastes, de Fatih Akin à Wolfgang Becker, en passant par Dani Levy, ont souvent choisi de filmer leur société dans un huis clos étouffant. Ils s'inspirent, sans avoir le même talent, du ton critique des grands cinéastes Volker Schlöndorff et Rainer Werner Fassbinder, qui avaient brossé dans les années soixante et soixante-dix des tableaux à l'acide d'une société détestée et désespérée.

Cette nouvelle génération de metteurs en scène fustige une Allemagne glacée et design qui aurait besoin d'être dopée – par des médicaments –, et fracturée en communautés, où étrangers et intellectuels de gauche seraient soupçonnés de soutenir le terrorisme. Un seul film s'aventure à l'étranger, mais c'est pour y suivre un cadre d'entreprise borné, bien propre sur lui, qui voyage d'hôtel Marriott en hôtel Marriott, sans rien voir du monde[42].

Le plus horrible, le plus insupportable, est *Krankes Haus (Maison malade)*, le court-métrage de Wolfgang Becker. L'auteur du film événement sur le Mur, *Good Bye, Lenin !* n'est pas ici dans sa meilleure veine. Becker dépeint une société sanglante et croupie sous forme d'un hôpital délabré, où les gens sont assassinés par leur système social comme dans un abattoir.

Quand ces films dépeignent la jeunesse, c'est une jeunesse torturée par les démons du passé et qui semble avoir perdu son âme depuis le suicide en 1976 de la journaliste et activiste d'extrême gauche Ulrike Meinhof. Une fille de 16 ans rêve d'une scène dans laquelle Meinhof discute avec une autre femme de l'écrasement des êtres par le monde moderne[43]. Et quand c'est le tour de la bourgeoisie d'être décrite, c'est – à travers un court métrage assez insolite de Hannes Steinbichler, *Fraktur* – une bourgeoisie ridiculisée, rétrograde, prisonnière de ses habitudes. Cette bourgeoisie prend les traits d'un rédacteur en chef fou du *Frankfurter Allgemeine Zeitung* : quand il découvre au matin dans son confortable chalet alpin la nouvelle maquette du journal, où figure pour la première fois une photo en couleur et d'où toute écriture gothique a disparu, il se met en rage. Il ira jusqu'à mettre le feu à Francfort au siège du vénérable et austère quotidien…

« Gentrification »

Ces cinéastes dénoncent l'appauvrissement culturel et la perte d'identité qui seraient en progression rapide. Cette fois à travers l'évolution de l'urbanisme : un des films, *Den werden wir nicht zusammen gehen (Nous ne ferons pas ce chemin ensemble)*, de Dominik Graf et Martin Gressmann, décrit un urbanisme saisi par la « gentrification » : les immeubles miteux, où subsistait encore l'âme de l'après-guerre, ont été rasés. On a démoli et on continue à détruire les vieux quartiers ouvriers à l'abandon, pour les

42. *Feierlich reist,* de Tom Tykwer.

43. *Die Unvollendete,* de Nicolette Krebitz.

remplacer par des espaces futuristes ou glaçants. Ces nouveaux espaces pseudo-chics entendent diffuser à travers leurs baies vitrées la transparence, mais c'est une transparence apparente. Ils croient incarner le confort chaleureux, mais c'est un confort aseptisé. Ces espaces exprimeraient finalement un « mensonge » et un contrôle total du corps social. En exprimant une souffrance face à un phénomène que l'on croise dans bien d'autres villes européennes défigurées, les deux réalisateurs ont sans doute touché une corde sensible : les Allemands avaient déjà dû faire le deuil d'une partie de leur paysage urbain disparu sous les bombes. Ce qu'il en restait est mis au rebut. Graf et Gressmann ont réalisé le film le plus fort de cette série de réquisitoires.

Où est la vérité, entre ces cinéastes sombres et un éditorialiste berlinois qui chante les vertus de la nouvelle vie tolérante et raisonnable à l'allemande ? La société aurait-elle vraiment perdu sa chaleur, serait-elle victime d'un nouveau snobisme, à la fois de l'argent et du niveau culturel ?

Un étalage inélégant de richesses et de prétentions culturelles a-t-il transformé l'atmosphère des centres-ville de Munich, Hambourg, et, dans une moindre mesure, de Berlin ? Un visage qui serait « m'as-tu-vu » et déshumanisé, aux yeux de plus d'un citoyen marginalisé par la crise, notamment parmi ceux de la vieille génération…

Les quartiers anciens des grandes villes sont effectivement traversés de deux phénomènes contraires qui les altèrent profondément : certains quartiers plutôt laids et sans âme, qui n'avaient il y a cinq ans encore aucun caractère particulier, moins chers parce qu'excentrés, deviennent les nouveaux « Kreuzberg » – du nom de ce quartier phare de Berlin-Ouest connu longtemps pour son monde bigarré et tolérant, à l'ombre du Mur. En rangs serrés, boutiques et restaurants bon marché s'y installent pour proposer les cultures et produits du monde entier. La rue, jadis grise, se fait multicolore. Parallèlement, d'autres rues ou quartiers – dont précisément certains coins de ce même Kreuzberg – perdent ces mêmes lieux de vie accessibles à tous. Ils se « gentrifient » peu à peu. Rénovés à grand prix, ils deviennent chers et chics. Qu'elles soient « bobo » (post-soixante-huitards branchés) ou *schikimicki* (snobs branchés), ces rues sont les nouvelles artères où il est de bon ton d'habiter. Même si elles ont gardé un vernis alternatif, les prix y sont dissuasifs, l'atmosphère n'est plus comparable. Certains vieux habitants regrettent l'atmosphère ancienne au point de vouloir les quitter. Prenzlauer Berg à Berlin est typiquement un de ces quartiers de l'Est rénovés, d'abord très abordables puis de plus en plus chers, même si certaines rues demeurent authentiques. C'est maintenant au tour de Friedrichshain, un ancien quartier ouvrier, de suivre cette voie. Parfois à quelques centaines de mètres d'intervalles, certaines rues parallèles se sont « kreuzbergisées » et d'autres se sont définitivement « gentrifiées ».

Rudesse et délicatesse

Deutschland 09 est-il seulement un manifeste d'une poignée de cinéastes « engagés politiquement et quelque peu ennuyeux, légèrement anarchistes et ayant un problème avec l'humour [44] », comme le remarque le quotidien de gauche *Tageszeitung (TAZ)* ? Leur vision ne semble pas en phase avec les images joyeuses du Mondial, d'un pays généreux où les bénévoles de l'humanitaire sont plus nombreux qu'ailleurs, d'une société décrispée où les Allemands de souche ne sont plus seuls à donner le ton. Mais elle est instructive : l'idéal d'une vie de quartier libertaire, anticonformiste et accueillante aux réfugiés du monde entier, comme certains voyaient Kreuzberg dans les années soixante-dix, quatre-vingt ou quatre-vingt-dix, ne s'est pas complètement réalisé. Il y a de la déception dans l'air. Communautarismes et inégalités créent de nouvelles fractures. Y aurait-il un élément nouveau, supplémentaire, qui empêcherait même ceux des Allemands qui ont le superflu d'être heureux en 2011 ? Un mode de conduite privilégiant l'avoir et le chacun-pour-soi, contraire aux vertus communautaires de la culture allemande, prendrait-il le dessus ?

44. *Tageszeitung*, 15 février 2009.

Dans la prospère Allemagne, un cri monte de ces courts métrages. Les réalisateurs de *Deutschland 09* en sont les porte-voix, excessifs et un peu décalés par rapport à la majorité, mais ils expriment une réalité.

Face à la dureté sociale, à un système perçu comme policé, anonyme, petit bourgeois et conservateur, une certaine rudesse des mœurs est volontiers affichée, revendiquée dans la vie quotidienne par ceux qu'un tel mode de vie marginalise ou révulse. Réaction face au nivellement, à la paupérisation, à la pensée dominante, au dogme de la réussite, à l'efficacité productiviste et à la vitesse à l'américaine. Expression d'une frustration contre une existence robotisée ayant effacé la spontanéité. Réaction née d'échecs et d'une inégalité profonde et précoce à l'école et sur le front de la culture, avec des laissés-pour-compte et des gagnants que tout sépare. Réponse à un écart croissant entre riches et pauvres constaté depuis dix ans, à une baisse des allocations et des aides aux chômeurs de longue durée sous les gouvernements Schröder et Merkel.

La réponse des perdants est franche, c'est un refus du compromis. Symboliquement, il s'agit de mettre à nu la réalité, de dénoncer l'artifice des conditions sociales, de dévoiler ce qui est caché derrière le masque. Il s'agit de refuser la distanciation sociale, la symbolique, la sublimation, ces processus psychologiques ayant permis à la République fédérale de désamorcer les tensions d'après-guerre, mais qui ont aussi entretenu les hypocrisies. Comme si la seule attitude possible était pour les exclus d'exprimer leur dégoût. Une fraction des plus jeunes générations semble effectivement rechercher, plus qu'ailleurs en Europe de l'Ouest, y compris dans les références culturelles et les vêtements dépourvus de recherche, ces comportements de confrontation : refus des rites, des hypocrisies, des attitudes empruntées d'autrefois. Ces façons peuvent d'ailleurs choquer des immigrés d'autres cultures traditionnelles qui s'installent en Allemagne, et alimenter leur haine de ce pays.

La hargne que certains Allemands peuvent éprouver à l'égard de leur « système » est puissante. Elle a ses personnages emblématiques : parmi beaucoup d'autres, on peut citer Rudi Dutschke, grande figure « martyre » de la contestation d'extrême gauche, blessé grièvement par un jeune ouvrier en 1968, Andreas Baader, jusqu'au-boutiste de la Fraction armée rouge (RAF) mort en 1977 à la prison de Stammheim. Et, dans un registre moins extrême, l'écrivain catholique de gauche Heinrich Böll, très critique sur la bourgeoisie, ou encore le journaliste d'investigation Günter Wallraff, qui s'est infiltré dans des institutions ou entreprises allemandes pour en dénoncer les tricheries ou le racisme.

Le sentiment d'exclusion de certains jeunes aujourd'hui rappelle, en moins intense sans doute, les frustrations des Allemands victimes de l'inflation et du chômage à la fin de la République de Weimar. Il ne peut être occulté ni minimisé.

De façon paradoxale, dans les milieux aisés surtout, la « qualité de vie à l'allemande » et les richesses du patrimoine culturel et philosophique n'ont jamais été autant redécouvertes, recherchées, exaltées, à travers traditions, livres et journaux, spiritualités, combats intellectuels et politiques. Soif intense de différenciation, de délicatesse, d'écoute de sa propre culture et des autres cultures du monde. Aucune fatigue culturelle, recherches et investigations en tous domaines. Désir d'aller toujours plus loin. Volonté de la part d'Allemands des classes plus favorisées et cultivées – mais pas uniquement – de puiser à nouveau dans leurs meilleures racines, européennes, humanistes, judéo-chrétiennes. Volonté d'avancer dans un mouvement des Lumières continu. Ces Allemands-là, qui sont loin pourtant d'être des optimistes ou des naïfs – bien au contraire –, croient fermement à une culture en progrès, perfectible, ancrée dans un riche héritage et dans l'Europe. Pour eux, la culture doit être aussi redonnée aux autres, et non gardée pour soi. C'est une autre conception de leur pays, bien intégré, confiant, porteur d'avenir et d'idées, modèle même !

Un clivage existe entre la délicatesse de ceux qui ont accès au meilleur de la culture et voudraient partager les trésors reçus, et la posture de refus de ceux qui, du fait de la sélection éducative et du fossé social, se sentent marginalisés, se ferment à tout, sont nostalgiques d'une Allemagne plus communautaire. Mais rudesse et délicatesse peuvent se retrouver parfois à l'intérieur d'une même personne.

À l'instar des cinéastes de *Deutschland 09*, on rencontre chez nombre d'intellectuels un langage dur et sans fioriture, qui déroute facilement le Français plus policé… et parfois plus hypocrite. Une rudesse revendiquée qui n'exclut pas une forme d'intense générosité et qui est expression de sincérité. L'attitude de ces intellectuels fait penser à cet artiste des années soixante et soixante-dix, Joseph Beuys : il avait inventé le concept de « sculpture sociale ». Pour lui, toute attitude, toute représentation, tout objet avait un sens social et politique concret. Une figure emblématique qui refusait toute idéalisation, toute édulcoration. J'ai souvent senti dans l'abord direct de ces hommes et de ces femmes la tension de la lucidité. Comme un désir d'éviter les faux semblants et les rêves trompeurs. Il était hautement moral de rappeler les principes, de s'élever avec gravité contre les excès de langage, de dénoncer des dangers mortels qui attendent l'humanité et le mal profond qui habite l'homme.

Car en Allemagne, il n'y a guère de sentiment d'innocence. La faute collective du passé travaille la plupart des consciences des adultes et explique partiellement ces attitudes : goût de la perfection, de la délicatesse et de la vérité d'une part. Haine, rejet, culpabilité vis-à-vis de soi et de l'autre. Un sentiment auquel on peut imputer en partie le petit nombre de naissances enregistrées en Allemagne.

L'écrivain et politologue Axel Hacke, observait finement[45] : « Ce sont toujours les Allemands qui disent sur un ton de mépris : c'est "allemand", "trop allemand" ou "très allemand". Car il est très allemand de mépriser ce qui est allemand. Les Allemands sont toujours un peu à côté d'eux-mêmes et se jugent, en disant : "ça, on n'aime pas, ça non plus" ». En même temps, ajoutait-il, « on ne trouve guère de peuple qui soit aussi anxieux de savoir ce que les autres pensent de lui. Qui aime autant qu'on le considère, qu'on n'analyse, qu'on le loue. Et qui accepte aussi facilement les jugements des autres sur lui-même ».

45. HACKE (Axel), « Ich bin Deutscher », *Tagesspiegel*, 8 mars 2004.

« Ce que je trouve vraiment intéressant chez les Allemands, concluait-il avec à-propos, c'est cet aspect divisé, torturé. C'est que ce pays est un pays normal, comme tous les autres. Mais que, de l'autre côté, il ne l'est pas en raison de son histoire. C'est parce qu'il a été si longtemps divisé et qu'il se rassemble de nouveau lentement. C'est parce qu'il reste parfois si étranger à lui-même. »

Le crime à la télé : un goût pour la lucidité sombre

Au-delà des excès d'une peinture sociale noire – qui n'est pas sans rappeler parfois l'expressionnisme allemand de l'entre-deux-guerres, un Otto Dix, par exemple –, on observe un goût pour la lucidité sombre chez un peuple revenu de beaucoup de choses : il s'exprime par exemple, de manière intelligente, dans un *Krimi* (série policière) qui a connu depuis des décennies un grand succès à la télévision.

Ce *Krimi* est intéressant à observer car il est l'occasion d'une analyse sociale et psychologique. Il ne cherche pas seulement à aligner les cadavres, mais à faire comprendre l'origine sociologique et psychique du mal.

Tatort (*Le lieu du crime*), le célèbre feuilleton policier du dimanche soir à 20h15 sur la chaîne publique ARD, fait ainsi le portrait – sombre bien sûr – d'un pays sous toutes ses coutures sociales, de l'est à l'ouest, du nord au sud : le portrait de tous ses milieux, celui des petites villes de province, des personnes en marge qui viennent troubler la tranquillité des classes moyennes, et des criminels anonymes au sein de ces milieux.

Né en 1970, *Tatort* a été un véritable phénomène de société. Beaucoup arrêtent toutes leurs autres activités le dimanche soir, débranchent leur téléphone, pour s'asseoir face à leur petit écran et suivre le nouvel épisode.

Dans les premières années, trois quarts des téléspectateurs suivaient les enquêtes du célèbre inspecteur Horst Schimanski. Le développement du câble et du satellite a eu aujourd'hui pour conséquence que la série est moins suivie, mais au moins sept millions d'Allemands ne la manqueraient pour rien au monde. L'originalité de la série est qu'il y a autant de *Tatort* qu'il y a de petites régions, de bassins de vie. Elle fait connaître les Allemands aux Allemands, les enquêteurs creusant un terreau toujours différent.

Ces épisodes vont donner une meilleure connaissance des réalités régionales à l'autre bout du pays : par exemple aux Hambourgeois ce qu'est la criminalité néonazie dans une cité industrielle de la Saxe en ex-RDA, et, en sens inverse, aux Saxons l'atmosphère interlope du quartier chaud du deuxième port d'Europe. La série est comme un miroir renvoyant aux téléspectateurs leur vie quotidienne dans sa diversité.

Pas de sujets tabous

Drogue, corruption, prostitution, malversations financières, vengeance, espionnage de voisinage, passé occulté, rites secrets de communautés religieuses. Il n'est pas rare que le policier du dimanche soir touche tellement de nerfs sensibles qu'il suscite des réactions des groupes qui se sentent mis en cause. Ce fut le cas de la part des Alevis originaires de Turquie, qui se sont sentis attaqués pour une affaire d'inceste dont leur communauté était le théâtre fictif dans un des épisodes. Ils sont descendus par milliers dans les rues, et les producteurs ont accepté de ne plus le diffuser.

Ce qui est intéressant à observer, c'est que les inspecteurs ou inspectrices ne sont pas des surhommes. Un peu à la manière des policiers chez Simenon, ils sont habités d'états d'âme, de conflits sentimentaux, de doutes. Ils se posent des questions sur leur société, cherchent à lutter contre le sordide. Ils veulent défendre les victimes de la marginalisation sociale, avec lesquelles ils se sentent solidaires et d'égal à égal. Ils sont des antihéros : quelque chose qui convient bien à une Allemagne qui redoute les personnages charismatiques. Ils participent à ce mouvement collectif pour être chaleureux et humains, et conjurer le mal passé et la haine de soi.

À côté de bien d'autres feuilletons quelconques, au style de séries B américaines, *Tatort* a fait des émules, qui reproduisent ce style familier que les Allemands sont heureux de retrouver.

Ces émissions ont le mérite d'aller assez loin dans la peinture des vécus contemporains les plus difficiles. Elles décortiquent ce mal-être au milieu d'une société riche, analysé plus haut. Mal-être occidental, mais avec des composantes spécifiquement allemandes. Cela va des ravages des drogues dures aux réseaux de filles ukrainiennes, des jeunes à la dérive aux vieillards fous d'être seuls, des mineures forcées d'avorter aux handicapés manipulés, des spéculateurs fous aux aigrefins de l'immobilier, des drames des familles huppées à ceux de chômeurs plongés dans la marginalité : il n'y a pas de sujets tabous, pas de vécus complexes qui ne seront un jour ou l'autre soumis à la loupe de ces inspecteurs. En même temps, on sent la désespérance d'une société qui s'est relevée de deux dictatures et de deux guerres en un siècle. Peu de romantisme, de poésie. Une tendresse sobre et fraternelle dans ces films où dominent souvent les gris, les marrons, les jaunes, les teintes blafardes. Loin de la chaleur des couleurs dans les films italiens ou espagnols.

Sans exagérer la signification de *Tatort* et consorts, c'est l'humeur de l'Allemagne d'après-guerre qui semble se perpétuer dans ce goût du descriptif cru, à l'heure du divertissement roi.

La demande collective reste souvent dans ce pays de ne pas enjoliver, de ne pas faire de détours ni de politesses, afin d'être plus efficace, plus conséquent. C'est aussi une caractéristique de la communication dans ce pays. Ce qui n'empêchera pas le téléspectateur de *Tatort* de passer à une émission littéraire où la crème des intellectuels exprimera la quintessence de la culture, ou à un jeu de téléréalité insipide, comme il en existe partout en Europe.

DEUXIÈME PARTIE

UNE SOCIÉTÉ LIBRE ET POLICÉE

Chapitre 1

Un corset subtil : discipline, vigilance, évasion, une trilogie

L'amour de la liberté, d'autant plus intense et jalousement défendu qu'elle avait été dérobée, va de pair avec une grande considération de la loi dans ce pays de philosophes.

Discipline : du palier au sauna

C'est un passage tout simple d'un roman de l'écrivain allemand Hermann Hesse, *Le Loup des steppes*, publié en 1927, six ans avant le nazisme. Il exprime une valeur de la vie quotidienne qui est à la fois source de bonheur, de réconfort et de sécurité, qui a à voir avec la fameuse *Gemütlichkeit* (convivialité et confort du foyer) et qui est révélatrice d'une peur du désordre, de l'indiscipline de la vie.

« Ce palier reluit d'un soin surhumain, il est un petit temple lumineux de l'ordre. [...] Parfois, quand je sais que nul ne m'observe, je profite de ce lieu comme d'un temple, je m'assois au-dessus de l'araucaria sur la marche de l'escalier, je me repose quelque peu, et, les mains jointes, je contemple de haut pensivement ce petit jardin de l'ordre, dont la méticulosité touchante et le ridicule solitaire me touchent, je ne sais pourquoi, au fond de l'âme. Je devine derrière ce palier, dans l'ombre en quelque sorte sainte de l'araucaria, un appartement plein d'acajou luisant et une vie emplie de bienséance et de santé, où l'on est tôt levé, où l'on accomplit ses devoirs, où les fêtes de famille sont chaleureuses sans plus, où l'on se rend endimanché à l'église et tôt au lit[46] », raconte Harry au début du livre.

Il s'agit du palier d'immeuble soigneusement astiqué que ce « loup des steppes ». Harry Haller, personnage romantique, franchit chaque fois qu'il regagne la chambre en désordre qu'il loue sous les toits.

Tout sur ce palier rutile, annonce un confort bienséant ; rien n'est laissé au hasard, et Haller devine un intérieur d'ordre et de quiétude, à l'abri des turbulences psychiques, sentimentales et sociales. Et ce palier a quelque chose d'à la fois ridicule, rassurant et chaleureux pour cet homme sauvage et affligé par ses passions. Il y puise une nostalgie qui lui rappelle son enfance et sa mère qui prenait soin de son intérieur.

Un tel palier se trouve partout mais, semble-t-il, particulièrement en Allemagne. Certes, c'est une vision des années vingt qu'offre ce court passage, mais les valeurs qu'il met en lumière sont sans doute encore d'actualité.

En 2010, l'Allemagne reste attachée à cette *Gemütlichkeit* qui accompagne l'ordre de sa vie quotidienne.

« Ordre » est un mot qui peut choquer. Il faudrait pour être complet parler de règle, de bon ordonnancement des choses, d'exactitude, de fiabilité, de clarté et de propreté. Qu'il soit chrétien-démocrate, néocommuniste, libéral ou même écolo, le citoyen ne comprend pas bien qui ne respecte pas un certain ordre : ordre du plan de Dieu pour les croyants, ordre des lois et règlements pour tous, et respect d'autrui en échange du respect par autrui.

En creusant plus profond, on peut voir comment ce goût de l'ordre se répercute dans le domaine de la pensée. À en croire Léon Tolstoï, au XIXe siècle, il y aurait eu chez les Allemands une propension à croire leurs pensées infaillibles, du fait de leur observance stricte des lois de la science et de la nature. Dans *Guerre et Paix*, il dresse le portrait un peu caricatural d'un

46. HESSE (Hermann), *Der Steppenwolf (Le Loup des steppes)*, Suhrkamp Taschenbuch, chapitre 1, « Harry Hallers Aufzeichnungen », p. 34 (traduction en français : Calmann-Lévy, 1991, p. 38).

général d'origine allemande, Pfühl, qui, au sein de l'état-major russe, cherche la meilleure stratégie face à l'invasion française de 1812. Tolstoï livre une piste, celle d'une certaine exaltation de la théorie et de l'abstraction : « Pfühl était un ces hommes sûrs d'eux, irrémédiablement, jusqu'au martyre, comme seuls peuvent l'être les Allemands, parce que seuls les Allemands fondent leur assurance sur une idée abstraite, sur la science, c'est-à-dire la prétendue connaissance de la vérité absolue. [...] L'assurance de l'Allemand est la pire de toutes, la plus inébranlable et la plus odieuse, parce qu'il s'imagine qu'il connaît la vérité, la science qu'il a inventée lui-même, mais qui est à ses yeux la vérité suprême. [...] Pfühl était de ces théoriciens, si passionnément épris de théorie qu'ils en oublient le but, l'application.[47] »

L'Allemand aurait tendance à se sentir parfois, selon Tolstoï, le gardien de l'ordre vrai, immuable, unique et scientifique des choses.

L'ordre et la discipline sont d'abord des vertus domestiques. Dans la gestion de son budget, l'Allemand va veiller à ne pas gaspiller, à respecter les règles et les standards, afin de les optimiser sans rien gâcher. Le sens de l'épargne est plébiscité par 79 % des femmes et 71 % des hommes allemands. Que ce soit les murs de sa maison tirés au cordeau, sa voiture puissante qui n'aura aucune bosse et sera aux normes, ou la consommation domestique qui sera juste ce qu'il faut, on respecte la bonne gestion – protestante – des biens. Une vieille dame hongroise aux habitudes généreuses me racontait son séjour dans une famille allemande aisée, dans les années cinquante. Tout était mesure, parcimonie, insupportable pour elle.

Mais dès lors que ces règles sont respectées, une grande tolérance prévaut, et la vie est souvent au quotidien très détendue et agréable. On y retrouve la *Gemütlichkeit.* Ma fille de 14 ans s'est enthousiasmée à son retour en région parisienne pour un cours de théâtre « qui se passait, disait-elle, à l'allemande », c'est-à-dire de manière informelle, autogérée, non autoritaire.

---

47. TOLSTOÏ (Léon), *Guerre et Paix,* livre 3, 1re partie. Le baron de Pfühl était un théoricien militaire prussien, passé au service du tzar, pour établir un plan d'opérations militaires contre Napoléon.

Dans le cadre de ces règles admises par tous, on peut presque tout faire sans être jugé : comme « aller en smoking à une *rave party* ou en jogging à l'opéra », remarquait un expatrié, comparant avec les rigidités et les codes sociaux français. Il y a en Allemagne un rapport très subtil entre ordre et liberté.

La vertu de la discipline et de la prévision, favorisant la vie en société, fonctionne dans l'espace social. Sur la voie publique, l'automobiliste allemand observe un ordre strict, qui respecte les autres acteurs, le cycliste et le piéton. Qui jette un vieux sac sur la chaussée se fera rappeler à l'ordre par le passant ou le policier de patrouille. Sur un ton souvent aimable, mais suffisamment ferme. Un vieux monsieur raide et droit comme un i se place, dans une rue déserte de Bonn, devant la voiture qui a dépassé d'un mètre la ligne blanche devant un feu rouge, jusqu'à ce que celle-ci recule. Un jeune étranger reçoit une sévère leçon de morale à 2 heures du matin quand il traverse au rouge le Kurfürstendamm, alors qu'aucune voiture n'est en vue à l'horizon. « Kindermörder ! » (« Assassin d'enfants ! »), lui lance la passante inconnue de son ton le plus dramatique.

Un chauffeur de taxi qui, appelé, ne viendrait pas ou prendrait un autre client : voilà une situation peu concevable en Allemagne. On y respecte fidèlement les termes d'un contrat, quitte, parfois, à tricher hors contrat.

Le passant comme l'automobiliste réprouve les comportements désordonnés, ceux-ci ne l'amusent pas. Les élucubrations fantaisistes, les mauvaises organisations, les étourderies, lui font hausser les épaules.

Dans le registre religieux, la même conformité aux règlements est exigée, l'institutionnel comptant bien davantage que dans d'autres pays. On s'inscrit dans une Église allemande comme on devient membre d'une association. Cela a à voir avec l'impôt d'Église, les fidèles devant spécifier sur leur déclaration qu'ils sont membres de l'Église catholique ou évangélique. Le fidèle allemand va s'efforcer de respecter ou d'influer sur la « ligne » de son Église. S'il est en désaccord, il en sort.

Il est étonnant pour un Français d'entendre dire que, chaque année, il y a eu tant et tant de « sorties » ou d'« entrées » au sein des Églises, comme si la recherche spirituelle pouvait rentrer dans les catégories *in* ou *out*.

La discipline se retrouve là où on ne l'attend pas. Les règles de comportement figurent sur des pancartes, ou sont implicites. Il faut les savoir. Une fois, une trentaine de messieurs et dames, pour la plupart d'un âge certain, dans le plus simple appareil, se trouvaient rassemblés dans un sauna. Ils s'apprêtaient à vivre le rituel quasi religieux de l'*Aufguss*, l'aspersion des pierres chaudes par une eau parfumée, d'eucalyptus ou d'autres essences. Moment de souffrance et de jouissance pour le corps ! Une jeune femme étrangère s'était assise sur une des marches de bois du sauna et n'avait pas bien glissé la serviette sous elle. Les remarques – mi-leçons mi-plaisanteries – fusaient de tous côtés mais la jolie étrangère, ne comprenant pas l'allemand, ne réalisait pas ce qu'on voulait d'elle. Une certaine agressivité montait. Jusqu'à ce que la jeune étrangère comprenne et place correctement sa serviette.

Le goût de l'ordre fait aussi accepter aux Allemands ce qui est inscrit dans la loi, et c'est pourquoi d'une certaine manière, les systèmes de la RFA et de la RDA ont si vite constitué des modèles de société policée.

Si l'on se rebelle contre les systèmes, il faut être cohérent jusqu'au bout, comme l'a été à sa manière la bande à Baader. Les rebelles allemands de toutes sortes ont été plus hostiles, plus radicaux, plus provocateurs dans leur haine de la bourgeoise que leurs congénères d'autres pays. On peut y voir une forme de conformisme à l'envers ou une nostalgie d'autorité. La discipline et la cohésion au sein des mouvements radicaux de l'extrême gauche, comme le Bloc noir (*Schwarzer Block*), font peur : dans leur révolte même, il y a comme une efficacité, une discipline, un aspect systématique parfois redoutable, qu'on ne trouve pas chez les groupes équivalents en France.

Mais la quasi-totalité des Allemands ne cherche pas à se créer une contre-loi. Ils ont, chevillé au corps, le respect naturel de la loi. En Allemagne plus qu'ailleurs, chaque nouvelle mesure votée par les députés devient *a priori* une institution non contestée, non contestable. Jusqu'à l'absurde ! Emmely, une caissière de la chaîne de distribution Kaiser's, a vécu en 2009 toute la rigueur et l'étroitesse de ce juridisme. Elle fut congédiée pour avoir mis dans sa poche 1,30 euro correspondant à deux bons de consigne de bouteilles oubliés par un client sur sa caisse. La justice donna raison à Kaiser's contre cette femme, qui, proche de la retraite, perdit son emploi. L'affaire fit grand bruit. Elle fut vivement discutée en Allemagne même et l'objet d'une pluie de jugements critiques. Ce qui montre que de moins en moins de gens de la jeune génération comprennent ces règles.

Dès lors que le citoyen est protégé par la loi, il peut faire ce qu'il veut. La loi est souvent très tolérante, très positive. Il faut seulement qu'elle soit là. Jadis, les homosexuels n'étaient pas reconnus par la loi, ils étaient rejetés de l'inconscient collectif dans la clandestinité. Maintenant que leur sexualité est admise par la loi, ils sont à l'intérieur du cercle du permis, et leurs comportements sont pleinement acceptés. Les gays se sentent en sécurité, libres, respectés en Allemagne.

Permis, défendu : *Ordnungsgemäss*, *gestattet* d'un côté, *gesetzwidrig*, *verboten* ou « illégal » de l'autre. Le cas d'Emmely est loin d'être isolé. On punit ce qui est véniel et on ferme les yeux sur des détournements de fonds ou des pratiques sordides quand elles sont couvertes par une loi mal faite. L'actualité est pleine de ces scandales. La société allemande n'est pas en reste pour l'hypocrisie et les escroqueries de toutes sortes. L'application rigoureuse du permis et du défendu multiplie simplement les cas bizarres.

Même dans des cas extrêmes

Sous les dictatures nazie et communiste, on pouvait être poursuivi si l'on s'écartait ne fut-ce que d'un iota de la lettre de la loi, mais épargné pourvu que sa situation soit couverte même de justesse par cette même loi. Les gens avaient appris à jouer avec ce légalisme qui aboutissait parfois à des situations favorables à leurs intérêts.

Même sous le nazisme, la seule référence à une loi inique pouvait sauver. Un vieil Allemand né en 1930 me raconta qu'il avait 15 ans à Berlin à la fin de la guerre, au moment où la SS recrutait les derniers jeunes hommes valides pour défendre la capitale directement menacée. Ce Horst avait un père juif ayant depuis longtemps émigré aux Pays-Bas. Il vivait avec sa mère « aryenne » (il n'était donc en conséquence pas catalogué directement comme juif, mais comme *mischling*, métissé). Convoqué à la caserne des SS avec d'autres jeunes, il a osé cette remarque devant l'inspecteur : « Vous savez, je ne suis pas de sang pur ». La SS, dans sa réglementation, exigeait que ses membres soient de sang « aryen », alors même qu'elle manquait de recrues. Il fallait de l'audace à Horst pour oser parler ainsi en 1945. Mais il savait que cela pouvait fonctionner, tant les nazis observaient leurs propres lois. Il avait deviné que le juridisme nazi validerait sa remarque, même s'il s'agissait d'une allusion dangereuse à des ascendances juives. Gamin encore, il gagna ainsi un pari qui lui sauva probablement la vie, avec l'instinct de ceux qui avaient grandi avec ce régime et en devinaient les leviers. L'inspecteur le renvoya chez lui.

Ce qui est ordonné et sain peut influer positivement même des SS dans un camp de la mort, si l'on en croit cet évadé de Sobibor, qui a confié dans le magazine *Der Spiegel* comment il a échappé en 1943, à l'âge de 16 ans, peu après son arrivée au Lager, à la chambre à gaz[48] : « Je savais que les Allemands appréciaient que l'on soit propre et sain. J'ai essayé, lorsque je marchais, de paraître fort, m'efforçais même de sourire. J'ai fait attention à ce que mon pantalon ne soit pas chiffonné en dormant et que ses plis demeurent », a confié l'ancien déporté juif Thomas Blatt. Cet Américain de 82 ans venu en Allemagne témoigner au procès de l'ancien gardien ukrainien du camp, John Demjanjuk, expliqua qu'il avait été affecté à des travaux forcés – et avait échappé ainsi à une mort certaine –, avant de s'évader du camp.

Encore aujourd'hui en Allemagne, le regard jeté par le citoyen à ce qui est hors la loi, en marge, sale ou négligé, reste souvent incompréhensif, notamment quand il est le fait de l'étranger. Le regard redouble de bienveillance au contraire devant tout effort pour s'adapter aux habitudes de

48. Blatt (Thomas), « Die Welt soll erfahren wie es in Sobibor gewesen ist », interview à *Der Spiegel*, 12 mai 2009.

l'hygiène et de la vie en commun. Une amie française me confiait qu'elle sentait souvent ce regard de l'autre posé sur son comportement quotidien. Un regard qui vérifiait presque inconsciemment qu'elle se conformait bien à la façon de vivre et aux règlements.

Gammes le dimanche

L'Allemagne vit une contradiction entre une volonté évidente d'extrême ouverture, de détente et de nonchalance, et une réaction plus ancienne, presque structurelle. Elle a peur de ce qui n'est plus sous contrôle. Elle ne refuse pas la radicalité, la provocation, la satire extrême, la dérision quand elles sont exercées dans le cadre de genres agréés et nécessaires – théâtre, protestation politique, révolution organisée, caricature, humour, etc. Elle les favorise même, excelle en elles. Ce qu'elle n'aime pas, c'est le dilettantisme, l'esprit sans suite, la négligence, l'oubli, l'inconséquence, l'anarchie. Ce serait la grande peur allemande, qui viendrait d'une époque bien antérieure au nazisme : le traumatisme absolu de la guerre de Trente Ans, au XVIIe siècle, quand l'Allemagne dévastée, livrée à l'anarchie et au morcellement, n'existait plus.

La priorité de la règle, si elle a de nombreux avantages – les règles sont claires : on ne subit pas, comme par exemple dans le sud de l'Italie, un système de pressions et de chantage – entraîne aussi un esprit procédurier, qui pèse parfois sur le climat du voisinage. Des milliers de litiges, qui portent sur de pseudo-atteintes de tous acabits à l'ordre, à la salubrité et à la tranquillité, bisbilles souvent dérisoires, sont portés devant les tribunaux.

La presse les relève régulièrement et heureusement les épingle. Petite histoire caractéristique : une fille de 16 ans joue du piano devant sa famille un dimanche après-midi dans son immeuble berlinois. Sans même s'en rendre compte, en faisant ses gammes de Beethoven, elle nuit au repos dominical d'un voisin. Se fondant sur une loi qui protège le repos du jour du Seigneur contre le bruit, celui-ci appelle la police, fait constater la nuisance et condamner la famille à une amende de 50 euros. L'argument : cette jeune fille a six jours dans la semaine pour s'entraîner, elle n'a donc pas d'excuse. Si elle recommence, ses parents pourraient avoir à acquitter la coquette somme de 50 000 euros. Le père de la pianiste en herbe porte l'affaire devant la Cour Constitutionnelle.

La plus haute autorité du pays a décidé de donner tort à la justice berlinoise. Certes, a-t-elle dit, la musique à domicile un dimanche peut être jugée comme du « bruit » aux termes des prescriptions berlinoises sur les nuisances sonores, mais ne peut être considérée pour autant comme « une entrave importante au repos » d'autrui.

C'est donc une médaille à deux faces que cette réalité quotidienne allemande de l'ordre et des règlements : Côté « pile », une mentalité rigide, portée aux litiges mineurs, très attachée au mode d'être allemand, considéré comme le plus achevé. Cette mentalité est de plus en plus remise en question. Côté « face » : l'Allemagne est une société de citoyens responsables, où la loi est respectée, où l'automobiliste prend garde au piéton, où l'infraction est clairement énoncée par le représentant de la loi – quitte ensuite, une fois la remontrance faite, à se montrer magnanime. Une société policée, où la liberté personnelle, qui est le bien le plus cher, ne doit pas empiéter sur la liberté de l'autre.

Vigilance : comment concilier sécurité et liberté

À son bureau, devant son ordinateur, un policier, un cadre d'entreprise peut se laisser tenter par un excès de surveillance sur ses services. Zèle, volonté d'être bien vu ou mauvaises habitudes léguées d'un passé proche (la RDA) ou lointain (l'État national-socialiste) ? Il outrepassera la loi pour, pense-t-il, le bien commun. Il sait pourtant qu'il risque la réprimande et tout un scandale si la presse le découvre, mais il tente le coup…

Peu de sujets enflamment autant les Allemands que la protection des données privées, que l'on appelle en allemand *Datenschutz*. Ce qui est perçu en France comme un sujet important parmi d'autres suscite la passion. Il concerne tous les Allemands, dans leur âme, dans leur histoire, dans leur conception du vivre ensemble, dans leur crainte de donner un mauvais visage d'eux-mêmes.

Le géant de l'Internet Google a expérimenté cette sensibilité allemande particulière quand il a voulu lancer en 2010 un logiciel, Street View, qui photographie les maisons et les rues, pour aider les usagers à se déplacer. Au moins deux cent mille Allemands se sont alarmés que leur maison puisse figurer sur le site et ont fait des demandes de floutage. Une réaction qu'il n'avait pas rencontrée à ce point dans d'autres pays.

Il y a d'un côté la volonté du citoyen, en raison de douze ans de nazisme, de quarante-quatre ans de communisme, d'éviter toutes les dérives totalitaires, la peur du fichage public et privé, si traumatisants dans le passé. Une volonté bien compréhensible tant ces phénomènes ont perduré, pas seulement dans l'État-Stasi de l'Est, mais aussi à l'ouest. Les cinéastes Volker Schlöndorff et Margarethe von Trotta ont ainsi adapté en 1975 le roman du prix Nobel de littérature Heinrich Böll, *L'Honneur perdu de Katharina Blum*, qui raconte l'histoire d'une femme de Cologne victime de harcèlement policier doublé d'une campagne dans le quotidien *Bild* en raison de ses opinions jugées trop à gauche.

Il y a d'un autre côté la tentation permanente de l'État, des communes, de l'armée, des caisses de sécurité sociale, des entreprises, des assurances, des banques, voire des syndicats, de continuer malgré tout marginalement ces pratiques, en raison de ce qu'ils estiment être les intérêts supérieurs : veiller à la sécurité, à ce que de « mauvais éléments » ne s'infiltrent pas dans leur organisme et le grippent. Cela vaut bien sûr depuis le 11-Septembre avec la peur du terrorisme islamique. Mais cela a déjà existé avec les risques liés à la maladie (le sida, par exemple). Comment procéder alors discrètement à des surveillances et contrôles en restant dans le cadre de la loi ? En cherchant les vides juridiques qui permettent d'agir. Alors périodiquement surgissent des scandales montrant un excès de zèle d'un fonctionnaire isolé ou une opération habilement montée d'espionnage systématique au sein d'une entreprise.

C'est comme si les mouvements contradictoires de protection de la vie privée d'une part, et de surveillance d'autre part, étaient accentués en cette période de menace terroriste globale. L'un renforce l'autre, créant une tension permanente. Il y a une interrogation constante sur ce qu'implique l'idéal de transparence et de démocratie citoyenne : jusqu'où peut-il être protégé ou au contraire transgressé en cas d'urgence ? Ces concepts reposent sur le postulat de la confiance dans une société apaisée où les membres n'auraient rien de mauvais à cacher. D'une société où, à l'exception des gestes les plus intimes, rien ne devrait être voilé aux yeux des autres. Où, dans l'espace public, sitôt quitté le domicile, chaque membre se comporterait bien et veillerait à ce que l'autre ne subisse aucun danger et ne commette pas d'infractions. Une surveillance discrète – par solidarité – contre les délinquants de tous acabits, protégeant enfants et personnes âgées. Bref une société qui s'autocontrôle discrètement, imprégnée de valeurs communautaires protestantes.

Périodiquement le soupçon de l'*Überwachungsstaat* (« l'État qui surveille tout ») refait surface, plus de trente ans après l'état d'urgence provoqué par « l'automne allemand » de la Fraction armée rouge (RAF) et plus de vingt ans après la disparition de la Stasi, la police secrète de RDA. Cette hantise de *Big Brother* n'a jamais cessé en fait d'être agitée par les groupes de gauche notamment. Ce qui est redouté, c'est un État qui franchit la frontière entre public et privé, qui s'ingère dans les chambres à coucher, qui lit les courriels sur les ordinateurs, qui consulte les comptes en banque et dossiers médicaux à la recherche d'anomalies et maladies incurables : la hantise est celle d'une sélection subtile entre citoyens capables et citoyens handicapés par diverses tares, avec des conséquences dans leur carrière professionnelle et leurs droits sociaux.

Fort heureusement, les critères de sélection basés sur certaines discriminations font partie du passé. Préférence sexuelle, conviction religieuse ou non religieuse, situation de divorcé ou de séparé, toute cette sphère des libertés personnelles est aujourd'hui en général respectée.

Sur les grands dossiers de sécurité, la volonté des autorités de rester strictement dans le cadre de la loi se heurte parfois aux souhaits compréhensibles des services secrets d'obtenir des prérogatives supplémentaires leur permettant d'étendre leurs capacités d'enquête : comment par exemple mieux surveiller et obtenir la fermeture de centres culturels musulmans repérés comme étant des repaires d'islamistes mais qui jouent habilement le jeu de la légalité ? Ne peut-on, au nom de la sécurité, accélérer certaines procédures et recoupements, intervenir plus vite pour les interdire, en cas de fortes présomptions ? La longue enquête qui a finalement mené à la fermeture de la mosquée islamiste Taiba de Hambourg, en août dernier, a mis en évidence le problème. Cette mosquée était un haut lieu de la scène jihadiste dans cette ville où les kamikazes du 11-Septembre avaient préparé leurs attentats, il y a près de dix ans.

Comment assurer efficacité et légalité à la fois ? C'est ce qui préoccupe toutes les autorités, à l'occasion de débats infinis, dans ce pays marqué par les abus du « tout État » nazi et qui doit partager en conséquence les compétences entre État fédéral et régions. Comment mieux suivre les mouvements vers les camps d'entraînement du jihad au Pakistan ? Comment remonter les connexions mafieuses pour prévenir les vendettas sanglantes ? Comment lutter contre la traite à grande échelle des êtres humains, notamment des mineures, qui passe à travers le pays ? Telles sont quelques-unes des questions récurrentes. Peu à peu de nouveaux instruments d'enquêtes et délits sont reconnus par la loi. Déjà, les enquêteurs peuvent poursuivre des suspects pour une action terroriste en préparation. La police et les services secrets intérieurs ont par ailleurs prouvé leur efficacité pour déjouer des complots terroristes. Ce qui montre bien que leurs moyens sont de plus en plus performants.

Un exemple de renforcement répressif est le fameux *Onlinedurchsuchung* (recherche en ligne) : la possibilité – en réalité très rare – donnée à la police criminelle d'éplucher secrètement les emails et d'accéder aux ordinateurs privés de personnes soupçonnées d'être dans une mouvance extrémiste. L'ancien ministre conservateur du premier gouvernement Merkel, Wolfgang Schäuble, en était partisan alors que sa collègue de la Justice, la social-démocrate Brigitte Zypries, tentait d'y mettre le holà. La loi devait être améliorée afin que cet accès exceptionnel soit mieux contrôlé et limité, en passant par l'autorisation d'un juge de la Cour fédérale de justice. Mais, face aux échanges d'informations terroristes via Internet – par exemple des plans de fabrication de bombes –, le dispositif continue d'être jugé absolument nécessaire.

Une autre procédure légale provoque des remous : la possibilité qu'a la justice, dans le cadre d'une enquête, de faire procéder à des écoutes téléphoniques. Les autorités en expliquent la nécessité, par exemple pour lutter contre la criminalité organisée.

Espionnage dans l'entreprise

Ce sont le secteur privé et les grandes entreprises allemandes qui ont défrayé la chronique avec des affaires de surveillance et d'exploitation illégale de données de leurs employés ou de candidats à l'embauche, de la Deutsche Bahn à Deutsche Telekom et Deutsche Post.

Les employées de plusieurs chaînes de magasins d'alimentation ont eu la fâcheuse surprise de se voir filmées par vidéosurveillance, dans les vestiaires, et leurs conversations enregistrées. La compagnie de chemins de fer aurait espionné ses employés, et même parfois les familles de ses employés, contrôlant les courriels et allant fouiller dans les dossiers médicaux. Disques durs et boîtes email auraient été épluchés. Des informations sur la santé collectées. Deutsche Telekom aurait surveillé les contacts téléphoniques de ses directeurs, de journalistes, et même du chef du puissant syndicat des services Verdi, Frank Bsirske.

C'est aussi l'Agence pour l'emploi qui s'est trouvée sur la sellette : un superordinateur qui engrangeait les données des demandeurs d'emploi a suscité la controverse. Les quelque cent mille employés de l'Agence pour l'emploi pouvaient-ils consulter des données révélant les maladies ou encore le niveau d'endettement des candidats à un travail ?

Tout cela éclaire une mentalité qui demeure très prégnante au sein du monde de l'entreprise : la volonté de l'employeur d'avoir le plus d'éléments personnels possible sur son futur employé, pour minimiser les risques et les dépenses inutiles. Plus d'un quart des employeurs n'hésiterait pas à consulter des sites de réseaux sociaux comme Facebook pour s'enquérir des hobbies, des préférences ou des opinions de ceux qui leur ont adressé une lettre de candidature.

Tous les abus – espionnage des employés, enquêtes sur la vie privée avant embauche, communication de données personnelles engrangées sur des ordinateurs centraux, écoutes téléphoniques, transmission d'informations intimes à travers des forums Facebook et autres, publicités et ventes frauduleuses par correspondance, réseaux terroristes, extrémistes, sectaires ou pédophiles – ont amené l'exécutif et le législateur à vouloir intervenir.

Les prestataires de services tirant de juteux profits de cette transmission de données ont alors tenté de rendre inoffensives les réformes projetées. Leur argumentation principale : si le citoyen, comme c'est souvent le cas, ne s'oppose pas formellement à la transmission de ses données, de quel droit le faire à sa place ? Autrement dit : si ce consommateur se laisse berner, c'est bien de sa faute.

Face à de tels arguments, les obstacles à surmonter par les législateurs désireux de bien protéger les citoyens sont ardus : jusqu'où peuvent aller les questions dans les formulaires d'embauche ? Quelles possibilités a une entreprise d'ordonner des bilans de santé ? Jusqu'à quel point le salarié peut-il utiliser le téléphone et l'Internet de l'entreprise sans subir des sanctions ? Pour ne citer que quelques dilemmes.

Le législateur, dans un État qui a une histoire tragique en manière d'espionnage, est attentif à garder la maîtrise de ce domaine délicat, dans les limites autorisées par la Constitution. S'il ne le faisait pas, des dizaines de juristes éminents lui rappelleraient aussitôt ce devoir.

Évasion : temps et lieux sans entraves

Arcadie

À côté de l'ordre et de la surveillance, si prégnants dans cette société démocratique, il y a tout ce qui est défoulement, décompression, compensation, aspiration à une liberté sans entrave.

L'hiver est long et gris en Allemagne. Heureusement qu'il y a le printemps et le rêve de renaissance et de tendresse qui va avec lui. Quand les feuilles en une semaine habillent les arbres au mois d'avril, la ville allemande change de couleur et d'ambiance, bien des visages se détendent.

Vient enfin la belle saison, tant attendue. Et il n'est pas exagéré de dire que l'humeur se fait à la fois plus exubérant, plus aimable et plus paisible. Les gens reviennent dans leurs Schrebergärten (jardins ouvriers) pour les cultiver amoureusement et y passer leurs week-ends. Ou prennent des bains de soleil dans les jardins publics à l'heure de la pause, durant la semaine.

Je me souviens de ce printemps où un Allemand maigre en tenue d'Adam, telle une hirondelle, est apparu en vélo sur la nationale B9 qui parcourt Bonn du nord au sud.

Le rapport des Allemands à la nature est très profond, et plus particulièrement à la forêt. « O kühler Wald, wo rauschest du, in dem mein Liebchen geht ? » (« O fraîche forêt, où murmures-tu, toi que parcourt ma bien-aimée ? ») écrit le poète Clemens Brentano, mis en musique par Johannes Brahms dans un lied où l'on entend presque les feuillages bruire doucement.

Cela peut paraître un lieu commun de le dire, mais l'homme allemand se retrouve dans un rapport souvent mystique avec la nature. Cela est illustré dans la peinture et particulièrement dans les tableaux remarquables d'un Caspar David Friedrich : on y ressent la solitude devant les grands paysages, la petitesse de l'homme devant une immensité sauvage mais habitée de mystère et de présence de Dieu. Peu de peintres ont réussi à exprimer à ce point la fascination, la domination, la magie solennelle et silencieuse qu'exerce la nature.

Dans un autre registre plus facile, de l'ordre de la sensualité, il y a l'école de l'Arcadie, toutes ces scènes idylliques tirées de l'Antiquité où les hommes vivent sans contrainte, de Hans von Marees aux peintres de Die Brücke.

L'Allemand retrouve dans la nature, et particulièrement dans les forêts, une sorte de joie, un rapport simple à la grandeur et au corps, qui lui permet d'échapper au sérieux de la vie. On l'éprouve les week-ends autour de Berlin dans ces immenses bois parsemés de lacs et de rivières du Brandebourg. Des groupes de personnes d'un certain âge avancent à pas rapides et énergiques, armés de bâtons de *nordic walking*, dépassés par des cyclistes qui foncent sur leurs vélos. Ils ont emmené parfois leur bicyclette dans le train de banlieue, le S-Bahn. Ils s'éloignent à grands coups de pédalier de la ville. D'autres en plein hiver, surtout des vieux, plongent dans les eaux glacées des lacs. D'autres ont sorti leur voilier, même si le vent est glacé, sur le Wannsee ou le Müggelsee.

Peut-être l'Allemand aime-t-il le côté non sophistiqué de la nature pour échapper au rythme minuté et au déroulement trop régulé de sa vie, à cette hypercivilisation qui s'étend du monde du travail à celui de la consommation ? La nature est en tout cas choyée, protégée, fléchée, balisée de pancartes où sont peintes ou pyrogravées des explications sur la flore et la faune, et prodigués les conseils pour la préserver. Elle est entourée de respect.

L'Allemagne, qui pollue avec ses grosses cylindrées, mais qui a joué un rôle de précurseur pour l'essence sans plomb, s'inquiète pour l'environnement. C'est un thème qui la mobilise, la fait vibrer tout entière. Plus qu'ailleurs, on se bat parfois dans ce pays pour quelques arbres à abattre dans une ville : on s'enchaîne à eux, on les sauve parfois ou on pleure sur eux quand ils sont à terre.

Tout comme la protection de la vie privée suscite une attention passionnée des Allemands, ainsi en est-il de ce qui touche à la protection et *a contrario* à la dégradation de la nature. Ce sont deux piliers des préoccupations : libertés privées d'un côté, protection d'un sanctuaire perçu comme espace de la liberté intégrale de l'autre.

Hitler lui-même avait voué un culte à la nature, l'entourant de toute une mythologie douteuse plongeant dans les légendes du haut Moyen Âge, Walkyries et Wandervögel. Il avait vanté la régénérescence du peuple allemand à travers le contact avec la forêt et les éléments naturels bruts. L'homme et la femme « aryens » étaient en quelque sorte les rejetons du Dieu nature. Ce qui a rendu parfois un certain romantisme un peu suspect.

Le rapport passionnel à la nature s'est cristallisé dans un nouveau combat après guerre, alimenté par Hiroshima et la guerre froide : le combat contre l'énergie nucléaire. Parce que fractionner l'atome est jugé antinaturel, l'énergie nucléaire est perçue comme contraire aux équilibres fondamentaux et comme le premier danger qui guette l'humanité. Elle inquiète aussi pour ses suites, par exemple l'enfouissement des déchets radioactifs, contaminant en profondeur la mère nourricière qu'est la terre.

Lors d'un dîner, je discutais avec une Allemande de la mouvance antinucléaire. Je lui confiais que moi, en tant que Français, je n'avais pas la hantise de ce type d'énergie. Que n'avais-je dit ! Elle me regarda avec des yeux courroucés. Il y avait quelque chose dans mon point de vue qui était comme un outrage à une religion de la nature.

Détente totale pour homme stressé

L'autre forme d'évasion des Allemands, qui est plus récente et psychologiquement significative, ils la vivent de plus en plus dans les thermes et divers autres spas.

C'est un véritable phénomène de société. C'est aussi un secteur économique en pleine expansion (évalué à 70 milliards d'euros par an) que ce monde d'eau et de vapeur, et ses divers équipements.

Des oasis de détente proposent notamment aux Allemands stressés de passer quelques heures dans une sorte de cocon silencieux et protégé, aquatique et chaud, qui évoque un peu la matrice utérine où le fœtus attend en paix, loin des conflits du monde. Une entrée dans des thermes, surtout s'ils sont privés, n'est pas à la portée de toutes les bourses. Mais ce phénomène, qui s'ajoute aux nombreuses salles de gym et aux solariums à tous les coins de rue, a pris néanmoins une ampleur exceptionnelle.

On trouve de nombreux espaces de relaxation, avec saunas, hammams, salles de repos, dans les piscines municipales même. Il faut seulement payer un peu plus que le tarif de base pour y avoir accès. Quand ils sont privés, les thermes sont plus luxueux et offrent une plus vaste gamme d'objets de détente. Des gens de tous âges y déambulent, en maillot ou la plupart du temps nus, dans la bonne tenue. Cela fait partie de la liberté des Allemands. C'est un espace bien ordonné cependant, où règne le respect de l'autre. Les gens y trouvent une thérapie comme le stress, l'excès de poids, l'arthrose et autres maux attrapés dans les bureaux.

« Nous qui jouons les hommes de culture entre le bureau, le garage, la pizzeria et le supermarché, nous aspirons de manière souterraine à un autre monde, dans lequel nous pourrons assumer notre existence, nus, ou au minimum enveloppés dans un peignoir immaculé. Un passage dans une de ces nombreuses et ultramodernes oasis de bien-être révèle un monde qui, avec ses promesses religieuses, ses grottes d'éveil et ses sources qui régénèrent, est telle une cathédrale. De ce lieu de pèlerinage, vous allez revenir guéris et meilleurs ! [49] », commentait en janvier dernier un correspondant du prestigieux quotidien *Frankfurter Allgemeine Zeitung*, Dirk Schümer.

« L'aspiration archaïque à la passivité », c'est ainsi qu'il définissait l'attrait de ces lieux. Le citadin vit une semaine stressante, laborieuse, où l'efficacité, la productivité, la réactivité sont sans cesse exigées. Chez lui, il y a la télévision et Internet tout-puissants, ainsi que les nombreuses obligations de la vie en société. Il ne se laisse jamais aller. Il aspire à ces moments où on n'entend plus que le bruit de l'eau et le murmure des voix. Cela lui permet, notait Dirk Schümer, d'« exsuder ses soucis ».

C'est pour les nombreux Allemands qui vont en ces lieux la compensation méritée de la vie difficile qu'offre un monde se prétendant de bien-être mais qui est une société de vitesse. C'est aussi un lieu où l'on papote doucement, sans se stresser, avec sa femme ou avec des inconnus, racontant sa semaine ou parlant de politique, en évitant de faire trop de bruit pour ne pas gêner le voisin. Un lieu où on lit les magazines ou un bon bouquin que l'on a amené de chez soi. Certains peuvent rester de nombreuses heures dans ces lieux à récupérer, en nageant, transpirant, lisant, rêvant ou dormant.

La discipline se retrouve dans ces temples aquatiques aussi. Il n'y a pas plus propres et disciplinées que ces lieux et, en général, les associations

---

49. SCHÜMER (Dirk), « Zieh dich aus, schwitz dich frei », *Frankfurter Allgemeine Zeitung*, 30 janvier 2010.

naturistes allemandes. Les règles explicites ou implicites s'appliquent à tous. Une fois qu'elles sont observées, chacun est tranquille.

Les espaces sont en général parfaitement aménagés, avec des chaises longues dans des salles de repos, des bassins chauds et droits, des cascades, des zones en extérieur, des solariums, des jacuzzis, des saunas, des hammams, des espaces de jeux pour les petits enfants, des cours d'aquagym. Il y a même des piscines plongées dans le noir qui offrent la possibilité d'écouter de la musique douce sous l'eau. Tout est prévu pour la relaxation, le ressourcement et l'oubli d'un monde saturé d'efficacité.

Chapitre 2

Le quatrième pouvoir

« Jeudi de la semaine dernière, 14h36 : les vacances ont pris fin pour Benoît XVI… Quand l'avion de la Lufthansa s'immobilise sur l'aéroport de Ciampino, le tarmac est trempé de pluie, les monts Albains à l'horizon sont gris et venteux. L'atmosphère "blanc-bleu" de sanctification bavaroise de ces derniers jours semble déjà à des années-lumière, comme si elle n'avait pas été réelle. Ses collaborateurs ont informé le pape des remous qu'a suscité son exposé de Ratisbonne auprès des perpétuels offensés du monde islamique – au Caire, à Jakarta, à Islamabad, à Istanbul. Le matin même à Freising en Bavière, le moral du pape Ratzinger était au plus haut, il se sentait chez lui et détendu. Maintenant, alors qu'il descend de l'avion, le voilà fatigué, regardant gravement autour de lui. Il sort mûri de ses vacances. Le quotidien le rattrape… [50] ».

Le magazine *Der Spiegel*, dont le titre quelque peu grandiloquent et imprudent est en ce jour de septembre 2006 : « Le pape contre Mahomet », accompagné de l'image d'un pontife tout en blanc tendant les bras sur fond noir, décrit comme de l'intérieur ce retour à Rome-Ciampino. Un retour après le discours controversé de Ratisbonne en Bavière où le souverain pontife avait fait allusion à un rapport entre violence et Islam. En quelques touches, le décor et l'atmosphère sont posés. Ce lancement est destiné à

50. « Papst contra Mohamed. Glaubenskampf um den Islam, die Vernunft und die Gewalt » (« Le pape contre Mohamet. Conflit de croyances autour de l'Islam, la raison et la violence »), *Der Spiegel*, 18 septembre 2006, nº 38.

entraîner le lecteur comme au cœur d'un roman. Cela va lui permettre de donner l'impression de couvrir l'événement comme s'il était un initié, prenant la mesure du débat, des sentiments qu'il agite. Débat contradictoire.

Juste un exemple par hasard parmi des milliers d'autres dans la longue carrière de la vieille dame de Hambourg ! Ou ne devrait-on pas plutôt l'imaginer sous les traits d'un vieux monsieur carré, à lunettes, sévère et ironique à la fois, avec une petite bedaine de bon vivant ? À l'image de cette intelligentsia allemande, progressiste, embourgeoisée et légèrement pontifiante.

Est-il « le miroir » (*Spiegel*) de la nation, le miroir du monde ? L'hebdomadaire à la sensibilité de gauche est en tout cas un miroir qui, lorsqu'il capte une image, la renvoie enrichie, moins floue, décortiquée. Cette image conduit parfois ceux qui y sont représentés à se défendre et à renvoyer d'eux une nouvelle image.

Der Spiegel partage avec *Bild Zeitung* le podium de l'influence dans la presse écrite, un pouvoir considérable dans un pays où les journaux sont très lus. Une influence, diront certains, excessive.

Pour d'autres, la presse, grâce au *Spiegel*, joue vraiment son rôle de quatrième pouvoir, un rôle de rééquilibrage face à l'exécutif, au législatif et aux puissants organes judiciaires.

Capteur des conflits sociaux et des débats idéologiques

À Berlin, j'attendais avec impatience le dimanche matin de voir à la vitrine des kiosques la *Titelseite* (couverture) du *Spiegel*. S'il y avait eu des événements considérables, soit au niveau intérieur, soit sur la scène internationale, je pouvais aisément prévoir le titre qui allait être choisi : ainsi, après l'éclatement du conflit de Géorgie, « le voisin dangereux », avec le visage de Vladimir Poutine [51]… Mais plus intéressant est celui qui est choisi

51. « Der gefährliche Nachbar » sur Vladimir Poutine et la guerre en Géorgie, *Der Spiegel*, août 2008.

lorsqu'aucun événement ne s'impose. « L'Internet rend-il idiot ? » [52], ou bien encore « Le je fort » [53] sur la résilience de nombreux individus maltraités dans leur enfance. Ou encore cette une de février 2010, « Le triomphe du péché » [54], suivie d'un article très subtil montrant comment le péché, ayant disparu du vocabulaire, peut savourer indirectement sa victoire dans le corps social, qui se marque par l'affichage sans complexe de la cupidité, de la luxure et autres orgueils.

Ce journal, qui connaît l'étendue de son pouvoir, sait bien qu'il doit saisir au vol les débats de fond qui agitent l'âme allemande. Il doit les alimenter par de nouveaux arguments. Ce fut le cas particulièrement pour la guerre, le nazisme, les années de plomb du terrorisme, et aussi pour les grandes figures de l'Histoire, de Luther à Humboldt. N'hésitant pas à briser des tabous, à désacraliser les personnages pour mieux mettre en valeur leur importance. N'hésitant pas non plus à braquer le projecteur sur le facteur humain et éthique en illustrant un aspect ou un autre de l'identité allemande.

Der Spiegel publie aussi les articles les mieux documentés sur les grands problèmes du temps qui dépassent les frontières du pays : climat, sous-développement, crise alimentaire, immigration, énergie, eau, conflits régionaux, guerres de religion, nucléaire, etc. Essayant de faire avancer le débat, révélant des non-dits, des contradictions passées sous silence. Dans le registre des enquêtes émouvantes et sans équivalent qu'il réalise sur le *human factor*, on citera en 2006 *L'Odyssée africaine*, une très longue et remarquable description – vingt pages – de la pérégrination d'un immigrant nigérian à travers l'Afrique, pendant deux ans, jusqu'à son arrivée en Espagne [55].

---

52. « Macht das Internet doof ? » sur l'influence d'Internet sur les jeunes, *Der Spiegel*, août 2008.

53. « Das starke Ich », sur la résilience, *Der Spiegel*, avril 2009.

54. « Triumph der Sünde », sur la disparition du mot « péché » dans la société, *Der Spiegel*, février 2010.

55. Brinkbäumer (Klaus), « Die afrikanische Odyssee », *Der Spiegel*, juillet 2006.

Sans compter encore les multiples documents d'archives et de témoignages sur la Seconde Guerre mondiale. Des documents intellectuels ou humains qui donnent envie qu'on les conserve pour toujours.

Mais le plus intéressant survient quand il n'hésite pas à se saisir de grands débats d'idées sur l'homme, sa liberté, ses racines, avec audace et impertinence. Bien sûr, il n'est pas seul, d'autres grands sur la scène médiatique internationale le font avec autorité et sans cesse. Mais il s'en saisit à la manière allemande, avec un luxe de détails et de place qui correspond bien au désir germanique de *Gründlichkeit* (exactitude).

Je me souviens en particulier de plusieurs articles très fouillés sur les raisons qu'a l'homme de croire en un Dieu et les origines des religions. Ces articles pouvaient désarçonner. Les racines psychologiques, sociologiques des phénomènes religieux y étaient synthétisées, ainsi que ce que pensaient divers philosophes et anthropologues. Les arguments étaient sur la table, notamment ceux qui militent pour l'inexistence de Dieu. Mais ils n'ôtaient rien à la liberté de l'homme de croire. Ils respectaient les croyants mais leur montraient qu'ils étaient influencés, conditionnés. Que des musulmans, des chrétiens ou des juifs intégristes se soient sentis offensés par le ton iconoclaste du *Spiegel*, peut se vérifier aux multiples réactions enregistrées. Je citerai trois de ces enquêtes, qui, chacun, faisaient la une de l'hebdomadaire : « Dieu contre Darwin » (sur le créationnisme et la théorie de l'évolution), « Dieu vint d'Égypte » (sur l'origine du monothéisme) et « Le voyage vers la lumière » (sur le thème de la résurrection et de l'immortalité de l'âme dans les religions) [56]. Elles ne faisaient que donner la primauté à la raison, qui doit n'avoir aucun tabou dans l'analyse. Et tout homme intelligent et croyant doit être capable de supporter cela.

Der Spiegel est aussi un miroir des contradictions, des débats qui traversent cette société depuis la guerre, exprimant ses soupçons et sa mauvaise conscience. On l'observe par exemple sur le thème de l'éducation,

---

56. « Gott gegen Darwin », n° 52/2005 ; « Gott kam aus Egypten », n° 52/2006 ; « Die Reise ins Licht », no 15/2007.

où il se fait le reflet des craintes à l'égard de tout autoritarisme et de toute rigidité dans les systèmes scolaires. Périodiquement, il prend pour cible les écoles élitistes comme le célèbre internat Thomanerchor, fierté depuis des siècles de la ville de Leipzig avec sa chorale de jeunes chanteurs. Parfois de façon exagérée, il fustige en elles le caractère « carcéral », prétendument répressif. Mais c'est pour ensuite donner la parole dans d'autres numéros à des experts qui s'inquiètent de l'absence d'autorité dans l'éducation. Ou encore il réserve un gros titre aux enfants tyrans allemands qui ont tous les droits et ne connaissent pas la frustration.

Der Spiegel reflète une société qui se cherche, qui hésite encore sur les solutions, entre la morale stricte encore influente de la vieille démocratie-chrétienne d'Adenauer, et l'héritage de l'esprit soixante-huitard et anti-autoritaire, qui a été plus puissant en Allemagne qu'ailleurs, même qu'en France.

Grand inquisiteur

Der Spiegel a commencé à lancer ses flammes à une époque héroïque et extrêmement tendue, quand la guerre froide s'annonçait. Il a été le journal s'opposant à tout ce qui dans la jeune République pouvait rappeler de près ou de loin le nazisme.

Élément essentiel de la nouvelle démocratie, il était un contre-pouvoir au groupe conservateur Springer (*Bild, Die Welt,* etc.). La preuve qu'il avait fait mouche, ce sont les tracas qu'il a eus avec le pouvoir en place, notamment au moment de « l'affaire *Spiegel* », lors de l'incarcération de son fondateur Rudolf Augstein en 1962. Ce dernier avait enquêté sur la nouvelle armée, la Bundeswehr, et son impréparation prétendue face au Pacte de Varsovie.

Depuis lors, le journal garde cette réputation de journal de combat et est connu comme découvreur de scandales politico-judiciaires. C'est le « tombeur » de chanceliers et de ministres, le dépisteur de ruptures politiques à venir. Un rôle qu'aimeraient lui disputer sur sa droite le magazine *Focus* et sur sa gauche le magazine *Stern.* Mais ils ne sont pas auréolés de la même réputation, même si *Stern* a souvent de grands *scoops.* Sur la ligne d'arrivée, *Der Spiegel* reste imbattable.

Le journal, d'abord très critiques du système RFA, de sa cuisine politicienne et de ses aspirations à la puissance, a évolué avec l'Allemagne réunifiée : gardant toujours sa préférence à gauche, il est aujourd'hui plus ouvertement fier des réalisations nationales. Un peu à l'image du chancelier social-démocrate Gerhard Schröder, qui, d'une génération ayant grandi après guerre, assume sa fierté d'être de cette nation. *Der Spiegel* aime écrire de grands articles sur ses figures constituantes, depuis Arminius, le héros mal connu de la bataille de Varus, dans la forêt de Teutoburger Wald, il y a deux mille ans, en passant par Luther, Frédéric II et Bismarck.

Mais, s'il leur est facile de parler du passé en ayant recours aux meilleurs experts, jusqu'où s'infiltrent les journalistes du *Spiegel* pour être si bien informés ? Parfois, le journaliste de *Der Spiegel* paraît être tapi comme une souris sous le bureau de la chancelière lors des réunions les plus confidentielles. Comment, se demande le lecteur lambda, peut-il rendre compte de tous les échanges, comme s'il y était ? Comment sait-il que tel jour dans un restaurant de Prenzlauer Berg, Angela Merkel a déjeuné discrètement avec le dirigeant social-démocrate Peter Struck, et qu'il a dû payer l'addition parce qu'elle avait oublié sa carte de crédit… ?

Sur des dossiers les plus complexes comme les « affaires politico-financières » ou les pannes des services secrets en relation avec la lutte antiterroriste, il ne passe sur aucun détail, relève la plus petite contradiction dans les dates, les citations ; il reconstitue les emplois du temps, traque les possibles mensonges par omission. Les hommes politiques mis en cause, quand ils sont de bonne foi, ont le plus grand mal à désamorcer ces soupçons, à apporter la preuve qu'ils n'ont pas menti, face à ces articles fleuves illustrés de photos, de plans, de fac-similés de lettres secrètes.

Der Spiegel est extrêmement bien introduit dans les milieux dirigeants du pouvoir politique et économique : il a ses gorges profondes qui peuvent être des conseillers de premier plan. Il n'est pas préservé du risque de servir de porte-voix aux vengeances et aux manipulations. En tout cas, dès le samedi, les journalistes épluchent fébrilement les *Vorabmeldungen*, ces nouvelles brèves communiquées à l'avance via fax ou email à la presse par sa rédaction.

À peine y a-t-il un changement du dispositif de la Bundeswehr en Afghanistan, une mise à l'écart en préparation d'un secrétaire d'État ou d'un patron d'une entreprise cotée au Dax, des subventions détournées à des fins personnelles, *Der Spiegel* en fait état, mettant en émoi la République. Mais parfois, ce ne sont que des projets à l'échéance d'un an, des réflexions à brûle-pourpoint de tel ou tel dans les allées du pouvoir, qui sont rapportées. *Der Spiegel* n'a pas alors tout le recul nécessaire.

Parfois, s'il n'a « rien » ou presque sous la main, il va se lancer dans des enquêtes – vendeuses –, par exemple sur une crise prétendue de confiance à la CDU, à partir de quelques propos lancés après quelques bières, dans un café select, le soir, à une heure du matin, par un député.

Hyperréaction, hypersensibilité, comme une feuille qui s'imprégnerait trop vite de tous les bavardages éphémères d'un cirque, comme l'est partout le monde politique. Le vénérable *Die Zeit*, son collègue de Hambourg, également ancré à gauche, adopte quant à lui un ton plus distancié que le *Spiegel*.

À la lecture de unes tonitruantes du *Spiegel* sur Merkel ou Schröder ces dernières années, anticipant une évolution politique importante, j'admirais leur efficacité et en même temps restais un peu méfiant. Une comparaison me venait à l'esprit : c'était comme si, au moment où se définit le principal sujet du prochain numéro, le comité de rédaction du *Spiegel* était monté sur une colline. Les rédacteurs en chef auraient prêté l'oreille, auraient levé ensemble un doigt humide en l'air pour sentir le sens du vent en train de se lever. L'important étant de saisir avant tous les autres ce qui va faire débat.

Qu'annoncent donc les particules de poussière, les sons, les parfums apportés par le vent – informations partielles, bribes, comptes rendus d'autres journaux, rumeurs –, sur l'événement majeur de l'avenir proche ? Cet ensemble d'indices va convaincre la rédaction d'aller dans un sens. Cette direction, une fois décidée, est censée être bonne et vertueuse. Qui dit le contraire est alors taxé d'hérésie, d'imbécillité, de « n'avoir pas su prendre le train de l'Histoire » même s'il a raison sur le fond. Ce phénomène aboutit à tirer parfois les bonnes conclusions à l'avance mais aussi à se tromper lourdement. En se montrant incapable de voir ce qui est plus caché, plus subtil.

En fait, le phénomène s'analyse comme une tentative de faire pression et d'influencer la politique, l'Histoire même, tout en restant dans les clous des faits : une sorte de pari dans le cadre d'un jeu. C'est bien ça, le « quatrième pouvoir ».

En février 2009, *Der Spiegel* consacre dans le même numéro deux de ses principaux articles au rapport entre Benoît XVI et les traditionalistes catholiques antisémites, ainsi qu'aux relations de l'Allemagne avec Barack Obama. Deux thèmes sensibles de l'actualité du moment. Mais il tire chaque fois l'information en la dramatisant, en la simplifiant avec un certain pathos, dans un style brillant et efficace.

Dans un cas, il présentera le pape allemand comme complètement dépassé par les évolutions du monde et complaisant à l'égard des traditionalistes[57]. Dans cet article extrêmement bien documenté, intéressant, chaque fait est bien cité dans son contexte. C'est l'ensemble qui est sujet à caution : la mise en rapport des faits et les conclusions que le journal en tire implicitement. Il en ressort l'impression que l'Église est en révolte et que le pape en a perdu tout contrôle. Or le pape et l'Église ont bien d'autres sujets à leur agenda. L'article, comme une jolie balle qui écraserait tout sur son passage, est trop beau pour être honnête. Tout s'enchaîne, des pans de réalité sont évacués, avec la volonté de toucher les nerfs les plus sensibles. L'article est brillant mais il étaye une thèse agressive et vendeuse.

Dans l'autre cas, le *Spiegel* parlera de l'Allemagne « divisée » à nouveau qu'aurait découverte Barack Obama[58]. Ce ne serait plus celle séparée par le

57. « Der Entrückte », « Ein deutscher Papst blamiert die katholische Kirche », *Der Spiegel*, 2 février 2009.

58. « Neue deutsche Teilung », *Der Spiegel*, 2 février 2009.

Rideau de fer, mais bien celle divisée entre la diplomatie très pro-américaine du ministre social-démocrate des Affaires étrangères d'alors, Frank-Walter Steinmeier, et celle réservée de la chancelière conservatrice Angela Merkel ! Là aussi, le bouchon est poussé loin pour épouser une thèse exagérée même si elle se fonde sur des faits exacts. Il semble que *Der Spiegel* ait voulu alors enfoncer un clou dans la « grande coalition », dramatisant des divisions, pour obliger les partenaires à réagir. C'est typique de la part d'un journal qui aime à défaire les puissants de ce pays.

Parfois *Der Spiegel* a reconnu des erreurs d'analyse, des interférences dans des enquêtes et scandales, des rapports avec des sources troubles, comme ce fut le cas dans la mystérieuse affaire Barschel.

Cet homme politique, étoile montante de la CDU, Rainer Barschel, impliqué apparemment dans des trafics d'armes, et accusé de diffamation envers ses adversaires politiques, était retrouvé mort dans la baignoire d'une chambre d'hôtel à Genève en 1987. C'était l'hebdomadaire qui avait lancé en grande pompe l'affaire contre lui, dans plusieurs articles de une, juste avant une élection régionale-clé dans son Land du Schleswig-Holstein.

Mais *Der Spiegel* demeure la référence, l'expert dans certains domaines, liés aux épisodes les plus complexes de l'histoire allemande. Si l'on devait retenir par exemple un domaine où il a contribué à éclaircir l'histoire, c'est bien sur le terrorisme de la RAF et les « années de plomb ». Interrogeant les témoins, d'anciens terroristes, il ne cesse d'approfondir ce moment noir.

Esprit chagrin, retors, brillant. Couleur sombre

Peut-on accuser *Der Spiegel* d'un ton négatif et chagrin ? C'est un reproche récurrent, que l'on éprouve souvent soi-même en achevant la lecture d'un article qui a le don de vous irriter. Précisément parce que *Der Spiegel* se targue d'avoir tous les attributs de l'intelligence, il semble ne pouvoir être contesté. Une telle suffisance a pour conséquence qu'il est redouté. Cela semble insupportable. Il me semble parfois très difficile d'être un ami du *Spiegel*. Si sa lecture est une véritable obligation pour toute personne suivant l'actualité, il n'attache à lui que ceux qui ont la même vision du monde que lui, la même volonté de briser les utopies, le même regard d'inquisiteur. Ils sont probablement nombreux.

Derrière le slogan « Je suis seulement moi-même, libre de toutes influences, et j'accuse », on peut déceler un certain opportunisme. Ancré à gauche, le journal sait parfois louvoyer quand son intérêt éditorial le pousse à frapper sans aménité, que ce soit à droite ou aussi à gauche.

Un petit exemple puisé dans le registre politique : en 2006, *Der Spiegel* fait sa une sur Ursula von der Leyen, la dynamique ministre de la Famille, mère de famille nombreuse et médecin [59]. Un long article au vitriol et une photo de couverture la dépeignent : femme au parfait visage ovale, aux cheveux blonds nattés, aux beaux enfants posant devant leur poney dans la propriété familiale. Il brosse le portrait de la conservatrice, issue d'un milieu favorisé et qui exaspère alors par sa perfection à la fois moderne et bon chic bon genre. Ce n'est pas tout à fait faux mais on ressent un sentiment d'injustice. Il y aurait une autre manière, plus élégante, plus subtile, de raconter ce parcours fulgurant et sans faute. Mais *Der Spiegel* ne veut pas être élégant, il veut vendre, il table sur un effet de scandale. Dans cet article bavard, on sent bien que sa rédaction n'arrive pas à avaler les sept enfants de la dame, ministre, jolie et bonne protestante. Qu'elle est irritée par la réussite de cette fille d'un ancien ministre président de Basse-Saxe, qu'elle présente comme froide et inhumaine. C'est un exemple de ces articles bâtis à partir de préjugés.

Par la suite, quand Ursula von der Leyen s'imposera par des réformes hardies, qu'elle deviendra un des atouts maîtres du gouvernement, *Der Spiegel* oubliera ses critiques comme si elles n'avaient jamais été proférées. Il n'hésitera pas alors à la présenter sous un jour très favorable et à lui donner la parole.

---

59. « Ich bin Deutschland : der Kreuzzug der Ursula von der Leyen für Kinder, Kirche und Karriere » (« je suis l'Allemagne : la croisade d'Ursula von der Leyen pour les enfants, l'Église et la carrière »), *Der Spiegel*, 24 avril 2006.

La lecture de *Der Spiegel*, par un dimanche sombre d'hiver, ne donne pas toujours le moral. Tout va mal, les factions se disputent entre elles, toutes contre toutes, les gens se trahissent, les espoirs déçoivent, les honnêtes sont malhonnêtes, les vertueux sont criminels, les promesses n'ont pas été tenues, les gloires du passé s'écroulent et nos enfants nous préparent des coups dans le dos. Tout semble pourri et entaché de scandales dans cette République. « Ce ne sont pas seulement les fortunes que la crise financière laisse diminuer mais aussi la confiance dans l'économie sociale de marché et la capacité de l'Allemagne à se réformer. Le vieux contrat de société devient fragile, la force manque probablement pour en conclure un nouveau », résumait le sous-titre d'un long article intitulé « Le temps des crocodiles », à l'automne 2008 [60].

L'envie vous prend de crier : « arrêtez, tout ne va pas si mal chez vous. Et, quant à ces jeux de rôle, ayez un peu d'humour et de recul, ils seront oubliés demain ». Mais non, la distance n'est pas la qualité première du *Spiegel*, qui semble totalement impliqué dans les querelles de la République. De ses pages émane le parfum délétère d'un pouvoir que le magazine prétend condamner mais qui l'associe à ses manigances parce qu'il a besoin de lui. À être trop familier des puissants, à connaître trop bien les méandres du pouvoir, on perd un peu en clarté et en vision parfois. Cela n'empêche nullement par ailleurs un recul remarquable, une capacité d'analyse exceptionnelle des grands événements et des grandes tendances de la société et du monde.

À côté de la créativité d'un des journaux les plus intelligents et extraordinaires d'Europe (la divulgation par lui des fuites de Wikileaks est un label de qualité), ces quelques reproches qui ont échappé à un journaliste – sans doute avait-il besoin de se défouler contre le maître du politiquement correct – semblent conserver un certain poids : car ce ton de pleureur contribue au désenchantement général.

60. « Die Zeit der Krokodilen », *Der Spiegel*, 6 octobre 2008.

Un peuple de voisins

À côté de *Der Spiegel*, il est un pilier du quatrième pouvoir qu'il serait absurde d'omettre, tellement il est omniprésent.

Il faut évoquer la place provocante, centrale, décisionnelle qu'occupe *Bild Zeitung*, journal le plus lu d'Europe. Une autre façon d'exercer une surveillance de tous les instants sur cette République.

Un exemple parmi des milliers de cette influence qui s'exerce depuis l'après-guerre : 16 septembre 2009. À la suite du meurtre dans un train de banlieue à Munich d'un chef d'entreprise de 50 ans, Dominik Brunner, achevé à coups de pied et de poing par trois jeunes gens violents connus des services de police, *Bild* publie en première page une lettre au président Horst Köhler. Il demande à ses millions de lecteurs de signer et de la renvoyer à sa rédaction :

« Monsieur le Président fédéral,

C'est avec consternation que des millions d'Allemands commentent la mort de Dominik Brunner. Il a perdu la vie en voulant protéger des enfants sans défense. Les lectrices et lecteurs de *Bild* sont tristes et en colère. Dans leurs réactions, ils posent toujours la même question : que peut-on faire pour que le courage civique de Dominik Brunner n'ait pas été vain ? C'est pourquoi nous vous demandons, Monsieur le Président, de faire un geste particulier : nous vous proposons d'accorder la croix du mérite fédéral à monsieur Brunner. Nous savons que cette distinction ne peut être accordée qu'exceptionnellement à titre posthume. Nous vous demandons cependant d'examiner avec bienveillance cette suggestion. Car Dominik Brunner a été tué pour avoir pris au sérieux sa responsabilité de citoyen. »

Sur trois pages, avec son efficacité habituelle, *Bild* expose ensuite sa cause, se présentant en conscience de la nation, du peuple allemand ulcéré.

Une des pages intérieures présente, patibulaires, les trois visages des suspects, qui ont entre 17 et 18 ans, Sebastian, Christoph et Markus :

« Pourquoi la justice a-t-elle toujours laissé courir ce ramassis de tueurs ? Déjà, une semaine plus tôt ils avaient menacé et fait chanter ». L'article principal est accompagné d'un encadré sur la musique « violente » qu'ils écoutaient. Il est titré : « La musique de haine de la bande de tueurs ».

L'autre page montre le visage de la victime entouré de photos, de messages d'affection, de fleurs et de bougies déposées sur le lieu de l'agression. « Ta mort ne doit pas avoir eu lieu pour rien », répète le journal. En dessous, il interroge le politicien bavarois ultraconservateur Peter Gauweiler, connu pour ses positions musclées : « Placer dans chaque wagon un employé préposé à la surveillance », propose-t-il.

Plusieurs jours durant, *Bild* va exploiter cette affaire, puis elle sera reléguée aux entrefilets, une autre ayant pris sa place. Un autre fait divers, politique, culturel, qui constitue quelque part un scandale. Quelque chose qui fait bouillir le sang de l'Allemand buvant sa bière au comptoir du Kneipe.

Bild : une influence sans égale, conservateur mais en lutte à sa manière contre le racisme, l'esprit bigot et l'intolérance. Un ton agressif, efficace et à la limite de la xénophobie parfois. Avec ses manchettes rouge et noir aguichantes, ses photos de filles nues aux poitrines abondantes, ses titres qui excitent une curiosité souvent malsaine, il se vend à cinq millions d'exemplaires. Et, proposé à tous les kiosques et coins de rue, il a plus de dix millions de lecteurs tous les jours.

Bild est extrêmement habile, car, outrageant et aimant choquer, il sait pourtant jusqu'à quelle limite il peut aller dans l'outrage. Il évite ainsi la plupart du temps l'aspect clairement diffamatoire des tabloïds britanniques. Souvent sa ruse principale consiste à se scandaliser de quelque scoop croustillant d'un autre média, et de s'en saisir pour l'exploiter à son tour et faire du chiffre. Quand un tabloïd britannique avait photographié la chancelière en vacances sur une île italienne en train de se rhabiller sur une plage après un bain, *Bild* s'est bien évidemment saisi de cette stupide aubaine tout en condamnant vertueusement l'attitude des collègues britanniques.

La ligne éditoriale de *Bild* est très conservatrice, elle est aussi traditionnellement pro-israélienne et pro-américaine, comme le reste du groupe Springer, qui publie aussi le très sérieux *Die Welt*. Cela s'explique par le fait que ce groupe s'est épanoui durant la guerre froide. *Bild* sait résumer une situation politique complexe en peu de phrases, évitant le commentaire verbeux de tant de quotidiens. Il y a là un talent avec lequel peu de journaux dans le monde peuvent rivaliser. *Bild* donne ainsi le ton du débat public en quelques lignes. Au nom de quoi, dira-t-on, s'en arroge-t-il le droit ? De Schröder à Merkel, de Kohl à Schmidt, aucun chancelier n'a pu être indifférent aux attaques ou aux sous-entendus de *Bild*, comme ils n'ont pu l'être à ceux de *Der Spiegel*.

Ligne conservatrice, cela veut dire aussi un journal qui se déchaîne jour après jour pour l'ordre et contre les voyous de toutes sortes. Tous ceux qui ne respectent pas la loi et le consensus qui cimente la société allemande sont sa cible. « Wie unverschämt » (« combien éhonté »), soupirera la femme au foyer de Kiel ou d'Erfurt, en feuilletant *Bild* et en tombant sur le visage des agresseurs de Dominik Brunner ou sur celui d'un immigré turc de 15 ans qui a frappé dans le métro de Hambourg un autre Allemand respectable.

Bild fait alors attention à ses termes pour ne pas être accusé de xénophobie. Le journal se montre accusateur mais factuel. On ne pourra pas reprocher à *Bild* une hostilité aux étrangers. Sa lutte contre toutes sortes de préjugés racistes l'honore. Ce qui est clair, c'est son hostilité à tous ceux qui montrent qu'ils n'aiment pas l'Allemagne. Ceux qui ne la respectent pas, se moquent d'elle ou ne veulent pas participer à son bon fonctionnement, qu'ils soient Allemands, Russes, Kosovars, Turcs, Français…

Bild, c'est une forme de la bonne conscience et du nationalisme allemand. Un nationalisme souvent économique, quand il portait en 2009 un regard méfiant sur des vagues projets du groupe italien Fiat de prendre le contrôle d'Opel en difficulté. « Que signifierait cela pour les travailleurs, pour les clients et pour la qualité allemande ? », titrait-il avec une pointe de mépris pour le *bel paese*. [61]

61. *Bild Zeitung*, 29 mai 2009.

Il frappe encore plus fort quand il appelle en 2010 les Allemands fortunés à acheter les îles grecques plutôt de voler au secours d'un pays laxiste au bord de la banqueroute.

Même si *Bild* se distingue très nettement de toute idéologie brune, on ne peut s'empêcher d'avoir la chair de poule lors de certaines campagnes, conçues pour récolter l'approbation de la majorité. Toute pensée dissidente apparaît alors superflue. Elles jouent avec le mythe éternel du bouc-émissaire.

Quand Christian Klar, le dernier terroriste emprisonné de la Fraction armée rouge (RAF), est finalement libéré en décembre 2008, *Bild* titre : « Le terroriste Klar libre : il pourrait demain être votre voisin… [62] ». À droite du titre figure un photomontage, style portrait-robot, reconstitution sinistre de ce que pourrait être devenu le visage de cet ancien membre de la RAF.

On comprend dans cet exemple un des ressorts de *Bild* : appuyer sur le réflexe du sentiment de communauté. Rappeler aux Allemands qu'ils sont un peuple de *Nachbarn* (« voisins »). Qu'est-ce que cela signifie pour eux de vivre à côté de l'ancien violeur, de l'assassin, du chauffard, de l'islamiste, du drogué, du vieux nazi, du terroriste, etc. ? Peu de journaux savent aussi bien en Europe actionner ces peurs et ces réflexes psychiques.

Ce qui est aussi frappant dans *Bild*, c'est l'efficacité, le trait volontairement accentué dans la description des horreurs quotidiennes : il se repaît, comme beaucoup de journaux du même genre ailleurs en Europe, des faits divers les plus graveleux, les plus glauques. Il le fait sans vergogne, efficacement, sachant que le suspect ne peut guère s'en prendre à son empire, au contraire du député N. ou du chef d'entreprise X. Il repousse sans arrêt les frontières de ce qu'on peut montrer : corps défigurés à la morgue, embryons d'enfants malformés, handicaps de toutes sortes, images volées de cadavres. Cela lui permet de poser en quelques phrases bien choisies les questions de fond sur la vie, sur la mort, sur les limites du sacré… Comme le font de leur côté les journaux les plus sérieux, en ayant recours à une brochette de philosophes et de théologiens des plus sérieux.

---

62. « Klar : der nette Nachbar », *Bild Zeitung*, 19 décembre 2008.

L'énorme rubrique « faits divers » de *Bild* est ainsi remarquablement intelligente, mais aussi d'une agressivité intrusive, d'un manque de pudeur et de respect insupportables. Extrêmement pessimiste aussi. Est-ce parce que cette société est restée craintive et que *Bild* s'en fait le reflet ? L'Allemand vit avec les bas fonds et les pires scandales du sexe et de la violence étalés en rouge et noir sur la table de sa cuisine.

Chapitre 3

Un monde pour les enfants ?

Aujourd'hui samedi, Maria Müller, enceinte de six mois, est allée voir dans le centre de Berlin sur Kastanienallee *Die wilden Hühner* (*Les Poules sauvages*) avec ses enfants Kurt et Helena. C'est le film culte de Vivian Naefe, d'après le roman pour enfants de l'auteur à succès Cornelia Funke.

Il raconte les efforts de cinq filles de 11 à 12 ans, aidées par une bande, d'abord rivale puis complice, de garçons, pour sauver des poules que la grand-mère de l'une d'elles veut faire abattre. L'enfant dans ce film est roi. Il explore en bande la nature. Les parents lui laissent une quasi totale liberté, heureux de son épanouissement.

S'il y a des remontrances, c'est plutôt des enfants aux parents, trentenaires souvent perplexes ou en crise dans leur couple. En somme, le film raconte la gentille rébellion des enfants contre les lois d'un monde adulte soupçonné d'autoritarisme et de manque de pitié. Les enfants se solidarisent pour protéger l'un d'eux, qui a démoli la vitre d'une excavatrice de chantier, de son père qui a un tempérament violent. La maîtresse d'école se range de leur côté. Ce père, qu'ils cherchent à réprimander quand il s'aventure dans la cour de récréation, finira par amender sa conduite et se réconcilier avec son fils. Et des flirts s'ébaucheront entre les garçons et les filles à la fin de l'épisode. Les deux épisodes des *Wilden Hühner* qui suivront développeront largement ce registre.

En revenant du cinéma, Maria est ravie : ce film où l'on ne punit pas, où on laisse l'initiative et où l'on permet aux enfants de laisser tôt leurs sens s'exprimer, l'enchante. Elle en parle avec animation, elle s'efforce de faire réagir son fils et sa fille sur ces droits acquis des enfants. Mais eux trouvent tout à fait normales les réactions des divers personnages et n'ont rien à ajouter. Ils sont déjà persuadés de leurs droits, les connaissent, les pratiquent.

L'enfant est en apparence privilégié en Allemagne. Il est autorisé à beaucoup de choses. Il est très précoce et libre, fait l'objet de beaucoup d'attentions. Certains psychologues parfois s'alarment, jugeant que certains de ces enfants-rois à qui rien n'est refusé deviendront de petits dictateurs, qui seront malheureux. D'autres pensent au contraire que l'éducation à l'allemande, y compris à l'école, leur apprend très tôt à être autonomes et mûrs, et peut donner les meilleurs résultats. En France, où le système éducatif et scolaire est plus dirigiste, on ne comprend pas toujours bien cette confiance accordée aux jeunes. Si elle produit des fruits extraordinaires chez certains, elle peut conduire effectivement à l'échec ceux qui ont besoin d'encadrement et n'entrent pas dans ce mode de fonctionnement.

Maria Müller, elle, y croit de tout son être. Il y a chez elle une volonté de rectifier les erreurs du passé, de réussir sans contraindre : il faut combler, donner du bonheur. En même temps, il s'agit d'éduquer sérieusement le fils ou la fille à être libre et adulte le plus vite possible, pour qu'il fasse les bons choix. C'est une éducation douce mais en même temps exigeante « à l'envers » : elle fait peser sur les épaules de l'enfant le poids psychologique du risque d'être celui ou celle qui n'aura pas su profiter de tous ces soins extraordinaires. D'être celui ou celle qui aura gâché les trésors investis en eux. Ce peut être lourd aussi.

En repensant aux *Poules sauvages*, Maria établit une comparaison avec son enfance dans une petite ville de Bavière dans les années soixante-dix et quatre-vingt. Cette époque déjà lointaine qui suivait la rupture de 1968. Rejetant le principe de l'autorité, les contestataires de 1968 avaient lancé un mouvement audacieux qui osait aller toujours plus loin dans leurs essais éducatifs. Ils étaient spontanés, généreux et heureux, sans tabou, pense-t-elle. Des tensions permanentes avaient lieu alors entre l'ancien monde de l'autorité et le nouveau monde du laisser-faire.

Ses parents refusaient ces idées nouvelles, étaient dans le camp de l'autorité sans être pour autant réactionnaires. Il fallait être imaginatif et impertinent, leur cacher ce qu'on faisait. Maintenant, juge-t-elle, les essais les plus audacieux ont été abandonnés, l'audace a fait place à l'embourgeoisement et à un manque de romantisme.

Son mari même, Jürgen, s'est embourgeoisé, a mis depuis longtemps un frein à ses ardeurs soixante-huitardes. Les modes suivent un effet de balancier. Jusqu'où celui-ci ira-t-il ?

Maria songe à son père et sa mère, nés au début des années cinquante en Saxe communiste, en pleine guerre froide, sous le régime stalinien. Elle pense surtout à l'austérité qui a accompagné l'enfance de sa mère : l'éducation morale et politique, la rareté de tout, les coups, la rigidité des parents qui leur venaient des privations de la guerre et d'une éducation de masse nazie, puis socialiste.

Dans les années soixante-dix et quatre-vingt, en Bavière où ses parents avaient fui, un autre conservatisme, songe Maria, régnait encore en maître sur l'éducation, en plus de l'anticommunisme. Les « trois K », cette conception du rôle de la femme lancée à l'époque wilhelmienne, lui imposaient encore des limites étroites : *Kinder* (les enfants), *Küche* (la cuisine), *Kirche* (l'Église). Une vision largement exploitée par Hitler. Pour Maria, encore aujourd'hui, rien n'est plus réactionnaire, plus impensable que ces « trois K ». Et quand une amie lui a fait remarquer, mi-ironiquement mi-sérieusement, qu'une mère qui aura bientôt trois enfants observe généralement la règle des « trois K », Maria a été sur le point de se brouiller avec elle.

Elle sait bien que nombre d'Allemands, de certains Verts ou gauchistes aux conservateurs catholiques, préfèrent voir leurs petits élevés durant leurs premières années à la maison plutôt qu'à la crèche, et aimeraient que l'État finance ce « travail » des femmes. Maria se sent elle-même coupable, quand elle s'attarde à son travail ou qu'elle est invitée le soir.

Maria est prise dans ses contradictions. Que fera-t-elle quand elle aura son troisième enfant ? Laissera-t-elle vraiment à Jürgen, son mari, la possibilité de s'occuper du bébé, comme une nouvelle loi le lui permet, afin de pouvoir continuer sa carrière ? Elle se veut moderne et a décidé de retravailler vite. Mais elle sait aussi que les mères qui reviennent trop rapidement dans le monde du travail après un congé maternité sont mal vues.

Seule environ une mère sur quatre élevant un enfant en bas âge a aujourd'hui une profession, contre une sur deux en France. Quand un évêque bavarois a critiqué la politique de construction des crèches lancée par la ministre de la Famille du premier gouvernement Merkel, Ursula von der Leyen, et défendu le modèle traditionnel d'éducation à la maison, Maria a éteint le poste de radio : « Qu'est-ce qu'ils en savent, eux ? ». En même temps, elle sent que sa réaction est d'autant plus vive qu'elle n'est pas au clair avec elle-même. Comme beaucoup de femmes dans ce pays, elle ne vit pas paisiblement le rapport vie familiale-vie professionnelle. Telles sont les réflexions de Maria, femme moderne, salariée, issue d'une famille traditionnelle saxonne ayant émigré en Bavière.

Que la femme mette son enfant à la crèche ou l'éduque à la maison, les arguments sont passionnés de part et d'autre.

Geneviève Hesse, une journaliste, elle-même mère d'un petit garçon et vivant depuis longtemps à Berlin, soutient que la femme allemande joue un rôle non pas rétrograde mais précurseur parmi les femmes européennes. Cette priorité à la relation mère-enfant est plus que légitime, même si elle est parfois jugée, comme en France, à contre-courant. Cette fine connaisseuse de la réalité quotidienne des femmes a fait de la lutte de nombreuses mères pour vivre pleinement leur maternité sa passion. Elle y décèle l'expression d'un nouveau féminisme accompli. Pour elle, leur attitude marque d'abord « le droit des enfants à un univers protégé ». Des enfants, dit-elle, qui sont éduqués à la paix et pour la paix, à l'inverse d'un lointain passé.

La faible natalité en Allemagne – qui ne dépasse pas 1,4 enfant par femme – ne s'explique pas, selon cette jeune mère, par le rejet des enfants. Elle se justifie par la crainte de ne pouvoir bien leur donner tout ce dont ils ont besoin : « Si les Allemandes font peu d'enfants, estime-t-elle, c'est avant tout parce qu'elles veulent s'investir à fond dans leur éducation. Si elles ne donnent pas la vie, c'est surtout à cause de leur grande estime des soins maternels nécessaires à la vie. Si ces femmes font la grève du ventre, c'est qu'elles doutent que le travail familial et le travail rémunéré soient vraiment compatibles ». La loi von der Leyen de 2007, qui assure un salaire parental jusqu'à quatorze mois à l'un ou l'autre des parents qui reste à la maison pour élever son bébé, n'a pas donné les résultats espérés. Comme les femmes tiennent à travailler et estiment que les efforts liés à l'éducation se poursuivent bien au-delà de la première année, elles jugent que quatorze mois sont insuffisants. Elles considèrent donc ne pas avoir de vrai choix et décident de ne pas enfanter.

Selon Geneviève Hesse, l'Allemagne serait en Europe « un des derniers bastions de résistance contre la destruction du lien mère-enfant par la logique économique ».

Dès la naissance et même dans les mois de grossesse, éducateurs, pédiatres et psychologues proposent nombre d'initiatives et d'expériences pour que la mère et l'enfant s'épanouissent. L'important est que la mère ne lui fasse pas subir trop tôt des frustrations et développe une relation paisible avec lui : des maisons de naissance aux groupes d'allaitement ou aux cures de repos mères-enfants, beaucoup d'expériences connaissent un grand succès.

Une chaîne de télévision publique, Kika, d'un bon niveau, allie jeux, films et éléments éducatifs. Dans les présentoirs des librairies, comme ceux de magasins Hugendubel, les petits pourront choisir pour le prix d'un euro des livres miniatures. Ils s'installeront confortablement dans des poufs pour lire des bandes dessinées, tandis que des minitoboggans permettront aux plus jeunes de passer le temps. Dans des *Kindercafés*, des « cafés pour enfants », ils se retrouveront avec leurs parents dans un univers ludique, pour leurs anniversaires. Ou simplement les jours de semaine après la crèche. Les mères, ou les pères, bénéficiant du congé parental, ne seront pas malheureux d'y échanger autour d'un café ou d'une boisson non alcoolisée. De multiples associations sportives et musicales prennent en charge par ailleurs les petits.

On ne pourra jamais suffisamment souligner à quel point l'éducation des petits enfants en Allemagne est intelligemment dirigée vers l'éveil et l'épanouissement.

Dans les écoles, notamment les maternelles, les parents exerceront une grande vigilance sur le contenu des programmes, le menu de la cantine. Les maîtresses ou les maîtres devront refaire par exemple devant les parents et à leur demande le cours d'éveil aux questions de la sexualité.

Le rapport de la société à l'enfant ne répond pas aux stéréotypes de *Kinderfeindlichkeit*, cette fameuse « hostilité aux petits », que peuvent véhiculer certaines expériences vécues. Il arrive encore dans les restaurants ou les lieux publics que l'enfant dérange dès qu'il est bruyant, sale ou ne se conforme pas aux règles. Certains habitants portent plainte en justice contre le bruit des cours de récréation et des crèches.

En 2010, l'enfant est moins soumis à l'autorité des adultes comme il a pu l'être dans la vieille Allemagne d'avant et pendant le nazisme. Autorité parfois répressive et injuste, comme celle décrite dans le film très noir de l'Autrichien Michael Haneke, *Le Ruban blanc*, sur un petit village protestant du nord de l'Allemagne avant la guerre de 1914. Cette tradition de l'éducation culpabilisante s'est perpétuée dans certaines familles jusque dans les années soixante.

Cependant, d'autres contraintes sont apparues, la première étant la solitude. Vite rendu autonome par son éducation, l'enfant ou l'ado, une fois passée l'époque choyée de la petite enfance, est parfois très seul après l'école, surtout s'il est fils unique. Contrairement à autrefois, il passe moins de temps en bandes. Quand les mères travaillent et que l'école se termine tôt, à la mi-journée, que fera le fils ou la fille ? Il mangera sur le pouce, allumera aussitôt la télévision ou de préférence Internet.

Selon une étude réalisée en 2009 par l'institut ProKids[63], 85 % des enfants entre 9 et 14 ans savent surfer sur Internet où ils peuvent rejoindre leurs réseaux de contacts. Un sur trois dispose dans sa chambre de l'ordinateur et de la télévision. Beaucoup jouent seuls sur le net. Un enfant sur cinq dit aller sur l'ordinateur ou regarder la télévision pour y « trouver du

63. Département spécialisé dans la jeunesse de l'Institut für soziale Forschung Prosoz, Herten. Étude publiée en juin 2009 intitulée « Kinderbarometer » (baromètre des enfants).

réconfort », surtout quand l'atmosphère est morose à la maison, que les parents stressés ne s'entendent plus.

On observe là, *a contrario* de l'attention qui entoure les tout-petits, le quotidien très libre mais aussi mélancolique de l'enfant un peu plus avancé en âge.

À rude épreuve

La façon dont l'enfant est traité aujourd'hui s'explique aussi en partie par ce qu'il a été dans le passé.

Le petit Allemand en a vu de toutes les couleurs à travers l'expérience de la guerre et du nazisme. Si sa venue au monde est encore parfois perçue avec inquiétude par certains, s'il y a peu de naissances, c'est aussi que, dans le passé, on a mal aimé et aidé l'enfant.

L'Histoire a souvent trompé les jeunes, brisant ou dégradant leur avenir… En 1945, la société avait certaines raisons d'être sévère, culpabilisée et amère avec ses jeunes : soit la mère allemande les avait perdus pour de bon, soit elle les avait perdus telle qu'elle les aurait voulus. Beaucoup étaient morts dans la guerre, sur l'ultime front de Berlin ou ailleurs, envoyés en première ligne. D'autres avaient survécu mais, à peine adolescents, ils avaient du sang sur leurs mains. Ils avaient été aliénés dans les mouvements de jeunesse, étaient devenus quelquefois, du fait de leur âge influençable, plus fanatiques que les plus vieux, plus rassis.

Que restait-il au jeune de 12 ou 15 ans, qui se retrouvait en 1945 orphelin, ou vivant seul avec sa mère ? Que restait-il à l'ancien membre de l'Hitlerjugend, privé des slogans auxquels il avait adhéré aveuglément – le guide, le combat, le sacrifice, la pseudo-supériorité de l'« aryen » ? Élevé dans des foyers, il était parfois maltraité, violé aussi par les pensionnaires plus vieux, les éducateurs (parfois anciens nazis) ou les religieux. Il volait à l'occasion pour manger. Le jeune Allemand s'est endurci dans l'amertume en ces années 1945-55 qui marquaient l'écroulement d'un monde. Une commission du Bundestag s'est penchée sur ces abus, violences de toutes sortes, longtemps tus.

Un très beau reportage a donné une idée en 2009 de la condition des enfants à cette époque. Diffusé sur la chaîne Arte, *Automne allemand* reprend le carnet de bord du journaliste suédois Stig Dagerman qui avait parcouru l'Allemagne humiliée de 1946. Surtout durant l'hiver très rude 1946-47, des conditions de vie extrêmement sévères frappaient l'enfant, il leur résistait en se durcissant pour n'être pas anéanti.

Il y avait souvent, chez les personnes nées ou ayant vécu leur petite enfance autour de 1945 ou après, une tension intérieure cachée. L'Allemand prenant de l'âge ne semblait souvent pas supporter les gabegies de la nouvelle société de consommation. Avoir vécu enfant les destructions, la disette, la fuite de la terre natale, les deuils, était lourd à porter. Ils avaient vu leurs parents refouler dans l'action la faute collective. Ces enfants de la guerre avaient souvent une équation impossible à résoudre dans leur tête : ils ressentaient naturellement de l'affection, de l'empathie pour leurs géniteurs dont ils supposaient par ailleurs qu'ils avaient pu être des nazis zélés. Une génération et peut-être même deux seront marquées par cette équation impossible : juger et aimer.

Le professeur Michael Ermann, qui dirige à la clinique universitaire de Munich le service de psychothérapie et de psychosomatique, a publié en 2008 une étude intitulée *Kriegskindheit* (*Enfance de la guerre*) [64] sur les enfants ayant vu le jour et vécu leurs premières années dans la période la plus exposée : elle porte sur ceux nés entre 1933 et 1945, souvent élevés ensuite par des mères seules, qui leur apprenaient à être « durs comme l'acier, résistant comme le cuir ».

Souvent, constate ce professeur, ces mêmes personnes, devenues ensuite âgées et inactives, ressentent davantage que d'autres le vide et ont l'impression de vivre à côté de leur propre vie. Auparavant elles avaient été absorbées par les devoirs de leur vie professionnelle (pour les hommes) ou par des engagements

64. Neuf cent cinquante Allemands nés entre 1933 et 1945 ont rempli un questionnaire dans le cadre de l'étude *Kriegskindheit* du professeur Ermann, et cent vingt ont été interrogés durant plusieurs heures.

sociaux (pour les femmes). L'étude témoigne que nombre de ces personnes ont développé à l'âge adulte des angoisses, des dépressions, des maux psychosomatiques. Elles ont aussi tu à leurs jeunes enfants leurs souffrances, créant un non-dit dont ils pouvaient à leur tour souffrir.

« Les enfants de la guerre se sont trouvés très tôt contraints de se glisser dans le rôle d'un adulte. Ils devaient partager le fardeau de leur mère. Cela a conduit beaucoup d'entre eux à ne laisser aucune place à leurs propres soucis. Aujourd'hui en tant qu'adultes, ces personnes ont du mal à prendre au sérieux leurs propres besoins, à reconnaître leur propre souffrance. Une grande partie de ceux que j'ai interviewés soulignent de manière répétée : ça ne va pas si mal pour moi, d'autres souffrent plus que moi », a constaté dans une interview au magazine *Der Spiegel* le professeur Ermann[65].

Comment ont-ils éduqué leurs propres enfants ? Sans doute ces parents ont-ils eu tendance à leur céder beaucoup de choses ou bien, au contraire, ont-ils eu du mal à leur exprimer leur affection, en ayant été dépourvus eux-mêmes. Leurs enfants ont reproduit une attitude : ne pas trop se préoccuper de soi, ne pas trop s'exprimer sur soi, être efficace dans sa vie professionnelle comme dans sa vie privée.

Les générations adultes d'aujourd'hui aimeraient interroger leurs grands-parents ou arrière-grands-parents sur ce qui s'est passé pendant la guerre et avant. Ils ont souvent besoin de le savoir pour leur propre santé psychologique. Bien des parents âgés, interrogés, esquivent les questions cruciales tant elles sont pénibles. Il y a des murs, des carapaces. Peut-être en Allemagne plus qu'ailleurs trouve-t-on une incompréhension entre générations ? Les anciens n'osent pas parler de leur jeunesse de peur d'être mis en accusation ou mal compris, tandis que certains jeunes ont un a priori négatif sur eux.

Il a fallu du temps mais peut-être une étape a-t-elle été franchie avec la génération des enfants d'aujourd'hui. Souffrances et conflits de valeurs du

65. « Der Körper vergisst nicht », interview du professeur Ermann au *Spiegel*, n° 9, mars 2009.

passé, y compris ceux de 1968, représentent peu de choses pour un jeune. Ils lui sont souvent devenus lointains. Est-il, ce jeune Allemand, un nouveau « sauvage », privé de valeurs, de repères ? Ou, pour voir positivement les choses, un citoyen de l'Europe et du monde, aux valeurs autres, l'Allemagne étant pour lui une réalité secondaire sauf peut-être sur les stades de foot ?

La culture et l'enfance

Les écrivains allemands de l'enfance sont mal connus en France. Une littérature, une riche culture s'attachent pourtant à montrer un enfant allemand déluré, qui s'est bâti son royaume, avec ses lois, parallèle à celui des adultes.

Face aux tourments petits et grands de la vie, il y a la résilience. Il y a le sourire, la malice, la débrouillardise, la solidarité, l'audace, vertus d'enfants qui ont traversé la débâcle et la capitulation. À côté de l'enfant aux yeux tristes du film de Roberto Rossellini, *Allemagne, Année Zéro*, il y a les visages espiègles que la littérature, traduite ensuite en image par le cinéma, a immortalisés aussi.

C'est un exemple parmi d'autres dans une littérature très abondante. Parmi les écrivains allemands de l'enfance du XXe siècle, un des plus classiques et dont il n'existe pas l'équivalent en France est le grand Erich Kästner (1899-1974). Plus que les autres il a su raconter ce qu'était l'enfant allemand. Ses romans comme *Petit Point et Anton*, *Emil et les détectives*, *Deux pour une*, *La classe volante* ont été aussi traduits en films et imprègnent la culture classique enfantine. Leurs thèmes : les bagarres entre bandes d'enfants, les blagues parfois cruelles, les rites d'initiation mais aussi les solidarités, la défense des plus faibles, la quête de reconnaissance pour chacun par-delà les classes sociales, au sein d'une même école. Le maître est celui qui enseigne mais aussi celui qui écoute les chagrins et tente de remédier aux inégalités. Il est celui qui désamorce les conflits, rend la justice. Il défend les petits face aux caïds, éduque aux valeurs de responsabilité et de respect. Le maître joue parfois le rôle du père de substitution quand le père est absent

– ce qui était souvent le cas dans les années vingt. La dimension sociale qui conditionne l'existence de chaque écolier est aussi bien présente.

Un de ces romans, *Emil et les détectives*, raconte l'histoire emblématique de la lutte entre l'enfant, agile d'esprit et de corps, et l'adulte brigand sans scrupule qui a finalement le dessous.

On est dans ces années vingt de Weimar. Il s'agit en l'occurrence de l'aventure berlinoise que va vivre le fils d'une coiffeuse de Neustadt, petite ville quelque part au nord de l'Allemagne. Emil Tischbein, 12 ans, se voit confier par sa mère un pécule (cousu à l'envers de sa veste) avant de partir en vacances à Berlin par le train, chez sa grand-mère. Il doit y rejoindre sa cousine du même âge, Pony Hütchen. Dans le train, un homme étrange, Grundeis, lui offre un bonbon somnifère et vole son argent. Dans Berlin, au lieu d'aller chez sa grand-mère, il suit le voleur à travers les grandes avenues. Des gamins lui apportent leur aide. Ils forment un immense réseau de solidarité qui finira par arrêter le voleur à l'issue d'une course poursuite fameuse. Le voleur s'avérera un malfaiteur très recherché. La police fait d'Emil un héros d'un jour, au grand plaisir de sa mère. L'enfant est ici clairement le redresseur de torts et le plus malin.

Trois films ont été tournés à partir de ce livre, qui sont intéressants à comparer pour leur vision de l'enfant à trois époques : le premier du réalisateur Gerhard Lamprecht, sur un scénario de Billy Wilder, avait été présenté à l'Ufatheater sur le Kurfürstendamm de Berlin en 1931, époque la plus créative du cinéma expressionniste allemand – l'année notamment de *M. le Maudit* de Fritz Lang.

L'influence de ce cinéma onirique en noir et blanc se fait sentir dans les images surréalistes d'un cauchemar de l'enfant endormi dans le train. Emil est malicieux, au point de coller dans le jardin public de Neustadt une moustache sur le visage d'une fière statue de militaire, pour le faire ressembler au *Schupo* (policier) et bon ami de sa mère. Ainsi Emil défie-t-il l'ordre public. Cette tradition de l'irrévérence, incarnée aussi dans des classiques, dès le XIXe siècle, comme *Max und Moritz*, la fameuse bande dessinée de Wilhelm Busch racontant les farces de gamins réfractaires à la discipline, est le contrepoids à la bourgeoisie guindée, d'une perpétuelle correction.

La version de 1954 d'Emil, également d'après le scénario de Billy Wilder, a cette couleur délavée et désuète des films de la guerre froide. Les gamins ont installé leur camp de base dans les ruines de l'église du Souvenir, à Berlin-Ouest. Ils contemplent la ville et ses lumières dans la nuit bleue d'été. Dans ces deux premiers films, Emil est le fils d'une veuve, les liens de famille sont simples.

L'intérêt du troisième film est surtout de montrer à quel point le quotidien de l'enfant a changé depuis la fin de la guerre froide et la Réunification, tout comme ses représentations et ses valeurs : c'est en 2001 que la cinéaste Franziska Buch met en scène *Emil*. Cela est l'occasion pour elle d'élargir le sujet, de le rendre plus complexe, à l'image des relations sociales et familiales de l'Allemagne contemporaine. C'est aussi l'occasion d'une visite approfondie d'un Berlin devenu moderne et multiculturel, ville moderne qui a retrouvé la nonchalance.

Franziska Buch semble avoir pris plaisir à dresser un portrait vif de l'Allemagne, de ses contrastes sociaux, à travers les enfants.

Le bandit est devenu un rocker punk aux cheveux teints, portant un blouson de cuir noir, des bottes rouges et des tatouages ! « Sans argent, tu ne peux rien faire à Berlin », avertit cyniquement Gruneis, avant d'endormir le petit voyageur dans le train et de lui dérober son argent.

Le film insiste sur les contrastes sociaux. On est au début de l'ère Schröder. Le chancelier social-démocrate n'a pas encore lancé « l'Agenda 2010 », qui bousculera l'État-providence et le modernisera.

Familles en recomposition : les trois jeunes héros de l'histoire sont élevés par des parents seuls : Emil est élevé dans une petite ville du Schleswig-Holstein, au nord, par son père au chômage que sa femme a quitté pour rejoindre un autre homme au Canada. Un autre héros, Gustav, est élevé par sa mère, une femme pasteure idéaliste, veuve depuis dix ans et qui ne veut pas se remarier. Enfin, la cousine Pony Hütchen vit avec une mère qui se sépare de son mari, au milieu de disputes violentes dans l'appartement de son immeuble, modeste *Plattenbau* de l'ancien Berlin-Est communiste.

Au début de ce film, le père d'Emil n'a même pas l'argent nécessaire pour emmener son fils au cinéma à l'occasion de son anniversaire. Alors, ils se contenteront d'un film sur le petit écran dans le minuscule appartement, en attendant impatiemment l'indemnité chômage pour assurer la fin du mois. Tout semble se conjuguer contre ce père dépassé : quand il est en passe d'avoir enfin un travail, un accident le blesse et lui retire son permis de conduire. Emil, malheureux de la division de ses parents, déchire une lettre de sa mère. Il se sent seul responsable des déboires de son père. Emil veut remettre en selle ce père déboussolé. Renversement des rôles traditionnels, l'enfant cherchant à aider ou à corriger l'adulte, comme on le constatait déjà dans le film *Les Poules sauvages* que Maria Müller de Prenslauer Berg emmenait ses enfants voir.

La mère pasteure du jeune Gustav, qui vit dans une superbe villa du quartier élégant de Grunewald, est aussi dépassée par les événements. Elle entreprend trop de choses et a du mal à conjuguer son idéal et la réalité. Elle est toujours en retard partout, chrétienne imprégnée de la mauvaise conscience et du devoir d'être une « bonne Allemande », à la fois douce et ferme, ouverte et prévenante, à l'égard de tous. C'est un portrait fin de ces générations de l'après-guerre avec leurs scrupules et leurs tensions internes.

« Merci pour tout, tu m'es très cher », dira-t-elle à son fils Gustav comme si c'était elle qui devait remercier le seul petit homme de la maison. Quand elle lui annonce qu'elle va héberger pendant quinze jours le jeune provincial Emil pour soulager un vieil ami au chômage dans le nord du pays, Gustav se plaint : « Voilà que, non contente d'avoir reçu une famille de réfugiés et un sans-logis, tu accueilles encore quelque un », s'exclame le gamin qui voudrait davantage avoir sa mère pour lui seul.

Dans ce film, les enfants œuvrent à améliorer le quotidien de leurs parents aux prises avec des problèmes relationnels et de travail, ou à les faire évoluer.

Emil caresse ainsi l'espoir d'acheter à des trafiquants un faux permis de conduire pour que son père retrouve un emploi. Quant à Gustav, le fils de la femme pasteure de Grunewald, il réécrit en secret sur l'ordinateur de sa mère, avec la complicité d'un malicieux copain d'origine rom, le prêche du prochain dimanche. Ils le transforment en un plaidoyer contre les mesures autoritaires. On y lit des arguments du genre : « Pourquoi, le week-end, les parents nous obligent-ils à aller tôt au lit, quand nous n'avons pas le droit de réveiller tôt les parents le dimanche matin ? ».

Non sans éviter quelques poncifs, cette ultime version d'*Emil et les détectives* présente une description diversifiée de l'univers des jeunes Allemands. Tout en développant une histoire socialement et psychologiquement plus complexe que les précédentes, il insiste toujours sur la solidarité entre enfants de différents milieux et entre enfants et adultes.

Si dans ce film les enfants semblent beaucoup échapper au contrôle de leurs parents absents ou débordés, ils ne deviennent pas des petits caïds sauvages convaincus d'être supérieurs aux adultes. Cette œuvre sans prétention, bien rassurante et optimiste par rapport à la réalité de la grande ville, est fidèle en cela à la tradition dynamique et éthique d'Erich Kästner, et irradie un vrai bonheur.

Il y a une poésie chaleureuse et une spontanéité dans ces livres et ces films sur l'enfance, qui jettent une autre lumière sur l'Allemagne.

Chapitre 4
Luther

« Aus tiefer Not schrei ich zu dir
Herr Gott, erhör mein Rufen. »

Dans la Thomaskirche de Leipzig en ce dimanche après-midi d'hiver, une foule sage aux habits soignés a pris place sur les bancs recouverts de coussins. Personnes d'un certain âge surtout, mais aussi jeunes couples avec leurs enfants. Le chœur, en cette église où Jean-Sébastien Bach fut maître cantor, entonne cette cantate composée d'après la version de Luther de 1524 du psaume célèbre : « dans ma douleur, je crie vers toi, Seigneur, écoute mon appel ». Le programme dure plus d'une heure, constitué uniquement de chants choraux de Bach ; l'église est pleine, il n'y a pas un bruit dans l'assistance.

Même impression, encore plus marquante, dans un lieu que Bach n'a jamais arpenté, à Berlin, cette fois. Le soir de Pâques dans une de ces grandes nefs de brique rouge qui doivent être vides la plupart du temps, nous sommes allés écouter la *Passion selon saint Matthieu.* Nous assistons à la fin à une scène insolite pour nous Français : la foule reste debout trois minutes durant dans un silence respectueux, ému. Une manière de saluer, de remercier, de rendre hommage. Saluer qui ? L'orchestre et le chœur ? Bach ? Dieu ? Pas d'applaudissements, une méditation qui perdure. À peine le bruit d'une robe froissée. Puis tout le monde sort en bon ordre, parlant peu à ses voisins, avant de se disperser. On peut bien imaginer qu'il y avait dans l'assistance des chrétiens, catholiques et protestants, beaucoup d'athées et d'agnostiques comme partout, de simples mélomanes. Mais ce respect pour ces compositions religieuses est significatif de quelque chose inscrit dans l'âme ici : face à cette grande musique, tout genou plie. C'est la transcendance que l'on respecte même si on ne croit pas. Cette réaction exprime l'orgueil d'être un peuple tourné vers la métaphysique, la théologie, la philosophie.

De la musique aux retables, l'art sacré allemand demeure parmi les plus puissants, les plus suggestifs, les plus chargés de drame et de mystique authentique. Le sculpteur du XVIe siècle, Tilman Riemenschneider, par exemple, avec ces groupes de personnages rassemblés au Calvaire, aux visages, aux regards expressifs, tragiques, questionne sans cesse la condition humaine et appelle le Dieu silencieux à donner des réponses aux hommes.

Traditions religieuses mélangées

Un des lieux clé de l'identité, où traditions catholiques et protestantes cohabitent entourées de légendes, est la forteresse de la Wartburg, en Thuringe dans l'ex-RDA, où s'exprima au début du XIXe siècle la revendication de l'unité nationale. Les touristes, en majorité allemands, y sont confrontés à deux histoires symboliquement fortes : l'une est consacrée à une sainte européenne dans la plus pure tradition d'édification de l'Église romaine. L'autre est celle de Luther et de sa confrontation avec le diable sans le secours d'aucun saint du ciel.

Dans ce fort dominant la ville d'Eisenach où naquit Bach, au cœur de forêts profondes évoquant les paysages romantiques de Caspar David Friedrich, sainte Elisabeth de Hongrie cohabite ainsi avec Luther.

Elisabeth, veuve du margrave de Thuringe parti à la Croisade, rejoignit au début du XIIIe siècle le Tiers-Ordre franciscain et consacra toute sa courte vie aux pauvres et aux malades. Son histoire est dépeinte sur les murs de la Wartburg, à quelques mètres de la chambre où Luther, trois siècles plus tard, jeta contre le mur sa fameuse bouteille d'encre pour repousser le diable alors qu'il traduisait la Bible en allemand.

Même si le catholicisme, avec ses saints, ses fêtes, sa profusion baroque, ses solennités, a apporté à la culture ses richesses et servi de contrepoids, Martin Luther est le personnage-clé, une des fiertés de cette âme allemande. L'ancien moine de Wittenberg a voulu briser les carcans de la pensée dominante, la faire évoluer sans jeter aux orties toute la richesse de l'héritage religieux. Il a voulu rendre la religion plus accessible au peuple en traduisant la Bible dans sa langue. Même le catholicisme allemand, dans ses exigences intellectuelles, a reçu l'influence de Luther. Ce catholicisme à la pointe de la théologie, avec cet idiome qui se prête parfaitement à ses nuances… Personne aujourd'hui ne nierait que la Réforme a été un événement essentiel dans l'histoire du christianisme et du monde, même si ce fut une césure douloureuse et par certains aspects injuste et intolérante. Elle a contribué à ouvrir la voie à la reconnaissance de la raison et à l'*Aufklärung* (philosophies des « Lumières »).

Luther, mythe et réalité : alors que le 500e anniversaire du début de la Réforme s'approche à l'horizon 2017, les préparatifs ont commencé pour célébrer l'événement dans une société qui a largement perdu la pratique religieuse. Luther avait été récupéré dans le passé par toutes les idéologies, nationale, nationale-socialiste, socialiste. Il est perçu plus objectivement aujourd'hui. Son message, comme celui d'autres grands théologiens, avait bien des ambiguïtés. Tolérance et modernité, et aussi intolérance fanatique. L'héritage de Luther est d'abord celui de l'impulsion au débat d'idées, au libre arbitre, à la contestation. Mais les concepts, en trouvant dans la religion une légitimation divine, risquent toujours aussi de devenir systématiques, rigides, voire des instruments de manipulation mentale.

Une place au soleil

La religion comme force de proposition, de contradiction, de méditation, de progrès, d'aide à la vie quotidienne, semble mieux acceptée dans la société allemande que dans la française. Imaginerait-on dans le métro parisien une campagne publicitaire qui ferait allusion aussi directement et explicitement à Dieu que celle de l'organisation d'entraide Misereor : « Dieu ne peut pas tout régler, il reste suffisamment à faire. Avec colère et délicatesse aux côtés des pauvres ». La religion n'est pas absente de la vie publique. Au contraire, elle plonge ses racines dans la culture. Elle est ancrée dans le vocabulaire. Ainsi l'on dit qu'on a « reçu » un enfant et non, comme en France, qu'on a « fait » un enfant : une nuance de vocabulaire qui indique que le géniteur ou la génitrice ne sont que les porteurs d'un phénomène qui les dépasse, qui leur est donné. On souhaite couramment à quelqu'un, en référence au travail : *Frohes Schaffen*, littéralement « création » ou « réalisation heureuse ». On salue pendant les dimanches du mois de décembre les voisins ou les amis par un « Froher erster, zweiter, dritter, vierter Advent » (« Bon premier, deuxième, troisième, quatrième dimanche de l'Avent »), en référence à la période du calendrier liturgique qui précède la naissance du Christ. Avent, un terme religieux dont il n'est pas sûr que la majorité des Français ait seulement connaissance.

Ancrée dans la culture, dont elle est restée un des pivots, la religion chrétienne est reconnue comme une institution incontestable, alors que le nazisme l'avait combattue ou déformée, et que la RDA communiste avait voulu l'extirper et y a partiellement réussi.

Cela sonnait aussi comme une juste revanche après une époque où la propagande hitlérienne avait cherché à rebaptiser la fête de Noël en *Julfest* et où le bon saint Nicolas avait été remplacé par un cavalier viking. Le régime nazi n'aimait pas célébrer la naissance d'un enfant juif mais ne pouvait pas non plus abolir les plus populaires traditions chrétiennes. Alors, il les avait transformées et avait tenté de les récupérer. Sans beaucoup de succès.

Encore aujourd'hui, soixante-six ans après la guerre, les mouvements de citoyens, de tous bords, font facilement usage du vocabulaire chrétien. Ainsi, dans le quartier de Wilmersdorf à Berlin, une initiative écologique, qui avait obtenu dans une consultation populaire locale que la mairie d'arrondissement renonce à la destruction de jardins ouvriers, a remercié en ces termes les habitants : « Nous vous souhaitons la poursuite d'un temps riche en bénédictions, et vous adressons de nombreux messages joyeux pour 2009 ». *Segenreich* et *Botschaft* (« riche en bénédictions » et « message ») sont des termes caractéristiques de la Bible.

« Viel Glück und viel Segen », disait parfois l'ancien président de la République Horst Köhler dans ses discours : cela se traduit par : « Beaucoup de bonheur et beaucoup de bénédiction ». Tous les autres présidents ont fait de même avant lui. Et le même Köhler avait choisi le lieu symbolique de l'Elisabeth-Kirche de Berlin, détruite pendant la guerre, pour prononcer en 2009 son *Berliner Rede*, discours annuel très attendu.

Et lorsqu'une catastrophe nationale survient, la chancelière, de confession protestante, apparaît devant la presse et déclare devant tout le pays : « nous prions ».

Encore un exemple : il est 6h30 sur Deustchlandfunk, et c'est le moment de l'*Andacht*, la méditation, proposée par une *pastorale Referentin* (« chargée de la pastorale ») de l'Église protestante. C'est une réflexion sur le thème de l'Évangile du bon grain et de l'ivraie. Sur la radio publique, la *Referentin* parle de la tolérance dans la société contemporaine. Elle explique comment cette tolérance s'est imposée contre le christianisme, mais aussi avec l'aide du christianisme.

Le responsable religieux, quel qu'il soit, se doit s'être irréprochable. En témoigne l'attitude de plusieurs femmes évêques luthériennes qui ont démissionné librement en 2010 pour des erreurs et des négligences. Maria Jepsen, évêque de Hambourg, a annoncé ainsi, après s'être vu reprocher de n'avoir pas réagi à temps à un cas d'abus sexuel dans son diocèse, qu'elle « n'était plus en mesure de partager la Bonne Parole comme elle s'y était engagée devant Dieu lors de son ordination [66] ».

L'exemple le plus frappant est encore dans l'esprit de tous, parce qu'il s'agissait d'une idole : Margot Kässmann, elle aussi évêque, qui dirigeait jusqu'à récemment la puissante Église protestante. Appréciée des chrétiens-démocrates comme des sociaux-démocrates pour son franc-parler, intervenant dans la vie politique et sociale. Divorcée – comme Angela Merkel –, ayant eu à se battre avec le cancer. Or Margot Kässmann avait été prise en faute. Un péché plutôt véniel : elle avait roulé trop vite et été

66. Communiqué de madame Maria Jebsen, le 16 juillet 2010, annonçant sa démission.

contrôlée sur la route avec un taux d'alcool plus élevé que la normale au volant, alors qu'elle prêchait en chaire contre ce type d'excès. Cohérente avec elle-même, l'évêque avait exprimé ses regrets et abandonné toutes ses fonctions au printemps dernier.

Par son attitude déterminée tranchant avec celle d'autres évêques, surtout catholiques, qui hésitaient sur les conséquences personnelles à tirer de leurs erreurs – notamment dans le scandale de pédophilie touchant des clercs –, elle est devenue encore plus aimée. En couverture, l'hebdomadaire *Der Spiegel* l'a montrée les yeux fermés dans une pose de contrition, avec le titre « Mensch Kässmann[67] ». Le mot *Mensch* veut dire « être humain » et doit être compris ici au sens de personne faillible et capable de s'amender. C'est le compliment suprême. Margot Kässmann est depuis, plus que jamais, après sa repentance, une « bonne Allemande ».

Théologiens protestants, catholiques et juifs – mais rarement musulmans –, sont ainsi des figures, servant de modèles ou parfois de contre-modèles, participant au débat public, sur tous les sujets. On retrouve leurs signatures dans des tribunes qui leur sont ouvertes dans les meilleurs journaux. Ils peuvent ainsi donner la réplique à d'aussi brillantes contributions d'ennemis jurés des religions.

Entre une France où une conception très stricte de la laïcité (la religion est affaire privée) s'est imposée, une Italie où le Vatican exerce une influence sur les affaires publiques et une Pologne où politique et religieux interfèrent, l'Allemagne a réussi un certain équilibre.

Signe de liberté de conscience, les Allemands peuvent être fort critiques à l'égard de la religion, particulièrement du catholicisme et de Rome, mais la place de la religion est reconnue dans la Loi fondamentale de 1949. Des personnalités des principaux partis siègent au comité central des catholiques (ZDK) et dans les synodes de l'Église évangélique, assurant le rôle de ponts entre les communautés de croyants et le monde politique : Joachim Gauck, ancien pasteur de Rostock, social-démocrate, un des acteurs principaux de la

67. « Mensch Kässmann », couverture du numéro du *Spiegel*, 9 novembre 2010.

révolution pacifique en ex-RDA, a échoué de peu à la présidence de la République pour remplacer Horst Köhler en 2010.

L'ancien président social-démocrate Johannes Rau, décédé en 2006, incarnait cette symbiose si particulière à l'Allemagne de l'homme politique engagé et du chrétien convaincu, mais ne cherchant pas à imposer sa foi. Engagé contre le nazisme depuis l'adolescence, il était surnommé avec une pointe de moquerie « Frère Johannes ». Ses discours ressemblaient à des prêches. En tant que chrétien allemand, son obsession était la réconciliation avec l'État hébreu.

De Munich à Munster et à Fribourg, des Académies catholiques, qui se sont données pour mission après la guerre de faire dialoguer Église et société, sont restées des autorités reconnues. Elles ont contribué à former des générations de jeunes à l'engagement politique.

Le Conseil des juifs d'Allemagne est aussi très influent, et chacune de ses prises de position a un profond écho. Plusieurs de ses dirigeants ont été des consciences morales de la nation, et la voix de la communauté juive en Allemagne a une portée unique et particulière.

Les différents cultes sont financés par l'impôt que les croyants acquittent. Il leur donne une très large marge d'action dans tous les secteurs de la vie sociale, à travers des œuvres catholiques comme protestantes (Caritas, Diakonie, Misereor, etc.), puissantes en Allemagne et sur les cinq continents. Celles-ci contribuent aussi sûrement que la coopération civile ou militaire au rayonnement du pays.

Le concordat prévoit que l'impôt du culte que versent des millions de catholiques et de protestants en déclarant leur appartenance confessionnelle sur leur feuille d'impôt servira à ces Églises pour acquitter des missions d'intérêt général. Ce sont des bataillons de centaines de milliers de collaborateurs à temps plein ou partiel, salariés ou volontaires – notamment dans le cadre du service civil – qu'emploient ces entreprises caritatives gérées de manière moderne et gérant des budgets de millions d'euros.

Il est peu compréhensible aux yeux des Allemands traditionnels d'être croyant et de ne pas le déclarer sur sa feuille d'impôt. Un comportement indiscipliné que l'on pourrait facilement imaginer en France. Ici, l'exigence de cohérence est encore prise très au sérieux. Une Église a une politique, poursuit des objectifs sociaux et spirituels, influence la société, donne son avis. Elle est indirectement, à travers ses entreprises caritatives multiples, un employeur qui contribue au fonctionnement de l'ensemble. Si elle commet des fautes, comme dans l'affaire de pédophilie qui a secoué les établissements d'enseignement, elle doit rendre des comptes à la société, et des fidèles « votent » contre elle en la « quittant ».

Les télévisions et de grands journaux français comme *Le Figaro* s'étaient intéressés durant la vague de froid de l'hiver 2009-2010 à un phénomène : pourquoi beaucoup moins de SDF meurent-ils de froid dans les rues des villes allemandes que dans les rues des villes françaises ? En partie parce qu'ils sont pris en charge par des organisations d'Églises très efficientes. TF1 montrait comment dans Berlin les sans-abris étaient accueillis dans de petits foyers, où l'on priait avec eux et où l'encadrement était fort strict. Le reportage filmait les centres d'accueil dans les gares et dans certaines Églises ouvertes de nuit.[68]

Le rôle des organes servant de ponts entre le pouvoir politique et les instances religieuses est loin d'être aisé. Il se bloque dès que l'un des pouvoirs se raidit. C'est le cas depuis quelques années pour le Comité central des catholiques (ZDK) qui est soumis à des pressions d'une majorité d'évêques pour qu'il soit davantage le relais des consignes romaines. Les tensions sont notamment perceptibles sur tous les sujets de mœurs.

Vente d'églises et construction de mosquées

Paradoxe apparent : des églises et temples sont vendus et des paroisses regroupées, mais il y eut un million de jeunes, dont une majorité d'Allemands,

68. « Prise en charge des SDF, l'exemple allemand », TFI, journal de 20 heures, 14 février 2010.

pour suivre les Journées mondiales de la jeunesse à Cologne en présence du pape en 2005. Que penser, alors ? Une soif de transcendance et un rôle social important des Églises demeurent, malgré une déchristianisation rapide.

Dans l'ex-RDA, non seulement des églises sont transformées en gymnases, salles des fêtes ou musées, mais les jeunes ignorent souvent totalement la religion de leurs grands-parents. D'autres valeurs leur ont été inculquées durant les quarante ans de la RDA : le socialisme, l'égalité, la victoire du prolétariat, la solidarité entre les peuples, etc. Une cérémonie païenne de passage à l'âge adulte, la *Jugendweihe*, née dans les mouvements libres-penseurs au XIXe siècle, sacralisait ces valeurs pour l'adolescent à l'époque communiste. Introduite sur ordre du grand parti frère soviétique, elle était quasi obligatoire et entendait remplacer le sacrement de la confirmation. Vingt ans après la chute du Mur, elle se pratique encore partiellement dans les Länder de l'Est.

Dans l'Allemagne de l'Ouest, à part dans certains bastions catholiques, les pratiquants sont devenus presque aussi rares.

L'Islam, par contre, croît, et cela davantage à l'Ouest qu'à l'Est. C'est une des évolutions récentes du pays que l'édification de centaines de mosquées et l'apparition d'un islam sûr de ses convictions, contrastant avec la modération jugée molle des chrétiens. Un contraste qui favorise les conversions, notamment par le biais des mariages mixtes.

Cette affirmation de leur foi par une bonne partie des quelque quatre millions de musulmans est encouragée par les autorités et les Églises. Elles jugent souhaitable et légitime que les musulmans puissent quitter les petites salles de prière et avoir des lieux de culte ouverts et beaux. La vivacité de l'Islam est en tout cas un aiguillon pour les confessions chrétiennes appelées à exprimer avec plus de conviction leurs messages.

Multiples débats éthiques

En Allemagne, les débats sur l'éthique sont des plus approfondis. Même la question, en ces temps de crise économique, de l'introduction du travail du dimanche a fait débat dans toute la société. Le dimanche reste sacré pour beaucoup gens, croyant ou non. La Cour constitutionnelle a ainsi rappelé en décembre 2009 à l'État de Berlin, gouverné par la gauche, que la Loi fondamentale parle du dimanche comme d'un « jour de repos et d'élévation spirituelle ».

Sur les thèmes qui touchent au début et à la fin de la vie, les Églises et la classe politique sont très divisées, après les dérives du nazisme. Les Verts par exemple se retrouvent souvent aux côtés des conservateurs pour œuvrer à une législation posant de strictes limites à la génétique. On l'a vu lors de longs débats parlementaires sur les cellules souches. Cette question ne s'inscrit pas dans les clivages traditionnels, les frontières sautent, chacun réagissant avec sa conscience. Le thème de l'interruption de grossesse a fait régulièrement l'objet de débats de fond au Bundestag. Quand il s'agit par exemple d'envisager un avortement après la 23e semaine en cas de grave malformation génétique. Le débat éthique prend avec respect divers éléments en compte, dont le facteur religieux.

L'affaire des centres de conseil aux femmes pour l'avortement, créés dans les années quatre-vingt et dont la dissolution a été exigée par le Vatican en 1999, a montré à quel point l'éthique religieuse reste importante dans le débat public.

Après cette sanction, des responsables laïcs regroupés dans le ZDK, le Comité central des catholiques, avaient continué à se mobiliser en soutien à l'association Donum Vitae, qui regroupe aujourd'hui quelque cent quatre-vingt centres d'accueil. Ces centres sont habilités par la loi à délivrer aux femmes qui viennent les consulter une « attestation d'entretien » obligatoire avant toute interruption de grossesse. L'Église catholique avait encouragé de telles initiatives visant à convaincre les femmes en détresse de ne pas avorter. Ce type d'aide était novateur et profondément réfléchi : si l'on voulait limiter les avortements, il fallait être présent sur le terrain de la persuasion, de l'accompagnement. Mais Jean-Paul II et son proche conseiller Joseph Ratzinger avaient mis le holà. À leurs yeux, l'Église ne pouvait se mêler d'apporter une aide en ce domaine, même en vue de la dissuasion.

L'affaire a provoqué une longue tension dans le paysage politique et religieux et crispé durablement les relations avec Rome. Des membres du ZDK, très engagés dans les nombreux centres d'accueil de Donum Vitae, se trouvaient désavoués ou, au contraire, parfois défendus par leurs évêques. La hiérarchie était loin d'être unanime. Les fractures demeurent encore. Cet exemple illustrait à quel point certains cercles, mus par une sorte de pragmatisme, ont voulu aider les femmes dans cette problématique concrète. Les échanges ont été vifs. Certains catholiques semblaient gagnés par une approche courante dans l'Église protestante, celle de la décision autonome. Une partie a quitté l'Église catholique. D'autres, désireux de rester fidèles malgré tout, ont continué à prodiguer discrètement, en son sein, leurs conseils à leurs amis et proches. Certains ont rejoint des mouvements contestataires comme Die Kirche von Unten (« L'Église d'en bas ») et Wir sind Kirche (« Nous sommes l'Église »).

Des frictions persistent encore entre certains membres du ZDK qui s'étaient engagés dans les centres Donum Vitae et le Conseil permanent de la conférence épiscopale.

Un autre débat significatif, à la fois éthique et religieux, a déchiré en 2009 la classe politique berlinoise : il s'agissait de savoir si l'on devait proposer dans les écoles, à l'instar de ce qui se faisait dans d'autres Länder, des cours de religion – chaque enfant pouvant recevoir une formation dans sa confession – en alternative aux cours d'éthique générale. Ces cours d'éthique perdraient alors le caractère obligatoire pour tous.

L'initiative référendaire Pro Reli, pour que les cours de religion (catholique, protestante, musulmane, juive) soient dispensés à côté de ceux d'éthique, a échoué en avril. Mais la vivacité du débat a montré que la formation morale et spirituelle des enfants mobilise. Dans un sens ou dans l'autre. « La religion et l'éthique, nous faisons les deux », promettaient des affiches du SPD, qui gouverne Berlin avec les anciens communistes est-allemands de Die Linke et a imposé l'éthique obligatoire dans les écoles. Selon eux, ces cours parlent des cultures religieuses qu'ils respectent. Les défenseurs de la formule berlinoise ajoutaient qu'il est toujours possible de suivre une instruction religieuse en matière facultative.

La position du Sénat de Berlin était un credo, socialiste, mélange de l'idéologie de l'Allemagne communiste et d'une conception de la laïcité à la française, comme l'a relevé le politologue français d'origine allemande Alfred Grosser : « En France, l'idée que la religion puisse être une matière d'examen, avec la possibilité que les élèves doivent répondre de manière conforme au catéchisme, n'est même pas concevable [69] », observe-t-il.

Les partisans de Pro Reli, qui voyaient dans le dispositif actuel la poursuite de la politique systémique de la « terre brûlée » religieuse de la RDA, et estimaient que des cours d'éthique ne remplaceraient jamais la connaissance que prodiguent le prêtre, le pasteur, l'imam ou le rabbin, n'ont pas convaincu.

L'intérêt de ce débat berlinois est qu'il a permis que s'affrontent des arguments détaillés sur un sujet spécifiquement éthique et religieux. Il s'agissait bien d'un débat sur une « liberté », proclamaient non sans fierté et d'un commun accord les deux camps dans leurs slogans de campagne. Le temps du mépris du fait religieux semblait passé.

Au même moment, à travers l'Allemagne, des cours de religion musulmane commencent à être proposés de plus en plus souvent dans les écoles. Auparavant, leur contenu, la formation de leurs enseignants, les aides des pouvoirs publics en la matière, sont définis à l'issue de longues discussions. Les autorités ont compris qu'il y va d'une bonne intégration et d'un islam tolérant et adapté aux traditions européennes.

« Nous sommes l'Église », « Nous sommes pape »

L'Allemagne est aussi le pays de grands rassemblements religieux. Les plus connus sont les *Kirchentage* œcuméniques rassemblant protestants et

69. GROSSER (Alfred), « Alles ist erlaubt, aber nicht alles baut auf », *Der Tagesspiegel*, 5 mars 2009.

catholiques, rendez-vous obligatoires pour les élites politiques du pays, laboratoires d'idées nouvelles et lieux d'échanges. D'autres congrès ont lieu comme le *Katholikentag* (congrès catholique), où des prêtres, ensuite sanctionnés par l'Église, ont voulu partager l'eucharistie avec les protestants. C'est aussi en Allemagne que s'est le plus développé le mouvement contestataire Wir Sind Kirche (« Nous sommes l'Église »). Il formule des demandes très progressistes (femmes ordonnées, fin du célibat obligatoire des prêtres, etc.) qui aboutiraient, si elles étaient adoptées, à un rapprochement doctrinal avec l'Église protestante. Il réclame un autre fonctionnement de l'Église catholique, chacun ayant voix au chapitre devant être consulté. Il parle des « droits » et des « devoirs » des croyants à cet égard.

D'éminents théologiens catholiques allemands sont fameux au-delà des frontières pour leur remise en question de certains dogmes et du fonctionnement de l'Église : le célèbre Hans Küng, pourfendeur du centralisme et conservatisme du Saint-Siège, mais aussi le théologien psychothérapeute catholique Eugène Drewermann. Ce dernier, qui a été une fois comparé à un nouveau Luther, a formulé des interprétations audacieuses sur l'Évangile, dénonçant des carcans et le refoulement de névroses.

Comme au XVIe siècle mais sans la violence d'alors, le terrain théologique reste donc fertile en idées et en contestation.

Et cela encore plus depuis qu'un éminent théologien est élu en 2005 sur le trône de Pierre. « Wir Sind Papst », « Nous sommes pape », proclame alors avec humour *Bild Zeitung*.

L'élection du cardinal bavarois Joseph Ratzinger sur le trône de Pierre en avril 2005 a créé une onde de choc et très vite une certaine vague de sympathie mêlée de fierté. Benoît XVI est certes la bête noire des contestataires et des protestants. En même temps il est allemand, philosophe, connaît leurs arguments. Ils savent qu'ils auront face à eux un connaisseur. Entre lui et eux pourra régner une dialectique, où les arguments de l'adversaire seront compris, analysés… Peut-être espéraient-ils une compréhension plus grande que de la part du Polonais Karol Wojtyla.

Certains Allemands se sont trouvés lors de l'élection de Benoît XVI face à une réalité qui les énerve, face à leurs préjugés : la Bavière, avec son conservatisme, ses traditions, ses calvaires, ses processions, les angélus, l'encens et les bénédictions. Certains Allemands du nord se sont rappelé le *Kulturkampf* (« conflit des cultures ») de la fin du XIXe siècle avec un catholicisme du sud hostile au progressisme de l'État prussien. D'autres conservent encore en eux l'image, en grande partie injuste, d'un catholicisme qui aurait été particulièrement rallié au nazisme.

L'expérience précoce de la dictature a fait en tout cas de Joseph Ratzinger un pessimiste radical sur le destin de l'homme, dès lors, explique-t-il, que celui-ci prétend compter sur ses propres forces et n'avoir plus besoin de Dieu. Après le nazisme et le stalinisme, il ne pourra s'empêcher de voir en Mai 68 une nouvelle tentative folle pour faire un « homme nouveau » détaché de la Loi divine. Cette « révolte contre le père » des contestataires ne trouvera pas crédit à ses yeux. Tout son règne va être dominé par une grande méfiance vis-à-vis des révolutions quelles qu'elles soient, le refus de céder aux idées du temps, une approche réfléchie et lente, à l'abri des pressions idéologiques. Ce qui suscitera une certaine déception en Allemagne parmi les intellectuels. *Der Spiegel* l'appellera un jour *der Entrückte* : autrement dit « le déphasé », « le déconnecté ».

Au début de son règne, des évêques catholiques lancent des « bouteilles à la mer » comme s'ils cherchaient des impulsions pour l'avenir. Même le chef de l'Église catholique, Mgr Robert Zollitsch, déclarait au printemps 2008 que le célibat des prêtres n'était pas un dogme inscrit dans le marbre ni « théologiquement indispensable ». Très prudemment, sans illusions, il ouvrait ainsi une porte à un débat. Mais Joseph Ratzinger ne répondait pas à ces appels.

Avant son élection, le cardinal bavarois, alors préfet de la Congrégation pour la doctrine de la foi, avait irrité la communauté évangélique avec le document *Dominus Iesus.* Ce texte publié en l'an 2000 caractérisait les Églises protestantes comme des « communautés » ecclésiales et non des Églises à part entière. Beaucoup de pasteurs ne le lui pardonnent pas. Et la pensée protestante continue a contrario d'énerver l'Église de Rome. Mais il n'en reste pas moins que le dialogue entre Rome et les luthériens est sérieux, approfondi, sans tricherie, sous Benoît XVI, pape théologien. Les protestants sont décontenancés par un personnage complexe, à la fois sévère et doux, qui manie le dogme et la raison, qui chérit les traditions mais semble à l'écoute des fractures du présent.

En Allemagne, la méthode de pensée de Martin Luther est donc, cinq siècles plus tard et de manière pacifique, toujours le ferment d'un débat multiforme parmi les croyants et dans la société. « Qui veut aller à la source doit naviguer contre le courant », expliquait à l'été 2010 Monika Schulz-Linkholt, une militante catholique du mouvement de base Wir sind Kirche, dans une invitation à d'autres contestataires à remonter le Rhin en bateau pour réfléchir ensemble à la nécessité de dialoguer et de s'interroger sur certains dogmes.

La remise en cause inspirée de Luther se retrouve à de multiples segments de la société, y compris dans le monde politique. L'Union chrétienne-démocrate CDU, le parti du catholique Helmut Kohl et de la protestante Angela Merkel, est ainsi traversée d'un petit *Kulturkampf* : la traditionnelle hégémonie catholique y est plus contestée qu'avant par les évangéliques, qui apportent avec eux d'autres idées et conceptions sur des thèmes de la vie sociale.

Chapitre 5

Berlin, capitale excentrique et excentrée

L'Allemagne a une capitale qui diffère de toutes les villes allemandes, et sans doute de toutes les grandes villes européennes. Son emplacement géographique, loin du centre du pays, au milieu d'une région peu peuplée aux portes de la Pologne, mais aussi son atmosphère propre, la nonchalance, la négligence et la tolérance, en font une ville atypique et pour cela aimée à l'étranger.

Un bref souvenir : il y a quelques années, j'étais allé voir un vieux film en noir et blanc des années vingt sur Kastanienallee, une rue animée, assez branchée mais au charme décrépit, aux confins des quartiers de Mitte et de Prenslauer Berg : la salle était minuscule. On y payait 2,50 euros l'entrée. On n'était pas plus de dix spectateurs, enfants et adultes. On pouvait s'enfoncer dans de profonds fauteuils un peu défoncés. La porte vers la rue restait entrouverte et on avait derrière soi le spectacle de la grande bobine tournant sur elle-même. On se croyait revenu à l'époque du film muet. Au bout de cinq minutes, le film cassa. Il fallut attendre un quart d'heure pour qu'il soit recollé. Tout cela sans énervement, dans la bonne humeur. C'était une atmosphère typiquement berlinoise.

Autre image contradictoire, très moderne au contraire, de Berlin. Chaque matin, à 7 ou 8 heures, j'avais pris goût à un petit film d'une vingtaine de secondes qui annonçait le *Morgenmagazin*, l'émission d'actualité du matin sur les chaînes publiques ARD et ZDF, et qui faisait oublier un instant la grisaille du long hiver. Dans des teintes bleu et acier design, il montrait un Berlin moderne et facile sous une lumière complice, clean et réconfortante : coupole du Reichstag dans le soleil frisant de l'aube, S-Bahn fuselé dont les portes s'ouvrent sans bruit, café fumant, sourires complices d'une jeune femme et d'un jeune homme tous deux charmants, à travers les vitres d'une rame. Une initiation en douceur à une capitale du XXIe siècle, où la vie s'écoulait, en apparence bien organisée, sans stress excessif.

C'est cette ville de 3,5 millions d'habitants « pauvre mais sexy », comme l'a dit son maire homosexuel Klaus Wowereit, vers laquelle les jeunes européens, et notamment français, « easyjettent » par milliers. Ils affluent pour saisir un peu de cette ambiance à la fois contemporaine et chargée d'histoire, aller danser dans des discothèques dans des entrepôts, louer – et parfois acheter – un petit loft pour un investissement modique. Ou tenter une carrière de peintre, de sculpteur.

D'autres villes de ce pays ont leurs traditions d'élégance et beaucoup de charme, la portuaire Hambourg et la confortable Munich en tout premier lieu. Berlin a peu de tradition d'élégance : au contraire, une tradition de négligé et d'impertinence. Mais elle a beaucoup de mystère et d'inachevé, qui plaisent. Un rythme aussi étonnamment tranquille pour une métropole européenne et un coût de la vie encore relativement bas.

Métropole parmi les plus créatives du monde, elle reste encore, vingt ans après la chute du Mur, un perpétuel chantier troué de *no man's lands*, ville de brèches, patchwork surprenant qui ne semble jamais avoir totalement recouvré son unité.

Les statues d'ours colorées – l'ours est le symbole de la ville – d'Ottmar Hoerl, dispersées en ville et qui étaient destinées à en égayer les avenues, n'ont rien pu y changer : Berlin garde des cicatrices profondes, celles omniprésentes du Mur, et auparavant de la Seconde Guerre mondiale.

Le bunker d'Hitler, dans lequel il s'est suicidé fin avril 1945, est signalé par une seule pancarte explicative que la ville a longtemps hésité à installer pour ne pas attirer les nostalgiques. Il est tout proche des centaines de stèles grises de hauteurs inégales de l'Holocaust Mahnmal, le Mémorial de l'Holocauste. Il n'est pas loin non plus de ce qui n'était devenu qu'une petite colline herbue dissimulant un tas de ruines : le sinistre siège de la Gestapo. À proximité aussi se trouve le ministère de l'Aviation de Hermann Goering, solennel, classique, hostile, devenu le ministère des Finances. Il permet bien d'imaginer l'ambiance de ce quartier gouvernemental sous Hitler. Quant au Mur, son tracé est signalé. Des alignements de pavés. Un itinéraire touristique est désormais organisé.

Partout, quartiers animés alternent avec zones de silence et d'abandon. Quand le métro aérien par le sud contourne la Potsdamer Platz et ses tours futuristes, jadis place trépidante redevenue un centre animé à l'américaine, des terrains vagues bordent encore des immeubles modernes et décatis.

Même impression près de la gare de l'Est, l'Ostbahnhof, où, la nuit, la ville semble fantomatique. Un cadre parfait pour film policier. À proximité du pont de brique de l'Oberbaumbrücke et du quartier branché de Friedrichshain, les vestiges tagués de 1,3 kilomètre de Mur, l'East Side Gallery, cachent, en bord de Spree, une plage de sable avec son bar à la mode. Sur l'un des pans de ce Mur, Honecker et Brejnev se font la bise.

Dans le quartier gouvernemental du Spreebogen, devant la chancellerie moderniste et sans charme des architectes berlinois Alex Schultes et Charlotte Franck, le vaste espace reste planté d'arbres encore chétifs.

Quant à l'Alexanderplatz, surnommée familièrement « Alex », autre lieu trépidant du Berlin d'autrefois, elle forme à la stalinienne un centre trop vaste et hétéroclite pour être agréable à l'œil ou au pas. En hiver, quand le vent glacé souffle, on imagine mieux la chape de plomb que pouvaient ressentir les citoyens de l'ex-RDA et on a envie de fuir.

Après 1989, Berlin avait pourtant réussi le défi de connecter rapidement ses principales infrastructures divisées et de se doter d'un plan de développement urbain cohérent. Elle a été rapidement une ville fonctionnelle aux larges axes de circulation. L'État y a largement investi, voyant dans sa nouvelle capitale un objet de prestige. Mais les projets d'implantation de grandes entreprises, à quelques exceptions près, et la croissance attendue de la population, ont fait long feu.

Berlin a accumulé une dette faramineuse : trop de structures en double, comme ses opéras. Elle travaille encore au chantier d'un grand aéroport international. La ville, même dans ses points névralgiques, ne trépide pas, les rues connaissent rarement les encombrements. Beaucoup de bureaux de Mitte, le quartier central, portent toujours des affiches scotchées sur leurs vitres : *zu vermieten*, « à louer ». Les boutiques et les restaurants y ouvrent et ferment à un rythme rapide, faute de trouver des clientèles suffisantes. C'est ce qui contribue à rendre Berlin à la fois fascinante et déprimante : cité que ne cesse de se transformer mais qui n'a pas retrouvé d'unité et pâtit ici et là, à l'Est comme à l'Ouest, d'une reconstruction laide et hâtive d'après-guerre. C'est ce même inachevé qui séduit par son authenticité.

Ce que le voyageur, qui n'ira jamais jusqu'au quartier défavorisé de Marzahn à l'est ou de Pankow au nord, ne saura jamais, c'est que Berlin est une ville plutôt pauvre, où les sans-emploi sont quelque 14 % de la population et les personnes dépendantes de l'aide sociale 20 %. Seul un voyage sur certaines lignes de métro le lui fait entrevoir.

Si, dans la partie orientale, le délabrement est plus grand et les espaces à l'abandon plus nombreux, des joyaux s'y laissent découvrir en plus grand nombre que dans l'ancien Berlin-Ouest. Celui-ci semble affligé par la laideur, avec son centre commercial sans charme entre la gare de Zoo et ce qui a été le plus grand magasin d'Europe occidentale, le KaDeWe (Kaufhaus des Westens), vitrine du capitalisme et de l'abondance.

Cependant, à l'Est, le quartier rénové mais minuscule de Saint-Nicolas (Nikolaï Viertel) ou la prestigieuse avenue Unter den Linden bordée des monuments baroques de l'université Humboldt, ne suffisent pas à donner à Berlin de la chaleur. Berlin manque d'ancien.

Peut-être Berlin, avec ses grandes avenues qui se croisent à angle droit, n'a-t-elle jamais été chaleureuse ? « Épouvantable désert minéral » : c'est ainsi que la qualifie dans son Journal Joseph Goebbels lui-même. Il écrit cela quand il se rend à Berlin en mars 1925, bien avant qu'il devienne ministre de la Propagande et que sa voix tonne depuis cette ville qui lui est au fond étrangère. C'est une cité, surtout en hiver, qui garde une froideur en apparence, un aspect déprimant sous un ciel bas.

En raison de dimensions qui n'ont rien d'intime, Berlin s'est vu souvent regardée de façon distante par une province, volontiers fière de ses trésors inconnus et du confort local de ses vieilles cités. Cette province a fait valoir les atouts de ses villes avec lesquels Berlin ne peut rivaliser : ruelles tortueuses, collines, maisons de guingois. Elle se méfiait de Berlin sous le Reich de Guillaume II, elle ne l'aimait pas beaucoup non plus sous Weimar.

Si elle l'aime davantage aujourd'hui, si ses « a priori » sont moins grands désormais, ce n'est pas encore complètement sans réticences. De Bamberg à Aix-la-Chapelle ou à Münster, on se moque encore parfois de la raideur prussienne, des relents de militarisme qu'on croit percevoir dans l'atmosphère des administrations. D'autant qu'on fustige aussi dans les milieux conservateurs la réputation sulfureuse, les mœurs très libres de la ville, si appréciés par ailleurs. Paradoxe en apparence. Envies cachées. On retrouve celles-ci chez des personnages de romans célèbres, montés de province à Berlin s'y encanailler ou y apprendre la vraie vie, quitte à la dénigrer ensuite, tel Diederich Hessling, le *Untertan* (le sujet) de Heinrich Mann.

Pour mieux sentir son caractère d'aujourd'hui et le mélange attachant qui relie à Berlin passé et modernité, il faut plonger dans les cours d'immeubles au fond des quartiers multiculturels de Wedding ou de Kreuzberg, à l'ouest. Ou encore parcourir Prenzlauer Berg, ancien quartier populaire où les immeubles noirs de suie et criblés de balles ont été restaurés et repeints avec des couleurs pastels.

Architecturalement, Berlin reste une des villes les plus novatrices au monde. Renzo Piano, Ieoh Ming Pei, Norman Foster, Christian de Portzamparc, David Chipperfield, Peter Eisenmann, Helmut Jahn, Meinhard von Gerken et beaucoup d'autres encore sont venus apporter leurs talents. Des ambassades futuristes comme l'ambassade commune des pays scandinaves, à l'orée du Tiergarten, ont rivalisé d'audaces. Berlin est un laboratoire architectural. Il s'agit tantôt de ré-habiter des terrains nus et de leur donner vie, tantôt d'intégrer l'ancien dans du moderne, ou d'agrémenter l'ancien d'audaces modernistes.

C'est aussi la ville des paradoxes teintés de nostalgies : ainsi en est-il du Tacheles, sur l'Oranienburgerstrasse (quartier de Mitte), cet ancien squat installé dans les ruines de ce qui restait d'un grand magasin destiné à être démoli il y a vingt ans. Aujourd'hui ce lieu d'art non conformiste à l'apparence abandonnée n'incarne plus réellement l'idéal du Berlin alternatif. Il y a bien d'autres lieux plus alternatifs, moins chers, moins branchés, plus authentiques.

Ainsi en est-il surtout du *Palast der Republik* (« Palais de la République »), ancien siège du parlement de la RDA, au bout d'Unter den Linden, au bord de la Spree, énorme cube de vitres sombres fort laid, qu'on ne pouvait pas manquer.

Ce centre symbolique de la politique et de la culture de l'ancien régime a disparu corps et biens, en dépit des pétitions « ostalgiques ». Il a été regretté par des historiens, par une partie des habitants aussi – « Ossis » comme « Wessis » – d'une ville dont le cœur bat surtout à gauche. Une cité qui honore encore la mémoire des dirigeants sociaux-démocrates Karl Liebknecht et Rosa Luxembourg, assassinés fin 1918. Elle ne voit pas pourquoi, une fois de plus, il faudrait faire table rase d'une portion de la mémoire collective. À l'instar de ce qu'avaient précisément fait en 1950 les communistes de Walter Ulbricht quand ils avaient détruit le château des souverains Hollenzollern … pour y édifier le *Palast der Republik.*

Une reconstitution du château des anciens rois de Prusse, faisant face à la cathédrale protestante et à l'île aux musées, doit remplacer ce temple de la RDA, mais elle est retardée faute de budget fédéral, en cette période d'économies. En attendant que cette façade baroque flambante neuve, qui donnera accès à un lieu d'expositions et de culture, voie le jour, une grande pelouse de gazon permet aux jeunes Berlinois de se défouler, dans ce quartier trop vaste envahi par les hordes de touristes.

Certains voient dans la réhabilitation du château un signe funeste, un hommage inutile à une gloire passée, militariste et discréditée, une volonté de magnificence, qui ferait tache.

Malgré toutes ces déceptions, le fait que Berlin ne soit pas complètement « gentrifiée », artificielle, que la pression de l'argent n'y soit pas encore trop pesante, conduit les jeunes Européens et beaucoup de jeunes Allemands de l'Ouest à en raffoler.

C'est dans les arrière-cours qu'ils découvrent ce que Berlin recèle de meilleur, comme écouter un soir d'été un quatuor à cordes dans un ancien atelier industriel rénové, en dégustant une bière Radeberger.

Tous les Allemands ne se reconnaissent certes pas dans Berlin capitale, dans sa morgue moqueuse, son semblant de paresse nonchalante, ses débats, sa fantaisie et sa tenue négligée. Pour certains et pas seulement pour la Bavière catholique qui rumine un conflit ancien avec la Prusse, cette *Weltstadt* (ville de rang international) est vue avec méfiance. Elle illustre pour d'autres le laisser-aller, rappelant les tribulations de la République de Weimar. Pour d'autres encore le retour de l'arrogance du IIe Reich wilhelmien, ou une pensée trop d'avant-garde.

Est-elle aussi restée « ce cerveau toujours en mouvement, produisant de la nourriture intellectuelle » dont témoignera en 1948, soit trois ans seulement après la guerre, l'écrivain et journaliste autrichienne Hilde Spiel [70], en se promenant sur le Kurfürstendamm et en constatant l'intense activité culturelle ? Oui, il semble que la vie intellectuelle et artistique ne s'y arrête guère.

Aujourd'hui, concerts et films sur écrans géants se multiplient dans les parcs, les hangars de brique rouge résonnent de musique heavy metal ou techno, les jeunes de toute l'Europe refont le monde à 2 heures du matin

70. Spiel (Hilde), *Nachts eine Mondlandschaft*, dans le recueil de textes *Berlin. Europa Erlesen*, Wieser Verlag, Klagenfurt, 1998.

dans des cafés bondés. On peut même assister à une représentation de la *Flûte enchantée* dans une station de métro en travaux.[71]

Beaucoup d'Allemands applaudissent cette ville si vivante qui les attire. Certains provinciaux s'énervent au contraire d'une telle effervescence, alors qu'ils n'ont aucune raison d'être jaloux, la province ne cessant de s'enrichir de nouvelles créations et musées, même si ceux-ci n'ont pas le parfum ou la vogue de ce qui se fait dans la capitale.

Pour les enthousiastes, cette cité montre le chemin : elle est l'étoile qu'il faut suivre, elle incarne l'Allemagne tolérante, multiculturelle, imaginative, détendue et sans esprit de clocher qu'ils souhaitent. Avec son histoire agitée, frondeuse, et parce que le pouvoir politique et – de plus en plus – intellectuel s'y installe – éditions, grands journaux –, elle ne laisse personne indifférente. Elle fait débat, et donc fait partie de l'identité quotidienne.

Elle contribue à « déprovincialiser » l'Allemagne, imprègne sa vie quotidienne du nord au sud à chaque bulletin d'informations, que ses citoyens le veuillent ou non. Elle leur pose en permanence la question fondamentale de la manière dont ils envisagent l'avenir de leur pays très décentralisé et multiple : celle de son rayonnement, de ses valeurs, de sa puissance, de son unité.

71. L'opéra de Mozart *Die Zauberflöte* a été monté en avril 2008 à la station de U-Bahn Bahnhof Bundestag par le réalisateur Christoph Hagel, avec le Berliner Symphoniker.

TROISIÈME PARTIE

DE LA FAUTE À LA RÉCONCILIATION

Un travail incessant sur l'histoire

Les Allemands ne veulent plus être vus seulement par le prisme de leur passé. Ils demandent à être traités comme un peuple normal. Le Mondial de football a universalisé cette image d'un peuple décomplexé, réconcilié avec lui-même, différent aussi de la génération plus engagée de 1968 : celle de ces Allemands dont le père était tombé au front ou compromis avec le nazisme, et qui ne voulaient plus faire d'enfants, jetaient sur le monde un regard désespéré, et dont les cousins étaient enfermés derrière un rideau de fer et un mur.

Les deux derniers chanceliers, Gerhard Schröder et Angela Merkel, l'un orphelin d'un père soldat tombé en Roumanie, l'autre née après guerre et ayant vécu de l'autre côté du Rideau de fer, ont surmonté chacun à leur manière le refus du passé. Ils ont voulu faire aimer une Allemagne moderne, plus heureuse, sortie des sortilèges du nazisme, reliée à ses meilleures traditions. Ils y ont contribué.

Rien n'est simple cependant, la réconciliation avec soi-même n'est pas évidente pour tous ; comme on l'a vu, la haine de soi persiste dans la société.

Le passé n'est cependant plus vu de manière aussi traumatique, il est même ignoré superbement par certains des plus jeunes, qui semblent parfois des extra-terrestres quand on les interroge sur le passé. C'est pourquoi les générations qui gouvernent l'Allemagne maintenant ont la volonté de décrire et d'inscrire concrètement le souvenir de ce qui a été, pour qu'il demeure une leçon ineffaçable : elles soutiennent de nombreuses recherches et initiatives en ce sens.

Ce travail se fait de manière plus dégagée qu'avant. Et les analyses s'affinent sans cesse, afin de comprendre ce qui s'est produit exactement entre 1933 et 1945, et après, dans la République de Bonn, et dans la République « populaire » de Berlin-Est.

Alors que le thème de la Shoah et des raisons du nazisme reste très à vif et qu'il est toujours extrêmement délicat et douloureux de se prononcer à leur sujet, la plupart des Allemands écartent généralement les deux thèses les plus extrêmes : celle d'un « peuple d'assassins » que soutient par exemple le chercheur américain Daniel Goldhagen[72]. Mais aussi la thèse trop facile d'une « bande de criminels » à laquelle certains essaient de réduire le nazisme. Ils savent que beaucoup de leurs grands-parents ou arrière-grands-parents ont été au moins fautifs d'adhésion molle et d'adulation totale à une dictature de fer. De racisme, et parfois de bien pire.

72. GOLDHAGEN (Daniel) a exposé ses thèses dans deux livres polémiques, *Hitler's willing executioners. Ordinary Germans and the Holocaust*, Vintage book USA, 1996 et *A moral reckoning. The Role of the Catholic Church in the Holocaust and Its Unfulfilled Duty of Repair*, Vintage book USA, 2002.

Chapitre 1

La République de Bonn et ses démons

Bonn et son quartier gouvernemental assoupi au bord du Rhin. Le journaliste français ferme les yeux et revoit la bruine sur la petite capitale provisoire de l'Allemagne fédérale dans les années 1985-88. Pas loin, la place du Marché et la maison natale de Beethoven, pas loin non plus les longs bâtiments crépis ocre orange de l'université. Vers le nord les zones industrielles, Cologne, la grande ville, la Ruhr. Vers le sud, Bad-Godesberg, le quartier des ambassades, puis le Drachenfels, le Rhin romantique, Coblence, la Rhénanie-Palatinat et ses vignobles. Le long de la ville, parallèle à la nationale, la B9, la voie de chemin de fer nord-sud. Quand les passages à niveau sont fermés, la vie s'arrête à Bonn. L'ennui sous le crachin. Simenon aurait-il pu choisir Bonn pour ses romans ? Le Carré l'a fait une fois. Mais la nuit, l'été, le long de la voie ferrée, c'est la campagne : dans la lumière des phares du vélo, on aperçoit les culs blancs des lapins qui s'échappent dans les taillis. Et le Rhin, sous la lune, charrie des péniches et des rêves.

De John Le Carré à Heinrich Böll, cette « petite ville en Allemagne[73] » (titre d'un roman du premier) a été immortalisée, brocardée, avec sa gare de poche, sa fausse placidité, ses fonctionnaires cravatés et ses souris grises espionnes. Ce lieu exigu était le cœur d'enjeux majeurs. Au Palais Schaumburg, puis dans la nouvelle chancellerie de verre à côté, au-delà de la sobre statue d'Henry More *Large two forms* – symbolisant l'interconnexion

73. Le Carré (John), *Une petite ville en Allemagne* (1968), Paris, éditions Le Seuil, coll. « Cadre vert », 2005.

des deux États allemands – des dizaines de décisions historiques ont ponctué l'histoire d'une grande puissance en devenir : de la riposte d'Helmut Schmidt à la Fraction armée rouge en 1977 à la Réunification décidée en 1990 par Helmut Kohl. François Mitterrand et d'autres grands de ce monde sont venus s'adresser au Bundestag voisin.

Bonn dans les années quatre-vingt et maintenant ? Bonn n'a guère changé en apparence, mais c'est largement une coquille vide. Seules s'y sont installées depuis 1996 des organisations de l'ONU – sur les questions climatiques et la protection des espèces notamment, des cétacés aux chauves-souris – ainsi que des musées. Il reste certaines ambassades et des sections de quelques ministères (défense, santé notamment).

Les stations de métro, le long de la B9 entre le centre et Bad-Godesberg, sont toujours si silencieuses et si propres que l'on pourrait manger et se coucher à même le sol, la nuit, sans se salir.

C'est à Bonn qu'était demeuré, jusqu'au déménagement à Berlin mené par étapes à la fin des années quatre-vingt-dix, le centre du pouvoir de l'Allemagne, cette « République de verre » réputée pour sa transparence. C'était là que Konrad Adenauer avait installé la cabine de pilotage de ce géant économique et de ce demi-nain politique.

Pourquoi parler encore de Bonn ? Parce que cette ville est symptomatique de l'Allemagne de l'après-guerre, par son atmosphère, par la décentralisation qu'elle incarne, par sa volonté de correction, par les combats qui y ont été menés.

La petite République de Bonn d'Adenauer à Kohl : il faudrait cinq mille pages au moins pour tout dire de cette histoire-là – la guerre froide, la réconciliation franco-allemande, la *Westpolitik* d'Adenauer et l'*Ostpolitik* de Brandt, la Réunification… Mais on insistera plus ici sur les trois démons qu'elle a dû longtemps affronter, puis terrasser avant de trouver son épanouissement : les nazis reconvertis, installés dans ses rouages, l'action de sape de la RDA et le terrorisme de la Fraction armée rouge.

Heure zéro, courage et refoulement

On vient de très loin en 1945, après la capitulation nazie. C'est « l'heure zéro » à tous points de vue. Il faudra attendre 1985 et un discours du président Richard von Weizsäcker, fils lui-même d'un grand diplomate du régime hitlérien, pour que l'Allemagne reconnaisse que cette date n'était pas seulement celle de la catastrophe mais aussi d'une « libération ». Jamais cela n'avait été dit avec une telle netteté par la plus haute autorité de l'État. Bien évidemment, toute l'Allemagne était farouchement antinazie alors. Mais l'amertume demeurait quant à ce jour du 8 mai 1945, à l'humiliation suprême qu'avait été une capitulation sans condition.

Après la défaite, l'Allemagne est totalement exsangue, épuisée. L'État fédéral n'existe pas encore, il sera créé en 1949. Partout des décombres que l'on déblaie, des réfugiés sur les routes, les arrivants de l'Est qui ont fui l'Armée rouge. Des bureaux de la Croix-Rouge pris d'assaut, des hordes d'orphelins, des colonnes de véhicules militaires alliés. Les gens ont faim et froid aussi. L'écrivain Günter Grass, dans son récit autobiographique *Pelures d'oignon*[74], a décrit cette pérégrination qu'il a lui-même vécue : embauché pour des travaux salariés dans les mines de charbon, accueilli dans des foyers pour jeunes, retrouvant sa famille réfugiée dans un minuscule logement à l'ouest de l'Allemagne. Famille qu'il n'avait pas revue depuis sa jeunesse à Dantzig et dont il ne savait plus rien.

À Buchenwald, les habitants de la ville proche de Weimar sont convoqués en 1945 par les Américains au camp de concentration et doivent passer devant les monceaux de cadavres. Les nouvelles – et les images qui les étayent – de l'extermination à grande échelle des juifs d'Europe se mettent à circuler partout. Grass, alors en camp de prisonniers, témoignera de la difficulté pour de jeunes prisonniers de guerre comme lui d'y croire.

Les Allemands, anéantis matériellement, se referment sur eux, comprenant trop bien ce que les informations mettent au grand jour. C'est la révélation de

74. GRASS (Günter), *Pelures d'oignon*, Paris, éditions Le Seuil, coll. « Cadre vert », 2007.

leur faute. C'est l'atterrement de réaliser que ce régime les a entraînés jusque dans une politique d'extermination. C'est aussi l'impression d'anéantissement, de duperie, d'humiliation, éprouvée comme injuste, au milieu des deuils. C'est aussi pour certains la résistance du cerveau à une vérité brute aussi violente, l'impossibilité d'admettre. Ces attitudes sont le fruit de treize ans de lavage de cerveau nazi.

Hannah Arendt aura sur les années 1945-1950, dans son essai *Besuch in Deutschland* (*Visite en Allemagne*), ce jugement très dur qui met l'accent sur le refoulement par les Allemands de leur destin : « Au milieu des ruines, ils s'écrivent des cartes postales d'églises et de places qui n'existent plus. Ce manque général de sensibilité […] n'est que le symptôme le plus visible d'un refus profondément ancré, obstiné et parfois brutal, de se confronter aux faits. »

« La vision des villes en ruines et l'information sur les camps de concentration et d'extermination allemands, écrit encore la philosophe américaine d'origine juive allemande, ont recouvert l'Europe d'un voile de deuil profond. Mais nulle part ailleurs qu'en Allemagne ce cauchemar de destruction et de terreur n'est moins ressenti et nulle part ailleurs on n'en parle si peu[75]. »

Très vite alors, avec leur énergie coutumière, les Allemands retroussent leurs manches et reconstruisent. Les fameuses *Trümmerfrauen*, ces « femmes des ruines » qui forment d'immenses chaînes humaines pour déblayer les gravats avec des seaux, constituent une génération héroïque. On se servira d'elles pour faire la leçon aux nouvelles générations… Exemple d'une génération qui a refusé de se lamenter.

L'épuration aura lieu, mais sera somme toute limitée, compte tenu de l'étendue des crimes. Les *Spruchkammern*, tribunaux populaires mis en place juste après la guerre par l'occupant, condamnent modérément, et surtout pas

75. ARENDT (Hannah), essai d'abord paru en 1949 en anglais sous le titre : *The aftermath of nazi rule, report from Germany* puis en allemand, *Besuch in Deutschland*, Rotbuch, Eulenspiegel Verlagsgruppe, Berlin, 1993.

les plus coupables. On a besoin de compétences. Durant la période allant de 1949 à 1954, 6 500 personnes seulement seront condamnées contre 84 000 acquittées ou blanchies par des tribunaux. Une volonté de tourner la page est manifeste. Des juges, de hauts fonctionnaires nazis sont laissés en liberté ou libérés de prison, et, bénéficiant d'amnisties, reprennent discrètement leurs fonctions. Hans Globke, un des rédacteurs des lois raciales de Nuremberg, devient secrétaire d'État à la chancellerie. Certains autres se lancent dans la politique au sein de la CDU, voire du SPD. La chasse aux anciens nazis va bientôt tarir quasiment. Ne pas trop poser de questions pour ne pas freiner la reconstruction qui a toute priorité…

Il faut « en finir avec le reniflage du nazisme », martèlera un jour de 1952 Konrad Adenauer, le vieux chancelier au visage austère qui ne peut pas être soupçonné de sympathies nazies. Il exprime un point de vue partagé par beaucoup.

Face aux nuages de la guerre froide qui s'annoncent rapidement à l'Est, entre 1946 et 1949, la nation étant menacée de division, les vainqueurs et alliés occidentaux acceptent de consolider la nouvelle classe dirigeante mise en place dans les zones occidentales pour préparer le nouvel État, même si elle n'est pas complètement dénazifiée.

Le gouvernement Adenauer attache alors le plus solidement possible le petit esquif encore fragile au grand paquebot de l'Ouest, aux États-Unis, à l'Europe, et aux valeurs qu'il véhicule, face au danger communiste. C'est la fameuse *Westbindung*, l'ancrage à l'Ouest.

Le vieux chancelier veut donner à son Allemagne isolée une famille, plutôt que de la laisser voguer seule, corps informe et faible, entre l'Est et l'Ouest, à la merci de tous les marchandages et pressions. Sans doute cette vision de l'Histoire est-elle un des grands mérites d'Adenauer.

Le refuge des valeurs conservatrices

Dans les premières années d'après-guerre, les défis concrets s'accumulent, s'ajoutent les uns aux autres. Un effort de solidarité s'impose à la société ouest-allemande, de manière très lourde. Les paysans et les citadins de l'Ouest doivent accueillir des millions de déplacés de Prusse orientale, de Silésie, de Poméranie, des Sudètes. Beaucoup de gens se serrent dans des camps et dans des maisons à moitié détruites. Cette solidarité forcée est parfois mal vécue, elle est ressentie comme un nouveau mal imposé, elle crée de nombreux conflits. Les arrivants sont parfois traités d'*Ostschweine* (« porcs de l'Est »).

La population, dépassée, se tourne souvent vers les valeurs conservatrices, incarnées par les Églises. Celles-ci et leurs organismes caritatifs sont restés encore puissants, complétant les institutions publiques. Des centaines de milliers de jeunes orphelins ou jeunes abandonnés traînent à travers le pays. Ils y seront redressés. Parfois ils trouveront un havre où ils se reconstruiront, parfois l'enfer et le sadisme. L'époque est dure et pressée.

Après le nazisme qui avait proposé une sorte de religion sans Dieu, la religion chrétienne, maillon social essentiel par ses nombreux instituts et organismes, redevient une valeur refuge pour certains.

Psychologiquement, la population allemande est en quête de pardon, ainsi que d'une morale stricte, rigoureuse, correcte : elle languit après l'*Anständigkeit* (« correction ») et l'*Aussöhnung* (« réconciliation »). Les Églises proposent, permettent le pardon, la repentance. Hommes et femmes de bonne volonté et anciens nazis occuperont côte à côte les bancs des Églises, écoutant pasteurs et curés prêcher la bonne parole.

La société ouest-allemande, toute consacrée à reconstruire, se résout volontiers à ne pas dire tout ce qu'elle sait et à ne pas savoir tout ce qu'elle devrait savoir : c'est ce que lui reprochera l'idéologue de la Fraction armée rouge, la brillante journaliste d'extrême gauche Ulrike Meinhof. « Un peuple de demi-informateurs et de demi-informés […], tous si encombrés de préjugés, si environnés de tabous, si empêtrés d'illusions[76] », dénoncera-t-elle. Cette

76. Extrait des *Textes de prisonniers de la Fraction armée rouge et dernières lettres d'Ulrike Meinhof*, éditions Maspéro, 1977.

société rejette l'extrémisme. Et le nouvel extrémisme, le nouveau bouc-émissaire s'appelle communisme.

Avec le retour à la religion, l'autre grande aspiration du moment est de renouer avec la prospérité. Le plan Marshall, la réforme monétaire de Ludwig Erhard permettent effectivement à cet espoir, qui aurait été jugé fou en 1945, de se concrétiser plus rapidement que prévu.

Dans le film *Le Mariage de Maria Braun* qui sortira en 1979, le réalisateur Rainer Werner Fassbinder décrira magistralement, à sa manière violente et sarcastique, le changement économique rapide de l'Allemagne dans les années cinquante et soixante : l'irruption par vagues de nouveaux produits de consommation – comme le réfrigérateur – dans les foyers, le goût frénétique de prendre possession de tous ces objets, l'expansion de l'esprit « nouveau riche ». C'est aussi la découverte d'un confort oublié, de la bonne vie entre soi, un matérialisme profond et dur allié à un conformisme petit-bourgeois et à une religion rassurante.

« Cordées » d'anciens nazis

La phase des premiers grands procès nazis est passée. On ne parle plus guère dans les écoles des années trop proches du nazisme. On vit dans une forteresse anticommuniste. La crainte des fusées russes, la peur de l'infiltration de la société par les communistes, alimentent les cauchemars collectifs.

Vers la fin de cette période, en 1966, Albert Speer, d'abord architecte du Führer, puis ministre des Armements de la production de guerre du Reich (donc chargé aussi de la production des armements dans les camps) entre 1942 et 1945, est libéré de prison. Le séduisant personnage a échappé à la pendaison au premier procès de Nuremberg, en exprimant des regrets habiles. Après avoir quitté le pénitencier berlinois de Spandau, il publie des *Mémoires* qui s'arrachent[77]. Il devient populaire. La remontée sur la scène

77. SPEER (Albert), *Au cœur du Troisième Reich*, Paris, éditions Fayard, coll. « Les grandes études contemporaines », 1971 pour la première traduction française.

publique de ce criminel de guerre au visage distingué, qui va jusqu'à s'inscrire au SPD, permet à certains Allemands de dire ce qu'ils pensaient tout bas : que certains dirigeants nazis voulaient faire quelque chose pour la grandeur de l'Allemagne mais ont été trahis.

D'anciens criminels nazis, qui taisaient soigneusement leur passé, redressent alors un peu plus la tête. Ils souhaitent bénéficier du même sort que Speer, être estimés, de façon à être protégés à leur tour d'éventuelles poursuites, dans une société complètement obsédée par le danger rouge. Leurs *Seilschaften*, leurs « cordées », leurs réseaux, leur ont déjà permis souvent de reprendre pied dans la société, discrètement. Ils étouffent les révélations compromettantes et font figure de citoyens modèles. Certains se savent cependant en sursis. Tel le sinistre docteur Werner Heyde, médecin-chef de l'opération d'euthanasie du Reich « T4 » (70 000 victimes entre 1939 et 1941), arrêté en 1959 après avoir été protégé longtemps par des collègues et des hommes politiques.

Je serai témoin de la cohésion d'une de ces « cordées » d'anciens nazis, à la fin des années quatre-vingt, quand j'observerai dans le petit village bavarois de Nesselwang une réunion d'anciens Waffen SS dans un confortable hôtel.

L'idyllique village alpin est en état de siège, la jeunesse de gauche antinazie venue de l'Allemagne entière proteste violemment, contenue par la police. Dans l'église, le père Johannes Burckardt, 81 ans, ancien matricule 29.758 à la section des prêtres de Dachau, tonne contre la SS, qu'il surnomme la « Semen Satanae », la « semence de Satan », qui accordait aux détenus « moins de valeurs qu'à des pierres ».

Mais, au cœur du village, avec une conscience en apparence tranquille, les anciens combattants d'élite du Reich, des vieillards élégants aux cheveux blancs, accompagnés de leurs épouses, prennent des photos. Ou bien ils discutent autour de bières de l'Ukraine ou de la jolie Normandie de leur jeunesse. Et quand on les interroge, ils se raidissent. Bien sûr ils n'ont rien fait de mal.

Un certain Kurt Meyer, vice-président du mouvement des anciens de la SS Totenkopf, une des pires divisions du corps d'élite, lancera, sur le perron de l'hôtel : « nous avons totalement bonne conscience. Je savais qu'à Auschwitz étaient installées des industries importantes pour l'Allemagne. S'il y a eu des détenus maltraités dans les camps allemands, les Allemands ont été maltraités dans les camps soviétiques et américains… »

Quant aux « moins que rien » qui protestent, ce sont des « punks » et des « communistes » qui ne savent rien de la vie et calomnient d'anciens soldats qui ont sauvé leur génération du péril rouge, martèlent en cœur les vieux camarades. « Il faudrait que leurs pères leur bottent le train », leur apprennent, au lieu de manifester, à travailler au service de notre bonne République.

« La SS, c'était un privilège », n'hésite pas à me raconter fièrement un ancien. « Sur vingt on en prenait deux ! On nous choisissait sur nos dents, sur nos forces physiques. Les autres, ceux qui avaient des hémorroïdes ou d'autres maladies, on les versait à la Wehrmacht ! » Quant aux victimes civiles, aux combats ?… On faisait simplement la guerre « aux premières lignes », le métier des armes. Rien de répréhensible.

Parmi les personnalités éminentes de cette rencontre, un certain ex-général Otto-Ernst Remer, mort en 1997, qui joua un rôle majeur dans l'écrasement de la conjuration du 20 juillet 1944, avait fait voter en 1950 des centaines de milliers de nostalgiques d'extrême droite pour son éphémère parti Sozialistische Reichspartei, puis devait être condamné pour avoir mis en cause l'Holocauste.

Ils se tenaient les coudes, ils n'étaient pas hommes à entrer au monastère et à se taire honteusement, ces puissants d'hier officiellement écartés. Non, ils se défendaient, ils attaquaient, ils se justifiaient avec les arguments connus : on n'a fait que notre devoir, on était des combattants, etc.

L'ère du soupçon

Il serait injuste d'affirmer, comme on le fait parfois aujourd'hui, que les grands partis ont été phagocytés par ces anciens partisans zélés d'Hitler, même s'il y a eu des infiltrés et même si leurs « cordées » étaient efficaces.

Mais, pour une partie des jeunes Allemands des années soixante, la classe politique conservatrice qui règne à Bonn, ces coalitions où cohabitent chrétiens-démocrates et libéraux, auxquelles se joignent les sociaux-démocrates entre 1966 et 1969, sont plus que suspectes. Ces gouvernements qui s'appuient plus ou moins sur l'amitié américaine, l'OTAN et la Communauté européenne sentent mauvais.

Ils sont les « complices de l'impérialisme » qui mène alors la guerre au Vietnam et soutient Israël contre les Palestiniens. Un impérialisme que ces jeunes Allemands lient facilement au fascisme, dans une logique marxiste et manichéenne datant de la guerre d'Espagne et opposant exploiteurs et exploités. Et la prospère République fédérale d'Allemagne, avec sa toile d'autoroutes, ses villages propres, ses scandales financiers, ses ventes d'armes, fait figure de monstre égoïste, réactionnaire. À cause de l'appartenance à l'OTAN, elle est pour eux militariste, même si la Bundeswehr est une armée citoyenne, aux droits bien limités.

La jeunesse est l'otage de manipulations : parallèlement aux anciens nazis qui ont intérêt à salir les gauchistes et les sociaux-démocrates, les services secrets du régime communiste de Berlin-Est mènent leur guerre de l'ombre (ils sont ce « deuxième démon » que la RFA a eu à affronter). Ils influent sur tous les milieux (syndicats, associations pacifistes, partis, églises), directement ou à leur insu, et aident les groupuscules extrémistes, afin d'affaiblir le rival capitaliste.

En 1967, en pleine guerre du Vietnam, lors d'une manifestation contre la venue du chah d'Iran, ami des États-Unis, à Berlin-Ouest, non loin du Deutsche Oper, un policier tira sur Benno Ohnesorg, un des protestataires, le tuant d'une balle dans la tête. La mort d'Ohnesorg devait être le « crime » ayant poussé une partie de la jeunesse à une révolte radicale contre le système. Le policier, Karl-Heinz Kurras, était considéré comme typique de ces policiers violemment anticommunistes, déchaînés contre les jeunes aux cheveux longs, excités dans leur haine par les articles de la presse Springer, dans ce théâtre de la guerre froide qu'était alors Berlin-Ouest. Kurras avait argumenté qu'il avait agi en légitime défense. Il avait été libéré. Or des dossiers des services secrets révèlent qu'il était un membre du parti communiste SED, un informateur infiltré à Berlin-Ouest de la police secrète du régime communiste…

Cette manifestation de 1967, d'autres du même type et les événements de Mai 68 en France, auront de profondes répercussions. Elles déboucheront sur beaucoup de radicalité en Allemagne. Tout ce renversement des valeurs sera vécu de manière très *grundsätzlich* (fondamentale, ou fondamentaliste). En France, il s'agit d'une révolte contre le père et ses valeurs figées. En Allemagne, c'est cela, mais c'est bien plus encore : une révolte contre le passé imposé, contre la guerre, contre les silences, contre une « réaction » encore puissante, contre la souveraineté limitée, contre la division imposée par l'Histoire.

Dans les universités, la fronde contre toutes les idées traditionnelles sera d'autant plus profonde. À Tübingen, des professeurs et théologiens éminents, à l'étiquette alors réformiste, comme le futur pape Joseph Ratzinger et le théologien Hans Küng, seront conspués. Tout ce qui était tenu auparavant dans la République fédérale pour des valeurs fondatrices, héritées du Reich wilhelmien – le respect, la discipline, la tradition, le respect des autorités morales –, est attaqué. Celui qui devait devenir Benoît XVI souffrira des « déviations nihilistes ». Il récusera qu'on puisse peser sur une même balance des idées révolutionnaires et des traditions millénaires. Le théologien Küng, futur contestataire de la rigidité vaticane, discernera au contraire dans ce bouillonnement un renouveau, tout en en condamnant les excès.

Après 1968, c'est donc une nouvelle époque qui débute dans cette Allemagne inquiète de la guerre froide, arc-boutée derrière le Rideau de fer.

Les Verts vont naître autour de la peur de la bombe atomique et des missiles de l'OTAN. De nouvelles communautés de vie essaiment aussi, comme les mouvements éducatifs radicaux et antibourgeois, à l'instar des écoles Waldorff.

« Die Revolution sind wir » (« La révolution, c'est nous »), clame le sculpteur Joseph Beuys [78]. Des écrivains comme Günter Grass et Heinrich Böll haussent le ton contre le refoulement par les Allemands de leur passé.

Alors qu'à la fin des années soixante l'essentiel de la classe politique est regroupé dans la « grande coalition » CDU-SPD-FDP, l'« opposition extra-parlementaire » (APO) va se développer.

Une toute petite frange de cette contestation va déclarer les hostilités armées au gouvernement de l'Allemagne, amalgamant conservatisme américanophile et fascisme. L'influence souterraine de la propagande anti-impérialiste de la RDA n'y est pas étrangère et l'encourage.

S'ouvre alors la plus grave crise de la République de Bonn. Ce troisième « démon », auquel la RFA est confrontée, est en quelque sorte l'avatar des deux autres « démons » qui empoisonnent son destin : l'influence des anciens nazis et celle des agents infiltrés de la RDA. La Fraction armée rouge (RAF) n'aurait en effet sans doute pas existé de cette façon et avec cette virulence sans ces deux groupes, l'un donnant une de ses justifications à son combat, l'autre étant complice objectivement bien que discrètement.

Ce seront les dix « années de plomb » de 1967 à 1977, culminant en septembre-octobre 1977 avec l'enlèvement puis l'assassinat par la Fraction armée rouge (RAF) du patron des patrons Hanns-Martin Schleyer, le détournement d'un avion sur Mogadiscio par un commando palestinien allié à la RAF, le suicide de ses chefs historiques dans le quartier de haute-sécurité de la prison de Stammheim, à Stuttgart. Une époque trouble où ces terroristes anti-impérialistes et antisionistes vont s'entraîner dans des camps palestiniens et bénéficient d'aides logistiques et de refuges dans la RDA, toujours heureuse de voir s'affaiblir le prospère voisin.

78. Devise de Joseph Beuys, qui a été le titre d'une exposition au musée d'art contemporain de la Hamburger Bahnhof à Berlin en 2008 et qui a été reprise par tous les artistes et penseurs de sa mouvance.

En 1981, un des films réalisés sur cette période traumatisante, *Les Années de plomb* de Margarethe von Trotta, donnera bien le ton de ce qui pouvait se passer au sein des familles et conduire à l'engagement terroriste : dans ce film qui a pour cadre la maison d'une famille de pasteurs, c'est le destin de la jeune Gudrun Esslin qui est relaté. Alors que sa sœur aînée Christiane est une journaliste de gauche et militante de la cause féminine, Gudrun se tourne vers la lutte armée. Elle ne voit pas d'autre solution, dégoûtée qu'elle est des mensonges de la précédente génération, des prêches inutiles, des compromissions avec le nazisme, du conservatisme anticommuniste acharné, des scandales financiers. Ce n'est pas un hasard si la révolte la plus radicale, la plus conséquente, est parfois née dans ces milieux religieux, plus exigeants en matière de justice sociale.

1977 : mort aux « cochons », victoire de la démocratie

Constater à quel point un groupuscule déterminé – de quatre-vingt activistes au grand maximum – qui a tué trente-quatre personnes, a pu mettre sur les dents l'appareil d'État, au point de sembler à l'automne 1977 menacer les valeurs démocratiques, est étonnant. Mais il faut rappeler le contexte, bien mis en relief par le film d'Uli Edel sorti en 2008, le *Baader-Meinhof-Komplex*, qui rappelle la violence, la tension et les soupçons d'alors, particulièrement en Allemagne de l'Ouest.

Dans les années soixante-dix, les institutions de la RFA, à l'avant-poste de la guerre froide, provoquées sans cesse par la présence de l'autre côté du Rideau de fer d'une Allemagne communiste rivale, se sont raidies, alors même que le chancelier Willy Brandt commençait à lancer sa politique audacieuse et réaliste d'ouverture à l'Est. La découverte à la chancellerie du super-espion Günter Guillaume, proche collaborateur de Brandt, incitera d'ailleurs les élites conservatrices à rester sur le qui-vive. C'est donc une société profondément polarisée, politiquement tendue. L'absence d'exutoire conduit à un état de guerre intérieure déclaré entre la frange la plus radicale de la jeunesse et le pouvoir.

Les activistes de la RAF veulent le conflit, le recherchent, utilisent le vocabulaire guerrier. Le policier, le soldat, l'homme politique, le juge ou le banquier, sont des ennemis du peuple, des *Schweine* (« cochons »). Face à ce groupuscule, certains décideurs – des juges aux hommes politiques –, que ces militants assimilent aux nazis, répondent sur le même registre, préconisant des solutions radicales, musclées, qui peuvent rappeler l'époque nazie. C'est en cela que les valeurs démocratiques inscrites dans la Constitution de 1949 auraient pu être menacées.

Le discours de Meinhof ou d'Esslin ne cesse de dénier toute sincérité au pouvoir. Pour les militants de la RAF, il ne fera ainsi pas de doute que les militants historiques de la RAF – Meinhof en 1976, puis Baader, Esslin, Raspe en 1977 – ont été assassinés en prison. Ils ne veulent pas accepter la thèse officielle de leurs suicides.

La radicalité de cette jeunesse s'explique aussi par l'influence sur la société du groupe Springer, avec son titre populaire *Bild Zeitung*, qui soutient sans faillir « l'impérialisme » américain. Ce n'est pas par hasard que la Bande à Baader va prendre Springer pour cible d'un attentat. Attentat contre la presse populaire, jugé une erreur stratégique au sein même de la Fraction armée rouge, dans la mesure où il est perçu comme une attaque frontale contre le peuple allemand lui-même.

Ulrike Meinhof, écorchée vive, intellectuelle intègre, résumera avec force les raisons de la haine de son mouvement contre la République de Bonn : « on vit dans ce pays comme s'il n'y avait pas d'autres alliés possibles que les pays de l'OTAN ; comme si le christianisme était quelque chose d'aussi évident que la publicité de Peter Stuyvesant ; comme si le national-socialisme était un regrettable faux pas ; le service militaire, une simple suspension des études et de la formation professionnelle ; le Bundestag, un comité technique d'experts ; la frontière Oder-Neisse, un produit de l'arbitraire soviétique ; la RDA, un rejeton monstrueux de la conspiration communiste universelle [79] ».

---

79. Extrait des *Textes de prisonniers de la Fraction armée rouge et dernières lettres d'Ulrike Meinhof*, éditions Maspéro, 1977.

Le chancelier Helmut Schmidt sortira vainqueur en 1977 de la partie la plus dure de cette guerre interne, grâce à sa fermeté et à son habilité, refusant de céder aux terroristes, mais aussi aux pressions des plus conservateurs de la classe politique, qui voulaient adopter des méthodes expéditives.

Pour ce social-démocrate, la République fédérale, même si elle était menacée, même si elle devait tout faire pour battre le terrorisme d'extrême gauche, devait rester pointilleuse sur le respect de ses droits fondamentaux. C'était le consensus sur lequel la République d'après-guerre était fondée, en réaction à l'arbitraire du nazisme.

Helmut Schmidt remporte là un grand succès. Le débat sur les droits fondamentaux s'enflamme encore aujourd'hui dès qu'un homme politique donne l'impression qu'il veut passer outre à ces droits. Il y a trente ans, Schmidt avait fixé la limite à ne pas franchir. Et la Fraction armée rouge, ennemi de tout le corps social pour sa violation du consensus démocratique, se délitera progressivement jusqu'à sa dissolution en 1998.

Une comparaison s'impose ici entre les situations de l'Italie et de l'Allemagne. Avec quelque 400 victimes à leur actif, les Brigades rouges italiennes ont tué bien davantage de monde, grands et petits, semé la terreur dans les rues de toute la péninsule. Elles ont fragilisé la démocratie italienne, tuant même son Premier ministre Aldo Moro. Mais on a eu l'impression d'une crise aussi grave en Allemagne fédérale qu'en Italie. Certes les principales victimes de la Fraction armée rouge – un procureur général, un chef du patronat, un grand banquier – étaient extrêmement bien ciblées mais la violence est restée circonscrite.

Sans doute ces ingrédients particuliers – le passé nazi de l'Allemagne, la présence voisine de la dictature du SED et l'atmosphère de guerre froide – ont-ils donné un supplément de tragique à cette « guerre contre l'impérialisme » d'un tout petit groupe.

Un été en demi-teintes

À la suite de cette saison agitée est venue une sorte d'été de l'Allemagne. Certains fruits avaient mûri et coloré le visage du pays, comme le parti des Verts, avec son insolence, sa fantaisie et ses passions libertaires.

S'engage une période de transition, après la prometteuse ouverture à l'Est de Willy Brandt, et dans l'attente d'une – à l'époque totalement improbable – réunification. Une époque de dégel, encombrée des derniers espions infiltrés de la RDA et de tractations compliquées avec Berlin-Est. Époque aussi de remises en cause sur le passé nazi – on diffuse à la télévision publique *Shoah*, le long documentaire de Claude Lanzmann, sur les camps d'extermination et leurs complices. Cartes sur table. La chape de silence est enfin levée. Les anciens nazis ne sont plus – au moins moralement – tranquilles. Les lacunes dans les livres d'histoire disparaissent, le témoignage reprend ses droits. Günter Grass, Heinrich Böll et bien d'autres encore, ces misanthropes contempteurs de l'Allemagne petite-bourgeoise, sont reconnus dans tout leur immense talent.

Époque aussi où une quinzaine de photos d'identité en noir et blanc des terroristes recherchés de la RAF sont affichées dans tous les bâtiments publics. Et époque trouble de corruption, de mensonges, de scandales financiers, de ventes d'armes illégales.

À cette époque, sont publiés de faux carnets d'Hitler, et Rudolf Hess, jadis dauphin d'Hitler et dernier dignitaire nazi, emprisonné, se suicide dans sa cellule de la prison de Berlin-Spandau, ce qui provoque les lamentations des nostalgiques du IIIe Reich.

C'est encore le temps où une nouvelle prise de conscience sociale se développe. La prospérité n'a pas forcément amené la justice, et l'immigré, peu accueilli, reste souvent l'objet d'un racisme ordinaire coriace. C'est en tout cas ce que veut démontrer le journaliste Günter Wallraff. Il se déguise en *Gastarbeiter* (littéralement « travailleur hôte ») turc pour dénoncer les conditions de travail faites aux immigrés turcs. Le succès de son best-seller

Tête de Turc a traversé les frontières, et ne contribue pas à améliorer l'image de l'Allemagne au quotidien.

Ces années de transition sont par ailleurs moroses et un peu distraites, comme quand, un soir de la Saint-Sylvestre, la télévision publique diffuse un discours de Kohl d'un an auparavant ! Cette drôle de panne est révélatrice d'un certain ronronnement dans le microcosme de Bonn où tout semble bien huilé. Sauf quand la découverte des « souris grises » – ainsi appelle-t-on les secrétaires espionnes de la RDA dans les ministères – vient mettre un peu de piment et d'insécurité.

Par contraste avec cet univers policé, l'art moderne, tragique, noir, provocant, volontairement absurde, fleurit toujours durant ces années d'avant la Réunification. Musées et salles d'expositions les plus modernes sont très courus. Pour rompre avec l'inquiétude diffuse et l'austérité passée, les lieux branchés se multiplient, la vie nocturne s'étend et se détend : une *movida* à l'allemande. Les Allemands partent de plus en plus nombreux et de plus en plus loin en voyage. On achète le soleil, pour s'évader de sa ville brumeuse, avec parfois une méconnaissance ou une vision idyllique des pays du Sud.

Fanions noir, rouge et or

Sur la scène internationale, les chanceliers conservateur Helmut Kohl et social-démocrate Gerhard Schröder vont inaugurer une ère où l'Allemagne se montrera plus assurée dans le monde.

En évoquant la « grâce de la naissance tardive » pour ceux qui comme lui n'étaient que des adolescents à la fin de la guerre, Kohl est abondamment critiqué. Mais Schröder, fils d'un soldat de la Wehrmacht, se montre aussi décomplexé que Kohl.

S'est produit précisément sous l'ère de Helmut Kohl, période de transition et de morosité, l'événement inattendu, merveilleux qui a fini de décoincer l'Allemagne. Avec la chute du Mur et la Réunification accomplie au pas de course en 1990, tout a changé de dimension politique : la peur de l'Est, de ses manipulations, de sa propagande, de ses infiltrations, n'avait plus lieu d'être.

L'Allemagne est devenue plus légère et plus ample, sans renier ses terroirs.

Il y a, près de la gare Friedrichstrasse, sur les bords de la Spree, un grand café-brasserie ouvert tard dans la nuit et toujours plein de monde, dont les murs sont tapissés de photos encadrées racontant toute l'après-guerre. On y voit toute l'évolution de soixante-six ans d'histoire allemande.

On y vient après avoir vu une pièce de Brecht au Berliner Ensemble, tout proche. Ce café s'appelle « Ständige Vertretung » car il s'est installé dans l'ancienne « représentation permanente » de la RFA à Berlin-Est, avant la chute du Mur. Ce café a été importé de Bonn par d'anciens propriétaires qui étaient bien connus sur les bords du Rhin. Déjà ils recevaient journalistes et hommes politiques à Bonn, ils les reçoivent toujours de nos jours.

On dit que la décision de déménager a été dure à prendre. Mais la brasserie est un succès, elle a un petit air de nostalgie, elle est un pont entre deux époques et on y sert de la Kölsch, la bière de Cologne.

Cette brasserie dit beaucoup sur cette nouvelle Allemagne : une Allemagne qui accepte de s'exposer sous toutes ses coutures et de discuter d'elle-même, au lieu de se contenter de l'avis des voisins et alliés.

L'Allemagne de Kohl et de Schröder, puis d'Angela Merkel, ne ressemble plus à celle, si austère, d'Adenauer et de Erhard. Même s'il y a encore des fractures sociales fortes entre l'Est et l'Ouest, la confiance est largement retrouvée. Les Allemands se sont même mis à se moquer d'eux-mêmes, sans cesser bien sûr de se demander ce que les étrangers pensent d'eux !

Le pays aujourd'hui est *bunt* (multicolore). « La peste brune » n'est pas revenue, même si l'Allemagne compte quelque 14 000 néonazis et militants d'extrême droite et a recensé une légère recrudescence des crimes antisémites violents ces dernières années.

En juillet 2006, personne ne s'est inquiété quand des petits fanions noir rouge et or sont apparus aux pare-brise des voitures à Berlin et dans d'autres villes allemandes : il y en eut d'abord des dizaines, puis des milliers, des dizaines de milliers, aux côtés d'autres, turcs, polonais, français, italiens, à mesure que la Coupe du monde de football donnait au monde l'image d'un pays au total décrispé et tolérant.

Une louange unanime avait salué alors, en ce moment de grâce et d'unité nationale, la maturité souveraine de l'Allemagne, sa puissance tranquille, loin des « années de plomb ».

Chapitre 2

Reconstituer, une boulimie allemande ?

1938, Nankin. Un immense drapeau à croix gammée est tendu au-dessus de la cour de l'usine Siemens. Des dizaines de milliers de civils chinois seront ainsi sauvés des bombardements japonais. Le sauveteur est un serviteur du Reich. Ce représentant de Siemens en Chine a trouvé cette unique parade parce qu'il est convaincu que Tokyo respectera son allié de l'Axe. Histoire vraie et peu connue. Le film de Florian Gallenberger, intitulé *John Rabe*, du nom de ce « bon nazi », est sorti en 2009 sur les écrans allemands. Dans l'exploration de cette réalité contradictoire qu'est l'Histoire racontée au niveau des individus, ce n'est qu'un film parmi des dizaines, un jalon parmi des centaines. Cette œuvre honnête et bien faite n'a pas suscité d'objection alors qu'elle aurait été impensable vingt ans plus tôt.

Autre lieu, autre temps : 1990. Berlin-Est. Une femme est alitée, malade, dans son appartement d'un *Plattenbau*, cette HLM typique de la RDA communiste. Le Mur est tombé. Cette fidèle d'entre les fidèles de la « patrie du socialisme » ne sait pas que tout a basculé. Christiane était tombée dans le coma quand l'impensable est arrivé, une nuit de novembre 1989. Le médecin a prévenu ses enfants Alex et Ariane que son cœur ne supporterait pas un choc émotionnel. Alors ils s'ingénient à lui faire croire que tout est comme avant. La « bonne communiste » va avoir droit à une mise en scène – jusqu'à un faux journal télévisé en noir et blanc – pour la convaincre que les camarades communistes sont toujours aux commandes… et que l'Occident est en déroute. Cette fable inventée par le cinéaste Wolfgang Becker est une fiction qui dit une réalité : celle d'Allemands de l'Est sentimentalement attachés aux valeurs communistes dans lesquelles ils ont grandi. Cette trouvaille de *Good Bye, Lenin !*, sorti en 2003 et succès mondial, présente elle aussi des individus sympathiques malgré leur environnement condamnable.

Ce sont des films. Mais les livres, reportages, expositions, témoignages, enquêtes à la radio comme à la télévision, se multiplient sur ces deux époques, pour cerner d'aussi près que possible le « vrai ».

Un soir de l'hiver 2008, entre 19 heures et 20 heures sur une radio allemande, une voix chevrotante déroule lentement un fil ancien : « En ce jour d'hiver de janvier 1945, c'était un dimanche, il gelait à pierre fendre. Un grand silence régnait au matin, après les coups de feu entendus au cours des dernières nuits. Puis les Russes sont arrivés ; ils nous ont commandé de quitter notre maison. Il a fallu rassembler à la va-vite quelques bagages, les jeter dans une carriole… » La voix féminine poursuit, racontant la confusion dans le petit bourg au moment où l'Armée rouge et les milices polonaises progressent en Silésie, entrant dans les villages, chassant leurs habitants allemands vers l'ouest : comment son grand-père n'a pas suivi, ainsi que son jeune frère Horst, et le désespoir de sa mère. « Je n'ai jamais revu mon grand-père, il a dû mourir quelque part en Silésie. J'ai reçu un message de Horst, il y a dix ans. Comment il avait retrouvé ma trace à Cologne, je vais vous le raconter, c'est une extraordinaire histoire… »

Ainsi parle, à une heure de grande écoute, une vieille dame à la radio. D'autres témoins de cette époque font de même, sur tous les sujets, des dernières batailles de 1945 à l'embrigadement dans les mouvements hitlériens, de l'« heure zéro » des villes en ruines à l'installation de l'administration communiste dans la zone soviétique. Les émissions se ressemblent parfois, les témoignages se répètent mais sont pourtant tous passionnants et émouvants. On peut imaginer découvrir ensuite les visages de ces vieux Allemands dans une des émissions de télévision racontant leurs histoires, avec moult détails. Des milliers de récits, durs, cruels ou tendres : ils confient eux aussi cette réalité contradictoire et imbriquée.

Que les Allemands se cherchent, sondent leur identité, est particulièrement évident au vu des téléfilms et films, mais aussi des livres, des expositions et visites organisées un peu partout sur tous les thèmes les plus particuliers. Comme si le déblaiement d'une strate en révélait une autre jusque-là inconnue ou mal connue nécessitant enquête.

En octobre dernier, pour la toute première fois, une exposition a ouvert ses portes au Musée historique allemand de Berlin, sur un thème ambitieux et particulièrement sensible : le rapport entre Hitler et les Allemands, leur degré de complicité : non seulement la propagande pour séduire le peuple, mais le zèle, l'adulation, les objets de la reconnaissance, les gestes en retour. Cette exposition en 2010 n'aurait pas été tentée vingt ans ou trente ans plus tôt, de crainte de faire naître des nostalgies dangereuses. Une maturation, une distance l'ont rendue possible.

Les sujets susceptibles d'intéresser le grand public sur les histoires du nazisme et de la RDA semblent inépuisables. Il y a autant de thèmes qu'il y a eu de volets dans les politiques et les répressions menées. Certaines commencent seulement à être explorées.

À côté de documents d'actualité quasi quotidiens, notamment sur la chaîne franco-allemande ARTE, les téléfilms et films de fiction sont presque tous habités par le désir de distinguer les mauvais Allemands des bons, les bourreaux des victimes, et d'expliquer les raisons des comportements de tous ceux qui ont été entre ces deux catégories.

Il s'agit, sur un ton plus ou moins mélo, avec plus ou moins de talent, de combler l'oubli historique. De comprendre plus en profondeur, de se remettre en situation, de retrouver l'esprit et les dilemmes de l'époque. Ces films enquêtes s'attachent, souvent en interrogeant les témoins encore vivants, à différencier, établir des nuances, montrer les vrais points de fracture du mal et du bien. Ils font revivre les destins d'inconnus. Une tâche infiniment intéressante mais sans fin, et qui ne laisse pas tirer de conclusions.

Il y a d'une part les grands thèmes : que ce soit les derniers jours d'Hitler (*Der Untergang*[80]), le complot de 1944, le bombardement allié sur Dresde, les expulsés allemands de l'Est de l'Europe (notamment le naufrage du Wilhelm Gutsloff en janvier 1945 en mer Baltique), les viols collectifs par l'Armée rouge à Berlin (*Anonyma, eine Frau in Berlin*[81]), la Bande à Baader et le terrorisme d'extrême gauche (*Der Baader Meinhof Komplex*[82]), la RDA, la Stasi et le Mur : avec ces thèmes, tous traités au moins une fois dans des films ou téléfilms, un grand public est garanti.

Mais ce qui est nouveau, c'est la différenciation, le choix des petits événements, la volonté de prendre la réalité par le petit bout de la lorgnette, sans tabou. Il faut profiter de ce que certains peuvent encore aider à la préparation d'un film, en donnant leurs témoignages. On tourne des films sur des personnages encore en vie, comme récemment sur le grand critique littéraire, juif allemand d'origine polonaise, Marcel Reich-Ranicki [83].

Le passé encore proche de la RDA interpelle particulièrement les Allemands, puisque la plupart des protagonistes et spectateurs vivent encore. Ils peuvent se revoir à travers des acteurs : passant le Mur, attendant leurs proches, se faisant prendre en filature, interrogés par la Stasi, faisant des démarches dans les administrations de l'État fédéral ouest-allemand, ou attendant dans celles de la RDA.

Dans un récent feuilleton sur la chaîne privée Sat1 *Wir Sind das Volk* (*Nous sommes le peuple*) de Thomas Berger, la caméra a emmené le téléspectateur dans les cellules et couloirs de la prison berlinoise de la Stasi, Hohenschönhausen. Elle l'a fait trembler en lui montrant à quel point le sadisme du garde-chiourme est-allemand avait pu approcher celui du kapo nazi. Ces films font aussi réfléchir à des phénomènes plus souterrains : compromissions avec le pouvoir, rôles doubles ou triples que peuvent jouer

---

80. HIRSCHBIEGEL (Oliver), *Der Untergang* (*La Chute*), 2004.
81. FARBERBOCK (Max), *Anonyma. Eine Frau in Berlin*, 2008.
82. EDEL (Uli), *Der Baader Meinhof Komplex* (*La Bande à Baader*), 2008.
83. *Marcel Reich-Ranicki : mein Leben*, téléfilm diffusé sur la chaîne publique ARD le 15 avril 2009.

les individus, parfois sans le savoir. Ils décrivent les tiraillements dans les familles et entre les amis, les lâchetés de dernière minute, les repentances, les doutes, notamment dans une classe intellectuelle qui frayait nécessairement avec certains cercles proches du pouvoir. Ces tiraillements pouvaient même être ressentis par certains agents de la Stasi eux-mêmes, confrontés à leur conscience et à l'influence des idées de l'ouest.

Cela est notamment illustré dans *La Vie des autres* (2007) de Florian Henckel von Donnersmarck, dans lequel le bouleversant Ulrich Mühe, décédé depuis, incarne un agent secret d'abord zélé puis pris de doutes lorsqu'il doit espionner un intellectuel que le régime juge suspect.

Répondant au souhait profond d'une moitié du pays, ces œuvres sur la RDA, très regardées, ne sont pas toutes ou pas complètement des réquisitoires : elles restituent aussi la complexité, montrant que le régime avait ses partisans qui défendaient ses réalisations.

À Berlin en 2003, un soir d'août, la Waldbühne, l'amphithéâtre en plein air de la forêt de Grunewald, à côté du stade olympique, était plein. Sur écran géant, en présence des acteurs, on montrait à un public berlinois *Good Bye, Lenin !* À la fin, l'émotion qui montait du public, parmi lequel beaucoup d'« Ossis », était intense. C'était pour eux un film qui rendait justice à une certaine RDA. Ils pouvaient retrouver, l'espace d'une heure et demie, une partie de leur identité passée.

Une des scènes finales, dans laquelle le fils arrive en taxi chez son père dans le quartier huppé de Grunewald et interrompt une fête branchée au bord d'une piscine privée, exprime mieux que beaucoup d'explications le contraste entre deux mondes, deux matérialismes antagonistes, l'un idéologique, l'autre de fait.

Ces œuvres, qui contribuent certainement à « l'Ostalgie », critiquent assez souvent certains aspects de la société de l'Ouest, les pertes de repères, l'embourgeoisement, les lâchetés, la Realpolitk, le relatif isolement parfois de ceux qui aidaient. Elles ne sont pas dupes de l'autocomplaisance d'aujourd'hui et d'hier. Ce sont donc de nouveaux questionnements que provoquent ces films sur l'Est et l'Ouest. En un mot, les ex-Allemands de l'Est revendiquent le droit à une vision juste de ce qu'ils ont vécu.

Certaines œuvres font résonner sciemment et peut-être un peu trop la corde de l'émotion. Que des femmes ou des enfants retrouvent leurs parents sur le Kurfürstendamm, la grande avenue de Berlin-Ouest, le soir du 11 novembre 1989, ou qu'ils les revoient dans l'hiver glacé à leur arrivée en charrette de Prusse orientale en 1945, l'émotion, annoncée à grand renfort de publicités et d'articles dans les meilleurs journaux des semaines à l'avance, suscite l'audience.

Ces films vont aussi mettre en valeur les petits gestes de l'entraide quotidienne, les actes de courage, et contribueront ainsi à souder les catégories et les générations qui s'ignoraient et parfois se méprisaient. C'est souvent une réhabilitation des « Ossis » à côté d'une condamnation mesurée d'un régime.

Même abondance de films sur l'époque nazie, qui font plus souvent débat. Ils sont très attentivement analysés. Ils doivent éviter tout ce qui ressemblerait à de la complaisance autojustificatrice ou à de l'esthétisme. Sans toujours éviter cet écueil.

Après tout, ils ne seraient pas les premiers : *Les Damnés* ou *Le Crépuscule des Dieux* de Luchino Visconti, ou *Cabaret* de Bob Fosse, ont largement ouvert la voie, recourant à l'esthétisme sans être pour autant faibles et complices.

Les films sur le nazisme font découvrir ou redécouvrir ainsi des figures originales et complexes comme celle déjà citée de ce représentant de Siemens à Nankin : John Rabe, présenté parfois comme « l'Oskar Schindler de la Chine », nazi convaincu, préférant désobéir plutôt que de livrer des dizaines de milliers de Chinois aux exactions japonaises.

Le cinéma ne se contente pas de mettre en scène des héros, mais aussi des figures mauvaises mais ambiguës comme celle de l'officier SS Gebhardt, ancien séminariste dans le film *Le Neuvième jour* de Volker Schlöndorff[84]. Le

84. SCHLÖNDORFF (Volker), *Der Neunte Tag* (*Le Neuvième jour*), 2004.

serviteur zélé du Reich croit dur comme fer que son idéologie a récupéré le christianisme avant de s'apercevoir qu'il n'en est rien. Pour cela il devra se heurter au caractère sans compromission du prêtre qu'il croyait pouvoir gagner à sa cause : le vieux curé luxembourgeois choisira, après une permission de neuf jours, de revenir dans l'enfer du camp de Dachau, plutôt de collaborer et d'être en liberté. Pas de compromission possible entre le juif Jésus et Hitler, entre l'esprit de charité et l'asservissement du « surhomme ». Un film également bâti sur une histoire vraie.

Les rapports entre les nazis et ceux qui sont censés les suivre – ces hommes et femmes « aryens, forts, courageux », « ces vrais Allemands » – sont un autre terrain de l'investigation d'aujourd'hui. En 2008, un film, *Nordwand (Duel au sommet)* [85] de Philipp Stölzl, par exemple, a relaté le destin dans les années trente de deux jeunes soldats bavarois mourant dans l'escalade de la façade nord de l'Eiger en Suisse, une des plus difficiles d'Europe. Il montre comment leur sort n'a intéressé la propagande nazie (qui avait dépêché une équipe sur place) que tant qu'ils pouvaient réussir dans leur entreprise au nom de l'Allemagne. Il leur fallait être « surhommes », ce qu'ils n'avaient eux-mêmes jamais aspiré à devenir. La propagande a replié bagages dès qu'ils ont commencé à échouer au milieu d'une tempête. Ce film tout en finesse montre l'indifférence du régime pour les destins individuels qu'il est censé servir et protéger, surtout quand ceux qu'il considère comme les « siens » ont l'audace de manifester leur indépendance d'esprit et d'être imperméables à leur propagande.

Le récit des destins rend plus proches les périodes tragiques et les comportements qui s'y révélaient : ainsi la naïveté d'une Traudl Junge, une des jeunes secrétaires d'Hitler qui va s'attacher au Führer et demeurer dans le bunker en 1945 jusqu'à la fin. Une longue interview d'elle sera réalisée et suscitera énormément d'intérêt par le ton sincère qui l'habite. Traudl mourra

85. Philipp Stölzl, *Nordwand*, octobre 2008.

le 11 février 2002, quelques heures après avoir appris que le documentaire dans lequel elle témoignait avait reçu un prix[86].

Mais la caméra n'a pas seulement filmé les secrétaires obéissantes du Reich et les soldats indépendants, les curés résistants et les bourreaux machiavéliques. Elle s'est surtout tournée vers ces millions d'Allemands ordinaires qui, participants ou non, zélés ou sceptiques, étaient présents au mauvais moment, au mauvais endroit, et ont subi de plein fouet la guerre. Le sort de ces oubliés devait lui aussi être montré.

Dans les cas des films montrant le bombardement de Dresde, le sort des expulsés allemands de Pologne ou les femmes de Berlin violées par les soldats russes, les Allemands se présentent en victimes. Cela ne pose plus autant de problèmes qu'avant, sauf dans les pays mis en cause (Pologne, Russie…) Peut-on parler pour autant de « victimisation » des Allemands ? Ou de « révisionnisme » ? Sûrement pas. On pourrait craindre un glissement révisionniste seulement si ces sujets étaient traités par des dilettantes. Ce n'est pas encore le cas et l'Allemagne se montre très vigilante pour éviter toute récupération ambiguë.

Comment dépeindre les malfaiteurs ?

Mais comment dépeindre le plus précisément les principaux coupables, sans rentrer dans leurs justifications et sans faire des caricatures peu crédibles ? La manière ubuesque d'un Chaplin ou d'un Lubitsch a été tentée en Amérique. La préférence va désormais à des portraits plus réalistes, plus contradictoires. Les personnages seront dépeints finement, avec leurs conditionnements, ce qui n'empêchera pas qu'ils apparaissent pour ceux qu'ils sont. Longtemps, le cinéma allemand ne voulait tout simplement pas représenter Hitler, il a maintenant franchi le pas.

86. *Im toten Winkel (Dans l'angle mort)*, interview de Traudl Junge, documentaire réalisé par l'Autrichien André Heller, primé (prix du public) à la Berlinale de 2002.

Il y eut en 2004 tout un débat passionné au moment de la sortie du film *La Chute* (*Der Untergang*) de Oliver Hirschbiegel, qui décrivait les derniers jours du Führer dans son bunker en mai 1945. Est-il bon de montrer le Führer sous des traits humains, dans son quotidien, vitupérant mais aussi aimable avec ses secrétaires, caressant son chien, angoissé, fatigué, s'inquiétaient les voix critiques. N'est-il pas bien préférable, ont répondu les partisans de ce film, de montrer l'homme comme il était plutôt que de le maintenir dans une image irréelle de diable extraterrestre ? Il ne s'agissait point, ont-ils argumenté, de le rendre sympathique ou de relativiser ses fautes, mais de montrer à quel point un dictateur est un homme avec ses faiblesses, ses obsessions, ses préférences, ses colères ; et comment un homme aussi limité peut devenir dictateur.

Le débat autour du personnage d'Hitler en a gagné en maturité. Mais les contempteurs de ce film voient néanmoins le risque que son image se bonifie, que sa condamnation s'atténue, qu'il soit excusé par ses faiblesses humaines et les circonstances difficiles. Tout le monde ne dispose pas du même niveau d'intelligence et du même recul pour apprécier. Un tel film, inattaquable en soi, peut conforter, en relatant les traits humains d'un tel personnage, le point de vue de ceux qui sont enclins à voir en lui un « grand homme », soutiennent-ils. Autrement dit les néonazis, convaincus qu'Hitler a été précurseur et victime de son génie.

Dans ce film terrible de bout en bout, une scène, secondaire en elle-même, est plus insupportable que toutes les autres, montrant la spirale de folie du nazisme : la femme du ministre de la Propagande du Reich, Martha Goebbels, empoisonnant dans le bunker ses six enfants, dont elle ne pouvait imaginer qu'ils vivent en dehors du Reich. Tant le fanatisme avait gangrené la vie privée des hauts dirigeants… Cet exemple montre l'égarement d'une femme, comme la Médée de la tragédie grecque.

Après le grand coupable, un exécutant : un autre film, *Der Vorleser* (*Le Liseur*), film britannique mais qui a été largement diffusé en Allemagne, a fait polémique au Festival de la Berlinale de 2009. Il pose un dilemme équivalent.

Il a pour sujet le sentiment amoureux d'un adolescent envers une ancienne gardienne de camp de concentration, responsable de la mort de juifs. Dans ce long-métrage tiré du roman à succès de l'écrivain allemand Bernhard Schlink[87], le cinéaste Stephen Daldry traite un sujet difficile de l'après-guerre avec beaucoup de délicatesse.

Michael, âgé de 15 ans, ne sait pas que Hanna (Kate Winslet), la femme qui l'a accueilli dans son lit et initié à l'amour, cette discrète contrôleuse d'autobus, est une ancienne gardienne qui devra répondre de ses crimes devant la justice.

Quand il l'apprendra, il restera divisé entre sa répulsion et l'amour mêlé de pitié qu'il ressent encore pour cette femme emprisonnée à vie et murée en elle-même. Le film (comme le livre avant lui) a été plutôt bien accueilli, mais a scandalisé aussi : certains critiques l'ont trouvé obscène pour n'avoir pas montré – dixit *Der Spiegel* – qu'« il y a eu des personnes qui ont eu avec les SS des expériences pires que d'aller au lit avec eux[88] ».

Pour d'autres commentateurs, le livre allemand tout comme le film anglais disent pourtant une simple réalité que l'on ne peut évacuer même si elle ne plait pas : toutes les personnes ont une face privée que d'autres peuvent aimer, même quand leur vie publique est tissée de crimes. Il ne s'agit pas de brouiller leur image, de relativiser leurs méfaits. Il s'agit bien plus, que ce soit pour Hitler ou pour cette gardienne de camp, de dire la vérité complexe des êtres. Seule la vérité ne se retourne pas contre elle-même. C'est ce stade de maturité qu'a mérité l'Allemagne d'aujourd'hui.

Sonar

On a l'impression devant cette avalanche de témoignages que les habitants de ce pays ont une soif inextinguible de comprendre visuellement et oralement la complexité des événements qu'ont vécus leurs familles. Avec

87. SCHLINK (Bernhard), *Der Vorleser*, 1995.
88. « Strafe muss sein », *Der Spiegel*, 21 février 2009.

souvent l'espoir de retrouver un maillon manquant dans la chaîne des faits ou de combler un non-dit familial. Avec parfois l'espoir aussi de pouvoir dédouaner un peu leurs ascendants.

Le message que beaucoup de personnes, notamment d'un certain âge, attendent de ces films, c'est de pouvoir apposer les étiquettes – « courageux », « honnête », « ne pouvait mieux faire dans ces circonstances » ou « a été lui-même victime » – sur certains des destins de leurs oncles, pères, grands-pères, frères, de leurs tantes, mères, grands-mères, sœurs.

Au milieu de la grande abondance d'écrits et de témoignages de toutes sortes, une des œuvres les plus touchantes et originales à cet égard est celle du romancier Walter Kempowski.

Cet écrivain mort en 2007 a eu l'idée d'*Echolot*[89] (*Sonar*), un gigantesque collage littéraire de sept mille pages mené pendant vingt-cinq ans. Le dixième et dernier tome a été publié deux ans avant sa mort. Huit mille témoignages, journaux intimes, photos ont été rassemblés dans ce « journal collectif » : depuis ceux de juifs persécutés jusqu'à des réfugiés et des soldats en passant par des fervents nazis, y compris Joseph Goebbels. Comme un sonar qui saisit les sons dans les profondeurs sous-marines, *Echolot* a voulu saisir le bruit et la fureur de l'époque à travers les voix multiples.

A-t-on ainsi mieux vivifié la mémoire, fait parler les ombres, leur redonnant en même temps leur dignité ? Kempowski s'est senti longtemps mal compris. Il plaidait pour l'expression de cette mémoire sensible plutôt que pour la construction de monuments du souvenir, estimant que les gens se sentent d'autant moins concernés qu'il y a plus de lieux commémoratifs.

Son initiative a été abondamment discutée, certains reprochant à Kempowski la mise bout à bout de documents disparates, sans explication, sans distance, sans commentaire. Une lecture qui laisserait de fortes impressions, mais non un enseignement sur les responsabilités, a-t-on regretté ici et là. Il a été accusé d'être un réactionnaire indépendant de toute

89. KEMPOWSKI (Walter), *Das Echolot. Ein kollektives Tagesbuch*, btb Verlag 1993, 2007.

école sérieuse de pensée. Il a été aussi reproché à Kempowski d'avoir voulu prouver quelque chose. Faux procès, dirent les avocats d'*Echolot*, il s'agissait uniquement et honnêtement, de montrer, de témoigner.

Le dernier tome d'*Echolot*, « Chant d'adieu » (« Abgesang[90] »), fait parler les témoins dans les derniers jours de la guerre, « fonctionnaires du parti, historiens, aviateurs, civils, journalistes, employés de banque, membres du Volkssturm et de la Hitlerjugend, Allemands, Russes, Anglais, Français, jeunes et vieux » dans un « bourdonnement sans fin de voix », note l'hebdomadaire *Die Zeit*[91].

Et cette mise en commun donne le sentiment qu'ils étaient, tous, également débordés et incapables de saisir rationnellement ce maelström qui saisissait l'Europe quand le Reich s'écroulait. De nouveau les critiques ont fusé : ne met-on pas ainsi dans le même bain bourreaux et victimes, ne mélange-t-on pas la pire propagande nazie avec des lettres naïves des soldats du front ou des témoignages des camps de concentration ?

Non, ont répondu les défenseurs d'*Echolot*. La force de cet immense collage a été de montrer, au milieu de témoignages bouleversants et parfois généreux, « l'aveuglement et la froideur de cœur » et aussi « la bêtise » de tant de témoins de cette époque, et ce, jusqu'aux derniers jours du conflit. Un collage vivant donc, alors même que des études brillantes, mais délestées du poids des pulsations d'alors, ne cessent de documenter avec objectivité les événements. Elles ne suffisent pas à refléter la servilité, le fanatisme et les illusions qu'ont suscités chez beaucoup les rêves du « Reich de mille ans[92] ».

---

90. Kempowski (Walter), *Das Echolot. Abgesang '45. Ein kollektives Tagesbuch*, dernier tome, btb Verlag, 2007.

91. Radisch (Iris), commentaire à *Die Zeit*, 24 février 2005.

92. *Die Zeit*, *ibid.*

Chapitre 3
Resistenz ou *Widerstand* ?

1

Petits actes en tous genres

C'était un couple d'ouvriers qui passait inaperçu. Et la police du Reich a mis des années à mettre la main sur eux. Ils jetaient sur les paliers d'immeubles berlinois des tracts qu'ils confectionnaient eux-mêmes, dénonçant le régime criminel d'Hitler. Ils ont péri guillotinés en 1943.

Cette forme de résistance (*Widerstand*), décrite d'après une histoire véridique dans le roman de Hans Fallada, *Jeder stirbt für sich allein* (*Seul dans Berlin*[93]), est à l'extrême opposé du grand complot « Walkyrie » de 1944 ourdi par des officiers de la Wehrmacht, qui a ébranlé le régime. On peut même dire que cette résistance d'un couple d'ouvriers n'a eu aucune importance. Mais elle n'en conserve pas moins sa valeur.

La résistance à Hitler, tout le monde le sait, a été vite minoritaire, victime de la répression, et de la popularité du régime nazi. Elle passionne aujourd'hui. Des livres exhument des complots imaginatifs mais qui ont avorté, par le hasard des circonstances ou le manque de moyens. C'est un sujet intarissable d'inspirations pour l'Allemagne, qui aime à suivre ces aventuriers de l'ombre.

---

93. Fallada (Hans), *Jeder stirbt für sich allein*, Berlin, Aufbau-Verlag, 1947 (édition française : *Seul dans Berlin*, Paris, éditions Plon, 1967).

Après 1935, elle est devenue largement le fait d'initiatives isolées, car les partis qui auraient pu la mener d'une manière efficace avaient été, dès 1933, réduits à l'impuissance. Les militants des partis communiste et social-démocrate, repérés depuis le début comme ennemis déclarés du national-socialisme, avaient été arrêtés, déportés dans les camps. Pour certains, ils avaient été brutalement assassinés avant même d'être emmenés à Buchenwald, Dachau ou Sachsenhausen. D'autres s'étaient suicidés, exilés. Ce sont de multiples petites cellules ou des individus qui ont continué héroïquement à mener des actions sur tout le territoire, parfois avec l'aide de camarades tentant des opérations depuis l'étranger.

Des chrétiens, notamment des prêtres catholiques, avaient été également arrêtés et déportés. Ils ne menaient pas d'action armée mais aidaient la résistance. Alors que le parti catholique, le Zentrum, avait voté les pleins pouvoirs à Hitler avant d'être dissous, les actes de résistance chrétiens étaient le fait d'individus ou de petits groupes.

Qui étaient donc les hommes et les femmes qui, individuellement, se décidaient à agir, sans grand espoir de succès, sans le soutien d'un parti derrière eux ? Quelle avait été la goutte d'eau qui avait fait déborder le vase, qui les avait conduits à abandonner leur sécurité pour une vie dangereuse ? Comment ont-ils franchi le pas, décidant de mentir à leur famille, à leur quartier, à leur entourage, en œuvrant clandestinement à la résistance au sein d'une société de mouchards ? Quelles sont les valeurs assez fortes pour l'emporter sur une propagande qui parle avec talent de la renaissance de l'Allemagne, de la récupération des droits nationaux bafoués, de la dignité nouvelle du travailleur germanique ?

Mais une autre question se pose : au-delà des héros qui faisaient du *Widerstand* – de la distribution de tracts au sabotage –, combien d'autres ont montré de la *Resistenz* : opposition passive, mépris, absence de zèle, petits « non », refus de l'embrigadement ? Au nom de quels principes, sur le terreau de quelle culture et dans quel environnement social, ces mêmes Allemands se détournaient-ils du national-socialisme ? Ce thème, exposé dans le livre de l'historien Joachim Fest, *Ich nicht* (*Pas moi*[94]), est un sujet de discussions en Allemagne.

Certains reprochent aujourd'hui à tous ces gens dont on découvre qu'ils étaient plus nombreux, de n'avoir pas fait plus, de ne pas être entrés dans le *Widerstand*.

La terreur, la résignation n'expliquent pas tout. Selon moi la peur d'être isolé a joué tout autant. Dans un système totalitaire, le desperado qui résiste, qui s'oppose nettement, est repéré par la communauté toute-puissante. Il est très vite tout seul et dénonciable. Comme dans une tribu, ceux qui pensent autrement sont transformés en boucs-émissaires, facilement accusés d'être responsables du malheur possible du groupe, comme l'a bien étudié le philosophe René Girard. Mieux vaut alors faire profil bas dans cette société nazie où le groupe était tout. On préfèrera alors apporter une aide ponctuelle, faire des petits gestes calculés de résistance passive. Mais on ne risquera pas aisément l'affrontement avec un groupe dominant, qui vous envoie directement en camp de concentration.

L'historien Götz Aly estime pour sa part qu'il ne faut pas confondre la *Resistenz* avec le scepticisme et les oppositions ponctuelles au nazisme : ce scepticisme était probablement courant, mais souvent partiel. Il était orienté vers des questions bien précises, comme le bousculement de certaines coutumes, façons de vivre, avantages acquis ou tabous. À ses yeux, il est parfois bien commode et malhonnête de s'en targuer a posteriori pour parler de résistance passive.

« Il y eut indéniablement en Allemagne un très grand nombre de sceptiques. [… Par exemple,] certains ecclésiastiques catholiques, qui bénirent les armes engagées dans la croisade contre le bolchevisme, s'opposèrent à la confiscation des biens d'Église comme aux crimes d'euthanasie. […] C'est précisément parce qu'il reposait sur des affiliations

94. FEST (Joachim), *Ich nicht. Erinnerungen an eine Kindheit und Jugend*, Rowohlt Verlag, 2006 (édition française : *Pas moi ! Souvenirs d'une jeunesse allemande antinazie*, Paris, éditions du Rocher, coll. « Documents », 2007).

partielles diverses que le suivisme de millions d'Allemands, aux motivations ponctuelles mais aux conséquences funestes, put a posteriori être reformulé sans difficulté comme une "résistance" dépourvue d'efficacité historique », observait-il dans *Le Monde diplomatique*[95].

Jeu du chat et de la souris dans Berlin

Heureusement, il y eut ceux que leurs interrogateurs nommaient des « fous ».

Hans Fallada, tombé après 1945 sur ce dossier de quatre-vingt-dix pages de la Gestapo de Berlin, raconte dans son roman *Seul à Berlin* l'histoire étonnante durant les années de guerre d'un couple qu'il appelle Otto et Anna Quangel : ils ont écrit à la main quelque deux cents tracts qu'ils ont jetés dans les boîtes à lettres ou dispersés dans les immeubles, et dont 90 % ont atterri presque aussitôt sur les bureaux de la police. Les y ont déposés, affolés ou outragés, les bons citoyens qui les avaient ramassés sur leur palier ou trouvés dans leur courrier. « Ne croyez plus les mensonges d'Hitler. Il veut vous précipiter dans la destruction. Travaillez lentement, encore plus lentement. Surtout ne donnez rien à l'office des services d'entraide d'hiver » (*Winterhilfswerk*) affirmaient leurs tracts composés à la plume le dimanche sur la table de cuisine de leur appartement modeste.

Otto Quangel, ouvrier, et son épouse, jusqu'en 1940 de parfaits nazis, ont réagi à des causes bien concrètes : en premier lieu la mort de leur fils sur le front en France – alors même que le régime diffusait une propagande effrénée sur une campagne triomphale et presque indolore. Ils réagissent aussi aux discriminations subtiles touchant les « camarades du peuple » par rapport aux « camarades du parti » et aux quêtes toujours renouvelées du *Winterhilfswerk*, qui renflouaient les caisses du régime pour fabriquer de nouvelles armes. Ce ne sont ni les mesures contre les juifs ni la répression de l'opposition qui ont amené ces deux êtres, renfermés, seuls au monde, à franchir le pas, un jour.

95. Aly (Götz), « Ainsi Hitler acheta les Allemands », *Le Monde diplomatique*, juin 2005.

Pendant plusieurs années, la Gestapo sera à la recherche du mystérieux auteur de ces tracts écrits à la main en lettres d'imprimerie. L'enquête ressemblera à un jeu du chat et de la souris dans l'immense dédale de Berlin. Arrêtés en 1942, ils seront condamnés à mort et exécutés en 1943.

Fallada commente ainsi cet acte de résistance, sans portée puisque la plupart des tracts ont été redonnés à la police sans être lus, alors même que les Quangel avaient recommandé qu'ils circulent de main en main : « Quel résultat misérable pour de tels efforts obstinés ! Quel peuple incompréhensible qui ne peut même garder le silence par bienveillance mais se sent obligé de dénoncer incessamment celui qui pense autrement ! Un peuple de traîtres, éduqué par un manipulateur, dans lequel les mouchards reçoivent des honneurs et des avantages. Un peuple dans lequel le père peut craindre la dénonciation du fils, dans lequel la sœur n'est pas sûre d'éviter celle du frère[96]. »

Il dut y avoir quelques autres « Quangel », ces résistants apolitiques ou areligieux, qu'une injustice concrète, subie très directement, révoltait. La plupart, dans cet univers très surveillé, ne voyaient que les injustices qui les concernaient – les deuils dans l'entourage, les sacrifices matériels et pécuniaires, les mensonges de la propagande, les brutalités, les discriminations quotidiennes, l'espionnite, le mépris. Ils n'ont pas pu imaginer les mensonges du régime dans toute leur ampleur. Ils n'en avaient pas les moyens. Une chape de propagande pesait sur les esprits dans les milieux les plus modestes, les plus embrigadés par la révolution nationale.

L'une des histoires les plus étonnantes de héros solitaire est celle de Georg Elser, un menuisier proche du parti communiste mais agissant indépendamment, qui devait faire exploser une bombe artisanale dans la cave de la brasserie Bürgerbräu de Munich. Cela devait se produire hélas une demi-heure après le départ d'Hitler de la brasserie, le 8 novembre 1939, et

96. FALLADA (Hans), *Jeder stirbt für sich allein*, Aufbau Taschenbuch Vergag, rééd. 2010, p. 640, postface : « *Über den doch vorhandenen Widerstand der Deutschen gegen den Hitlerterror* ».

Elser devait être arrêté rapidement. Ç'avait été pourtant une entreprise menée durant des mois, selon un plan extrêmement précis. Elser avait creusé jour après jour, à chacune de ses visites, un trou dans un pilier, pour y cacher sa bombe.

Foi limpide, convictions claires, courage intrépide

Tout le monde connaît en Allemagne, et beaucoup en France même, le mouvement étudiant pourtant modeste qu'a été à Munich le complot de la « Rose blanche », regroupé autour des frère et sœur Hans et Sophie Scholl, dont les noms ornent les frontons de multiples écoles et rues. Leur importance symbolique va bien au-delà de leur acte.

Ces étudiants, anciens membres des Jeunesses hitlériennes comme la plupart des jeunes, y avaient découvert peu à peu le visage de haine du régime, son mépris des valeurs les plus éprouvées de l'humanisme, le culte de la force. Hans avait fait en outre l'expérience du front en Russie. Les conjurés, qui avaient commencé à distribuer à Munich des tracts incendiaires contre le IIIe Reich, étaient mus à la fois par leur amour des classiques humanistes allemands et par des conceptions qui leur venaient de leur éducation chrétienne, protestante ou catholique. Ils dénonçaient avec une lucidité totale l'assassinat des juifs d'Europe. Ils devaient être décapités en 1943.

Un très beau film de Marc Rothemund, *Sophie Scholl, les derniers jours,* leur est consacré en 2005, qui montre la dignité, la limpidité et la force de leurs convictions, lors de leurs interrogatoires. Leurs tracts, des lettres et des écrits personnels ont été publiés, permettant de conserver la trace d'une parole claire dans une époque obscure.

« Chaque parole qu'Hitler prononce est un mensonge. Quand il dit : paix, il pense guerre. Et, s'il cite, en blasphémant, le nom du Tout-Puissant, il ne songe qu'à la force du mal, à l'Ange déchu, à Satan. Sa bouche est la gueule puante de l'Enfer, réprouvée est sa puissance. [...] Peux-tu, toi qui es chrétien, hésiter encore lorsque la conservation des biens les plus précieux est en cause, te satisfaire d'un jeu d'intrigues, ajourner ta décision avec l'espoir qu'un autre prenne les armes pour te défendre ? Dieu ne t'a-t-il pas donné la force et le courage de combattre ? Nous devons attaquer l'esprit mauvais où il est le plus néfaste ; c'est-à-dire aujourd'hui dans la force d'Hitler [97]. »

Ce texte bouleversant aurait-il touché de nombreux chrétiens s'ils avaient pu le lire, les auraient-ils amenés à prendre plus de risques ? De nos jours, Hans et Sophie vivent dans le cœur des Allemands, aux côtés de Bach, de Goethe et d'autres merveilleux personnages de leur histoire. Le mouvement étudiant de la « Rose blanche » est cependant resté isolé, la presse nazie, après leur condamnation, parlant d'un groupe de jeunes isolés et inconscients.

Les résistants ont été toujours minimisés par le régime, présentés comme des marginaux, des idéalistes désaxés. Malheur à ceux qui s'en prenaient à la nouvelle société, à « l'homme nouveau » en construction. Et cette propagande a toujours bien fonctionné dans l'opinion. Le rouleau compresseur de l'oubli se mettait en route dès que les têtes décapitées étaient tombées. Comme si ces marginaux n'avaient jamais existé.

« Moi, non »

Parmi les grandes forces qui auraient pu résister à Hitler – à côté des partis et syndicats, décimés par la répression –, pourquoi les Églises n'ont-elles pas été plus à la hauteur de leur idéal ?

L'Église évangélique et l'Église catholique ont été courtisées dès le début par le régime qui avait grandement besoin de leur soutien, et leur tort premier a été d'accepter plus ou moins d'entrer dans ce jeu. Et ce fut plutôt plus que moins en ce qui concerne l'Église protestante.

Il semble que certains pasteurs se soient montrés plus farouchement nazis que nombre de curés catholiques. Beaucoup ont prêté serment à Hitler. Sur des vitraux d'églises protestantes, il arrivait de voir un puissant soldat « aryen », casque de fer sur la tête, accompagnant l'enfant Jésus !

---

97. SCHOLL (Inge), Extrait du 4e tract de la « Weisse Rose », *La Rose blanche, six Allemands contre le nazisme*, Paris, éditions de Minuit, 1985, pp. 140-141.

Le luthérianisme était facilement associé au destin de la nation allemande. Le régime d'Hitler tenta très vite de s'assurer de la tranquillité de l'Église protestante, qui devait, selon son plan, être composée de *deutsche Christen* (« chrétiens allemands ») formatés dans le moule nazi. Donner un vernis chrétien au nazisme permettait de l'ancrer plus profondément dans la société, de récupérer pour sa propagande des valeurs morales dont il n'avait au fond rien à faire.

Du côté catholique, peut-être le fait que les prêtres aient fait une autre allégeance – à Rome et au pape – a pu contribuer à plus de distance chez un certain nombre, même si beaucoup sont restés passifs. C'est surtout la hiérarchie qui a abdiqué… par peur des persécutions et de la perte d'avantages acquis. Une crainte, sans doute fondée, d'être interdit de culte – comme en Pologne occupée – par un régime viscéralement hostile à la religion, pouvait expliquer le manque de fermeté. L'antisémitisme latent aussi. Enfin, l'attitude anticommuniste obsessive, le communiste étant souvent assimilé au « juif apatride ».

Les tentatives du régime pour séduire et contrôler les Églises ont cependant causé beaucoup de divisions en leur sein. Cela montre que l'idéologie du nouveau paganisme nazi se conciliait difficilement avec les traditions protestantes et catholiques. Ainsi, des mouvements, au sein de l'Église protestante, comme celui de la *Bekennende Kirche* (« l'Église confessante ») ont tenté à tout prix de préserver l'autonomie de la foi, et parfois de s'opposer au régime, en aidant les juifs et la résistance. Certains pasteurs comme Dietrich Bonhoeffer le paieront de leur vie. D'autres tendances au contraire acceptaient la mainmise et devenaient des communautés de chrétiens nazis, participant pleinement aux rites du régime.

Dans les milieux intellectuels, on a compté aussi des groupes de catholiques et de protestants aux idées progressistes comme le « Cercle de Kreisau » autour du comte Helmuth James von Moltke, attachés à trouver une solution de remplacement acceptable au régime hitlérien.

Une des protestations les plus ouvertes des Églises contre le régime nazi sera causée par la politique nazie d'élimination des handicapés mentaux dans le cadre de l'opération T4. Les familles catholiques et protestantes étaient directement touchées. L'évêque Clemens August von Galen, surnommé le « lion de Münster » dénoncera de manière enflammée et énergique cette opération secrète. Une protestation qui conduisit le régime à reculer pendant la guerre. Ce qui montre bien le pouvoir moral dont disposait un évêque quand il le voulait.

Resistenz

On découvre aujourd'hui chaque jour, à mesure que les archives sont dépouillées et que des témoins parlent, de nouveaux gestes d'Allemands pour aider un juif, un opposant, à résister à une injustice, à défendre une conviction. Les survivants parmi ces « justes parmi les justes », ces antihéros, interrogés après coup, expliquent « n'avoir fait que leur devoir ».

Parfois, ce furent effectivement de très petites choses, des gestes, des attitudes. Ainsi, une femme bavaroise refuse dans son usine de céder : quand son chef nazi lui intime l'ordre de remplacer le bonjour bavarois « Grüss Gott » (« Dieu te salue ») par « Heil Hitler », elle ne s'y soumet pas. Comme elle a une compétence professionnelle et qu'elle est respectée, on la laissera tranquille, mais elle risquait d'être envoyée dans une usine sur le front est.

Les classes urbaines cultivées ont été sans doute davantage traversées par ces courants de *Resistenz* que les classes moyennes ou les milieux paysans.

Dans son livre *Pas moi !*, l'historien Joachim Fest explique pourquoi son père directeur d'école refusait tout contact avec les nazis qu'il méprisait. Tout simplement parce que ceux qu'il voyait dans la rue se comportaient comme des voyous. Ils foulaient aux pieds les valeurs de respect, de bonne éducation, de culture et de discipline morale que le peuple allemand avait tant chéries dans le passé. Ce républicain catholique devait perdre son poste en raison de son refus absolu de s'engager dans les rangs nazis. Il disait à son fils cette phrase toute simple : « la morale se comprend d'elle-même ».

2

Le grand complot : acier contre acier

Une seule fois, le 20 juillet 1944 exactement, le nazisme a été frappé au cœur et menacé. Ce fut l'opération « Walkyrie ». Ce complot d'une centaine de conjurés, principalement des officiers, était différent de tous les autres évoqués plus haut, car il impliquait l'armée, l'administration, l'élite.

Le régime hitlérien n'a plus minimisé. Il a lancé une répression tous azimuts et bruyante qui révélait bien son inquiétude. Hitler se montra enragé qu'une bombe ait bien failli le tuer dans son QG de Rastenburg en Prusse orientale. Il aura donc fallu attendre l'avant-dernière année de la guerre, bien après Stalingrad, pour qu'un complot de grande ampleur soit sur le point de réussir. Il sera fomenté à droite, parmi des officiers supérieurs, appartenant souvent à une classe conservatrice, voire réactionnaire, même si des démocrates l'avaient rejoint.

Claus Schenk von Stauffenberg, héros de la Wehrmacht blessé en Afrique du Nord, descendant d'une famille noble très prestigieuse, déposera une sacoche piégée sous une table où se tenait Adolf Hitler le 20 juillet 1944 à la « Tanière du loup » en Prusse orientale. Et c'est un pied de cette table qui sauvera le dictateur.

Les conjurés ont des soutiens ou des membres en place dans le régime même, avec toutes les ambiguïtés que cela pose. Ce complot signifie donc que le régime n'était peut-être pas aussi inexpugnable qu'il apparaissait.

Hitler ne pouvait être renversé que si une partie de sa machine de guerre était retournée contre lui. Acier contre acier. Wehrmacht contre SS.

Ce qui était clair dans les motivations et espoirs des conjurés, c'était de signifier aux alliés américains et britanniques qu'il y avait certains militaires et civils allemands avec qui ils pouvaient traiter. L'ont-ils fait pour « l'Allemagne éternelle », « l'Allemagne sainte », – selon les expressions que l'on prête à Stauffenberg devant le peloton d'exécution à Berlin –, au nom d'idéaux chevaleresques décalés ? Langage d'un autre temps qui soulignait la vocation de « nation chrétienne » de la patrie. La hauteur de vues des conjurés, leur courage, leur référence à Dieu en ont frappé plus d'un lors de leurs procès.

Ont-ils agi pour arrêter un bain de sang, un massacre de civils, de soldats, de juifs, de populations étrangères ? L'ont-ils fait surtout pour sauvegarder les intérêts militaires et stratégiques de la nation, pour éviter une capitulation sans condition, préserver les cartes de leur pays dans le futur ? On peut répondre avec certitude que tous ces éléments jouaient un rôle. Beaucoup pensent que le dernier aspect, le point de vue militaire et stratégique, a été décisif. Sans exclure les autres.

L'apport de Stauffenberg : tuer le tyran

Qui était finalement Stauffenberg que *Der Spiegel* a affublé en 2007 du titre du « bon Allemand[98] », soutenu en cela par une écrasante majorité de citoyens ? Il n'était pas un homme parfait, idéal. Non, Stauffenberg, sans jamais se reconnaître dans le style populiste nazi, était devenu au début un officier obéissant du IIIe Reich. Évitant sans doute de se préoccuper en profondeur de ce qui arrivait alors aux communistes, aux socialistes et aux juifs. Ces gens-là n'étaient pas de leur monde à eux qui appartenaient à la haute noblesse. Cette noblesse, qui se croyait encore puissante et supérieure, n'avait pas hésité à comploter contre Weimar. Tant de jeunes nobles furieux du diktat de Versailles devaient rejoindre les SS !

Stauffenberg demeura fidèle à la Wehrmacht, corps puissant que le régime nazi n'avait pu phagocyter. C'est en 1942 seulement que l'officier, auréolé d'une image de héros après avoir survécu à de graves blessures sur le front de Tunisie, contacta des officiers déjà actifs dans l'opposition clandestine.

Mais au long des années précédentes, selon les témoignages qui ont été rassemblés, il avait réfléchi aux moyens de résister. Il avait confié que tout dans l'appareil nazi jurait avec son système de valeurs : le mensonge, l'arbitraire, la haine érigée en système de propagande.

---

98. HERWIG (Malte), « Der gute Deutsche », *Der Spiegel*, novembre 2007.

On a dit que le choc qui a fait basculer Stauffenberg et d'autres a été ce qu'ils avaient appris sur le front russe : des groupes de prisonniers ou de juifs creusant des fosses avant d'être exécutés par des unités SS. Ils avaient ressenti un sentiment d'horreur, malgré tout ce qu'ils avaient déjà vu dans leur carrière. L'honneur de la Wehrmacht (qui participait aussi à cette œuvre de répression) était aussi mis en jeu par une bande de criminels ne respectant pas les valeurs minimales garanties par les conventions de Genève sur le droit de la guerre.

L'apport de Stauffenberg, c'est de s'être rallié au groupe de ceux qui voulaient la solution la plus radicale, aller jusqu'au bout : tuer le tyran. Et de s'être proposé pour être l'exécutant, grâce à la possibilité qu'il avait de l'approcher.

Si Stauffenberg se sacrifiait, c'était aussi par révolte contre la lâcheté de beaucoup d'Allemands et de leurs officiers, trop hésitants, opportunistes ou attentistes.

Opposition militaire et opposition religieuse

Le 20 juillet 1944 illustre un fait mal connu et d'une certaine manière rassurant : une sourde hostilité demeurait à l'égard d'Hitler dans l'armée allemande, et ceci bien avant l'entrée en guerre. Il ne faut pas bien sûr l'exagérer.

Mais plusieurs complots avaient été soigneusement préparés et repoussés au dernier moment en raison des victoires faciles du Reich en 1939-1940. Il y avait, discrète, une haine farouche d'une partie de la Wehrmacht à l'égard de l'ancien caporal qui favorisait une nouvelle armée rivale, la SS. Une haine et une méfiance qui côtoyaient probablement un étonnement admiratif face à la capacité d'Hitler de réarmer l'Allemagne, d'en faire à nouveau une puissance.

Le facteur religieux dans la conjuration est également intéressant à analyser. Quel est le poids de telles convictions dans l'histoire réelle, au-delà des mythes ? Certains historiens n'y croient guère. Ce facteur est gênant, compliqué, sujet aux récupérations. Or la force des convictions qui amène des hommes à accepter de braver la mort peut avoir un ferment religieux. Ce qui n'a pas empêché ces mêmes croyants d'avoir parfois des œillères sur le sort des juifs, mais aussi sur la politique de conquête, revanche du traité ignominieux de Versailles.

Dans cette époque de la guerre totale, ils ont cependant témoigné d'un sens de l'honneur et de la vérité. En voulant assurer l'avenir d'une patrie qu'ils concevaient avec des valeurs « chrétiennes », ils se sont montrés garants à leur manière de l'Allemagne démocratique et multiconfessionnelle, celle de la République fédérale d'aujourd'hui.

Ce qui a compté, « c'est que la résistance allemande ait osé aux yeux du monde le coup de dés décisif », confirmera l'âme du complot, le conjuré Henning von Tresckow, en 1944. Un geste libératoire dans la perspective des règlements de compte de l'après-guerre, en vue d'atténuer la punition future qui frapperait le pays. Il s'agissait, dans l'optique de Tresckow et d'autres avec lui, de prouver au monde qu'il y avait « une autre Allemagne ».

Selon l'historien et journaliste Jean-Paul Picaper, les conjurés espéraient certes tuer Hitler mais « savaient que leurs chances étaient minces » de réussir. « Leur action se situait au-delà de l'Histoire immédiate, et seul l'avenir pourrait lui trouver un sens ». Ce sens : « la République d'Allemagne fédérale et réunifiée est née de cette volonté transcendante », écrit-il dans son livre *Opération Walkyrie*[99].

Le régicide était tout sauf évident, tant la personne d'Hitler paraissait hors du commun, hors de l'humain. « Quatre-vingt millions d'Allemands croient dans le Führer contre une poignée convaincue de sa nuisance. Difficile de ne pas douter d'être dans le vrai », confiera à la fin de sa vie le résistant catholique Philipp von Boeselager, un des acteurs du complot.

L'amertume des descendants de conjurés a dû être d'autant plus grande, face à l'ingratitude après guerre : Boeselager, un des seuls conjurés à avoir échappé aux exécutions, décédé en 2008, décrira avec un réalisme dépité les réactions hostiles d'une partie de la société allemande, aux yeux de laquelle ils

99. PICAPER (Jean-Paul), *Opération Walkyrie. Stauffenberg et la véritable histoire de l'attentat contre Hitler*, Paris, éditions de l'Archipel, 2009, p. 411.

restaient d'abord des traîtres, quand d'autres voyaient seulement en eux des martyrs christiques.

« Nous avons toujours su que nous ne serions pas des héros », a dit Boeselager avec une sorte d'ironie [100].

Cette hostilité sourde de certains en RFA s'ajoutait à la méfiance des élites communistes de RDA. Celles-ci ont longtemps d'abord vu dans le groupe d'officiers du 20 juillet des nazis anticommunistes ayant comploté contre d'autres nazis pires qu'eux. Puis ces mêmes idéologues ont choisi d'utiliser le mythe patriotique Stauffenberg, en insistant sur sa recherche d'appui populaire et démocratique, et en taisant les aspects contraires à leurs schémas idéologiques.

Aujourd'hui, dans l'Allemagne réunifiée, Stauffenberg est reconnu comme un héros, aux côtés de personnages très populaires comme le pasteur Bonhoeffer. Il fascine particulièrement les jeunes générations, peut-être précisément à cause des ombres qui entourent sa personnalité et n'en font ressortir que mieux la lumière et le courage. L'homme qui avait perdu sa main droite en Tunisie, qui portait aussi un bandeau noir pour cacher la perte d'un œil, est devenu depuis quelques années seulement un personnage de légende.

Il a fallu soixante ans pour reconnaître pleinement le rôle précurseur des conjurés. L'Allemagne d'après-guerre a eu du mal à faire de ces militaires conservateurs, qui ne s'étaient pas opposés d'abord au « sursaut national » d'Hitler, de « bons Allemands », tant ils répondaient peu à l'image idéale d'une résistance qui devait être forcément démocrate, multiple, parlementaire. Les critères des comploteurs étaient la nation, l'armée, un christianisme et un humanisme fondés sur quelques valeurs très traditionnelles. Même une partie de la CDU, le parti chrétien-démocrate, a eu d'abord du mal à assumer ouvertement l'héritage des Stauffenberg et consorts.

100. VON BOESELAGER (Philipp), interview à l'Agence France-Presse, 17 juillet 2004.

CHAPITRE 4
STOLPERSTEIN, PAVÉ DU SOUVENIR

Des éclats dorés dans un trottoir berlinois : à chaque rectangle de laiton qui brille entre les pavés, la mémoire d'une victime du nazisme, avec son nom, la date de sa déportation et celle de sa mort. Ces « pierres » (*Steine*) semblent appeler le passant à trébucher (*stolpern*) psychologiquement sur elles, à se souvenir, à réfléchir au moins. Y aura-t-il un jour des milliers de ces étoiles du souvenir incrustées dans les trottoirs d'Allemagne et d'Europe ?… Ma réaction naturelle est d'applaudir, même si je sais que cette forme de commémoration d'un crime sans égal est loin d'être évidente.

Éclat d'un autre type, moment de vrai bonheur : la synagogue de la Rykestrasse à Prenzlauer Berg, rouverte en 2007, a retrouvé sa splendeur. En ce début de sabbat un soir d'hiver, un vieux juif américain en chaise roulante est l'invité d'honneur. Il se rappelle le Berlin des années trente qu'il a quitté enfant. Pas d'acrimonie, beaucoup d'émotion, une communauté juive chaleureuse et heureuse d'être de nouveau berlinoise.

Berlin du souvenir de la Shoah, Berlin du renouveau de la culture juive.

Le Reich wilhelmien avait reconnu en 1871 aux quelque 500 000 juifs d'Allemagne des droits égaux à ceux de tous les autres citoyens. Une communauté prospère, très représentée dans l'enseignement, l'université, la médecine, le barreau.

Dans cette grande capitale européenne, la communauté était brillante, des grands bourgeois de l'élite intellectuelle aux commerçants et fonctionnaires. Elle a largement contribué à faire de la ville ouvrière et austère, à la discipline prussienne, ce qu'elle était devenue depuis la fin du XIXe siècle : une capitale des idées, où s'épanouissait la variété des mœurs et des cultures, où les courants de pensée s'affrontaient, où se vivait – comme aujourd'hui – la création permanente et audacieuse. Peut-être pas au niveau de Vienne, mais tout de même… Ce rayonnement et cette ouverture devaient perdurer jusqu'aux treize années d'obscurité du nazisme.

Aujourd'hui, on joue du klezmer dans des cafés. Synagogues, écoles talmudiques, commerces et centres culturels juifs rouvrent, parfois aux adresses d'autrefois, notamment dans le *Scheunenviertel* du vieux centre. On ne craint plus de se promener kippa sur la tête. Berlin s'est aussi efforcé de rappeler constamment à la mémoire collective le crime absolu parti de lui. Mais comment mener au mieux ce travail de mémoire, quand toute initiative est contestée et débattue avec passion, comme le montre l'histoire des *Stolpersteine* ?

Dans mon ancien quartier de Wilmersdorf, à l'ouest de Berlin, elles étaient pratiquement devant chez moi, ces traînées d'étoiles, à la mémoire d'individus ou de familles entières juives qui ont disparu.

Au coin de la Konstanzer Strasse et la Duisburger Strasse, il y a ainsi vingt *Stolpersteine* incrustées dans le trottoir, dont quatre pour la seule famille Stein : Ernst né en 1895, Selam née en 1893, Günther né en 1922, et Eva née en 1927, déportés le 18 février 1943 et assassinés à Auschwitz. Eva avait 15 ans quand elle a quitté Berlin. Sara Schwersenz, née Jacczowski, était une vieille dame de 71 ans quand elle a été déportée le 20 août 1942 à Theresienstadt, avant de périr à Auschwitz.

Plus loin dans d'autres rues voisines, de nouvelles *Stolpersteine.* Sur certaines d'entre elles, il est écrit : « Flucht in den Tod » (« fuite dans la mort »). Ces femmes, ces hommes se sont-ils suicidés, ont-ils péri en tentant de fuir ? Les suicides ont sans doute été nombreux à l'arrivée de la Gestapo ou avant. Sur l'une de ces deux *Stolpersteine* qui concerne une femme, il est précisé : « déchue de ses droits, humiliée ».

Quelle a été l'attitude des habitants de ce quartier quand, au petit matin, dans des rues beaucoup plus désertes qu'aujourd'hui mais qui ne doivent pas avoir fondamentalement changé, ils ont aperçu de leur balcon les voitures de la Gestapo, les fourgons de police ? Le mécanisme de la réaction de la majeure partie des gens, en pareil cas, quand ils ont peur, quand ils ont mauvaise conscience, est souvent celui de la fermeture et de la lâcheté : « Cela ne me concerne pas, ce n'est pas mon affaire. » Fermer ses yeux, ses oreilles, sa bouche et ne plus penser pour n'être pas obligé de réagir et de prendre des risques… Au fond des êtres, quand ils sont témoins de tels drames, toute une palette de sentiments est imaginable : dégoût et désespoir pour certains, peur pour d'autres, joie mauvaise, consentement, enthousiasme, zèle et haine pour d'autres…

Il est difficile d'imaginer ces matins gris d'hiver ; les rafles à Wimersdorf étaient-elles plutôt silencieuses et rapides, les victimes sachant qu'elles ne pouvaient résister, espérant peut-être échapper au pire et sachant qu'elles ne pouvaient compter avec aucune aide ? Ou au contraire, y avait-il des cris, des hurlements ? Les coups de feu, les courses poursuites étaient-ils exceptionnels ? Et les voisins, les passants ? S'il était possible aux tiers de montrer par des gestes de la compassion, il était impossible, sans relations en haut lieu, de s'opposer avec succès à l'appareil froid de la répression quand celle-ci avançait son bras armé dans un immeuble.

Les *Stolpersteine*, ces signaux dorés de laiton, dans le trottoir, paraissent une idée sensée. Afin que le passant de 2011, occupé par de tout autres problèmes, puisse, quand il les croise du regard, réfléchir et veiller à ce que ça ne se reproduise pas. Réfléchir à la responsabilité, la bêtise et la lâcheté communes. Réaliser que seule une réponse collective aurait pu alors quelque chose et qu'il convient encore aujourd'hui d'être vigilant, y compris avec soi-même.

C'est le sculpteur allemand d'origine berlinoise Gunter Demnig, âgé de 61 ans, qui a lancé cette initiative en 1995 à la mémoire des victimes déportées et assassinées, juives principalement mais pas seulement.

Il y a déjà plus de deux mille petites plaques de laiton de dix centimètres sur dix au milieu des pavés de Berlin, et d'autres encore dispersées dans plus de trois cents communes allemandes, ainsi que dans d'autres pays (Hongrie, Autriche, République tchèque notamment). Mais, à Berlin comme ailleurs, ce n'est pas si simple d'insérer ces petits carrés sur les trottoirs. Il ne faut pas que les personnes âgées glissent sur les surfaces de cuivre polies, il ne faut pas donc pas qu'elles soient trop près des seuils des immeubles. Les administrations de district ont fort à faire pour délivrer les autorisations…

Et des amis de la communauté juive berlinoise m'ont expliqué pourquoi ces plaques dans le trottoir, dans lesquelles je voyais un beau symbole vengeant la mémoire de ceux qui avaient porté l'étoile jaune, étaient cependant loin de recueillir un consensus. Ce sont les milieux libéraux et intellectuels qui ont le moins de mal à accepter les *Stolpersteine.* Pour les juifs religieux au contraire, il ne convient pas de marcher sur les tombes dans un cimetière. Attachés au culte de leurs morts, ils auraient préféré que des plaques, pour ceux qui n'auront jamais droit à des sépultures, soient incrustées dans les murs des immeubles. Pour eux, l'initiative des *Stolpersteine* est blessante et n'est pas à la hauteur de ce qu'on doit aux victimes. Ils y voient aussi une nouvelle manifestation de la légèreté d'une société qui perd ses racines religieuses et qui fait de toute chose une manifestation de l'art. À Munich, une protestation avait abouti et une *Stolpersteine* avait été enlevée.

Mais une initiative du souvenir, quelle qu'elle soit, peut-elle être à la hauteur de ce défi ? Difficulté extrême de commémorer dignement, et, pour ceux qui sont extérieurs, de ressentir avec une sensibilité suffisante toutes ces tensions légitimes.

Le diable dans les détails

Une autre initiative, dans quelques rues du Bayerischer Viertel – quelques pâtés de maisons huppés dans le quartier de Schöneberg –, ne joue pas, elle, avec l'idée d'une sépulture insupportablement manquante. Elle rappelle à quel point tout était planifié pour rendre la vie impossible aux juifs. Avec l'appui de multiples décrets de 1933 jusqu'aux années quarante, la répression devait devenir toujours plus féroce et les déportations systématiques.

Des panneaux sont suspendus à des réverbères : d'un côté du panneau, un dessin schématisé – par exemple des radis pour le jardinage, un thermomètre pour la médecine, une cage pour les animaux de compagnie –, de l'autre un des nombreux décrets antijuifs des autorités berlinoises.

Tout était prévu : l'interdiction de cultiver un petit jardin, d'être musicien ou de faire partie d'ensembles musicaux, d'être sage-femme, d'acheter des journaux, d'aller au cinéma, au théâtre et au concert, d'être écrivain, éditeur ou libraire, notaire ou avocat, de prendre les transports en commun, de faire du commerce, d'être médecin, d'être membre de la Croix-Rouge allemande, d'entrer dans certains quartiers, d'aller nager à la plage du lac de Wannsee, d'envoyer les enfants à l'école ou jouer dans la rue avec des « aryens », de faire des excursions, de quitter son logement après 20 heures (21 heures en été)… Étaient aussi stipulés le temps accordé aux ménagères juives pour faire leurs emplettes alimentaires (entre 16 et 17 heures), l'obligation de céder les postes de radio, les fourrures et les habits de laine, le licenciement des fonctionnaires, la nullité des testaments en faveur des juifs, l'envoi à la retraite anticipée des fonctionnaires mariés à des juives… D'autres normes injustes s'ajoutaient encore à cette liste déjà longue.

À partir de 1941, le piège semble se refermer totalement sur les juifs berlinois, rendus captifs à la fois par l'interdiction d'émigrer et par l'obligation de se soumettre au travail forcé obligatoire. Ils ne peuvent même pas espérer échapper aux persécutions en se convertissant. « Le baptême de juifs ou leur conversion au christianisme ne change rien à la question raciale », énonce sèchement un avis officiel de 1936.

La perversion nazie se souciait de l'apparence, comme l'indique avec un cynisme inégalé cet autre avis aux bons citoyens du Reich, l'année des Jeux olympiques : « afin d'empêcher que les visiteurs de l'étranger aient une mauvaise impression, il convient de retirer les pancartes avec les contenus les plus extrêmes. Des pancartes avec la mention "les juifs ne sont pas bienvenus" suffisent alors »…

Du quai désaffecté numéro 14 de la petite gare tranquille de Grunewald, aujourd'hui départ de promenades dans la forêt pour les familles à vélo, partirent discrètement plusieurs années durant les convois pour les camps de la mort. La voie 14, *Gedenkstätte* (« lieu du souvenir ») émouvante où se rendent en pèlerinage les visiteurs venus d'Israël, est envahie d'herbes folles.

Résurrection et deuil

Berlin est redevenu, bien après Londres et Paris, la troisième capitale d'Europe avec le plus grand nombre de juifs. Ils sont venus pour la plupart de Russie, préférant parfois la libérale Allemagne au militant État hébreu, au grand dam de certaines organisations juives.

Ce retournement de l'Histoire répond à une certaine logique : bien plus de juifs sont revenus ici à Berlin que dans la Galice polonaise par exemple. Car ils savaient intuitivement que cette ville à tradition sociale-démocrate n'avait jamais été radicalement nazie. Le parti nazi NSDAP y avait fait de médiocres résultats aux élections. Des réseaux d'aide aux juifs y avaient été actifs. La capitale du Reich n'était même pas très antisémite – comme pouvaient l'être certaines régions de Pologne, par exemple.

C'est même à Berlin que quelques juifs, en pleine guerre, ont été – fait inouï – libérés de prison, et ont échappé à la mort, du fait de la protestation de leurs proches. Il s'agissait de juifs mariés à des « aryennes ». Ces femmes avaient occupé le pavé de la Rosenstrasse devant la prison, dans le quartier central de Mitte, jusqu'à obtenir satisfaction. Elles avaient une loi pour elles, et certaines avaient peut-être des liens avec des puissants du Reich ; on ne pouvait se permettre de faire disparaître ces protestataires allemandes à la mitraillette lourde alors même que le sort des armes se retournait contre les combattants du Reich à Stalingrad. C'est cette histoire émouvante qu'a relatée, de manière romancée, le film éponyme *Rosenstrasse* de Margarethe von Trotta [101].

101. VON TROTTA (Margarethe), *Rosenstrasse*, 2003.

Les communautés juives sont donc revenues peu à peu à Berlin avec de l'argent, y ont investi, ont rouvert par exemple la belle synagogue de la Rykestrasse. Elles ont inauguré en 2007 un centre culturel et une synagogue à Wilmersdorf. Dans la Fasanenstrasse, près de l'Église du souvenir, où beaucoup de bourgeois juifs vivaient, la synagogue est aussi active. La rue a retrouvé son lustre d'antan. Quant à la grande synagogue de l'Oranienburger Strasse, elle a été aussi restaurée mais ne sert plus au culte. Tous ces lieux sont intensément gardés par la police allemande, contre les deux dangers des néonazis et des islamistes.

À Berlin aussi, des associations puissantes comme le *Jewish Americain committee* font tout un travail social de pointe en faveur de l'intégration des différentes communautés étrangères qui cohabitent dans la ville. Et il ne se passe pas de mois sans qu'un festival, un concert, un spectacle, une fête, une exposition, un forum, un spectacle, un échange interculturel ne viennent mettre en valeur la culture juive, d'Allemagne, d'Europe, des États-Unis, d'Israël ou de la diaspora.

À côté du présent justement célébré, le passé juif est en permanence commémoré dans des lieux exceptionnels qui frappent la mémoire : celui du labyrinthe étrange et oppressant du Musée juif et surtout la vague de pierres qui va s'écraser sur la grève du souvenir au cœur de Berlin, aux abords du Tiergarten.

Le Mémorial de l'Holocauste, ce labyrinthe de stèles, occupe suffisamment de place pour ne pouvoir être occulté par personne. Celui qui vient là sans savoir est amené à s'interroger. Pas d'inscriptions, juste un dédale de béton sobre. Quelques vigiles le surveillent discrètement. Des enfants jouent à cache-cache : quoi de plus naturel, disent ses défenseurs. Ce n'est pas un lieu, ajoutent-ils, où, hypocritement ou non, le visiteur doit arborer un visage de deuil. C'est un lieu de questionnements, au milieu de la vie de tous les jours, au cœur de la ville. Pourtant, comme pour les *Stolpersteine* et pour les mêmes raisons, les adversaires du Mémorial de l'Holocauste dénoncent avec virulence cet anonymat, cette désacralisation au sein de la cité.

Le débat n'est donc jamais clos. Impossibilité de bien commémorer. Heureux et malheureux, choqué ou enthousiaste, le visiteur ne peut échapper au sentiment premier de l'âme. Comme les *Stolpersteine*, tous ces signes veulent poser des questions dans le tourbillon de l'Histoire, et ne rencontrent pas d'unanimité. Et c'est bien ainsi. Il ne peut y avoir de récupération, aucune.

Quel riche passé juif, précisément à Berlin ! Dans un immeuble du quartier de Mitte, petits fours et champagne, un jour de 2004. L'immeuble, fraîchement restauré, va abriter le siège d'une fondation privée. Il appartenait à une grande famille juive de Berlin. D'architectes et de médecins. Un descendant de la famille, venu d'Amérique, prononce un discours : il raconte comment son grand-père, médecin, avait été décoré de la « croix de fer », en héros de la Première Guerre mondiale ; comment il était fier d'être allemand, comment il aimait la culture à laquelle les juifs avaient contribué pour une grande part ; comment il se sentait berlinois ; combien sa famille avait contribué à l'éclat de la ville, de ce quartier. Et puis, il relate année après année, comment, après l'arrivée des nazis au pouvoir, sa famille et lui-même avaient été privés de leurs droits. Exclus des clubs culturels et sportifs, de la profession médicale, de la reconnaissance pour mérites rendus à la patrie, cantonnés dans des associations, devant demander toujours plus d'autorisations. Puis interdits, discriminés.

Cette famille avait compris à temps et avait les moyens financiers d'émigrer outre-Atlantique. Elle n'a donc pas partagé le sort de la majorité des familles juives, surtout les plus modestes, et qui se sentaient allemandes et berlinoises comme elle.

Aujourd'hui la joie est revenue dans Berlin, les touristes affluent, y compris d'Israël. Mais partout, à travers les rues, errera toujours le souvenir de cette population qui constituait une partie de son âme – quelque 173 000 personnes dans les années vingt. Une communauté aussi importante pour le destin de la capitale allemande que celle des descendants de Huguenots venus au XVIIe siècle de France, ou encore des immigrés russes ou polonais qui, persécutés, avaient trouvé refuge dans la capitale du Reich wilhelmien et de la République de Weimar.

Berlin sait rendre dignement hommage à son passé juif. Et la capitale qui ne comptait plus que quelque 6 500 juifs qui se cachaient dans ses ruines en 1945, en compterait aujourd'hui environ 12 000. C'est peu et c'est beaucoup.

« Le fait qu'il y a encore des juifs à Berlin est un miracle de dimension historique », avait dit à juste titre un rabbin berlinois, Chaim Rozwaski, lors de l'inauguration en 2007 de la synagogue restaurée de la Rykestrasse, aujourd'hui une des plus grandes d'Allemagne.

Chapitre 5

D'une génération l'autre, blessures invisibles

– Fiction –

Aujourd'hui, la tribu Müller, composée de Jürgen, Maria et des deux enfants Kurt et Helena, vivant dans le quartier branché berlinois de Prenzlauer Berg, est une des nombreuses familles modèles allemandes. Jürgen et Maria ont choisi d'avoir un troisième enfant. Cette décision, longuement pesée, a constitué aussi un événement dans leur entourage où les familles de trois enfants sont très rares. Certains ont dit que c'était folie. La natalité stagne et pour beaucoup de femmes, avoir des enfants est encore perçu comme un rêve impossible, voire un caprice. D'autres au contraire ont félicité Jürgen et Maria pour leur « audace » ou leur « courage ».

Malgré le bonheur de l'attente de ce troisième enfant, les derniers mois de 2010 ont été éprouvants.

Depuis qu'ils sont revenus à la Toussaint de chez les parents de Jürgen à Cologne, puis à Noël de chez les parents de Maria à Dresde, des cicatrices refont surface. Il faut parfois des générations pour les faire disparaître. Et le désir d'enfant n'est soudain plus aussi évident quand le passé est si lourd.

Jürgen, 35 ans, militant du parti des Verts, est infirmier, à l'hôpital La Charité. Taillé comme un athlète, les cheveux blonds négligemment brossés en arrière, portant des jeans et de larges pulls, il est en apparence la décontraction même. Pourtant il consulte discrètement dans le même hôpital un psy une fois par mois. Il fait partie d'un de ces adultes sur trois en Allemagne qui ont ou ont eu recours à une aide psychologique. Ses parents vivent à Cologne, un vieux couple de Rhénans unis et joviaux.

Maria, 32 ans, protestante mais qui est sortie de son Église et se dit athée, travaille dans une *Kita* (jardin d'enfants). C'est une petite boule brune toujours en activité. Mais elle est tellement stressée qu'elle suit des cours de yoga plusieurs fois par semaine. Ses parents sont revenus de Bavière s'installer à Dresde, d'où ils étaient originaires, après la *Wende* de 1990. Mais c'était une mauvaise opération, le père de Maria ayant perdu rapidement son emploi, et ayant été mis à la retraite anticipée.

Les enfants de Jürgen et Maria, qu'ils ont eus relativement tard, sont en septième et huitième classe. Tous deux blonds au teint pâle, pleins de santé. Ils jouent tous quatre d'un instrument de musique, Maria fait partie d'une chorale. Jürgen va chaque dimanche à la messe à l'église catholique de Sankt-Ludwig, loin de chez lui, une paroisse bourgeoise mais vivante, à l'ouest, tenue par des franciscains. Les dimanches après-midi, ils prennent le S-Bahn, le train de banlieue, par beau temps, avec leurs vélos pour parcourir les forêts du Brandebourg.

Toussaint à Cologne

À la Toussaint 2010, Maria et Jürgen sont allés à Cologne chez les parents de ce dernier, comme chaque année.

Ils sont allés se recueillir sur le caveau de famille. Au retour, la mère de Jürgen, Uta, une femme enjouée qui évite toujours normalement les histoires tristes, semble bouleversée. Elle évoque pour la première fois les circonstances exactes d'un drame dont tout le monde a entendu parler mais que personne n'avait bien compris. Au retour de l'école, quand il était tout petit, on lui avait dit que sa grand-mère était morte, qu'elle avait été transportée à l'hôpital. Il craignait cette grand-mère, son tempérament parfois enjôleur et capricieux, le rejet brusque de tout geste d'affection. Néanmoins, c'était la seule grand-mère qu'il ait connue.

La mère de Jürgen raconte : « Nous habitions chez ma mère devenue veuve depuis 1975, dans la grande maison de famille reconstruite après le bombardement, qui gardait tous les souvenirs du passé. Elle avait été toute jeune une fervente nazie. Elle m'avait raconté une visite d'Hitler à la mairie : comme elle l'acclamait dans la foule, lui le héros, le sauveur de la nation contre les bolchéviques, comme elle avait été subjuguée et avait milité jusqu'à la fin avec une fidélité totale. C'était une belle femme, bien conservée par l'âge, qui aimait se maquiller, paraître. Avec moi, elle était différente. Au repas de midi, elle avait souvent le regard éteint, elle était exigeante, toujours mécontente. Elle me critiquait, trouvait que je me laissais trop vivre, également que j'étais trop compatissante, bêtement « chrétienne ». Un jour, j'ai retrouvé ma mère pendue. J'avais du remords de ne l'avoir pas suffisamment écoutée, soutenue. Je me sentais coupable. Le passé était trop lourd et elle trop fière pour s'en décharger, pardonner, regretter. Elle ne voulait pas regretter, elle n'avait pas compris les procès de dénazification, n'avait pas admis l'opprobre général qui frappait les anciens du NSDAP ».

Et elle ajoute, après une pause : « Plus tard, je m'en rends bien compte, nous vous avons communiqué notre mal-être sans l'expliquer, c'est ce qui fait sans doute que ton frère aîné galère aujourd'hui. »

Stefan, le grand frère de Jürgen, qui avait 13 ans au moment de la mort de la grand-mère, a été en échec scolaire. Il vit maintenant dans une roulotte au bord de la mer du Nord, été comme hiver. Il a rompu avec la famille, il est au chômage, fait de la musique dans la rue.

Heinrich, le père de Jürgen, homme rond aux joues rouges, secoue la tête : « Je suis allé voir Stefan le mois dernier ; il ne va pas mal du tout. Il est en marge, c'est tout. Il a trouvé une nouvelle compagne, qui fait de la musique comme lui. »

Heinrich est un homme lent et taiseux, qui semble toujours effacé, au service de sa femme. Il est en fait celui qui apporte la solidité. Il la fonde sur quelques convictions syndicales et chrétiennes. Il la tient de sa passion, qui a été son métier : l'horticulture. Passion qu'il poursuit dans son jardin et dans son potager, durant sa retraite. Il la tient aussi de l'amour de la Rhénanie, ce vieux vivier d'une culture chaleureuse et ouverte. Lointain parent d'Adenauer, il est d'une de ces familles qui ont traversé le nazisme sans être discréditées. Sa famille s'est tenue à l'écart, elle a évité d'adhérer au parti nazi, elle a même aidé discrètement des familles juives ou des opposants à se cacher. Jürgen ne connaît pas bien la famille de son père mais a toujours apprécié cet équilibre simple, cette confiance qui semble les habiter. Quelque chose, pense-t-il, de l'ordre de l'honneur, est resté intact dans cette famille.

Après le récit de ce suicide, Jürgen voit sa mère Uta d'un autre regard. Il perçoit tout son courage. Elle a porté tout cela et ne supporte pas la marginalisation de son fils aîné dont elle s'accuse aussi. Elle est une angoissée qui veut se racheter de fautes dont elle n'est pas coupable. C'est pour cela qu'elle ne cesse de parler de Jésus, du service du prochain, ne cesse de se dépenser dans les œuvres, préside les ventes de charité de la paroisse et invite chez elle tous les étrangers des pays du sud qui passent dans le quartier.

La mère de Jürgen, le lendemain matin, a préparé comme toujours un petit déjeuner copieux. Abondance alimentaire, comme pour compenser une détresse intérieure. On voit qu'Uta s'efforce d'effacer de la mémoire de son fils et de sa belle fille son moment de faiblesse de la veille. En Rhénane fondamentalement joviale, elle va raconter une histoire plus heureuse. Elle confie à son jeune couple berlinois un de ces récits de dépossession et de recomposition qu'ont traversée tant de familles après guerre : une affaire qui a mal commencé et s'est bien terminée.

« C'est une histoire qui montre aussi ma mère sous un autre jour. Les gens de cette époque avaient souvent des personnalités déchirées, refusant et donnant, fières et honteuses. C'est l'histoire des cousins Heim. Ces lointains parents étaient arrivés à six dans notre maison venant de Prusse orientale, en 1945, avec quelques valises. On comptait chaque morceau de pain. Le toit, éventré par un obus, était réparé provisoirement, la pluie glacée gouttait dans la salle à manger. Une jeune cousine Heim, Antje, était enceinte, murée dans le silence. Un fils est né. Elle a élevé cet enfant seule, tout en travaillant. Les voisins l'appelaient avec un certain mépris le petit Iwan, parce qu'ils pensaient qu'il était le fils d'un soldat russe. Ces *Vertriebene* ("expulsés") venus de Königsberg étaient facilement perçus comme de “sales nazis” qui n’avaient qu’à s’en prendre à eux-mêmes. Facile de dire que là-bas, dans l’est lointain, ils avaient été plus nazis qu’ici ! Ma mère a protégé Antje Heim et son enfant contre les tracasseries. Ils se sont réinstallés ailleurs au bout de deux ans, avec son aide financière. C’est une histoire où le bonheur a fini par l’emporter. Aujourd’hui, cette branche de la famille qui avait tout perdu est celle qui a le mieux réussi. Un peu grâce à ma mère qui ne s’en vantait jamais. Ils l’ont eu peu oubliée, je crois. Peut-être la voyaient-ils comme l’ancienne nazie qu’elle avait été ? Ils sont les plus riches aujourd’hui, et “le petit Iwan” occupe un poste de responsabilité à Deutsche Telekom. »

Il y a aussi dans la bouche d’Uta une autre histoire édifiante d’un homme resté entre les quatre cloisons d’une chambre. Situation résultant d’une blessure de guerre. L’oncle Walter. La mère de Jürgen aime particulièrement rappeler la mémoire du vieil invalide : « Il avait perdu l’usage de ses deux jambes au combat, sur le front de Normandie ; dans son fauteuil, il toussait des heures entières, sa femme lui donnait à manger matin, midi et soir, il avait du mal à ingurgiter. C’était un homme qui ne se plaignait jamais, caressait la main des enfants, s’intéressait à chacun et disait aux jeunes gens qu’ils devaient retrousser leurs manches pour reconstruire l’Allemagne démocratique. Il avait devant ses yeux, punaisée au mur, une petite image pieuse. Je me souviens de sa phrase toujours répétée : “Jamais à nouveau la guerre qui broie les destins”. »

Jürgen voit sur le manteau de la cheminée les photos de l’oncle Walter, jeune homme en 1939. Il avait une allure modeste et peu martiale. Il est mort douze ans après la capitulation.

Uta a besoin de raconter encore ; on parle tant du passé à la télévision en ces années de commémoration ; elle veut témoigner elle aussi. Il y avait aussi ces personnages bien en vue après guerre qui tombent brutalement de leur piédestal social. Comme celle de Kurt B., et le gros scandale que ça avait provoqué dans la ville et dans sa famille même, divisant les uns contre les autres :

« Au début des années soixante-dix, monsieur Kurt B. était un juge respecté. Bien que lointain parent, il faisait la réputation de notre famille. Il était froid et cassant. Des informations ont commencé à filtrer sur son passé. Partisan zélé de l'aryanisation de la société, il avait été juge et fait exécuter des opposants. Son fils unique, étudiant de 19 ans, a totalement changé durant le procès. Ce fils de notable s'est tourné vers les militants de la bande à Baader, rejetant la société de la RFA. Il est parti un jour en Palestine et a trouvé refuge en RDA. Il est réapparu il y a dix ans, journaliste et militant de la gauche communiste. Il participe à de nombreux débats télévisés aujourd'hui. »

En repartant de Cologne, Jürgen et Maria sont allés rendre visite à la sœur cadette de Jürgen qui habite Essen. Une famille comme la leur, sans histoire. Le fils unique, après les avoir salués brièvement, est retourné dans sa chambre. Il a 16 ans. Jürgen est allé le voir et l'a interrompu dans un doux flirt. Le garçon et sa petite amie, sportifs et soignés, semblent ennuyés par les questions sérieuses, surtout celles, insistantes, que Jürgen pose sur la génération des arrière-grands-parents. L'adolescent hausse les épaules. Puis, comme Jürgen reste encore, il commence d'une voix qui s'affirme progressivement : si des « vieux » ont suivi Hitler, « ils n'ont peut-être pas eu raison, mais ne pouvaient peut-être pas faire autrement ». « Ce n'est plus la nôtre maintenant, ce n'est pas notre faute, ce n'est plus la même Allemagne, on a d'autres préoccupations, on en a marre qu'on nous sérine tout ça sans arrêt, à l'école et ailleurs ! Laisse-nous, Jürgen. » Il fronce les sourcils, baisse les yeux, un peu rouge, consulte nerveusement son téléphone portable. La fille, de parents germano-turcs, ne dit rien. Plus tard, elle glissera à Jürgen avant qu'il reparte : « Ne lui en voulez pas ! Vous savez, on est nombreux à être comme ça. On ne veut pas être tenus pour responsables de ce qu'on fait des Allemands bien avant nous, on est plus au courant qu'on le paraît mais on ne veut pas être mis en rapport avec eux. »

Noël à Dresde

À Noël, Jürgen, Maria et les enfants sont allés à Dresde où habitent les parents de Maria. Ces vacances de près d'une semaine ont été pénibles pour elle. Qu'a-t-elle entendu de la bouche de sa mère, Eva ? Rien qu'elle ne sache déjà, ce récit qui ne cesse de la hanter, raconté pour la centième fois avec un profond soupir. Ces phrases sur le silence d'une génération :

« Ton grand-père, Maria, était revenu intact physiquement de la guerre. Il avait servi comme aviateur dans la Luftwaffe, dans une unité qui avait participé à des bombardements sur l'Angleterre. Mais il ne nous en a jamais rien dit. Et on ne l'interrogeait pas. Comme des milliers d'autres, il est mort sans jamais avoir raconté ce qu'il avait vécu. »

Hans, le père de Maria, est irrité : « Tais-toi donc. Vous, les femmes, vous avez toujours besoin de parler. Moi, j'aurais fait la même chose que lui. On n'a pas envie de parler de ça, on ne peut pas. » Et il allume la télévision.

À la porte de la maison de brique, dans les faubourgs de Dresde, dont l'intérieur est encombré de meubles lourds de la petite bourgeoisie de la RDA, une enseignante à la retraite, née en 1941, sonne. Autant la mère de Maria est frêle, sèche, discrète, autant cette femme plus âgée agite des idées et des souvenirs. Autour du *Stollen*, le traditionnel gâteau de Noël en Saxe, elle évoque elle aussi son enfance, et ce syndrome si courant et si profond de la place vide du père, après guerre :

« Tu as connu ton père, Eva. Mon père lui n'est jamais revenu. Il était soldat en Ukraine, là où se sont passées les pires choses. Et on ne parlait jamais de lui. Je voulais qu'on me parle de mon père. En avait-on honte ? Avait-il fait une faute ? Il y avait cette place vide que l'on taisait. Je me suis dispersée et n'ai pu tomber vraiment amoureuse d'un homme. »

« Je ne me suis jamais mariée. C'était dans notre quartier une époque de silence sur le passé, en dépit des slogans socialistes et internationalistes. J'avais lu. J'étais choquée surtout qu'on parle peu du mal fait aux juifs. C'était, avec l'absence de mon père, mon obsession. Elle suscitait des réactions contrariées de certains, plus âgés. On me disait que mon père avait été un nazi zélé, qu'il avait mieux valu qu'il ne revienne pas, qu'il aurait été envoyé à la prison de Bautzen, le pénitencier des prisonniers politiques. Une fois, une femme du quartier me prit à part et fit allusion au sort des juifs. Ses phrases entrèrent en moi comme un venin : "bien sûr, on ne peut pas le dire aujourd'hui. Il y avait aussi de [leur] faute dans ce qui [leur] est arrivé ! Ton père, comme beaucoup de jeunes Allemands, avait été éduqué ainsi ! Il y avait peut-être des raisons que tu ne peux comprendre". J'étais révoltée, mais la révolte intégrale n'était pas bien vue dans la République démocratique. J'aurais voulu m'inscrire dans une amicale de femmes amies d'Israël, mais ce n'était pas possible en RDA. Je me lancé à corps perdu dans mon métier d'enseignante. Maintenant je milite dans une amicale germano-israélienne. »

Après avoir dit au revoir à la voisine, Maria, Jürgen et Eva ont décidé de rendre visite à la grand-mère, veuve du silencieux grand-père. C'est une petite femme très âgée au visage sec et ridé, au profil d'aigle, aux yeux lançant des flammes, qui vit dans une grande bâtisse très modeste et un peu décrépite pour personnes âgées.

Cette femme dure avec elle-même et les autres, qui a crevé de faim dans son enfance en Poméranie, refuse de se plaindre. Elle rejette l'unité allemande, en bonne communiste nostalgique du stalinisme. Maria l'a interrogée une nouvelle fois sur son mari, mais elle a répondu qu'elle ne voulait pas « remuer le passé », qu'elle respectait le vœu de silence de son époux et que d'ailleurs elle ne savait « rien ou peu de choses… » Maria s'est toujours aussi demandé si son allégeance communiste n'était pas d'autant plus forte qu'elle avait été brièvement jeune militante d'une autre révolution, nationale-socialiste, qu'elle avait amèrement regrettée. Elle se serait jetée ensuite dans les bras des communistes, qui lui apportaient une autre structure autoritaire et un autre idéal.

De retour de la maison de retraite, la mère de Maria s'est assise à côté de son mari et regarde la télévision avec lui, les mains croisées. Avec Hans, quand ils se sont mariés à l'âge de 20 ans, ils avaient fait preuve d'audace en quittant la patrie du socialisme pour s'installer en Bavière, où la petite Maria a passé son enfance dans une maison coquette. Puis ils sont revenus après la *Wende*.

Hans a vécu dans les deux Allemagne sans jamais trouver sa place. Il n'a pas retrouvé comme il l'espérait ses racines dans cette Saxe où il est reparti s'installer avant de tomber au chômage anticipé. L'ancien comptable à la retraite refuse de parler de politique : pour lui, tous les hommes politiques ont été et sont des menteurs. Même Angela Merkel. Il est critique face à la société *multikulti* que présente la télévision. Il est né en 1945. Les quartiers de l'après-guerre ne ressemblaient décidément pas, dit-il, à cette « foire » permanente. Parfois devant le caractère effronté des jeunes, remontent en lui d'étranges nostalgies qu'il a entendues enfant de la bouche de son propre père, militant ordinaire du NSDAP : nostalgies exprimées dans des phrases du genre : « avec l'oncle Adolf, cela ne se serait pas passé comme ça », aime-t-il à dire, sur un ton emporté un peu bizarre, guettant notre réaction. Pour lui, sous Walter Ulbricht, le dictateur stalinien comme sous Konrad Adenauer, « on ne laissait pas non plus le désordre s'installer dans la rue ». Adenauer est dans son esprit un peu moins mauvais que tous les autres.

Hans regarde un *Krimi* sur RTL. Il y a quelque chose d'éteint en lui.

Maria est allée à la rencontre de jeunes voisins de sa mère. Ils font du bruit le soir avec leur musique heavy metal. Le week-end, ils sont du matin au soir devant un hangar en train de réparer leurs motos. Ils ont déjà descendu plusieurs bouteilles de bière à 15 heures en ce samedi d'avant Noël. Maria veut leur expliquer que sa mère a besoin de calme, que ça ne peut plus durer. Ses enfants ont peur d'eux et de leur énorme chien. Elle a du mal à attirer leur attention. Ils sont des *Hell's angels* mais aussi des sympathisants néonazis, par provocation, sans être inscrits au parti néonazi NPD. Ils ont cousu des insignes avec des têtes de mort sur leurs blousons de faux cuir, et dans l'atelier, on peut apercevoir un portrait de Rudolf Hess. « Mais c'est pas nous, disent-ils, qui l'avons mis. »

Ils font partie de cette immense mouvance skinhead et néonazie, liée par des groupes de rocks et diverses activités culturelles et sportives. « Je veux une

Allemagne sociale et nationale, qui nous reconnaisse notre fierté. Je ne veux plus de ces Merkel ou Schröder qui favorisent les riches et les étrangers. La *Scheiss*-RFA est pire que la RDA. L'Allemagne aux Allemands, c'est tout ce qu'on demande. Peut-être que certains ont fait du mal, mais le nazisme, comme le communisme, ce n'était pas que de mauvaises idées. Personne ne veut nous comprendre », dit un des ces jeunes. Une fille est avec eux, tenue gothique, anneaux dans ses lèvres percées. Elle fait un signe aux petits Berlinois soignés Helena et Kurt. Elle veut les faire jouer avec le chien, son sourire est triste et gentil. Ils ne viennent pas.

Près de Dresde, Jürgen et Maria rendent visite au cousin Otto, un vieil homme affable, entouré de photographes jaunies, retraité des chemins de fer de RDA. Aujourd'hui dans une chaise roulante, il parle beaucoup, il raconte qu'ils étaient sociaux-démocrates depuis des générations dans cette branche de la famille, qu'ils ont souffert du nazisme, puis du communisme. « Il y a eu un de nous qui est allé à Buchenwald, puis ils l'ont envoyé à Bautzen. D'une prison à une autre. Kurt, il est mort là-bas », dit-il. Et il secoue la tête.

Il s'arrête. « Et puis, il y a eu Malte. » Il observe un temps de silence. « Je n'ai jamais oublié ce matin-là, bien que j'avais seulement 13 ans. Nous habitions alors Breslau en Silésie. Mon frère Malte venait d'avoir 17 ans, c'était l'année 1943, ils sont arrivés à la maison pour le recruter dans la SS. Parce que nous n'étions pas au parti, ils nous soupçonnaient apparemment d'avoir protégé des juifs mais n'avaient pas de preuves. C'était un peu une rétorsion. Malte n'était pas du tout militariste, avait à peine quitté les jupes de notre mère… Malte avait peur. Il est revenu d'un camp en Sibérie, il avait 27 ans mais semblait en avoir 35. Devenu silencieux, colérique et intraitable, il se retrouva au chômage, se mit à boire. Il est mort jeune. »

La mère de Maria et Otto parlent aussi de la mort du cousin Ruprecht, un lointain parent à la sombre réputation, qu'ils viennent d'apprendre :

« Le cousin Ruprecht, tu sais, celui qui était à Berlin-Est un fonctionnaire redouté de la Stasi. Toute la famille à Dresde le tenait à l'écart. On l'a enterré jeudi. Policier sous Hitler, il était passé d'un embrigadement à l'autre. »

Le lendemain, Jürgen et Maria repartent. Sa mère effleure le ventre arrondi de Maria et la regarde d'un air d'envie, sourit vraiment, pour la première fois. « Tu as sans doute raison d'avoir confiance. Le temps est sûrement meilleur. »

Jürgen et Maria ont hâte de revenir chez eux, au rythme du travail salarié et des activités du mois, au psy pour l'un et au yoga pour l'autre, au quartier moderne et pimpant de Prenslauer Berg qui semble tendu vers l'avenir et la promotion sociale. Ils savent que toute l'Allemagne n'est pas à l'image de ce quartier. Qu'elle reste marquée par son passé, celui de la RDA et surtout celui du nazisme.

Ces témoignages mis dans la bouche de parents ou d'amis de Jürgen et de Maria reprennent, non littéralement mais en substance, des récits crédibles entendus : disparus de la guerre, soldats traumatisés de retour, anciens nazis qui ne parviennent pas à s'intégrer, réfugiés sans le sou qui affluent, familles déchirées qui se retrouvent.

Chapitre 6

Oder-Neisse : coupables et victimes

Ils étaient entre douze et quinze millions, ceux qu'on appelle les *Vertriebene*, ces « expulsés » des anciens territoires de l'est, venus en 1945. Cet énorme mouvement de population était la conséquence d'une invasion brutale de l'Europe par les armées nazies. La revanche devait être cruelle. Staline, dans son offensive victorieuse, déplaçait les frontières allemandes vers l'Ouest, sur l'Oder et son affluent la Neisse. Les Allemands n'avaient plus qu'à quitter leur *Heimat* (le « pays natal », le « chez-soi ») à l'Est, ces milliers de villages et de villes où ils vivaient depuis des siècles, entre Königsberg en Prusse orientale et Breslau en Silésie. S'y installaient Polonais, Russes et autres. Plus d'un million d'Allemands sont morts dans cet exode, survenu en grande partie dans la rigueur de l'hiver. Le territoire allemand a été réduit d'un quart.

Le ressentiment resta longtemps incommensurable des deux côtés. Une première tentative de réconciliation sera, dans un contexte de guerre froide, un échange de lettres historique en 1965 entre évêques allemands de l'Ouest et polonais. Mais en Pologne, les droits de la minorité allemande étaient niés. Et en RFA, les associations d'expulsés rêvaient du retour et du changement de tracé de la frontière. Le rapprochement était hypothéqué aussi par la division allemande en deux États. L'effort des prélats était méritoire mais on était très loin de la réconciliation entreprise entre les Allemands et les Français.

Du côté polonais, ceux qui s'étaient installés dans les ex-provinces allemandes (eux-mêmes déplacés par l'avancée de la frontière soviétique à l'Est) craignaient un nouveau mouvement de balancier de l'Histoire. Un jour, les autres ne reviendraient-ils avec leurs soldats reconquérir ce qui avait été leurs maisons, leurs villages ? Ne viendraient-ils pas réclamer au moins des dédommagements ? Les associations d'expulsés ne tentaient-elles pas d'entretenir la haine chez ceux restés en Silésie ou Poméranie ? Les revanchards allemands n'obtiendraient-ils pas grain de cause pour une révision des frontières ?

De l'autre côté, le sort des expulsés, très douloureusement vécu par beaucoup de familles qui avaient tout perdu, permettait à beaucoup d'évacuer le reste de la réalité historique – la conquête sauvage des territoires de l'Est par les nazis. « Nous aussi, avons été des victimes », disait-on, pensait-on. Puis ce sujet de douleur a été largement refoulé dans les années soixante-dix et quatre-vingt. Comme si c'était un *Schmuddelkind*, un gamin malpropre dont on a honte et qu'on chasse de sa mémoire. On avait tendance à souligner à gauche que c'était le thème chéri de la droite ultra. Les *Vertriebene* étaient alors souvent perçus comme d'anciens nostalgiques du Reich. Mais les Allemands n'avaient-ils pas été autant nazis à Cologne qu'à Breslau ?

Avec le recul du temps, on s'est mis à poser la question : jusqu'à quel point le peuple des *Täter* (« acteurs ») nazis a-t-il le droit de proclamer qu'il a été « victime » ? Günter Grass, écrivain de gauche, a joué un rôle dans cette réflexion en évoquant le sort tragique des *Vertriebene* dans son roman *En crabe*[102]. Ce débat s'est répercuté sur les relations bilatérales, ajoutant un nouvel élément de polémique.

Il y a quelques années encore, à l'est de l'Oder et de la Neisse, la susceptibilité était à fleur de peau. Les hommes politiques se montraient prêts à faire circuler les soupçons les plus insensés sur les intentions du grand voisin. À Berlin, on se moquait un peu ou on s'exaspérait de cette dramatisation polonaise.

102. GRASS (Günter), *Im Krebsgang. Eine Novelle*, Göttingen, Steidl Verlag, 2002 (édition française : *En crabe*, Paris, éditions du Seuil, 2002).

C'est comme si à Varsovie certains dirigeants conservateurs avaient absolument besoin du mouton noir allemand pour se faire entendre. Ainsi voyait-on les choses à Berlin. À l'été 2006, une simple caricature présentant dans le journal berlinois de gauche, le *Tageszeitung* (*TAZ*), les jumeaux Jaroslaw et Lech Kaczynski, respectivement alors Premier ministre et président de Pologne, sous la forme de deux patates, avait suffi à déclencher une crise diplomatique. Lech, le chef de l'État polonais, avait trouvé un prétexte de santé pour annuler au dernier moment une rencontre au sommet à Weimar avec Jacques Chirac et Gerhard Schröder. La partie polonaise ne semblait pas comprendre qu'un gouvernement à Berlin n'avait aucun contrôle sur les titres de la *TAZ*, et ne voulait pas en avoir.

L'affaire des *Vertriebene* est-elle surtout aujourd'hui le fait d'une certaine classe nationaliste de droite à Varsovie ? Entre gouvernements en effet, les relations s'améliorent progressivement. À cela quatre raisons : la disparition des survivants du drame des expulsions ; l'intégration européenne et le rôle constructif de Varsovie à Bruxelles ; les gestes de conciliation de la chancelière Angela Merkel ; enfin la stature acquise ces dernières années par la Pologne, dont la démocratie et l'économie se sont épanouies sous le gouvernement de Donald Tusk.

L'ouverture du peuple polonais à l'égard des Allemands semble paradoxalement plus grande, intérêts économiques obligent, que celle des Allemands à l'égard de leurs voisins de l'Est. Et l'importante minorité allemande de souche en Pologne, après des décennies de « polonisation » forcée, vit des jours bien meilleurs. Ses droits politiques – y compris au parlement de Varsovie –, culturels et linguistiques sont défendus et garantis dans les assemblées locales et nationales.

Au bord de la Spree, c'est un certain désintérêt ou mépris qui règne à l'égard de la Pologne catholique, dont les combats éthiques en Europe sont jugés parfois archaïques. Ceci en dépit de tous les efforts remarquables d'éminentes personnalités pour reproduire la réussite de la réconciliation franco-allemande. Quant à la cause des *Vertriebene*, elle est largement perçue, dans le microcosme qui gouverne à Berlin, comme une histoire irritante du passé, qui permet seulement à l'aile droite de la CDU de faire pression et de se profiler sur la scène intérieure.

Mais le sort des expulsés et la question de leur place dans l'Histoire restent encore un drame pour beaucoup d'Allemands âgés. C'est aussi une interrogation lancinante pour beaucoup d'autres, à mesure que les films, les reportages, en général honnêtes, l'évoquent davantage et montrent l'ampleur de cet exode.

Enveloppé dans le drapeau allemand

Je me souviens des grandes réunions, dans les années quatre-vingt, des puissantes associations d'anciens de Silésie, de Poméranie et de Prusse orientale, de ces journées incontournables du *Heimat* et des discours vibrants de leurs dirigeants. À cette époque, la frontière de l'Oder-Neisse n'avait pas encore été reconnue définitivement dans le cadre d'un traité signé par l'Allemagne.

Le chancelier Helmut Kohl, tout désireux qu'il était de voir s'éteindre un brûlot de l'après-guerre, entretenait un certain flou sur ce dossier pour ne pas heurter une partie de l'électorat de la CDU. Cet électorat puissant de millions de personnes se réunissait précisément sur le slogan conservateur et très mobilisateur du *Heimat* perdu. À cette époque où les Allemands restaient discriminés en Pologne, certaines de ces associations d'expulsés restaient encore très virulentes. On pouvait fort bien comprendre du coup l'inquiétude des Polonais qui craignaient que Berlin finisse par leur donner raison et revendique ces territoires.

C'était à Hanovre un jour de juin 1985 et 17 000 Silésiens étaient réunis. Helmut Kohl était le premier chancelier depuis Ludwig Erhardt, quinze ans plus tôt, à s'adresser à ceux que l'on qualifiait à Varsovie de « revanchistes ». Avant sa venue, le chancelier avait exigé le retrait du slogan du congrès « la Silésie reste nôtre ». La devise moins provocatrice qui l'avait remplacée demeurait cependant ambiguë : « La Silésie reste notre avenir dans une Europe des peuples libres. »

Au long des halls tapissés de photos en noir et blanc du terrible exode hivernal, des centaines de tables portaient des écriteaux avec les anciens noms allemands des villages, bourgs ou même de rues de villes devenues polonaises. On s'attablait, on dégustait des saucisses du pays natal, on attendait. Parfois, personne ne venait au rendez-vous : « il » ou « elle » était mort dans l'année écoulée. Partout aux carrefours les danses folkloriques étaient très applaudies, les chansons reprises en chœur.

Quand le chancelier montait à la tribune et assurait que la RFA « n'avait pas de revendication territoriale » vis-à-vis de la Pologne et respectait les traités signés avec Moscou, Varsovie et Berlin-Est dans le cadre de l'*Ostpolitik* de Willy Brandt, un homme hurlait : « la Silésie nous appartient », avant de frapper ses voisins à coups de poing.

Un jeune se promenait ostensiblement enveloppé dans le drapeau noir, rouge et or : « Notre position, c'est le droit. La Pologne doit nous rendre notre *Heimat* », se justifiait-il fièrement. Il critiquait les contre-manifestations « vertes et gauchistes » qui défilaient dehors sous la bannière « Silésie polonaise ».

Quand on les interrogeait cependant, bien des Silésiens à cette époque déjà ne croyaient plus au retour de leurs provinces à l'avenir. Même s'ils applaudissaient pour la forme leurs dirigeants qui les assuraient que le traité de 1970 avec la Pologne délimitant la frontière sur l'Oder-Neisse était provisoire et que l'Allemagne était fondée juridiquement à recouvrer ses frontières de 1937.

L'extrémisme était certes une composante du discours des *Vertriebene* en 1985, mais pas la principale. Un ancien soldat allemand du front russe haussait ainsi les épaules quand était évoqué un article publié quelques mois plus tôt dans la revue *Der Schlesier* (*Le Silésien*) : un jeune militant y préconisait que la Bundeswehr reconquière de nuit sans coup férir les territoires de l'Est, renverse du même coup le régime soviétique [103]. Une élucubration totale, pour cet homme.

103. Le 21 janvier 1985, un jeune militant, Thomas Finke, avait écrit cet article dans *Der Schlesier*, organe des *Vertriebene* de Silésie, appelant à une attaque contre le bloc soviétique ; il devait être exclu de l'association et de la CDU.

Une vieille Silésienne, qui attendait seule à sa table du village de Kroitsch d'hypothétiques parents, ne soutenait pas non plus ce langage martial menaçant et démagogique que tenait la frange des *Vertriebene* proche du parti néonazi NPD : « pour récupérer la Silésie, il faudrait une nouvelle guerre », constatait-elle avec un simple bon sens.

Un vieil homme racontait pour sa part qu'il avait été accueilli amicalement par les gens quand il s'était rendu là-bas.

Il y a vingt-cinq ans, les *Vertriebene*, finalement intégrés dans les villes de l'Ouest qu'ils avaient aidé à reconstruire, bénéficiant en majorité de la société d'abondance, étaient déjà moins unanimes dans leur vision de l'avenir. Ils étaient partagés entre réalisme et nostalgie. Ils n'étaient unis que dans l'amour absolu qu'ils portaient à leur beau pays natal. Ils avaient la volonté de rester solidaires avec les familles restées là-bas, de l'autre côté de l'Oder-Neisse. Approche réaliste. Deuil assumé. Et les anciens de Breslau ou de Katowice sentaient bien que le thème des *Vertriebene* était devenu un enjeu électoral avec lequel jouaient des partis allemands. Un enjeu auquel feignaient de s'intéresser certains, mais pour lequel aucun n'était prêt à sacrifier paix et sécurité. Ils comprenaient qu'ils étaient, comme tant d'autres avant eux, des perdants de l'Histoire.

Psychodrame à Varsovie

Aujourd'hui, ces associations tiennent encore leurs congrès annuels, avec chants et danses en costumes folkloriques. Mais ce sont des assemblées d'anciens célébrant une tradition riche et multiséculaire. Toujours regroupées dans le puissant Bund der Vertriebene (BdV, « Fédération des expulsés »), elles ne songent plus du tout à revenir en arrière et ne le peuvent pas. Seules de petites franges sont revanchardes. Les petits-enfants d'expulsés voudraient entretenir des relations cordiales avec les Polonais. Des voyages se multiplient pour revoir les maisons abandonnées à l'arrivée de l'Armée rouge et occupées par les Polonais. Les cousins de Silésie ou de Poméranie orientale viennent en visite et réciproquement, maintenant que les frontières sont ouvertes en Europe. Les contacts deviennent naturels.

Un aspect méconnu est à quel point les cultures allemandes et polonaises s'étaient connues, fréquentées durant des siècles, de Breslau à Königsberg, l'actuel Kaliningrad russe. « Ils ne se détestent pas tant que ça ! », a expliqué un diplomate français expert du dossier. Mais la période noire 1939-1945 a laissé dans le brouillard les périodes antérieures.

Il y a donc autour des *Vertriebene* un psychodrame qui se joue principalement à Varsovie. Quand une minuscule association d'expulsés allemands, la *Preussischer Treuhand* a engagé, contre la volonté du gouvernement de Berlin, des actions en justice, y compris devant la Cour européenne de justice à Strasbourg, dans l'espoir de récupérer des propriétés, les dirigeants de Varsovie ont adressé des ultimatums au gouvernement fédéral. Angela Merkel a dû assurer à Jaroslaw Kaczinsky, le Premier ministre germanophobe d'alors, que son gouvernement désavouait totalement cette initiative. Mais Kaczinsky aurait voulu plus : il aurait voulu la signature d'un engagement gouvernemental. Ce que madame Merkel ne pouvait souscrire, car il s'agissait de la sphère du droit privé.

Après la décision en 2009 du gouvernement allemand d'ouvrir à Berlin, à partir de 2011, une « Fondation Exode, expulsion, réconciliation », « signe visible » chargé de faire mémoire de l'ensemble des expulsions et pas seulement des Allemands en Europe, la colère de certains milieux nationalistes polonais ne s'est pas calmée. Les efforts d'apaisement du Premier ministre modéré Donald Tusk ont été sans succès. Cette décision avait été pourtant prise après de longues discussions, sur plusieurs années, avec les dirigeants polonais, qui avaient cessé de s'y opposer graduellement.

De longue lutte, le Bund der Vertriebene avait obtenu du gouvernement Merkel la promesse qu'un mémorial serait érigé dans la capitale allemande. Ce serait finalement un projet européen, non revanchard, dans lequel seraient aussi commémorées les expulsions des peuples balkaniques des années quatre-vingt-dix ou celles des Arméniens lors du génocide en Turquie en 1916, avait concédé le BdV.

La localisation posait problème. Pourquoi pas un réseau européen de documentation sur les expulsés du siècle dernier, réparti dans différentes villes européennes, avaient suggéré des sociaux-démocrates. Les Polonais tiquaient à l'idée de cette Fondation dans l'ancienne capitale du Reich. Ils faisaient valoir qu'il n'y aurait sans doute jamais à Berlin de mémorial pour leurs morts à eux, tués par les nazis, alors qu'il y avait déjà tant d'autres mémoriaux.

Donald Tusk, qui aurait préféré Gdansk (Danzig), ville symbolisant le début de la Seconde Guerre mondiale, avait donné son accord à la « Fondation exode, expulsion, réconciliation ». Une exposition, en 2007 organisée par le BdV, avait d'ailleurs préparé le terrain à Berlin. Elle portait le beau nom, non-partisan, de *die erzwungene Wege* (« Les chemins de contrainte »).

« La bête blonde »

Durant ces débats autour du mémorial, la colère des nationalistes polonais s'est focalisée sur une femme blonde et décidée, membre de la CDU, le parti d'Angela Merkel : Erika Steinbach, présidente du Bund der Vertriebene, née en 1943 près de Gdynia en Pologne, surnommée à Varsovie « la bête blonde », et à l'origine du projet d'établir un tel mémorial.

Pour Erika Steinbach, il ne s'agissait avec la création de la Fondation que d'un geste minimal : honorer symboliquement la mémoire des expulsés avant qu'ils ne soient totalement oubliés. Puisqu'aucune des revendications passées des *Vertriebene* n'avait été entendue, il restait au moins à faire cela.

Varsovie a tout fait pour que le gouvernement allemand empêche Erika Steinbach de figurer dans le conseil de la nouvelle fondation. L'affaire était devenue une épreuve de force pour Angela Merkel : résisterait-elle aux pressions de Varsovie, prendrait-elle la défense de sa collègue de parti, face au Parti social-démocrate ? Merkel lâchera Steinbach, qui annoncera elle-même qu'elle renonce à se présenter.

Que reproche-t-on dans les milieux nationalistes de Pologne à cette femme, fille d'un aviateur de la Luftwaffe qui n'avait que 2 ans à la fin de la guerre, pour qu'elle soit autant détestée ? On lui en veut d'avoir été l'un des vingt-cinq députés démocrates-chrétiens à avoir voté contre le traité polono-allemand du 14 novembre 1990 qui a confirmé définitivement la ligne Oder-Neisse. Les quatre puissances alliées – URSS, États-Unis, France, Grande-Bretagne – avaient fait dépendre leur feu vert à la Réunification de la reconnaissance définitive par l'Allemagne de cette frontière dans ce traité.

Ces garanties de droit international données à la Pologne devaient lui permettre de faire face honnêtement et sans peur à certaines vérités historiques, telles que les discriminations anti-allemandes des années cinquante et soixante, soutient madame Steinbach et d'autres avec elle.

En comparant avec la Turquie qui se refuse à affronter honnêtement l'expulsion et les massacres des Arméniens, près de cent ans après, cette femme pugnace prédit que le drame des *Vertriebene* continuera à peser sur la Pologne : « un pays qui n'est pas prêt à affronter son histoire ne réussit pas à se débarrasser de tels sujets [104] ».

Le ton est encore monté plusieurs fois à l'est de l'Oder-Neisse au sujet d'Erika Steinbach : le plénipotentiaire pour les relations avec l'Allemagne au sein du gouvernement polonais, Waldyslaw Bartoszewski, un ancien résistant catholique passé par les camps, intellectuel très respecté et partisan de la réconciliation, devait lancer des propos incendiaires : avoir pensé donner des responsabilités à Steinbach, avait-il dit en substance, c'est comme si le Vatican décidait de nommer l'évêque Richard Williamson, qui nie les chambres à gaz, comme chargé des relations du Saint-Siège avec les Juifs !

Dans sa volonté de briser des tabous, Erika Steinbach est allée encore plus loin et s'est fait remettre à sa place par tous les esprits sensés, en développant en septembre dernier une argumentation explosive. La Pologne serait, selon elle, partiellement responsable de la guerre, puisqu'elle avait mobilisé ses troupes, menaçant donc le Reich et obligeant Hitler à réagir. « On ne peut rien changer au fait que c'est la Pologne qui a mobilisé en mars 1939 », avait-elle soutenu. C'était une observation qui ne tenait pas du contexte d'alors, dominé par les menaces nazies. L'agitation nationaliste et militaire polonaise n'en était qu'une conséquence : c'est l'histoire du pot de fer contre le pot de terre.

---

104. STEINBACH (Erika) interview au site *FAZ-net*, novembre 2007.

Critiques à l'encontre des Polonais

Soixante-six ans après la fin du conflit, bien des Allemands mesurés, très conscients de leurs responsabilités historiques, se fâchent de voir certains Polonais refuser le partage du travail de repentance et se comporter comme si tous leurs grands-parents et parents avaient été uniquement victimes.

« Dans l'opinion publique polonaise, les règles qui s'appliquent rappellent celles qui ont cours sur un terrain de football : victoire ou défaite. Alors qu'on sait fort bien qu'il ne peut s'agir de défaite ou de victoire, mais de solutions qui doivent prendre en compte les expériences différentes, sans blesser l'une ou l'autre partie », a justement observé la politologue allemande Helga Hirsch, correspondante de plusieurs grands journaux en Pologne et engagée pour la cause des *Vertriebene*[105].

Les intellectuels polonais craignaient que le déplacement des expulsés soit un jour présenté comme un phénomène en soi, détaché de sa cause : Hitler et sa barbare invasion. C'est un argument d'assez mauvaise foi. Les dirigeants allemands, Angela Merkel en tête, n'ont jamais mentionné ce drame sans évoquer aussitôt dans la foulée sa cause et la responsabilité allemande. C'est même devenu une obligation de langage.

Jaroslaw Kaczinsky, qui est le fils d'un leader de l'insurrection de Varsovie, avait, avant un sommet européen en 2006 à Bruxelles, fait scandale en estimant que les Polonais seraient proportionnellement plus nombreux et auraient droit à davantage de voix dans le Conseil européen si les Allemands n'étaient pas venus les décimer. Un message démagogique à l'usage de son opinion publique, destiné aussi à fâcher Berlin au maximum et à le prier de ne pas chercher à dominer l'Union européenne.

Le même Jaroslaw Kaczynski, quand il était maire de Varsovie, avait fait évaluer à quarante-cinq milliards d'euros le coût des destructions de la ville par les nazis : donc implicitement ce que les Allemands auraient dû normalement payer comme réparations.

---

105. HIRSCH (Helga), « Es geht nicht um Sieg oder Niederlage », *DieWelt*, 6 mars 2009.

Dans l'autre camp, Rüdiger Jakesch, président de la section berlinoise du Bund der Vertriebene, a déploré que les Polonais ne veuillent pas sortir de leur rôle de victime : Or « les Polonais n'étaient pas seulement victimes mais coupables », a assuré cet Allemand de manière polémique [106].

Depuis une vingtaine d'années, les Polonais subissent une autre critique récurrente qui les heurte, qui écorne leur image de nation sainte et martyre. Elle porte sur l'antisémitisme fortement ancré, parfois virulent, dans une partie de mentalités, avant, pendant et après la guerre, et jusque parmi les élites communistes.

Des amis polonais jugent ces accusations insultantes et injustes, et je comprends leur émotion. Ils y voient un complot contre la Pologne en général. Ils évoquent les attitudes de Jean-Paul II, l'ancien cardinal de Cracovie Karol Wojtyla, et d'autres grands personnages du pays peu suspects d'antisémitisme. Pour eux, c'est le monde renversé que de vouloir faire porter à un peuple victime une part de la responsabilité d'un génocide décidé par un peuple envahisseur.

Si cette sensibilité est très compréhensible, l'antisémitisme contre le peuple « déicide » accusé d'avoir crucifié Jésus n'en a pas moins existé, tout comme les reproches faits aux juifs d'avoir importé de Russie le bolchévisme et les idées « libertaires et pornographiques », ou encore la réputation du juif usurier et exploiteur.

Évoqué dans le film *Shoah* de Claude Lanzmann, le geste de paysans, au passage des trains transportant les juifs vers Treblinka, a été souvent cité : le doigt passé sur la gorge, pour indiquer la lame sur le cou de sa victime. Mais les Polonais parlent d'acharnement contre eux et d'extrapolation scandaleuse.

Le reproche d'antisémitisme est toujours très vivement ressenti. On craint qu'à l'avenir le nom de la patrie soit négativement assimilé à la fois aux expulsions d'Allemands et à la Shoah, et qu'on oublie à quel point elle a été

106. JAKESCH (Rüdiger), cité dans l'article « Warten auf die Vertreibung », *Der Tagesspiegel*, 26 février 2009.

meurtrie. Des formules comme « camps polonais » pour parler des camps de la mort nazis en Pologne sont inacceptables pour les Polonais, car elles induisent une confusion terrible. Elles ont effectivement erronées.

C'est sur cet arrière-plan difficile que les Polonais acceptent mal tout soupçon historique et tout rappel de ce que certains d'entre eux ont pu commettre aux côtés de l'Armée rouge contre les Allemands chassés de chez eux ou restés parmi eux.

Ce drame semble relativement méconnu de beaucoup. En évoquant les *Vertriebene*, on peut penser aux Harkis d'Algérie, rejetés par les uns et les autres : ils n'avaient en majorité pas fait de mal. Ils étaient dans le mauvais camp, en l'occurrence le nôtre.

Cette souffrance, longtemps apanage d'une droite conservatrice nostalgique, a trouvé droit de cité dans le débat politique et c'est justice.

Hommes politiques de centre gauche comme de droite n'ont plus honte de parler, de manière ouverte et humaniste, de ce sujet. La seule vision intelligente est de reconnaître toutes les souffrances, individuellement et collectivement : celles de Polonais qui ont été martyrisés par les nazis et qui ont perdu leurs territoires ravis par les Russes, celles des Allemands qui ont perdu leurs territoires repris par les Polonais.

Ce sujet est exemplaire car il résiste au manichéisme que tant d'intellectuels appliquent si souvent à l'Histoire. Les torts des Allemands étaient écrasants et premiers. Ils le resteront à jamais. Ils étaient plus graves, plus étendus, plus lourds. Le Reich était l'agresseur. Il était le fauteur indirect du déplacement des frontières que devait effectuer l'Armée rouge en 1945.

Mais les Polonais doivent pouvoir reconnaître qu'ils ont participé à ce mouvement de l'Histoire, aux côtés des Russes. Un mouvement qui a entraîné de nouvelles injustices et de multiples drames qu'il s'agit d'admettre. Les Allemands ont droit d'honorer leurs victimes et de commémorer dignement un drame, même causé par leurs propres fautes.

Chapitre 7

L'avant 1933 : pourquoi, comment ?

Tante Marianne : ce tableau du peintre contemporain allemand Gerhard Richter, composé à partir d'une vieille photo d'un album de famille, exprime ce qu'il y a de plus familier au monde : intimité, confiance naturelle, tendresse. Rien que de très doux dans cette peinture un peu floue et nostalgique du passé. Marianne, une jeune fille de 14 ans, tient dans ses bras le petit Gerhard encore bébé. Elle semble fière de porter cet enfant. On est en 1932.

Mais si cette toile fait parler d'elle, c'est pour bien d'autres raisons. Quels seront les destins de ces deux personnages ? Marianne Schönfelder, qui souffre de problèmes mentaux, sera stérilisée puis condamnée à mourir de faim en 1945. Une des quelque 250 000 victimes de l'opération T4 d'euthanasie des handicapés perpétrée par les nazis. Pour faire du peuple allemand une race « pure » et « saine »…

Et Gerhard deviendra l'un des peintres les plus cotés d'aujourd'hui. En 1965, il décide de peindre cette scène après avoir retrouvé un vieux tirage en noir et blanc, comme il l'avait fait avec des clichés d'autres personnages de sa famille. Il sait déjà que sa tante a été victime des nazis, sans connaître tous les détails de sa mort. Or le père de l'épouse de Richter, Heinrich Eufinger, qui poursuivra, après quelques années d'internement, une belle carrière en RDA puis en RFA, se révèlera être un des médecins SS responsables de cette opération de mort.

La toile est aujourd'hui un témoignage et un symbole. Parce qu'elle témoigne de manière muette et ramassée de trois temps : la période d'avant le nazisme où a été prise la photo, celle d'après le nazisme où a été composé le tableau en mémoire de cet avant. Et en pointillés, la période intermédiaire pendant laquelle le meurtre régnait, avançant masqué jusqu'au cœur même des familles « aryennes ».

C'est donc une des réalités du présent de l'Allemagne que de se pencher, par l'écrit, la pensée ou l'art, sur son passé. Passé souvent flou comme dans cette toile de Richter. Que pense un jeune Allemand quand il est introduit dans le salon de son arrière-grand-mère, quand elle lui montre au fond d'un tiroir des vieilles lettres ou des photographies jaunies ? Un autre monde.

Il se tourne vers 1933 et l'avant 33, la période où tout a basculé, et que croit-il voir ? Il imagine Berlin au milieu des années vingt, lieu de culture, de contestation, de fermentation d'idées, de plaisir, d'excès et de création. Vision qui n'est pas fausse, mais vision également idéalisée et romantique d'une grande ville de liberté, comparable à ce qu'elle est aujourd'hui. Il porte ensuite son regard vers les petites villes avec leur bourgeoisie cultivée, leurs nombreuses particularités et traditions religieuses et laïques. Idéalisées elles aussi, car, dans certaines d'entre elles en 1930-1931, régnait une grande pauvreté.

À la fin des années vingt, les nazis étaient souvent brocardés et jugés ridicules par une majorité d'Allemands, personne ne pensant alors qu'ils iraient au-delà d'un mouvement de protestation extrémiste et sectaire destiné à susciter la peur et l'interrogation. Que s'est-il alors passé en quelques années, pour que le nazisme ait obtenu tout de suite, une fois installé au pouvoir, une si grande adhésion ? C'est une interrogation à laquelle le jeune Allemand, quand il rend visite à son arrière-grand-mère, aimerait bien trouver un début de réponse.

La réalité est d'abord très terre-à-terre : en surmontant dès 1933-1934 la terrible crise économique et en remettant le peuple au travail par les grands travaux, le dictateur, sans encore être vraiment aimé, redonnait une première assurance fondamentale et concrète, avec des années d'incertitudes et de paupérisation.

En créant un système de gratifications et de récompenses à l'intérieur d'un parti unique tentaculaire, il a ensuite créé des liens de dépendance et de reconnaissance. Rapport entre vassaux et suzerains, nouvelle féodalité. Avec ses primes, ses allocations diverses pour services rendus au parti et à la patrie, une mobilité sociale sans précédent et une certaine redistribution fiscale, Hitler s'est assuré une vaste et solide popularité, alors qu'il était vu par une partie des Allemands avec scepticisme ou hostilité quand il avait accédé au pouvoir. C'est ce qu'a soutenu l'historien Götz Aly dans son livre *Hitlers Volkstaat*, traduit en français en 2005 sous le titre parlant : *Comment Hitler a acheté les Allemands : le IIIe Reich, une dictature au service du peuple*[107]. Une thèse qui insiste sur un certain aspect « socialisant » du régime d'Hitler et qui suscite une forte contestation.

Par ailleurs, avec des mouvements de masse, comme la Hitlerjugend, rassemblés autour de mythes patriotiques et quasi religieux, il a redonné le sentiment de la communauté, un *Wir-Gefühl* (« sentiment du nous ») qu'avait perdu la société divisée de Weimar.

Un passage frappant du film de Boss Fosse, *Cabaret*[108], sur le Berlin des années trente, me semble un bon exemple à cet égard. Cette scène très belle, idyllique, délivre un message terrible annonciateur de ce qui vient. Elle exprime l'opération de charme des nazis auprès d'une population désenchantée, le désir de se retrouver entre soi – ce *Wir-Gefühl* de nouveau –, et de rejeter ceux qui sont différents et pensent autrement. Cela se passe au début de cette décennie dans un Biergarten un soir d'été. Le cadre est parfaitement pacifique. Un jeune garçon des Hitlerjugend en uniforme, typique « aryen » blond, entonne un chant, et les gens de tous âges assis autour des tables, d'abord simplement attentifs, se lèvent les uns après les

107. ALY (Götz), *Hitlers Volkstaat. Raub, Rassenkrieg und nationaler Sozialismus*, S. Fischer, 2005 (édition française : *Comment Hitler a acheté les Allemands : le IIIe Reich, une dictature au service du peuple*, Paris, Flammarion, coll. « Histoire », 2005).

108. FOSSE (Boss), *Cabaret*, 1972.

autres. Ils reprennent avec un enthousiasme croissant le chant nazi, obéissant à l'envoûtement de cette voix pure et émouvante qui, dans ce soir d'été, distille un message de confiance arrogante dans l'avenir et la nation. Seul un vieux monsieur portant une casquette, peut-être un ouvrier social-démocrate, résiste à l'engouement collectif, et baisse la tête, triste, désapprobateur et silencieux. C'est comme s'il voulait disparaître dans la table. Et il sent intuitivement que les destins des gens « différents », comme lui, quels qu'ils soient, sont scellés. Il est déjà isolé dans cette nouvelle « communauté ». Une communauté séduite et envoûtée, ayant abandonné tout recul et tout esprit critique.

C'est ce sentiment puissant du *Wir-Gefühl* que confiera lui-même Günter Grass quand il racontera sa jeunesse à Danzig dans *Pelures d'oignon.*

Aux Jeunesses hitlériennes, la plupart des adolescents, confiera-t-il, n'avaient pas de doutes, sans être pour autant tous fanatiques. Ils n'entendaient pas d'autres discours que le discours martial officiel, ne concevaient pas autre chose que la bonne parole du Führer. Ils étaient inquiets comme lui du danger bolchevique et convaincus qu'ils devaient y résister en servant loyalement le régime.

« Membre de la Jeunesse hitlérienne, j'étais un jeune nazi. Croyant jusqu'à la fin. Pas vraiment fanatique, mais le regard immuablement fixé, par réflexe, sur le drapeau dont on disait qu'il était "plus que la mort", je restais au garde-à-vous et j'étais exercé à marcher au pas. Aucun doute ne venait blesser cette foi, rien de subversif, comme par exemple la distribution de tracts, ne peut me décharger. Aucune blague sur Goering ne me rendait suspect. Je voyais bien plutôt la patrie menacée, encerclée d'ennemis [109] », écrit-il.

Pour abattre cette foi en la patrie, certaines scènes troublantes auxquelles les jeunes Allemands pouvaient assister jour après jour lors de leur formation militaire ne suffisaient pas, tant l'idéal communautaire était puissant. Grass raconte comment un camarade, un de ces parfaits « aryens » bien vus par

109. FALLADA (Hans), *Kleiner Mann, was nun ?*, 1932 (édition française : *Quoi de neuf, petit homme ?*, Paris, éditions Denöel, coll. « Denoël et d'ailleurs », 2007, p. 39).

l'encadrement, se mit à jeter son arme à chaque fois qu'on la lui tendait. Il devait être condamné à divers travaux pénibles et sales. Il refusa de s'amender. On ne le vit plus un jour. Les autres avaient compris qu'il était Témoin de Jéhovah et avait été expédié en camp de concentration. Ce jeune dissident idéaliste était jugé ridicule et responsable de sa propre perte par le groupe. Et s'il y avait admiration de certains, elle restait secrète.

Le régime hitlérien fut maître de la propagande et de la pensée unique. Il fonctionnait à coups d'annonces incessantes, pour maintenir le peuple dans une sorte de fièvre, de *Rausch* du succès comme on dit en allemand. « Hitler évoluait comme un funambule dilettante, qui ne parvient à garder l'équilibre que grâce à des mouvements de balancier de plus en plus amples, de plus en plus rapides [110] », a écrit Götz Aly.

Toute cette agitation, la mise en scène permanente, l'esbroufe et les succès économiques et militaires, sans lourd coût humain, jusqu'au milieu de la Seconde Guerre mondiale, ont camouflé longtemps aux yeux des Allemands la grande régression des valeurs qui s'opérait. Ils se sont partiellement assoupis, ont été hypnotisés ou découragés.

L'avènement d'Hitler n'a été possible que par une immense frustration, accumulée durant les années vingt, à l'égard de la défaite et de la République de Weimar, alors que l'Allemagne plongeait dans la crise. Comme un gros nuage qui se forme lentement dans le ciel, accumulant la foudre puis déchaînant l'orage, la frustration a éclaté, avec ses haines et ses boucs-émissaires. Qui dit frustration dit sentiment d'injustice, violences, jalousies, désirs de vengeance et haines intériorisées.

Ce fut le « talent » d'Hitler, si l'on peut dire, parce qu'il les portait profondément en lui-même comme des blessures (soldat démobilisé, semi-vagabond, déclassé, artiste méconnu), d'avoir su exprimer et exploiter les frustrations de son temps. Depuis celles des anciens combattants à celles

110. ALY (Götz), « Alle reden von Hitler, wir reden von Hitler-Deutschland », *Süddeutsche Zeitung*, 1er septembre 2004.

des ouvriers au chômage et des épargnants ruinés. Et de les avoir canalisées en premier lieu contre les juifs.

Certains Allemands, qui professaient les idées les plus avancées et goûtaient aux mets culturels les plus délicats qu'offre la démocratie, ont tout à coup abandonné leurs livres, leurs débats, leurs cercles pour suivre aveuglément le dictateur dans sa croisade d'abord discrète et habile, puis tonitruante, visant au rejet de ces mêmes valeurs.

Certains qui fréquentaient des amis juifs ont cessé de les voir.

Que s'était-il passé pendant ces quatorze ans ? La République de Weimar fut fragilisée, traumatisée par la défaite et le deuil, les insurrections communistes à Berlin et Munich en 1918-1919, la montée du national-socialisme, l'inflation vertigineuse de 1923. Elle fut une période d'intenses remises en cause et de souffrances malgré des embellies économiques. Une crise psychologique sans précédent frappait le pays, avec une violence constante dans les rues : criminalité, bagarres entre extrémistes. L'art expressionniste allemand de ces années dit mieux que quiconque cette atmosphère souvent morbide.

Une exposition au Musée historique allemand de Berlin, « Cassandra », en 2009, a exprimé avec puissance cette période sombre. Vigoureusement, violemment, Otto Dix et bien d'autres ont confié à leurs pinceaux la description de la puissance destructrice des canons et de la déréliction survenue après 14-18 dans cette société de la République de Weimar qu'ils sentaient attaquée de l'intérieur, comme un fruit qu'un ver lentement dévore.

Pour ces artistes, c'était d'abord et surtout la Grande Guerre – dans laquelle ils avaient combattu – qui avait changé les esprits. C'était elle qui avait jeté un voile de deuil sur les classes populaires paupérisées, si bien exprimé dans les dessins et sculptures torturées de Käthe Kollwitz. C'était elle qui avait préparé l'Allemagne et le monde à un avenir barbare et sans âme, l'éloignant d'un passé plus cohérent et convivial.

Un très beau roman de Fallada, *Kleiner Mann, was nun ?*, décrit bien cette société de déclassement, de concurrence et de violence sourde, après la crise de 1929. Dans un passage à la fin du roman, le héros, Pinneberg, vendeur de grand magasin au chômage, qui compte chaque sou pour nourrir sa femme Bichette et leur enfant, « le mouflet », remonte la Friedrichstrasse, l'artère commerçante du centre de Berlin, où il y a beaucoup de chalands et de policiers, en raison des échauffourées qui y ont eu lieu les derniers jours. Ce passage décrit le moment où Pinneberg comprend qu'il est exclu de cette société, qu'il est une non-personne[111] :

« Le mouflet ! Pour le coup il a vraiment oublié le beurre et les bananes pour lui, et il est déjà 21 heures, il ne trouvera plus de magasin ouvert. [...] Peut-être qu'il pourra passer à l'arrière d'une boutique ? Là il y a une grande épicerie fine, tout allumée. Pinneberg aplatit son nez contre la vitre, peut-être qu'il y a quelqu'un derrière, à l'arrière-boutique et qu'il pourrait frapper. Il faut qu'il ait son beurre et ses bananes.

Une voix dit tout bas à côté de lui : "Circulez". Pinneberg sursaute, il a eu une vraie frayeur, il se retourne. Un policier se tient à côté de lui.

Est-ce à lui qu'il s'adressait ?

"Allez, circulez, vous, vous entendez !", dit le policier tout haut.

Il y a d'autres gens que lui à la vitrine, des messieurs et dames bien habillés, mais ce n'est pas à eux que s'adresse le policier, il n'y a pas de doute, il s'adresse seulement à Pinneberg.

Il est complètement troublé : "Comment ? Comment ? Mais pourquoi... ? Est-ce que je n'ai pas le droit de... ?"

Il bafouille, il ne comprend tout simplement pas.

"Vous y allez maintenant ? demande le policier. Ou bien est-ce que je dois... ?"

---

111. FALLADA (Hans), *Kleiner Mann, was nun ?*, 1932 (édition française : *Quoi de neuf, petit homme ?*, Paris, éditions Denoël, coll. « Denoël et d'ailleurs », 2007, épilogue).

Il a la sangle de la matraque autour du poignet, il la lève un petit peu.

Tous les gens regardent Pinneberg. Plusieurs se sont arrêtés, il y a un vrai rassemblement qui commence. Les gens regardent et ils attendent, ils ne prennent parti ni pour ni contre ; hier il y a bien eu des vitrines cassées ici dans la Friedrichstrasse et dans la Leipzigerstrasse.

Le policier a des sourcils froncés, des yeux droits et brillants, un nez fort, des pommettes rouges, une petite moustache noire…

“Alors, ça vient ?”, demande le policier tranquillement.

Pinneberg voudrait parler, Pinneberg regarde le policier, ses lèvres tremblent, Pinneberg regarde les gens. Il y a des gens contre la vitrine, des gens bien habillés, des gens convenables, des gens qui gagnent de l’argent.

Mais dans le reflet de la vitre, il y a en a encore un, un spectre pâle, sans col, avec un ulster miteux, un pantalon avec des taches de goudron.

Et soudain Pinneberg comprend tout, face à ce policier, ces gens convenables, ces vitres qui brillent, il comprend qu’il est dehors, qu’il n’appartient plus à ce monde, qu’on le chasse avec raison : il a dérapé, il a coulé, son compte est réglé. L’ordre et la propreté : c’est du passé. Du travail et du pain assuré : c’est du passé. Aller de l’avant et espérer : c’est du passé. La pauvreté ce n’est pas seulement la misère, la pauvreté est aussi un crime. La pauvreté est une tare, la pauvreté est suspecte.

“Tu veux que je te fasse les jambes ?”, dit le policier.

Pinneberg cède aussitôt, il est comme inconscient, il veut se rendre à la gare de Friedrichstrasse, il veut attraper son train, il veut être auprès de Bichette…

Pinneberg prend un coup à l’épaule, ce n’est pas un coup brutal, mais c’est tout de même suffisant pour que Pinneberg se retrouve sur la chaussée.

“Dégage, bon sang !, dit le policier, magne-toi le train !”

Et Pinneberg se met en mouvement, il trotte sur la chaussée, le long du trottoir, il pense à énormément de choses, à des incendies, à des bombes, des meurtres, il pense que c'est aussi fini avec Bichette maintenant, et avec le mouflet, que plus rien ne va plus… mais en réalité il ne pense à rien. »

Le roman de Fallada ne dit pas ce que deviendra Pinneberg. Se rapprochera-t-il des communistes ou des nazis ? Mais on devine que sa révolte sera velléitaire, qu'il pourrait suivre le courant le plus fort qui passera près de lui, en ces temps troublés. Il ne sera pas un activiste, il cherchera simplement à s'en sortir, et, avec lui, sa femme et son fils.

L'écrivain et historien Hans Magnus Enzensberger, dans une interview à *Libération*, avait rejeté le mythe de la République de Weimar comme âge d'or : « Je déteste ce mythe des années vingt comme âge d'or de la culture allemande. C'était une époque de misère et de guerre civile latente, loin de la société civile et démocratique que certains veulent imaginer. Il y avait l'inflation et la crise. Le désespoir était total. Les génies de ces années, tel Benjamin, Brecht et tant d'autres, la créativité des avant-gardes, ne concernaient qu'une frange de la société et n'avaient rien à voir avec ce que vivaient la majorité des Allemands [112]. »

Le nazisme peut être analysé comme une manifestation de la crise du modernisme. C'est un effet violent de l'accouchement douloureux des temps modernes. Trop de doutes, de deuils, de sacrifices inutiles, de bouleversements, de menaces nouvelles. Hommes et femmes ont rejoint en masse un démagogue, qui prétendait parler clairement et fermement, et apporter les solutions radicales. Même si ces solutions simplifiaient considérablement la réalité, en désignant des boucs-émissaires. C'était une tragédie déjà en gestation à partir de la poussée de l'industrialisation, accentuée par l'hécatombe de la Première Guerre mondiale, l'humiliation de Versailles, les scandales politiques et financiers, l'incapacité du christianisme à répondre aux défis du monde moderne, la division fatale du mouvement

112. ENZENSBERGER (Hans-Magnus), « Il n'y a pas de société de contrôle total », *Libération*, 1er avril 2010.

socialiste, la peur de la révolution bolchevique et la crise économique de 1929.

Les Églises notamment, tout à leur conflit avec le modernisme et le communisme, ont semblé paralysées, sans réponse, alors qu'elles auraient pu être influentes. Cela leur sera reproché plus tard. La direction du Zentrum, le parti catholique centriste, abdiquera rapidement devant Hitler, alors qu'il aurait pu partiellement contenir son pouvoir.

1933 sera aussi un échec cuisant pour le parti social-démocrate, qui, pourtant puissant pendant la République de Weimar, n'a pas pu s'imposer entre les nazis, les milieux d'affaires et les partis conservateurs d'une part, les communistes qui le combattaient d'autre part.

La social-démocratie a livré avec les partisans de la révolution un combat sanglant qui l'a affaiblie face au national-socialisme, alors même qu'elle était porteuse d'idéaux de réconciliation avec la France et de paix en Europe.

Tout s'écroulait dans les divisions, les violences et les compromissions. La photo jaunie de Tante Marianne en 1932 exprimait un simple moment de bonheur privé, qui a sombré ensuite dans le naufrage collectif de toute une nation et de ses valeurs.

QUATRIÈME PARTIE

TOUR D'ALLEMAGNE À TRAVERS LE SOUVENIR

Bochum : la nostalgie puissante et poétique de ce tube des années quatre-vingt du chanteur rockeur Herbert Grönemeyer m'emplit encore les oreilles. Hommage à cette ville minière de la Ruhr qui n'a aucune préciosité et est attachante pour cette raison même : « Tu as un pouls d'acier, on l'entend fortement dans la nuit, Bochum… Ici le cœur compte encore et pas l'argent en abondance. » Elle dit un aspect de l'Allemagne populaire qui m'attire.

Et puis, il y a ces amis, curieux, fidèles, délicats, sans préjugés, que j'ai rencontrés pendant mes différents séjours, avec qui je devisais au bord du Rhin ou dans la forêt de Grunewald, aux alentours de Berlin… Une grande liberté intérieure semble les animer. Peu d'arrogance mais un sérieux qui n'était pas désagréable et qui n'avait rien à voir avec l'ennui.

Une jeune femme vivant depuis longtemps en Allemagne a eu cependant l'impression en lisant mon essai que je n'aimais pas assez ce pays. Je l'ai contredite. L'Allemagne m'a fascinée par sa culture et sa différence. Ce qu'elle avait ressenti entre les lignes était sans doute autre chose : j'ai eu du mal à l'approcher, elle me semblait, en tant que Français, étrangère, parfois difficile à déchiffrer, un peu hostile dans une certaine aridité de premier abord. Ce qui m'a séduit, ce sont les gens solides, profonds. Le contact avec un Italien est plus immédiat, facile, on se comprend, on se devine. Le contact avec un Allemand est souvent plus durable. J'ai conservé plus d'amis en Allemagne qu'en Italie où j'ai vécu aussi.

Je retiens la double définition des peuples français et allemand que donnait Romain Rolland dans son roman *Jean-Christophe*[113] : « Allemagne

113. ROLLAND (Romain), *Jean-Christophe*, roman en dix volumes écrit entre 1904 et 1912, éditions le Livre de Poche, 1961. Ce roman-fleuve raconte l'histoire d'un musicien

sentimentale, rêveuse, artistique et savante » et « France idéaliste, guerrière, impérialiste, généreuse et fidèle ». L'Histoire, depuis que cette fresque romanesque a été achevée en 1912, a révélé d'autres visages des deux nations. Mais, bon, il doit y avoir des éléments vrais…

Ma famille désignait parfois les Allemands sous le nom de « boches », sans montrer non plus à leur encontre une hostilité viscérale. Ils approuvaient la réconciliation, ayant un tempérament fondamentalement pacifique. Mon père et plusieurs de mes oncles avaient été faits prisonniers. Un autre, jeune résistant, était mort en déportation.

Mon premier contact positif avec l'Allemagne date de la lecture du roman *Emil et les détectives* d'Erich Kästner, quand j'avais 13 ans. Alors que l'Allemagne gardait en France une image sévère et hostile, ce court roman pour enfants avait réussi à franchir la frontière culturelle entre les deux pays, venant rejoindre sur les rayons de la bibliothèque de mes parents les contes de Grimm et quelques autres classiques romanesques ou philosophiques. Ce roman d'avant le nazisme, histoire d'un gamin de 12 ans qui réussit à faire arrêter un voleur, donnait une image attirante de cette terre inconnue et légèrement hostile.

Malgré cette lecture sympathique, quand j'ai pris pour la première fois le train pour un camp scout en Allemagne, j'y allais avec une curiosité et une certaine appréhension. Je garderai de ce séjour dans le massif de l'Eifel, près de la frontière belge, le souvenir de jeunes Allemands plus désireux de nous connaître que nous l'étions nous-mêmes, qui étions incapables d'aligner dix mots de suite dans la langue de Goethe ! Je me souviens aussi d'un encadrement plus raide que le nôtre, nous les Scouts de France d'après Mai 68. Je me rappelle avoir été reçu à déjeuner chez la mère d'un des chefs scouts allemands et d'avoir été frappé par l'atmosphère aristocratique,

allemand, Jean-Christophe Krafft, et évoque la complémentarité de la France et de l'Allemagne dans une Europe réconciliée, avant la Première Guerre mondiale. Pacifiste, Rolland était un grand ami de l'écrivain autrichien Stefan Zweig. Dans ce roman il est incarné par le personnage du Français Olivier.

désuète et un peu militaire qui régnait dans un monde dominé par des femmes sévères.

Souvenirs mitigés quand, un peu plus tard, au début des années soixante-dix, je me retrouvai à Düsseldorf pour un stage d'été dans une banque. Je me souviens de contrastes : la prétention et le luxe soigné de la Königsallee, la fameuse « Kö », réputée l'avenue la plus chic d'Allemagne. Et, derrière cette façade prospère, des quartiers petit-bourgeois mal bâtis après guerre, plutôt laids. Je logeais chez une vieille dame qui me mesurait l'eau et me regardait avec une certaine méfiance. J'imaginais qu'elle avait dû connaître le nazisme, qu'elle avait peut-être été une nazie zélée.

Dans le bureau où j'accomplissais mon stage, la chef de service, qui me servait une tisane aux fruits rouges à toutes heures du jour, s'était enquis de ma famille. Elle avait appris que mon père poète avait écrit un long poème en prose non publié, appelé *Les Ombres de la mer*, racontant comment des marins allemands et anglais de deux bateaux coulés dans l'Atlantique fraternisaient spirituellement à mille mètres de fond. Elle m'avait demandé de lui apporter le texte. Quelques mois après, mon père voyait arriver un gros pli de Düsseldorf : c'était la traduction de son poème métaphysique de quarante pages. Dans un très bel allemand. Elle l'avait fait pour rien, par plaisir, pour l'amour de l'art, et peut-être de la culture française. Peut-être, sait-on jamais, pour racheter un peu l'Allemagne de son lourd passé. Cela compensait ô combien les impressions d'avarice et d'espionnite que j'avais pu éprouver chez ma logeuse, et ces rues qui me semblaient étrangères et hostiles.

Et puis, durant cet été, nous descendîmes avec d'autres jeunes étrangers le Rhin jusqu'en Rhénanie-Palatinat. J'aimais cette descente romantique du grand fleuve européen qui avait tant servi à faire circuler les gens, les idées, les biens du nord au sud du vieux continent au long des siècles. Le fleuve rétrécissait à un moment de son cours, soudain traversé de courants plus forts, surmonté de forêts sombres et de collines : le fameux site de la Lorelei, connu jusqu'au Japon et en Argentine. S'il y avait un aspect de l'Allemagne qui me fascinait avant d'y mettre les pieds, c'était bien la force de ce romantisme qui saisit l'âme dans une sorte de bonheur douloureux et nostalgique. Il est exprimé par ces deux premiers vers du poème de Heinrich Heine, *Die Lorelei*, qui évoque le mythe de la nixe du Rhin aux cheveux d'or qui attire par ses chants les bateliers dans ses flots tumultueux :

« Ich weiss nicht was soll es bedeuten dass ich so traurig bin
Ein Märchen aus alten Zeiten das kommt mir nicht aus dem Sinn. »
(« Je ne sais pas ce que cela signifie, que je sois si triste
Un conte des temps anciens qui ne me sort plus de l'esprit. »)

Puis ce fut le même soir dans un restaurant sous les glycines une tout autre atmosphère. Au bruit des trains à grande vitesse qui ne cessaient de se croiser, le long du fleuve plongé dans la nuit d'été, c'était la fête à la rhénane, autour de grandes tables, où, dégustant un joyeux vin blanc, les Allemands de tous âges, et de préférence vieux, se balançaient en chantant, sans retenue, joufflus et roses.

En 1985, je vins m'installer à Bonn pour être correspondant de l'Agence France-Presse. Ce séjour eut lieu sous l'ère de Kohl. Helmut Kohl, le colosse du Palatinat, apparemment enjoué, gaffeur et sans charisme. Bonhomie trompeuse. Ce fut pour moi la découverte d'une petite ville allemande, parfaite en apparence. Je fus très marqué par l'atmosphère « petit-bourgeois » du quartier dans lequel je vivais, au bord de la forêt. On me demanda un jour pourquoi je ne mettais pas comme les autres de rideau de dentelle à mes fenêtres sur la rue. La petite surface où j'allais faire mes emplettes me semblait un lieu hostile. Il n'y avait aucune élégance dans la présentation des victuailles, juste de l'efficacité. Encore plus hostiles me semblaient les petits *Kneipen* (bistrots) aménagés dans un rustique lourd, un peu obscurs où les Bonnois venaient échapper à la bruine et au cafard. Je ne comprenais presque rien de ce que les buveurs de bière disaient entre eux.

Mais heureusement, il y avait la charmante madame P. qui m'invitait pour le *Kaffee-Kuchen* ou pour l'*Abendbrot*. Madame P. et son mari me louaient l'appartement au-dessus de chez eux. Elle me parlait de l'Allemagne d'après-guerre et elle aimait son quartier, le quartier de son enfance, contrairement à moi. Elle s'intéressait à Israël, une de ses meilleures amies venait de l'État hébreu.

Elle n'en parlait jamais mais avait connu un grand malheur, quand sa mère, qui avait été nazie et qu'elle gardait chez elle, s'était suicidée. Elle était très catholique, une pure catholique rhénane, chaleureuse, directe et expansive, engagée dans de multiples bénévolats. Aujourd'hui encore, elle et son époux, qui était originaire de l'autre côté du Rideau de fer, m'appellent chaque année à 8 heures du matin le jour de mon anniversaire.

Et puis V., leur fils, devint un ami. Il chinait puis bricolait tout ce qu'il avait ramené. Il avait une copine syrienne. Il était finement moqueur, et, sombre de prime abord, semblait tourner tout en dérision, se gaussant même de mon accent français. Il affichait dans sa chambre un véritable musée des horreurs, aimant choquer et provoquer. C'est lui qui me fit découvrir Herbert Grönemeyer et sa chanson *4630 Bochum*. Je me souviens du CD à la couverture gris anthracite sur lequel était écrit comme un graffiti le nom de cette chanson. Avec *Bochum*, je me mis à aimer la culture populaire allemande et cette région de la Ruhr au nord de Bonn et de Cologne qui est le creuset de l'industrie allemande : région d'usines, d'anciennes mines et de friches, d'églises et de musées, parcourues d'autoroutes, cette conurbation qui n'en finit pas, qui n'est pas vraiment belle mais pourtant attachante. Bochum était la ville ouvrière par excellence, ville de labeur et de vieille industrie, qui craignait alors de devenir une ville morte et de rater sa reconversion.

« Profondément dans l'ouest,
Là où le soleil s'empoussière,
C'est beaucoup mieux
Que ce qu'on imagine.
Profondément dans l'ouest
Tu n'es pas une beauté,
Toute grise de travail.
Tu aimes être sans maquillage,
Tu es une peau honnête

Bien que tout à fait abîmée.
Mais précisément c'est ce qu'on aime en toi !
Tu as un pouls d'acier,
On l'entend fortement dans la nuit.
Tu es tout simplement trop modeste,
L'or de ta mine nous a de nouveau sorti
d'affaire,
Toi, fleur de ce bassin industriel !
Bochum,
Je viens de toi,
Bochum,
Je suis accroc à toi !
Tu n'es certes pas une cité
De rang international.
Et sur ta Königsallee,
Les défilés de mode n'ont pas lieu,
Ici où le cœur compte encore
Et pas l'argent en abondance.
Qui donc vit à Düsseldorf ?
Bochum,
Tu offres un lit céleste aux pigeons,
Tu vis constamment sur le coke,
Tu déploies tes feuillages
Dans les jardins ouvriers ».

Je découvrirai donc la Ruhr et sa diversité peu à peu, quand je ne m'échapperai pas sur les routes en lacet de l'Eifel ou n'irai pas me recueillir à l'abbaye de Maria Lach – lieu où les chrétiens-démocrates rhénans allaient faire des retraites – au bord de son lac, dans son écrin de forêts.

Heureusement aussi que Bonn n'était pas réduit à mon quartier. On pouvait très bien y vivre, et, quand l'ambiance de la grande ville manquait, on allait passer la soirée dans la vieille cité de Cologne, à l'ombre de sa cathédrale. Mais, malgré tous les efforts, Cologne, très bien reconstruite, y compris avec ses joyaux romans, évoquait encore trop la guerre qui l'avait réduite en cendres. Il régnait par contraste à Bonn une ambiance provinciale et détendue, surtout dès le *Feierabend* du vendredi après-midi, quand les bureaux soudainement se vidaient et que les magasins se fermaient. Quelle illusion de croire que les Allemands travaillent plus que les autres !

On pouvait lire l'été au soleil sur les pelouses de l'université aux façades ocre orange, l'on y entendait de la musique d'orchestres improvisés et on s'y adonnait à toutes sortes de jeux de ballon. J'aimais cette atmosphère sportive et bohème d'une jeunesse étudiante qui vit bien, à un rythme tranquille, après le long hiver maussade. Sur les bords du Rhin aussi, on pouvait faire halte avec sa bicyclette et commander au printemps un plat de grosses asperges à la crème. Aux thermes de Bonn, près de la place du Marché, rendez-vous délassant et couru, où hommes et femmes – dont beaucoup de journalistes et hauts fonctionnaires – déambulent dans le plus simple appareil d'un bain chaud à un bain froid, j'ai pu engager la conversation avec de jeunes étudiants allemands qui étaient très heureux de connaître un Français. Venant de l'hexagone, j'étais auréolé d'un prestige qui me surprenait et me faisait plaisir. Leur curiosité et leur bienveillance étaient grandes. Nous poursuivions nos conversations dans des restaurants.

Dans des cafés branchés aussi, toute une jeune classe politique et journalistique se retrouvait tard pour discuter autour de *kölsch*, la bière locale, ou de plats de nouvelle cuisine. Il y avait notamment un café au bord de la voie de chemin de fer nord-sud où se retrouvaient des jeunes ténors du parti des Verts. À cette époque, y venait parfois l'ancien avocat de la Fraction armée rouge Otto Schily, passé ensuite à la social-démocratie et devenu ministre de l'Intérieur de Gerhard Schröder.

L'événement peut-être le plus traumatisant de cette période de transition avant une réunification imprévisible, devait apporter beaucoup d'eau au moulin de ces députés écologistes talentueux. Il vint de l'extérieur, par le ciel. Plus que les espions de l'est, les scandales de corruption, les défilés pacifiques ou antinucléaires ou les reliquats du terrorisme, il fut apporté par le vent d'est. Ce fut le fameux nuage de Tchernobyl : traumatisme pour les Allemands – et les Bonnois – qui n'osaient plus manger salades ni champignons.

Inquiétude eschatologique nécessite défoulement. Le moment le plus sombre de l'année, début février, en était l'occasion : c'était la folie momentanée et criarde du Carnaval rhénan, lointain héritage d'un Moyen Âge catholique qui fera des nouveaux rejetons jusqu'à Berlin la prussienne et la protestante. Pour comprendre que les Allemands sont alors devenus autres, il faut avoir eu sa cravate coupée en pleine rue par des jeunes femmes surexcitées lors de la *Weibersfastnacht* (nuit des femmes) et avoir reçu sur la tête quelques-unes des volées de bonbons lancés par des Goths demi-nus par moins cinq degrés. Il faut avoir cligné des yeux et avoir été saisi d'horreur, au passage des chars les plus vulgaires. Au lendemain de ce grand défoulement, des banquiers coiffés de perruques violettes, vêtus en clowns, pianotent sur leurs claviers à la Bourse de Francfort, au petit matin d'une fête improbable où ils ont dansé et trinqué… et plus si affinités avec leur secrétaire – qu'ils ignoreront parfois le lendemain.

Mais le sérieux revenait toujours dans les officines de la petite République de Bonn. Je quittais en 1988 une Allemagne comme immobile, inquiète, repue, puissance bridée qui semblait craquer dans des habits trop étroits.

Changement d'échelle

Je suis revenu en Allemagne deux jours après la chute du Mur, le 11 novembre 1989. À Berlin. Je me souviens qu'il faisait un beau temps froid ce matin-là au-dessus de l'aéroport de Tegel. Je suis allé en taxi de l'aéroport au mur. Je me suis posté quelque part sur une rue, au milieu des curieux qui attendaient depuis l'aube, une de ces rues que le mur de « protection antifasciste » barrait depuis vingt-huit ans. Une grue a dégagé un passage, soulevant un pan de béton. Au bout de peu de temps, des gens sont arrivés de l'est en file indienne, fendant la foule émue des Berlinois de l'ouest. Embrassades, effusion, simple curiosité face à des cousins qui étaient devenus des étrangers. Je me rappellerai notamment des jeans et des anoraks aux couleurs délavées de l'est, bleu clair, beige, rose bonbon. Cette journée devait être mémorable, Berlin-Est s'était déversé dans le métro, gratuit pour l'occasion.

Je me souviens être allé plusieurs fois dans Prenzlauer Berg, quartier de l'Est encore désert et aujourd'hui « bobo », complètement rénové et grouillant d'une foule jeune et bigarrée. Alors les impacts de balles criblaient encore les murs d'immeubles délabrés bordant les rues vides. Prenzlauer Berg et l'une de ses églises étaient un des cœurs berlinois de la révolte contre le régime communiste. L'Église évangélique était un des fers de lance d'une révolution non violente. On croisait ces dissidents, parfois âgés, cheveux longs, barbe abondante qui vous parlaient doucement, comme ce professeur juif qui m'avait reçu dans son appartement débordant de livres. Et puis, il y avait surtout Leipzig, creuset de l'espoir et du mouvement démocratique, avec ses marches du lundi qui s'étaient succédé afin qu'il n'y ait jamais de retour en arrière.

De cette période très chargée pour les journalistes d'une agence de presse, je me souviendrai surtout de la possibilité de circuler partout, d'interroger tout le monde : l'impression d'une société entière en *Aufbruch* (« fracture », « départ »), qui était heureuse mais avait aussi le vertige, qui voyait ses valeurs s'écrouler, qui comparait son mark avec celui tout-puissant de l'ouest, et ne savait pas bien ce qui l'attendait.

À Karlmarxstadt, les autorités de la ville préparaient un référendum populaire pour rebaptiser la ville de son ancien nom, Chemnitz.

Dans ce combinat agricole, sur la mer baltique près de Rostock, le directeur me confiait ne pas imaginer l'avenir de sa production planifiée sous le système de l'économie de marché.

Dans la manufacture de porcelaine de Meissen, en Saxe, un des joyaux de la couronne de la RDA, les ouvrières craignaient malgré toutes les assurances des autorités leur mise au chômage. Ou au contraire espéraient des monts et merveilles de la transition vers le capitalisme.

Dans une petite ville près de la frontière avec la Bavière, je vis des descendants des anciens propriétaires du château expropriés revenir dans leur spacieuse BMW. Ces aristocrates en loden vert, athlétiques et sportifs, polis mais tout de même arrogants, comptaient bien récupérer leur bien.

Il y eut cette fête incroyable, le 31 décembre 1989, devant la porte de Brandebourg. Il gelait à pierre fendre et les gens emmitouflés débouchaient leurs bouteilles de sekt et s'embrassaient, au milieu des feux d'artifice, dans un vacarme assourdissant et joyeux. La foule se pressait, ses centaines de milliers de regards porteurs d'espérance se croisant. Plus de différences pour un moment entre « Ossis » et « Wessis ». Dans la confusion, on ne vit même pas ce soir-là qu'un échafaudage s'était écroulé, entraînant quelques spectateurs dans la mort en ce jour d'exultation.

Chaque jour, les gens venaient couvrir le mur de graffitis imaginatifs, ou, armés de marteaux, détachaient des petits fragments pour leur collection personnelle, pour en faire cadeau, ou, mieux, les revendre. Berlin devint en quelques mois un immense chantier, plein d'encombrements. La Potsdamer Platz était devenue un *no man's land* infâme et boueux. Il m'était impossible de deviner qu'il y naîtrait un nouveau quartier futuriste.

C'est treize ans plus tard que je suis revenu à Berlin avec ma femme et mes enfants. La Potsdamer Platz attire, sous son chapiteau du Sony-Center, éclairé de bleu et de rose la nuit, les touristes du monde entier qui viennent se perdre quelques centaines de mètres plus loin dans le labyrinthe du Mémorial de l'Holocauste. Une plongée dans le dédale du deuil. L'aérogare hitlérienne de Tempelhof aux proportions mégalomaniaques, qui avait accueilli le Pont aérien allié en 1948-1949, a fermé ses portes, et son immense terrain d'aviation, réduit au silence, n'accueille même plus de petits avions de touristes.

J'étais d'abord perdu mais impressionné par cette ville aux mille architectures mêlées. Cette cité vaste et facile à vivre, aux *Kieze* (quartiers) d'identités différentes, était redevenue la capitale de l'Allemagne mais elle n'avait pas la vibration électrique des autres capitales. Une sorte de lenteur semblait l'habiter, avec cet esprit de tolérance qui fait qu'on ne se retourne pas, qu'on ne juge le voisin de rame à la tenue excentrique.

Des terrains à l'abandon, des hangars, des entrepôts, de grandes églises de brique fermées, des rues qui n'en finissent pas et semblent aller vers nulle part. C'était une société multiculturelle agréable et tolérante que la société de cette ville, particulièrement parmi les jeunes, pourvu qu'on n'aille pas dans les quartiers perdus de l'extrême est. L'offre musicale, culturelle était incessante, les affiches partout en témoignaient, tout comme les graffitis au ton parfois ironique ou philosophique révélant des cultures underground bien enracinées et mystérieuses.

Lors de ce nouveau séjour, les horizons de l'ex-RDA, déjà aperçus en 1990, s'ouvraient librement à moi : cette Allemagne de l'Est aux héritages culturels très riches et dont l'aspect désuet et modeste n'était pas pour me déplaire. Tout n'y était pas astiqué, tout n'y était pas clinquant comme bien des villes de l'ouest. Berlin – du quartier élégant de Charlottenburg à l'extrême ouest, à Marzahn la déshéritée à l'est – était un peu un pont entre les deux mondes.

J'allais marcher dans ces grandes forêts voisines du Brandebourg où les dignitaires communistes avaient leurs villas, au bord de petits lacs. Je les ai beaucoup aimées et me suis perdu dans leur immensité sans repère. Un jour dans la forêt de Grunewald à l'ouest de Berlin, je suis tombé sur le cimetière où l'on enterrait ceux qui s'étaient suicidés. Il y avait de nombreuses tombes datant de 1945.

Autour de Berlin, nous allons volontiers nous baigner dans les eaux moirées du Schachtensee et nous promener en vélo l'été le long du Wannsee. Tous les lieux parlaient d'histoires, d'influences diverses, de divisions. Là le pont où se faisaient les échanges d'espions de l'est et de l'ouest, là l'île aux paons, là une station radar de l'armée américaine, là une église russe. Ici la villa de la conférence qui devait préparer le génocide des juifs transformée en musée mémorial, là le château Cecilienhof où se tint la conférence des Alliés à Potsdam en 1945.

Il y a aussi la tombe de l'écrivain Heinrich von Kleist et sa fiancée Henriette, non loin de l'eau. Ce couple romantique qui avait mis fin à sa vie au bord du grand lac un jour de 1811 est encore honoré. Même en hiver, j'ai vu des fleurs fraîches, somptueuses, sur cette dalle au bord d'un petit chemin vers nulle part. Hommage à la culture allemande qui ne s'oubliera pas.

La Pologne aussi n'est pas loin de Berlin. Une centaine de kilomètres. J'ai voulu passer cette frontière créée par la guerre et la défaite, l'Oder-Neisse. La seule fois où, en 2004, je suis allé à Stettin, le grand port autrefois allemand et devenu polonais sur la Baltique, j'ai pris une autoroute qui, près de la frontière, était si peu entretenue qu'un moment il fallait rouler sur une étroite route parallèle, l'autoroute elle-même étant envahie d'herbes folles et de nids-de-poule. Je pense qu'elle a dû être rénovée depuis lors, c'était si peu allemand, mais sans doute significatif d'une partie de l'ex-République d'Honecker à l'abandon…

Stettin m'a semblé triste, à l'image des villes de RDA de l'autre côté de la frontière comme Greifswald : peut-être parce que c'est une ville frontière aux deux identités. Si beaucoup de Polonais vivent à Berlin et dans l'est de l'Allemagne, on ne peut pas dire que ce pays regarde vers son voisin de l'Est.

Le long de la Baltique, dans les îles d'Usedom et de Rugen, visages plus riants de l'ex-RDA, visages qui invitent à la rêverie : coquettes stations d'autrefois avec leurs balcons de bois peints en blanc, corbeilles de plages et grands ferries également immaculés qui s'éloignent sur la mer d'acier vers la Scandinavie.

Je me souviens avec particulièrement d'émotion de la basilique gothique de Bad Doberan, non loin de Rostock. Un jeune homme bénévole de la paroisse protestante, visage pâle et sérieux, cheveux et fine moustache blonde, silhouette typique de la Prusse, nous l'a lue comme un livre ouvert. Tout entre ces murs était histoire et spiritualité, rien n'était laissé au hasard. C'était un livre d'images, conçu pour le peuple illettré du Moyen Âge. Et aussi pour le peuple chrétien d'aujourd'hui, disant des mystères de foi perdus pour beaucoup.

Tout près, c'était la station de Heiligendamm, où les aristocrates à la fin du XIXe siècle allaient déjà aux bains de mer. Heiligendamm aux villas d'un blanc immaculé, symbole de la renaissance d'un tourisme de luxe en ex-RDA, où Angela Merkel devait accueillir en 2007 les dirigeants du G8.

J'ai visité Dresde aussi, bien sûr, où la Frauenkirche baroque a retrouvé sa splendeur, avec sa coupole presque trop rutilante dans le ciel venteux. Une église bombardée au phosphore par les Alliés début 1945. Le symbole du martyre de cette ville jadis surnommé la Venise du nord, et qui a été patiemment reconstruite à l'identique à l'issue d'une campagne de collectes internationale.

Dresde la ressuscitée, mais aussi Eisenach, Weimar, Erfurt, Gotha. J'ai beaucoup aimé ce chapelet de culture et d'histoire romantique. À Weimar, j'imaginais Goethe ou la duchesse Anna Amalia se rendant visite en carrosse par les chemins boueux. Je me disais en parcourant ces régions que la RFA était vraiment tronquée quand elle n'était plus que la RFA de Bonn. Sur le Brocken, sommet du massif central du Harz, là où les sorcières de nuit faisaient leurs courses échevelées, on peut contempler à l'Ouest ce qui était il y a vingt ans la RFA, et à l'Est ce qu'était il y a vingt ans la RDA. Le Rideau de fer passait par là aussi.

Michel

Un jour, vers la fin de mon dernier séjour, je me suis décidé à faire cette démarche.

Son nom, Michel Séjournet, est inscrit sur la tombe de ma grand-mère en Normandie mais son corps est resté en Allemagne. Lorsque j'étais un enfant à Rouen, j'ai rêvé de l'entendre sonner à la grille de ma maison et de consoler ma mère et ma grand-mère de leur chagrin. Je voyais son visage clair et franc en noir et blanc dans un cadre sur le manteau de cheminée de la chambre de ma mère.

Mort à 23 ans, résistant français, déporté… Je me suis rendu à Kossa, en Saxe, le petit village près duquel les SS l'ont fusillé avec d'autres, lors d'une « marche de la mort » en direction de Buchenwald en 1945. J'ai aussi demandé des renseignements au Service international de recherches (SIR) de Bad Arolsen. Je n'ai pas appris grand-chose.

Le SIR m'a adressé une réponse écrite par le biais d'un officier de liaison de l'ambassade de France au bout d'un délai de trois mois.

Des photocopies de documents administratifs jaunis portant des inscriptions brèves dans des cases, des croix sur des listes avec des numéros de matricule retracent le plus succinctement les différentes étapes administratives de la captivité de Michel Séjournet.

Il ressort de ces documents qu'arrêté à Paris en août 1944, le jeune résistant français est d'abord passé au camp de Compiègne, avant d'être transféré dans un camp secondaire de Buchenwald, Neu-Stassfurt. Il était classé dans la catégorie « politique » ou « roter Winkel », « triangle rouge ». Alors qu'il était étudiant en sciences économiques, il a donné comme activité à ses geôliers celle de mécanicien, sans doute en raison de connaissances fragmentaires en la matière. Il espérait probablement ainsi échapper aux travaux les plus pénibles. En fait il travaillera dans une mine de sel, un travail épuisant qui rongera ses forces. La date précise de sa mort à Kossa, le 15 avril 1945, alors qu'il est emmené vers Buchenwald par les SS, est pour la première fois livrée. Il a été enterré avec quarante-trois autres fusillés dans une fosse commune. En 1952, ces corps aux ossements mélangés ont été décrétés comme « ne pouvant plus être exhumés ».

Ce que montrera ce village de Saxe, somnolant au milieu d'une région paisible et vallonnée de l'ex-RDA, un jour d'été, ne donne guère d'informations supplémentaires. La principale est que la mémoire de ces inconnus fusillés près du village a été bien conservée. Deux stèles sont bien entretenues : l'une est dans une petite clairière dans la forêt, lieu où ces hommes ont été abattus, l'autre est près de la petite église au toit rouge du village, dans le cimetière, où leurs corps ont été enterrés.

« Ils sont morts innocents et debout. Ils avaient refusé de courber l'échine devant le mensonge », peut-on lire sur la sobre stèle érigée dans la forêt de pins silencieuse. Dans le cimetière, une plaque explique : « À la mémoire des Français déportés au camp de Neu-Stassfurt, Kommando de Buchenwald, assassinés en ces lieux par les SS au cours de la marche de la mort en avril-mai 1945. »

Les 22 et 23 août 2000, dix ans après la chute du Mur, une association de parents d'anciens déportés était venue à Kossa de France. Nul doute qu'elle a aussi beaucoup contribué, financièrement, à ce que la mémoire des disparus soit honorée. Une plaque commémorative en deux langues rappelle sa venue : « Marche de la vie, Marsch des Lebens ».

Mais, comment dans ce village, en ce jour d'été, dans la petite Gaststätte où nous déjeunons au soleil, servis par un débonnaire et ventripotent Allemand de l'Est, imaginer ces jours d'avril 1945, le passage de la colonne SS aux abois, les fusillades, les maisons éventrées, les visages hagards et épuisés ? Dans cette Saxe, précisément, en ces derniers mois de la guerre, soldats de diverses unités et camps adverses, déserteurs et déplacés, prisonniers et déportés s'étaient intensément croisés, esquivés, affrontés, en route vers l'est ou vers l'ouest, le nord ou le sud, vainqueurs, vaincus et victimes mêlés. Chacun cherchant d'abord sa survie. Va-et-vient peu compréhensible aujourd'hui. L'herbe grasse de la vie a recouvert les traces d'une guerre qui vivait alors ses dernières heures.

Près de Kossa, en bordure de forêt, un bunker de l'ancienne Armée nationale populaire de la RDA, la NVA peut être visité. Le silence entoure les déportés enterrés près de l'église. Un silence paisible.

Je me peux m'empêcher de penser que ma démarche auprès du SIR et mon pèlerinage à Kossa n'ont pas servi à grand-chose concrètement, n'ont pas apporté de lumière sur le sort de cet oncle. Leur valeur était symbolique, morale. Pour mon fils d'abord qui m'accompagnait, pour lequel Michel est désormais un jeune héros ayant donné sa vie pour la liberté et la justice. Pour ma mère âgée surtout. Même si elle était déçue que son nom ne soit gravé nulle part. Mais il y avait au moins des stèles. J'avais conscience que mon oncle Michel Séjournet n'était qu'une pièce d'un immense puzzle des millions de disparus et morts de la guerre, que leurs descendants et les États avec eux n'ont cessé de vouloir reconstituer. Et que beaucoup n'ont jamais été ni identifiés ni honorés.

Amis contestataires

Nous avons fait d'autres escapades en dehors de Berlin. Le dernier hiver, nous avons revu mon ami et voisin de palier de Bonn, V., qui m'avait fait découvrir *Bochum,* et jadis, bricolait génialement tout ce qu'il ramassait dans les brocantes. Il vit dans une grande grange rafistolée au bord de la mer baltique, avec sa femme et ses deux enfants. Tout ce qu'il a chiné des années durant s'y accumule jusqu'au toit. Il est au chômage, vivant de « Hartz IV », ces allocations réduites dans le cadre de la politique d'assainissement du chancelier Schröder, appelée « Agenda 2010 ». Sa femme milite localement dans le parti des Verts. V. est toujours plein d'un humour noir à l'égard de cette République fédérale d'Allemagne qui prétend avoir tout si bien réussi mais n'a pas su, selon lui, créer une société chaleureuse fondée sur d'autres piliers que la distribution de l'argent et la perfection de ses lois. Il rit jaune quand ses enfants zappent sur les chaînes de télévision, avec tous leurs jeux et leur clinquant. L'émission culte de la jeunesse *Germany's next top model* et ses jeunes mannequins, ce n'est pas du tout son truc. *Bochum* et les idéaux libertaires et humanistes des années soixante et soixante-dix le sont beaucoup plus.

Nous sommes allés à pied jusqu'au bord de la mer, un vent glacé soufflait sans rien pour le retenir, on sentait une grande solitude dans ce coin de campagne de nulle part gorgé d'humidité, pourtant loin d'être pauvre, du Schleswig-Holstein. Le ciel d'hiver était rouge, la mer d'argent, les prés d'un vert presque agressif. Je pensais à l'expressionniste Emil Nolde, à l'effervescence de ses couleurs en colère, lui qui vivait dans une grande ferme couverte de chaume de la même région. Effervescence de couleurs contre la grisaille du monde et sa cruauté.

À Berlin, *business as usual* dans la capitale de la République de Gerhard Schröder et d'Angela Merkel. À la différence de la nuit, où cette ville se fait mystérieuse, libre et audacieuse, tout, de jour y semble sérieux, planifié, y compris les manifestations. Tout est grand, vaste et fonctionnel, à l'image de la nouvelle chancellerie, design au bord des eaux noires de la Spree. La teinte grise domine, l'hiver.

L'autre matin, alors que des nuages chargés défilaient sous mes yeux à travers la vitre de mon appartement, j'avais allumé comme d'habitude Deutschlandfunk. Dans le ronronnement de nouvelles, on reparlait à la radio de l'avenir de Bochum. La ville industrielle chantée par Grönemeyer, qui symbolisait la fierté minière, ouvrière et footballistique allemande, s'est largement reconvertie. Elle n'a pas dû complètement fermer boutique. Mais la reconversion n'est jamais finie. L'Allemagne s'inquiète de son déclin.

Quand j'ai le blues, j'aime rendre visite à mon amie « Ossi » M. dans le quartier de Schöneberg. J'apprécie son regard pétillant et impertinent sous sa chevelure rouge, son parler direct, son expression moqueuse, son amour du club de foot berlinois Hertha qu'elle acclame parfois fanatiquement les samedis, bière à la main, à l'Olympia Stadium.

Je souris à sa détestation des Bavarois, cent dix ans après le Kulturkampf entre les Allemands protestants du nord et les Allemands catholiques du sud.

On discute très librement des qualités et des défauts de l'Allemagne… et de la France. Avec son mari T., tous deux de l'ex-RDA, ils sont heureux que l'Allemagne continue à avoir des aiguillons comme le nouveau parti de gauche radicale Die Linke qui l'obligent à se remettre en cause. Elle pense peu de bonnes choses du système Merkel, trop consensuel et mou à ses yeux.

Elle ne voit pas de meilleure ville pour vivre et penser que Berlin. Ville émancipée, où l'on a le temps pour la fête et la réflexion, pour la lecture, le loisir et le sport. « Berlin est supercool », s'exclame-t-elle en riant et en me tapant sur l'épaule. C'est, selon elle, la seule ville en Allemagne à recueillir toutes ces qualités. Cette femme féministe, imprégnée de culture et de langue allemandes, n'aime guère la province à l'esprit étroit que l'on trouverait du côté de l'ouest. Historienne, tout à fait athée mais ouverte, elle travaille sur les traductions anciennes de la Bible et voudrait écrire un livre sur Katharina von Bora, la femme de Luther. Elle ne manque jamais le *Krimi*, le film policier du dimanche soir à la télévision.

L'Allemagne de Gerhard Schröder puis d'Angela Merkel est-elle aussi cool et bien dans sa peau que mon amie M. ? Ce pays est redevenu une grande puissance démocratique à tous points de vue, sûre d'elle-même, avec une pointe de fierté et d'arrogance qu'elle tente plus ou moins d'occulter. Elle rayonne à juste titre dans le monde entier avec sa grande capitale et dispose de tous les attributs dus à son rang. Elle envoie ses coopérants talentueux et ses soldats de la paix en Afrique et en Asie. Elle est partie prenante de toutes les tractations importantes de la planète sans avoir nécessairement un véritable pouvoir pour les influencer. Mais comment se vit-elle ?

Les Allemands semblent très préoccupés par l'évolution de leur société parfaitement cadrée, qu'ils considèrent avec une humeur sombre. Car ils aiment bien *jammern* et *meckern* (« se lamenter » et « râler »).

Un jour d'hiver sec et froid à Berlin. Un de ces jours cotonneux qui n'ont pas de nom. Le ciel ne veut pas se déchirer un seul instant. Venant à pied de la Potsdamer Platz en passant par le Mémorial de l'Holocauste et le passage couvert de l'Akademie der Künste, j'ai débouché sur la Pariser Platz devant la Porte de Brandebourg. Elle est complètement fermée sur ses trois côtés, comme avant guerre, depuis que la nouvelle ambassade américaine a rouvert à l'été 2008. En ce jour sans mémoire, des essaims de touristes se font photographier, des diplomates et fonctionnaires marchent d'un pas pressé, un acteur américain rentre à l'hôtel Adlon suivi de photographes, quelques contestataires déroulent un calicot, se préparant à manifester. Je superpose un instant dans ma mémoire les photos bien connues de dévastation de la Porte de Brandebourg en mai 1945, et je suis pris d'une angoisse devant la roue de l'Histoire qui écrase les moments cruels comme les moments doux. Tout est transitoire.

Bibliographie

Journaux de référence

Hebdomadaires allemands : *Der Spiegel, Die Zeit, Focus.*

Hebdomadaires anglophones : *Newsweek, Time.*

Journaux quotidiens berlinois : *Der Tagesspiegel, die Tageszeitung, die Berliner Zeitung.*

Journaux quotidiens nationaux allemands : *Die Welt, die Frankfurter Allgemeine Zeitung, die Süddeutsche Zeitung, Bild Zeitung.*

Quotidiens parisiens : *Le Monde, Le Figaro, La Croix, Libération, International Herlad Tribune.*

Essais et livres historiques

ALY (Götz), *Hitlers Volkstaat. Raub, Rassenkrieg und nationaler Sozialismus*, S. Fischer, 2005, édition française : *Comment Hitler a acheté les Allemands : le IIIe Reich, une dictature au service du peuple*, Paris, Flammarion, coll. « Histoire », 2005.

ATES (Seyran), *Der Multikulti-Irrtum – Wie wir in Deutschland besser zusammenleben können* (« L'erreur du multikulti, comment nous pouvons mieux vivre ensemble en Allemagne »), Ullstein Verlag, octobre 2007.

FEST (Joachim), *Ich nicht. Erinnerungen an eine Kindheit und Jugend*, Rowohlt Verlag, 2006, édition française : *Pas moi ! Souvenirs d'une jeunesse allemande antinazie*, Paris, éditions du Rocher, coll. « Documents », 2007.

FRANÇOIS (Étienne) et SCHULZE (Hagen), *Mémoires allemandes*, sous la direction de, éditions Gallimard, 2007.

GROSSER (Alfred), *L'Allemagne de Berlin, différente et semblable*, éditions Alvik, 2002.

KELEK (Necla), *Die fremde Braut*, Kiepenheuer und Witsch, 2005, édition française : *La fiancée importée*, éditions Jacqueline Chambon, 2005.

KOOPMANN (Martin) et MARTENS (Stephan), *Das kommende Europa, deutsche und französische Betrachtungen zur Zukunft der Europäischen Union*, sous la direction de, Nomos, Stiftung DGAP, 2008.

Manuel d'histoire franco-allemand : 1/ *L'Europe et le monde du congrès de Vienne à 1945* (2006), 2/ *L'Europe et le monde depuis 1945* (2008) (édition française : Nathan/édition allemande : Klett).

PICAPER (Jean-Paul), *Berlin-Stasi*, éditions des Syrtes, 2009.

PICAPER (Jean-Paul), *Opération Walkyrie. Stauffenberg et la véritable histoire de l'attentat contre Hitler*, Paris, éditions de l'Archipel, 2009.

SARRAZIN (Thilo), *Deutschland schafft sich ab*, Deutsche Verlags-Anstalt, 2010.

STARK (Hans) et WEINACHTER (Michèle), *L'Allemagne unifiée 20 ans après la chute du Mur*, Septentrion, presses universitaires, 2009.

WALLRAFF (Günter), *Ganz unten*, Krepenheuer und Witsch, 1985, édition française : *Tête de Turc*, La Découverte, 1985.

Autobiographies/témoignages

Berlin. Europa Erlesen, Wieser Verlag, Klagenfurt, 2003.

GRASS (Günter), *Beim Häuten der Zwiebel*, Steidl Verlag, 2006, édition française : *Pelures d'oignon*, Plon, 2007.

SCHOLL (Inge), *La Rose blanche, six Allemands contre le nazisme*, Les éditions de Minuit, 1985.

Une femme à Berlin, journal 20 avril-22 juin 1945 (anonyme), Folio, 2003.

Romans

BÖLL (Heinrich), *L'Honneur perdu de Katharina Blum*, édition Point Seuil, 1994 pour l'édition française.

BÖLL (Heinrich), *Die schwarzen Schafe*, Middelhauve, Opladen, 1951.

FALLADA (Hans), *Jeder stirbt für sich allein*, Aufbau-Verlag, 1947, édition française : *Seul dans Berlin*, Plon, 1967.

FALLADA (Hans), *Kleiner Mann, was nun ?*, 1932, édition française : *Quoi de neuf, petit homme ?*, Denöel, 2007.

GRASS (Günter), *Im Krebsgang*, Göttingen, Steidl Verlag, 2002, édition française : *En crabe*, Seuil, 2002.

HESSE (Hermann), *Le Loup des steppes*, Calmann-Levy, 1991 pour l'édition française.

KÄSTNER (Erich), *Emil et les détectives*, Hachette Jeunesse, livre de poche, 2001.

LE CARRÉ (John), *Une petite ville en Allemagne*, éditions Point Seuil, 2006.

LE CARRÉ (John), *L'espion qui venait du froid*, éditions Gallimard, coll. « Folio policier », 2010.

MANN (Heinrich), *Der Untertan*, Fischer Taschenbuch Verlag, 2007, édition française : *Le sujet de l'empereur*, L'arbre double, 1982.

SCHLINK (Bernhard), *Le Liseur*, éditions Gallimard, coll. « Folio », 1999 pour l'édition française.

LEVI (Primo), [illegible], Gallimard, [illegible] pour l'édition française.

Table des matières

Deuxième partie :

UNE SOCIÉTÉ LIBRE ET POLICÉE

Troisième partie :
DE LA FAUTE À LA RÉCONCILIATION

Quatrième partie :
TOUR D'ALLEMAGNE À TRAVERS LE SOUVENIR

Dans la même collection,
dirigée par Jean-Charles Gérard et Luis de Miranda

La théorie des mèmes
Susan Blackmore

Qui sont les Russes ?
Alla Sergueeva

Ainsi parlait Zarathoustra
Friedrich Nietzsche

Le triomphe des bactéries
Antoine Andremont
Michel Tibon-Cornillot

Paris, ville catin
Andrew Hussey

Paris, ville rebelle
Andrew Hussey

Archéologies du futur
Fredric Jameson

Penser avec la science-fiction
Fredric Jameson

Mad in USA
Michel Desmurget

Le mouvement ouvrier
Camille Saint-Jacques

Homo Sapiens 2.0
Gérard Ayache

Le cauchemar de Marx
Denis Collin

Ni d'Ève ni d'Adam
Marie-Joseph Bertini

Sexualité et prison
Arnaud Gaillard

Adam Smith à Pékin
Giovanni Arrighi

Les Adorables de Zoroastre
Traduit par Éric Pirart

Composition et mise en pages : FACOMPO, LISIEUX

Cet ouvrage a été achevé d'imprimer en décembre 2010
sur les presses de Normandie Roto Impression s.a.s.
à Lonrai (Orne)
N° d'imprimeur : 104551
Dépôt légal : janvier 2011

Imprimé en France